EDUARDO TORELLI

QUANDO OS MACACOS DOMINAVAM A TERRA

COMO A SAGA PLANETA DOS MACACOS MODIFICOU A CULTURA POP
E REINVENTOU A EVOLUÇÃO PARA SATIRIZAR A RAÇA HUMANA

2ª edição - 2019

PUBLICAÇÃO CONJUNTA DAS EDITORAS
ESTRONHO E VERMELHO MARINHO

"Não consigo deixar de pensar que em algum lugar do Universo existe algo melhor do que o Homem. Tem que haver!"

George Taylor em *O planeta dos macacos.*

Autor
Eduardo Torelli

Prefácio
Marco Moretti

Nota da 2ª edição
Paulo Adami

Preparação de texto
Heidi Gisele Borges

Revisão
Heidi Gisele Borges
Marcelo Amado

Projeto gráfico
Marcelo Amado

Editores responsáveis
Marcelo Amado
Tomaz Adour

Ilustração de capa
Jay Rogers

Fotografias utilizadas
Foram utilizadas imagens publicitárias
liberadas pelos estúdios para uso editorial, sendo devidamente creditadas

Dados Internacionais de Catalogação na Publicação (CIP)
Angélica Ilacqua CRB-8/7057

Torelli, Eduardo
    Quando os macacos dominavam a Terra : como a saga Planeta dos Macacos modificou a cultura pop e reinventou a evolução para satirizar a raça humana / Eduardo Torelli. –- 2. ed. -- Rio de Janeiro, RJ : Vermelho Marinho ; São José dos Pinhais, PR, : Estronho, 2019.

    424 p. : il. Bibliografia
    ISBN: 978-85-8265-251-0

    1. Planeta dos macacos (Programa de televisão) - História e crítica 2. Filmes do Planeta dos macacos - História e crítica I. Título

                                                                CDD 791.4375

19-2479

Índice para catálogo sistemático:
1. Filmes do Planeta dos macacos - História e crítica

2ª edição - 2019
**Todos os direitos desta edição reservados
às editoras Estronho e Vermelho Marinho**

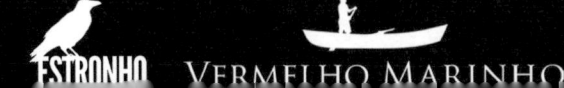

Para:

Marilene e
Claudio Torelli (ontem, hoje e sempre, a razão do meu viver).

NOTA DO EDITOR:

Para melhor fluidez na leitura do texto, optamos por colocar as informações complementares de cada série ou filme citados nas notas de rodapé — título original, ano e nome dos criadores e/ou produtores (para as séries) ou diretores (para os filmes). As informações são inseridas apenas na primeira vez em que a produção é citada (ou em casos especiais, sempre que houver a necessidade de destaque). Para outras sagas citadas encontraremos, no início do Índice de Filmes, seus títulos com suas respectivas informações.

Para a Saga *Planeta dos macacos,* listamos aqui (havendo necessidade, repetiremos as notas ou colocaremos ao menos o ano da produção entre parênteses):

* *O Planeta dos macacos* (*Planet of the apes*, 1968, Franklin J. Schaffner);

* *De volta ao planeta dos macacos* (*Beneath the planet of the apes*, 1970, Ted Post);

* *Fuga do planeta dos macacos* (*Escape from the planet of the apes*, 1971, Don Taylor);

* *A conquista do planeta dos macacos* (*Conquest of the planet of the apes*, 1972, J. Lee Thompson);

* *A batalha do planeta dos macacos* (*Battle for the planet of the apes*, 1973, J. Lee Thompson);

* *Planeta dos macacos* (*Planet of the apes*, 2001, Tim Burton);

* *Planeta dos macacos: a origem* (*Rise of the planet of the apes*, 2011, Rupert Wyatt);

* *Planeta dos macacos: o confronto* (*Dawn of the planet of the apes*, 2014, Matt Reeves);

* *Planeta dos macacos: a guerra* (*War for the planet of the apes*, 2017, Matt Reeves).

Série de TV (live action):

Planeta dos macacos (*Planet of the apes*, 1974, criação de Anthony Wilson).

Série de TV (animação):

De volta ao planeta dos macacos (*Return to the planet of the apes*, 1975-1976, criação de David H. DePatie e Friz Freleng).

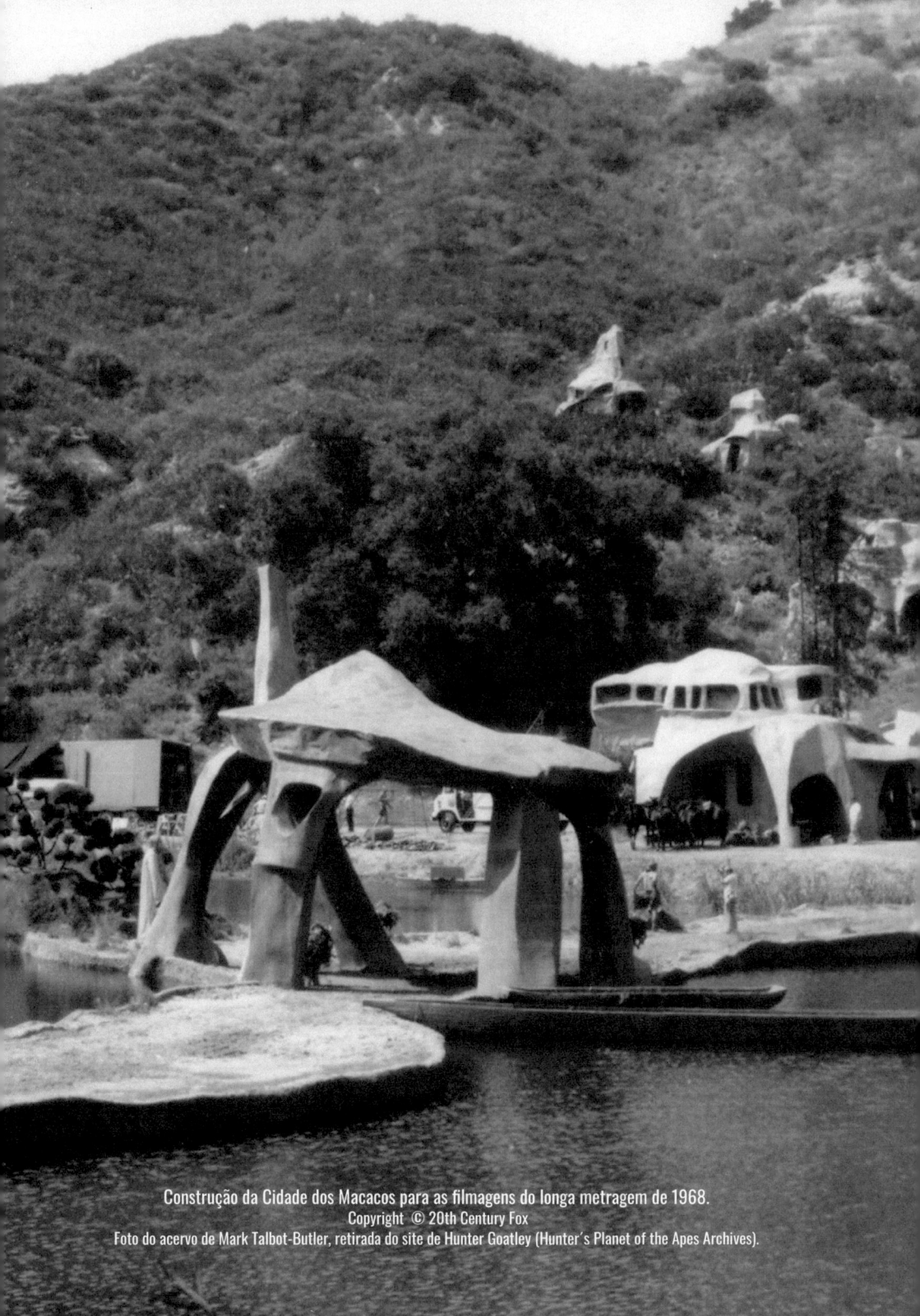

Construção da Cidade dos Macacos para as filmagens do longa metragem de 1968.
Copyright © 20th Century Fox
Foto do acervo de Mark Talbot-Butler, retirada do site de Hunter Goatley (Hunter´s Planet of the Apes Archives).

SUMÁRIO

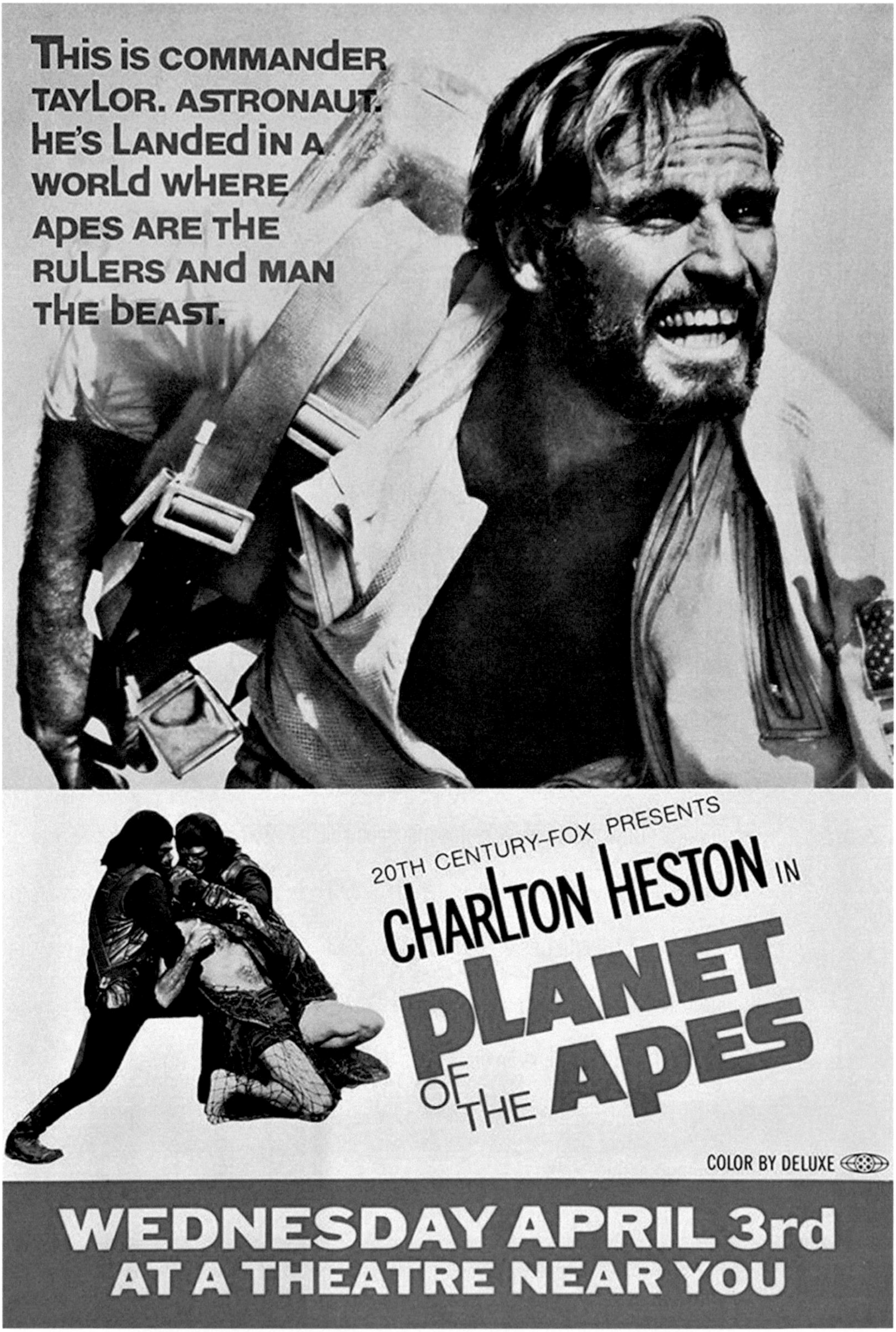

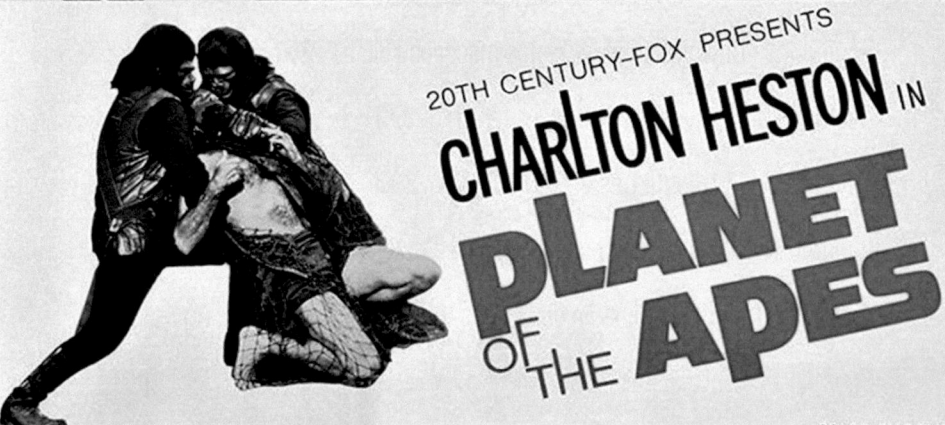

This is commander Taylor. Astronaut. He's landed in a world where apes are the rulers and man the beast.

20TH CENTURY-FOX PRESENTS

CHARLTON HESTON IN

PLANET OF THE APES

COLOR BY DELUXE

WEDNESDAY APRIL 3rd AT A THEATRE NEAR YOU

Por Marco Moretti

Um dos filmes mais marcantes de todos os tempos, *O planeta dos macacos* tem exercido um fascínio duradouro desde a sua estreia, em 1968. Nos anos 1970, o longa-metragem inspirou outras quatro sequências cinematográficas, uma série de TV de curta duração e um seriado de animação, além de espalhar sua influência por uma infinidade de subprodutos, que vão de histórias em quadrinhos a discos, brinquedos, bonés, games etc. Alguns de seus bordões extrapolaram os limites da tela de cinema e entraram para o léxico da Cultura Popular, como "o único humano bom é aquele que está morto" e "macaco não matará macaco".

Tomei contato com esta saga na primeira vez em que o filme original foi exibido na televisão, em 1975, no saudoso *Primeira exibição*, da Rede Globo (que ia ao ar nos sábados à noite, em horário nobre). Lembro como me deixei arrebatar por aquela estranha narrativa sobre viajantes espaciais perdidos em um mundo habitado por chimpanzés, gorilas e orangotangos que eram evoluídos como nós. Mas nada foi mais desconcertante do que a revelação final, que dava ao filme que eu acabara de assistir uma nova e inesperada perspectiva. Depois disso, não havia mais salvação para mim: eu fora fisgado pelo clima de estranheza que permeava a história e, enquanto não descesse ao fundo daquele mistério, não teria sossego. Nos meses seguintes, passei a devorar qualquer coisa que tivesse a ver com a série – as sequências, o seriado, os gibis da extinta Editora Bloch e todo o resto. Com o tempo, fui recolhendo, aqui e ali, informações esparsas sobre os segredos da produção. Como aquilo tudo havia sido feito, de que maneira as elaboradas maquiagens foram desenvolvidas, quem eram os criadores daquilo. Eu havia entrado para o "culto dos adoradores dos macacos".

Embora eu não soubesse disso na época, esse culto já possuía um sumo-sacerdote: Eduardo Torelli. Enquanto eu me resignava com as migalhas que conseguia catar em revistas especializadas, ele já viajava anos-luz adiante, coletando e selecionando um impressionante volume de material que abria uma fresta para cada aspecto relacionado não só ao filme de 1968, mas ao romance que lhe deu origem e, naturalmente, aos seus sucessores no telão e na telinha. A edição original de *Quando os macacos dominavam a Terra* foi publicada em 2000 e, como não podia deixar de ser, provou-se um sucesso instantâneo. Torelli não somente nos regalou com preciosos detalhes a respeito da criação da saga como nos brindou com riquíssimas análises, tanto do livro original quanto dos roteiros dele decorrentes. E de quebra, não esqueceu de mencionar a influência que a série teve em nossa própria Cultura Pop. Para os cinéfilos em geral, o livro era um presente. Mas, para os devotos do culto dos macacos, como eu, tratava-se do equivalente ao Velho Testamento — um banquete inesgotável, que devia ser lido, relido e consultado vezes sem conta, até as páginas ficarem amareladas e as capas formarem orelhas.

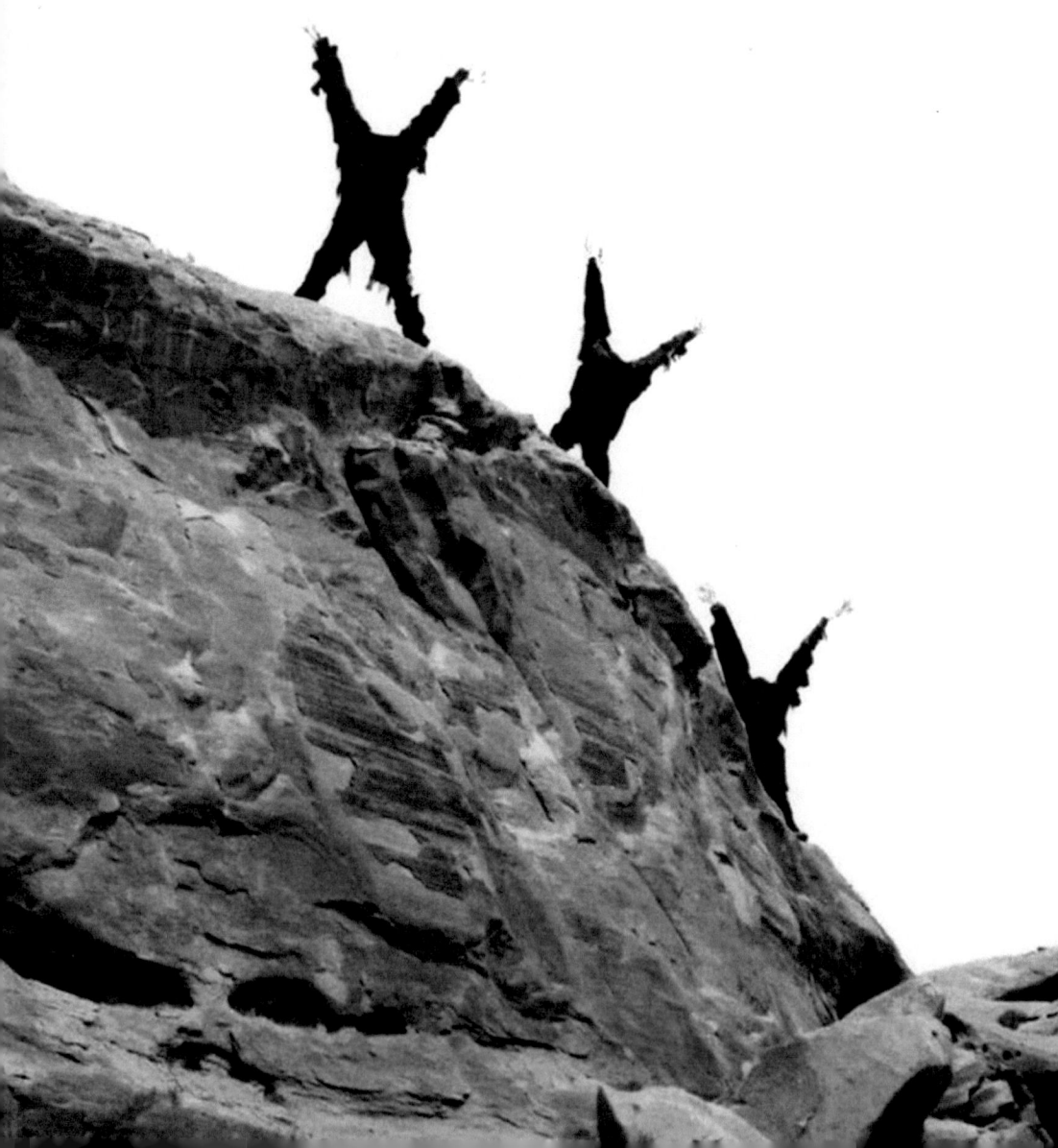

Passados quase 20 anos desde a publicação do livro, não é que Torelli nos surpreende outra vez com esta nova edição da obra? Além de um conteúdo atualizado, esta versão de *Quando os macacos dominavam a Terra* traz entrevistas inéditas com atores, diretores, técnicos e aficionados que ajudaram a construir o mito dos macacos, bem como as histórias de bastidores das produções recentes. Isso, sem mencionar a diagramação e a capa inteiramente novas (e lindas). Em absoluto, não se trata apenas de uma edição repaginada e ampliada do livro, mas quase de um novo trabalho de pesquisa e escrita.

Este *Quando os macacos dominavam a Terra* é tão inevitável para os amantes da saga quanto a ascensão dos símios e o ocaso da raça humana. Eduardo Torelli e as Editora Estronho e Vermelho Marinho deram aos fãs de *O planeta dos macacos* o Novo Testamento que eles esperavam. Só o que eles não devem fazer é botar esse objeto de culto em um altar. Ele deve ficar bem ao alcance das mãos, para ser lido sempre que der vontade. É o que farei, com certeza. Mas garanto que, desta vez, não deixarei as páginas amarelarem e as capas formarem orelhas.

Marco Moretti

Jornalista, mestre em cinema, professor universitário e escritor.

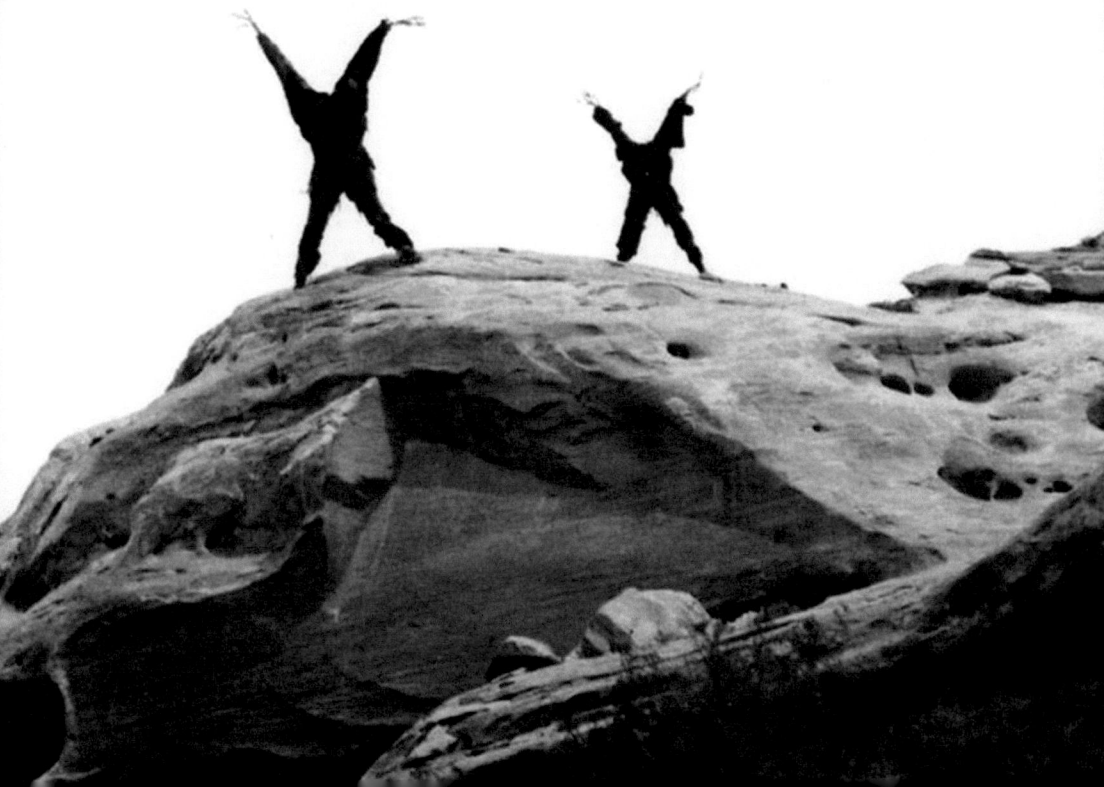

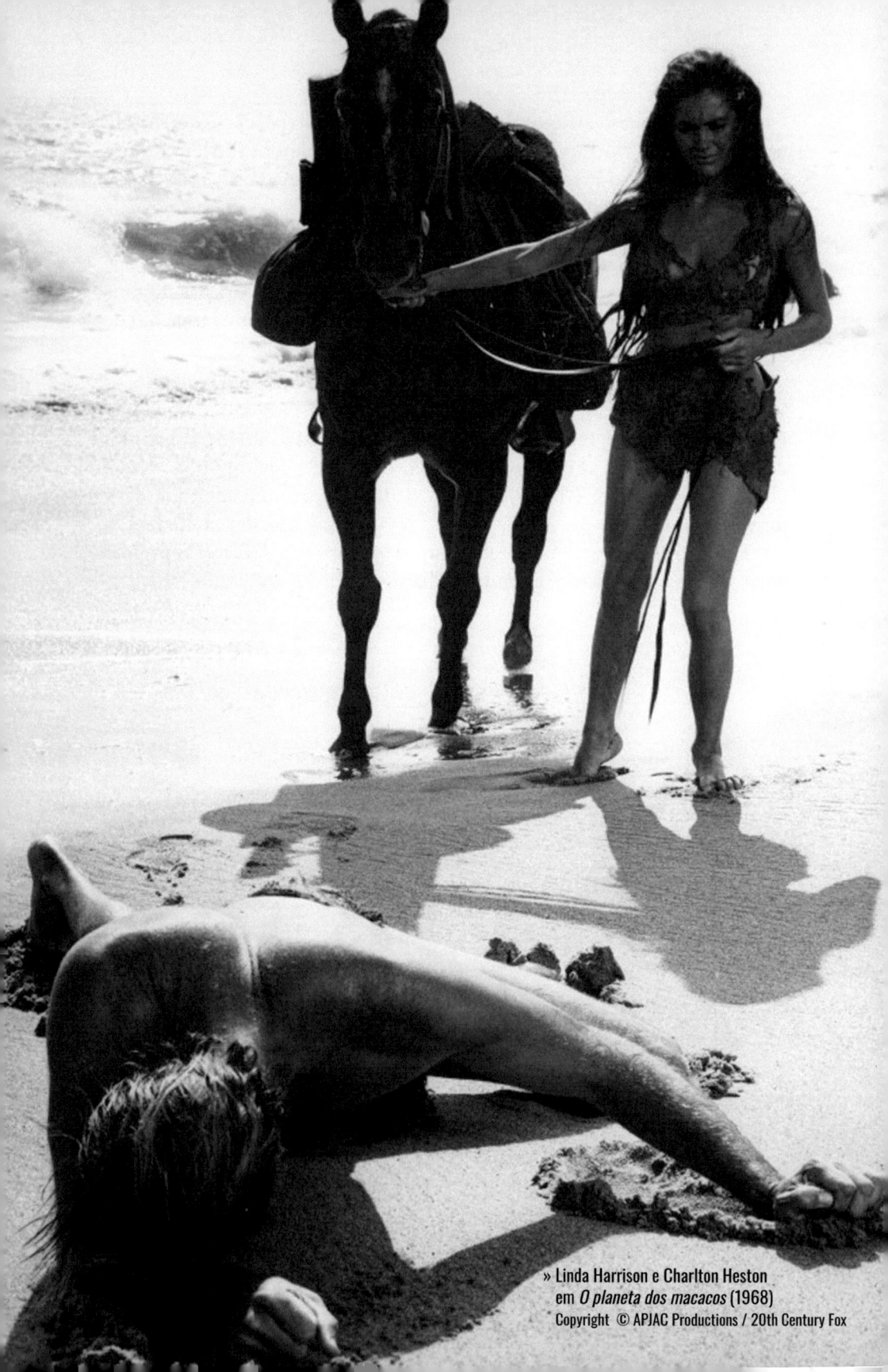

» Linda Harrison e Charlton Heston
em *O planeta dos macacos* (1968)
Copyright © APJAC Productions / 20th Century Fox

DE VOLTA AO PLANETA

"O que me impressiona, à vista de um macaco, não é que ele tenha sido nosso passado: é este pressentimento de que ele venha a ser nosso futuro."

Mario Quintana, 1906-1994

"Não encontrei nada naquela caverna que altere a minha concepção do Homem. E eu ainda vivo com essa convicção."

Dr. Zaius

Em um dia chuvoso de 1998, preso em um engafarramento da cidade de São Paulo, liguei o rádio do carro e ouvi pela primeira vez a música *De volta ao planeta*, um dos maiores sucessos da banda Jota Quest. O título da canção era uma referência à saga *Planeta dos macacos*, da qual sempre fui um admirador, e passei a acompanhar a percussão com tapinhas no volante. No minuto seguinte, porém, perguntei-me se os fãs do Jota Quest sabiam o que *era* o Planeta dos macacos. Afinal, os filmes e séries de TV da franquia haviam feito sucesso no Brasil em meus tempos de criança, a década de 1970.

Cheguei à conclusão de que isso era irrelevante: mesmo que não conhecessem os longas-metragens, seriados e histórias em quadrinhos sobre o tema, a garotada dos anos 1990 conhecia o *mito* do Planeta dos macacos, que se tornara parte do folclore mundial. Ice Cube, por exemplo, havia citado a saga dos macacos em um rap de 1993, *You know how we do it* ("Eu tenho aquelas fitas 'da hora' / Da Lench Mob, *O Planeta dos macacos*/ Eu tô de rolê com o Eiht e com todo o Watts"). E o Greenpeace utilizara a célebre imagem da Estátua da Liberdade em ruínas (que tornou antológico o desfecho do primeiro filme da série) em um de seus cartazes de conscientização, cuja mensagem era apropriada: "Não façam nada e os testes nucleares eventualmente chegarão a um fim."

Décadas haviam se passado, mas os sombrios apontamentos da série se mantinham relevantes: a ameaça da aniquilação nuclear ainda pairava sobre o mundo "civilizado" e as animosidades entre brancos e negros, capitalistas e socialistas e outros antagonismos clássicos do século 20 (na saga dos macacos, alegorizados por meio dos conflitos entre humanos e símios) não cessaram com o fim da Guerra Fria e as conquistas do Movimento pelos Direitos Civis. Embora a ideia já tivesse me ocorrido, foi naquele momento que decidi escrever um livro sobre a franquia que analisasse seus produtos sob os prismas da arte e da época em que foram criados (já que seus enredos reverberavam questões como o Macartismo e os conflitos de raça da década de 1960). O resultado foi *Quando os macacos dominavam a Terra*, publicado em agosto de 2000 pela editora Opera Graphica.

Em vista do cinquentenário do clássico *O planeta dos macacos* (comemorado em 2018) e da renovação do interesse do público pela franquia (mérito dos novos longas-metragens da série, estrelados por Andy Serkis), já era hora de revisitar este universo ficcional. Isto nos leva à presente edição do livro, com muitas mudanças no texto original e a adição de informações que não estavam disponíveis quando a obra foi publicada pela primeira vez. As análises críticas dos filmes e seriados também foram expandidas (o que tornará o conteúdo mais interessante para o leitor que gosta de esmiuçar a correlação entre fantasia e realidade em produtos culturais populares) e os macacos falantes do Novo Milênio inspiraram capítulos adicionais, já que o *Planeta dos macacos* de Tim Burton e a Trilogia *César* não poderiam ficar de fora deste *revival*.

Aproveito para agradecer a um seleto grupo de amigos que tornou possível esta segunda edição: em primeiro lugar, ao colega e parceiro de letras Saulo Adami (ninguém menos que o maior pesquisador da saga *Planeta dos macacos* na América Latina), autor de quatro excelentes livros sobre o tema, que apostou em mim e na obra a ponto de nos apresentar ao editor da *Estronho*, Marcelo Amado, além de me ajudar a complementar o trabalho com informações preciosas. Sem Saulo Adami e Marcelo (também autor do projeto gráfico), a nova versão de *Quando os macacos dominavam a Terra* não existiria. Meu "muito obrigado", também, à simpática esposa de Marcelo, a escritora Heidi Gisele Borges, que revisou o texto de forma criteriosa antes da publicação.

Agradeço, ainda, a quatro amigos que não falam o português, mas me auxiliaram a concretizar este projeto movidos por sua devoção à saga dos macacos: Hunter Goatley, Dean Preston, Dave Ballard e Jay Rogers. Fãs e pesquisadores da série, eles disponibilizaram ao autor um material que enriqueceu muito o livro. Hunter é o mantenedor do site *Hunter's planet of the apes archive* (o maior acervo de informações sobre os filmes clássicos da franquia na Internet) e Dean e Dave são editores do *Simian scrolls* (o melhor fanzine dedicado à série).

Das galerias do site de Hunter vieram diversas fotos raras que ilustram a obra, enquanto Dean me permitiu reproduzir aqui algumas das entrevistas que fez com atores, diretores e maquiadores que trabalharam no *Planeta dos macacos* original e em suas sequências. Nos últimos anos, tanto o *Hunter's planet of the apes archive* como o *Simian scrolls* balizaram muitos autores que exploraram a trajetória dos símios falantes pela Cultura Pop e *Quando os macacos dominavam a Terra* não é exceção: seus conteúdos não só tornaram mais robustos os históricos de produção dos filmes e séries de TV como legitimaram minha visão sobre os subtextos sociais e políticos de suas tramas. Já o artista Jay Rogers é o autor da belíssima ilustração de capa desta edição: a gravura sintetiza perfeitamente o estilo e as influências de Jay (um mestre no uso do lápis, das tintas e dos acrílicos, além de um aficionado por ficção científica e fantasia). Esta é a primeira capa que ele faz para um livro e, de coração, espero que a obra esteja à altura de seu brilhantismo.

Por fim, obrigado ao jovem colega Pedro Strazza de Azevedo e a todo o pessoal do *B9* (que me autorizaram a publicar no livro uma entrevista com Andy Serkis feita com exclusividade para o site) e ao crítico de cinema Alex Gonçalves (um amigo querido), que tornou este último arranjo possível ao me colocar em contato com Strazza. Parafraseando César em *Planeta dos macacos: a origem*: "macacos unidos são mais fortes." A história por trás da segunda edição de *Quando os macacos dominavam a Terra* comprova que esta máxima também vale para os humanos.

Minha profunda gratidão a todos!

Eduardo Torelli
Março de 2019

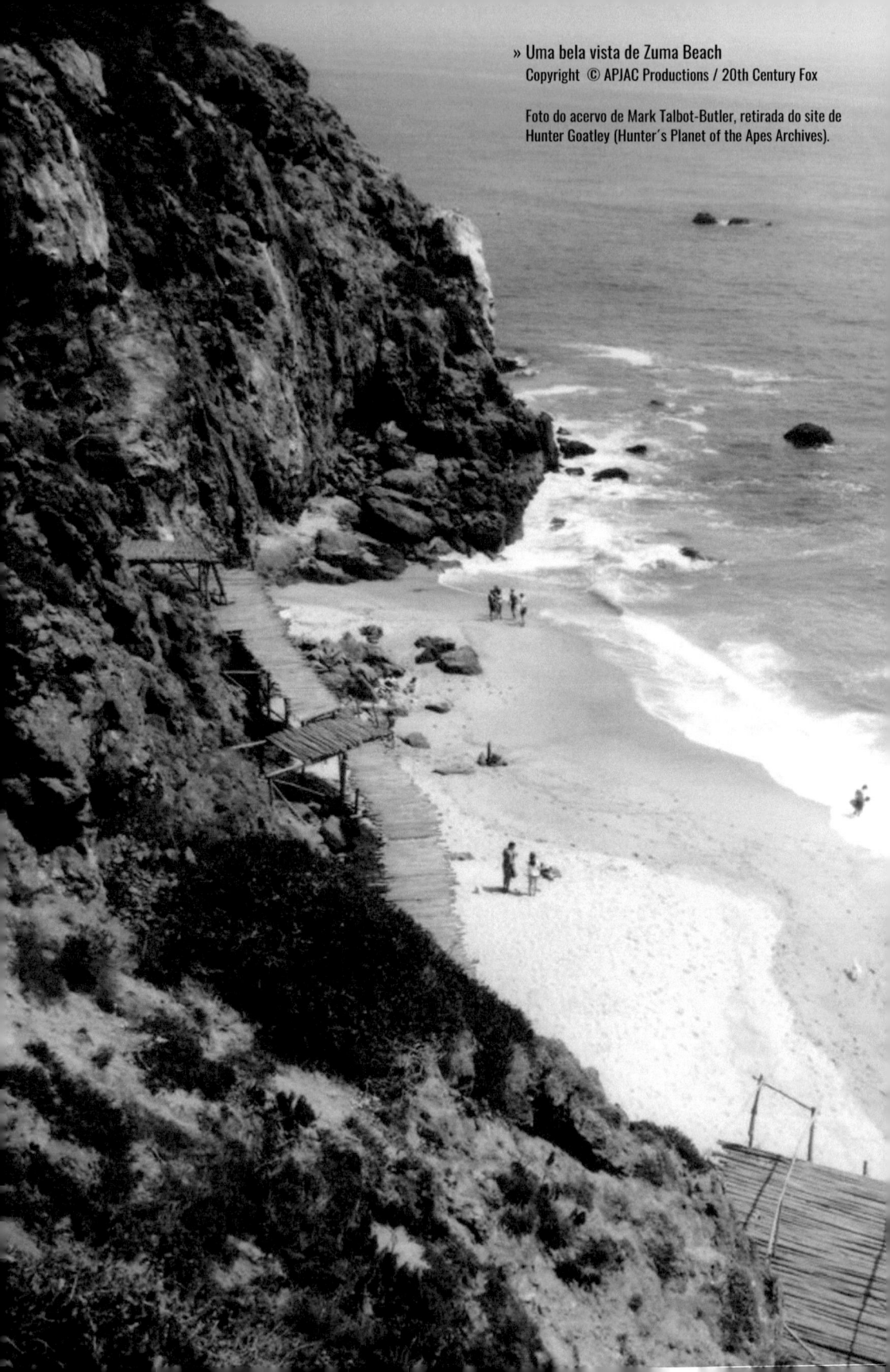

DOIS BANHISTAS DE ZUMA BEACH
Por Saulo Adami

Quem me conhece sabe que o longa-metragem *O planeta dos macacos* (1968) é meu projeto vitalício de arqueologia cinematográfica. O assisti uma só vez como espectador e centenas de outras como pesquisador. A paixão pela cinessérie produzida por Arthur P. Jacobs me levou a pesquisar seus bastidores e segredos, manter contato com atores e técnicos que construíram sua história e a escrever cinco livros sobre o tema, incluindo *O único humano bom é aquele que está morto!* (1996) e *Homem não entende nada! Arquivos secretos do Planeta dos macacos* (2015).

Nestes 40 anos dedicados ao assunto, atirei na lixeira do tempo um sem-fim de páginas que escrevi e reescrevi enquanto trilhava a infinita estrada de papel percorrida pelos autores determinados a deixar mais do que palavras perpetuadas em tinta. Criei o *Planet of the apes brazilian fan club*, publiquei o fanzine *Century city news international edition* e, por décadas, montei arquivos e exposições. Fiz amigos, sem a cooperação dos quais continuaria na escuridão angustiante das perguntas sem respostas. Amigos da jornada em busca dos arquivos até então inalcançáveis inspiraram meus passos na direção da luz que premia os esforços de quem segue em frente, apesar de tudo.

Encontrei, caminhando pela estrada de papel, o jornalista e escritor Eduardo Torelli, colaborador generoso com quem firmei uma parceria incondicional. Temos uma relação de amizade que ultrapassa as páginas de uma obra, um relacionamento de 30 anos ou mais — e seguimos contando! Mais do que amigos, nos tornamos irmãos de letras e de fé. Dos seus esforços, nasceu a edição pioneira deste livro, no emblemático ano 2000 — notícia confirmada por seu autor, via e-mail, em 22 de março:

"Olha, cara, eu deveria ser mais prudente e esperar um pouco, até que a notícia se confirme. Mas não aguento de ansiedade, preciso dividir isto com alguém — e, meu chapa, nesta praia somos os dois únicos *banhistas*. Acho que vou realizar o meu sonho de publicar um livro sobre os *Apes*".

Quando os macacos dominavam a Terra merecia uma edição revista e ampliada, que aguardei com entusiasmo. Fico emocionado ao lembrar que ajudei seu autor a salvá-la da lixeira do tempo. Nós, pesquisadores do sem-fim, temos momentos de angústia e incerteza, não importa o tamanho da fé em nossa capacidade criadora. Esta edição revisada e ampliada é mais do que a obra de um autor apaixonado por um tema. É um livro indispensável aos apreciadores do *fazer cinematográfico*, em especial aos fãs dos *Apes*, como chamamos os personagens que povoam nosso coração desde o dia em que o macaco falou (e ele estava certo!). Recomendo este livro a três tipos de leitores, em especial:

1) Para quem nunca leu a novela de Pierre Boulle (1963) nem assistiu à cinessérie clássica (1968-1973), às séries de TV (1974-1975), à refilmagem (2001) e ao *reboot* (2011-2017), nem teve acesso aos seus "derivados" ou "genéricos". Eduardo Torelli conduz o leitor por todos os caminhos – das plantações de milho saqueadas por humanos selvagens e mudos às bordas da floresta que encobre o acesso à Zona Proibida e até às estradas vicinais e poeirentas que levam à Cidade dos Macacos; das areias de Zuma Beach, onde Cornelius encontrou mais perguntas do que respostas sobre as origens da Humanidade, até à moderna Century City Plaza, no coração de Los Angeles, a cidade que amo, com seu inconfundível cheiro de baunilha. Conta, com riqueza de detalhes, o que aconteceu desde que Ulysse Mérou deixou sua Paris natal até a morte de César, ao alcançar a terra prometida;

2) Para quem já leu e assistiu a tudo isso e foi além, lendo fanzines, jornais, revistas e outros livros, assistindo a documentários e especiais de TV. O autor rompe as caixas pretas das espaçonaves que levaram humanos ao planeta dos macacos ou que de lá trouxeram macacos ao planeta dos homens nos últimos 50 anos. Faz valer sua opinião sobre o que leu, viu, pesquisou e descobriu, sob a óptica de um atento e talentoso jornalista e escritor apaixonado pelo cinema de qualidade;

3) E finalmente, para os pesquisadores. Ah! Se quando começamos nosso trabalho de pesquisa tivéssemos encontrado uma obra de referência como esta! Meu querido irmão Torelli: que tempão economizaríamos nas escavações de histórias tantas sobre o universo que amamos de paixão! Uma paixão que dividimos com outros fãs, mundo adentro!

Releio seus originais finalizados com entusiasmo, feliz por ter contribuído para a reunião de um punhado de amigos ao redor de sua publicação. Sim, este livro também é resultado da ação de uma rede de amigos e colaboradores solidários que formamos ao longo da vida e que estarão para sempre ao nosso lado, embora separados pelos oceanos. Amigos que para sempre amaremos e guardaremos entre as melhores lembranças destes tempos de semeaduras tantas e de tão gratas colheitas! Muito obrigado por suas análises profundas, pela coragem ao abordar temas polêmicos, por expressar suas próprias ideias, falando alto perante a assembleia dos orangotangos ditosos!

Quando sobrar um tempo em sua agenda, por favor, não esqueça de me convidar para mais um mergulho *fura-ondas* em Zuma Beach! Antes disso, preciso do seu autógrafo – porque a vizinhança, influenciada pelos arrogantes ricos e ociosos Jinn e Phyllis, anda espalhando por aí que não existem humanos inteligentes!

Que o Legislador abençoe o seu existir!

Saulo Adami

Jornalista, escritor e membro do
Instituto Histórico e Geográfico do Paraná.

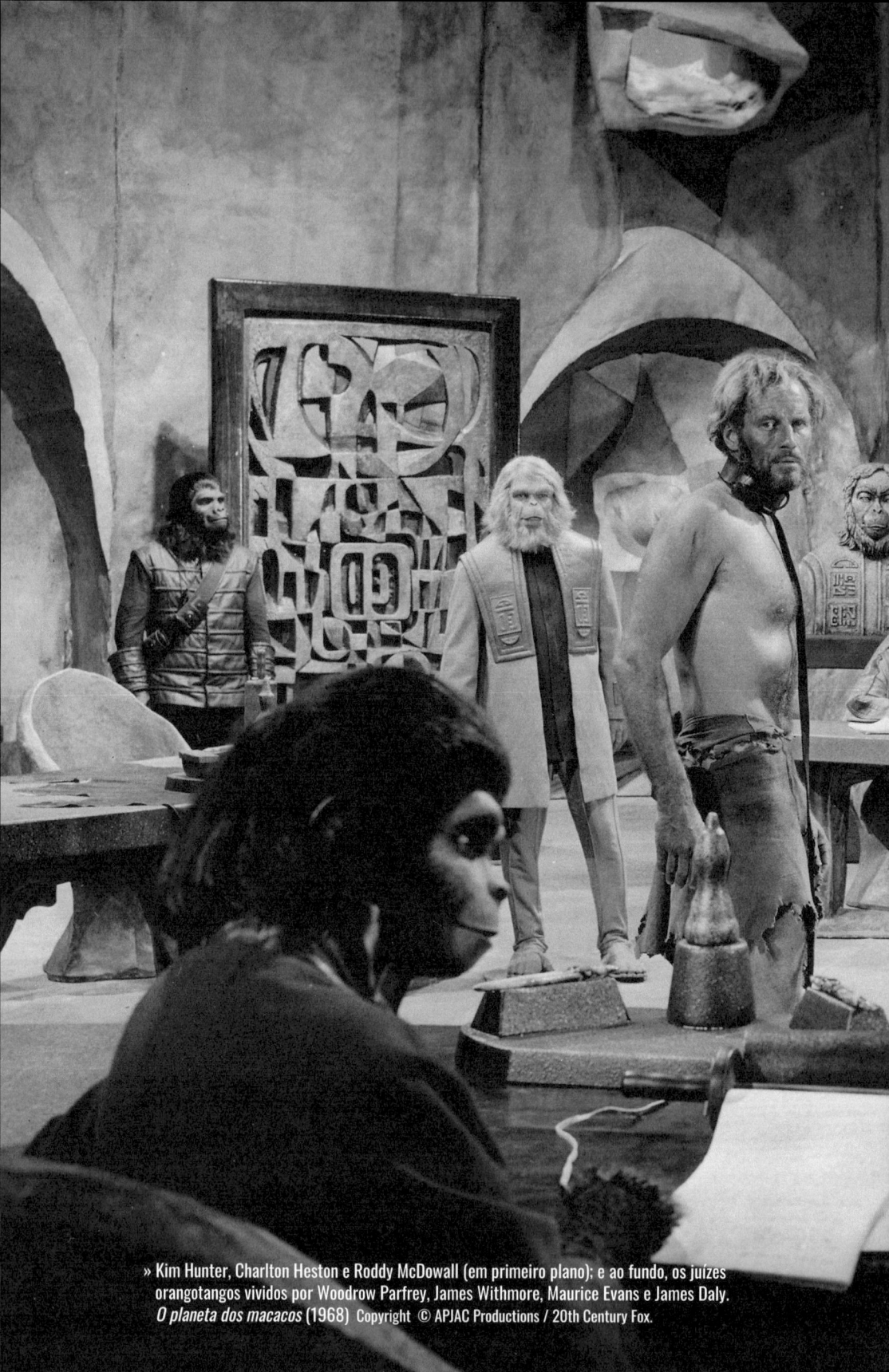

» Kim Hunter, Charlton Heston e Roddy McDowall (em primeiro plano); e ao fundo, os juízes orangotangos vividos por Woodrow Parfrey, James Withmore, Maurice Evans e James Daly. *O planeta dos macacos* (1968) Copyright © APJAC Productions / 20th Century Fox.

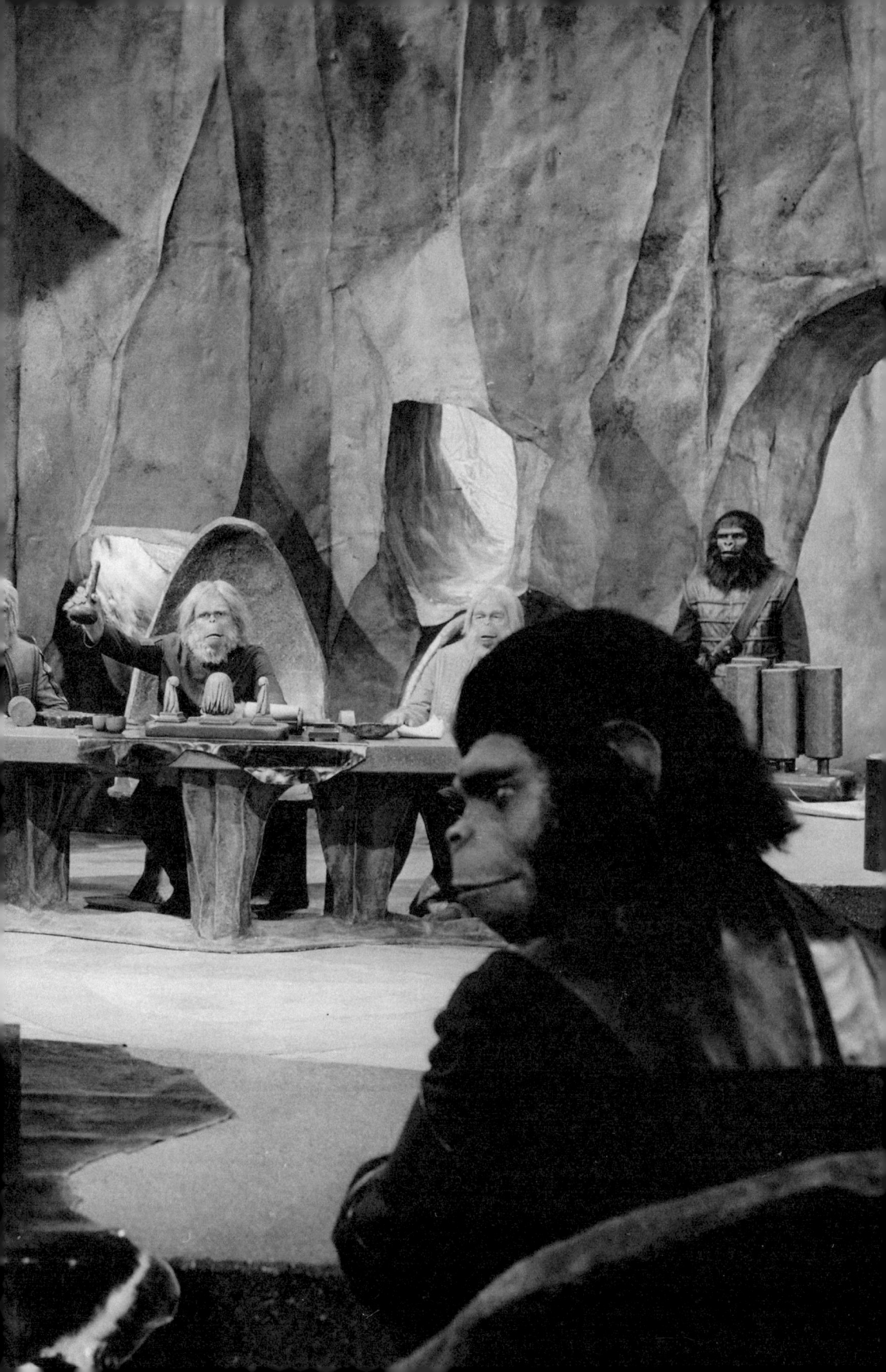

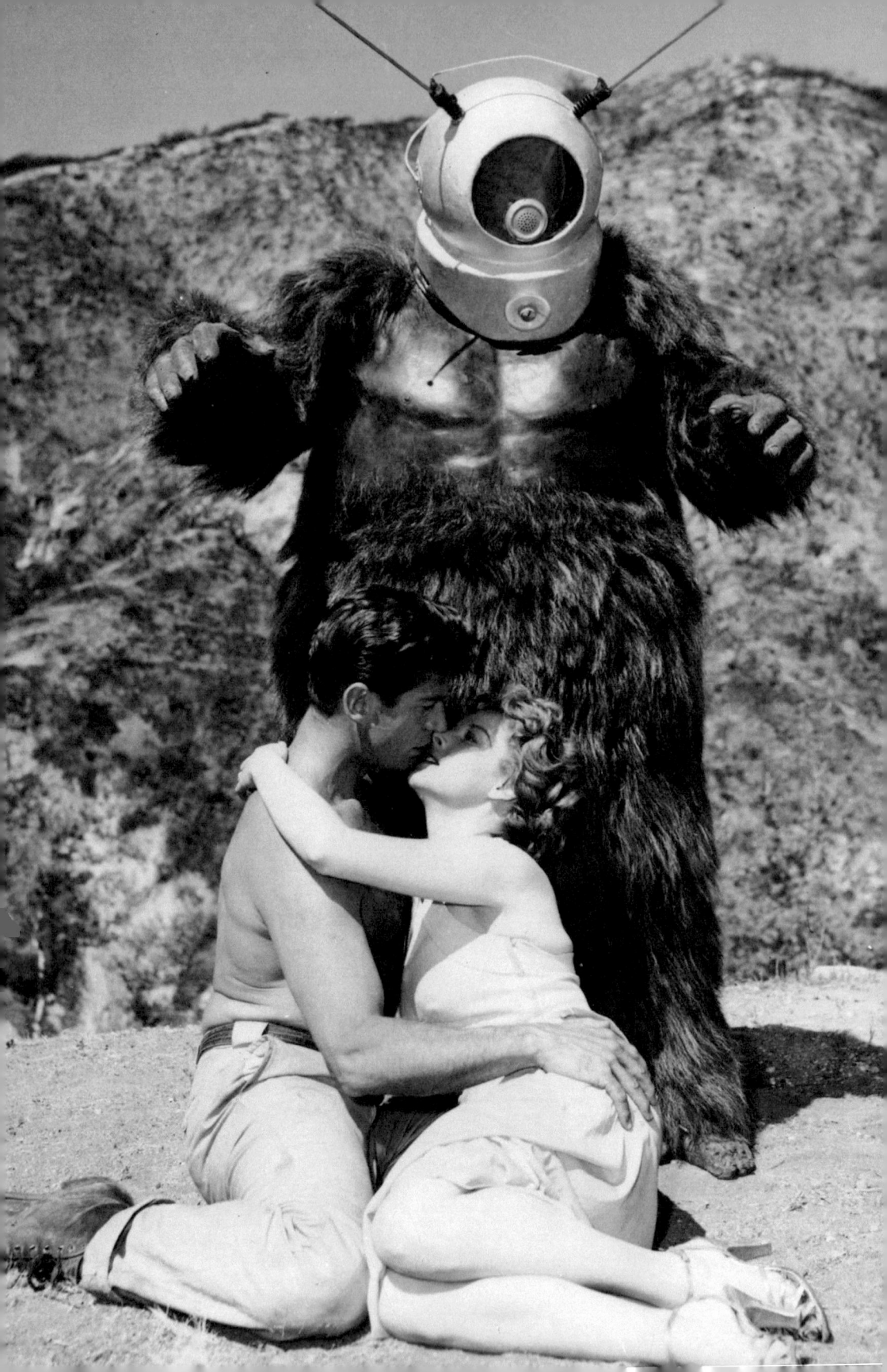

DO PAPEL AO DIGITAL:
A EVOLUÇÃO DA FRANQUIA PLANETA DOS MACACOS

A saga *Star Wars*[1] não foi a primeira epopeia de ficção científica a fazer a cabeça do grande público e a faturar milhões de dólares com a venda de merchandising. Antes da "Força", Luke Skywalker e Darth Vader, havia os chimpanzés falantes Zira e Cornelius, o Legislador e o bordão "macaco não matará macaco". E para a parcela minoritária da plateia interessada em encontrar algo mais do que efeitos especiais e batalhas cósmicas em filmes ambientados no espaço ou no futuro, os cinco primeiros longas da franquia *Planeta dos macacos* ainda tinham um importante alerta a nos dar: se não resolvêssemos a tempo nossas desavenças políticas e sociais, em breve seríamos relegados à condição de fósseis – literalmente.

Charlton Heston (1923-2008) foi uma testemunha ocular desse destino trágico: na cena final de *O planeta dos macacos* (1968), seu personagem – o cínico Comandante Taylor, cuja espaçonave rompera a barreira do tempo – encontrou as ruínas da Estátua da Liberdade em uma praia deserta. Sinal de que, a despeito dos movimentos pacifistas que agitavam o mundo no período em que a produção estreou nos cinemas, o Homem perdera a pior de todas as batalhas contra si mesmo.

Foi graças a este desfecho antológico – e não apenas à visionária maquiagem dos macacos, contemplada com um Oscar Honorário em 1969 –, que *O planeta* se inscreveu na história do cinema e no imaginário daquela década. Ao lado das lúdicas aberturas dos filmes de James Bond, do banho sensual de Anita Ekberg na Fontana di Trevi em *A doce vida*[2] e do strip-tease em gravidade zero de Jane Fonda em *Barbarella*[3], a visão da Estátua da Liberdade destruída à beira-mar é uma das mais poderosas imagens que chegaram às telas na era da Contracultura e do Movimento pelos Direitos Civis.

- -

1 Os títulos da Saga *Star Wars* estão listados no início do Índice de Filmes.

2 *A doce vida* (*La dolce vita*, 1960, Federico Fellini).

3 *Barbarella* (1968, Roger Vadim).

Hoje, com os mísseis nucleares relegados aos museus e a ameaça de uma guerra atômica quase neutralizada, a conclusão do filme pode parecer superlativa. Mas não o era em 1968: seis anos antes, a Crise dos Mísseis Cubanos provou que o Armagedom poderia ser desencadeado em um piscar de olhos (bastando para isso um entrevero diplomático mais sério entre os EUA e a antiga União Soviética, as duas superpotências que dominavam o mundo). O cenário sociopolítico era propício ao surgimento de distopias que mostrassem o fim da civilização e a queda do Homem. Em contrapartida, os avanços técnicos na indústria do audiovisual incentivavam a realização de filmes e séries de cunho fantástico visualmente mais ambiciosos.

HISTÓRIAS EXTRAORDINÁRIAS

Como gênero, a ficção científica já era um filão respeitado nos anos 1960 – porém, só na literatura. O cinema não demorou a descobrir o fascínio das viagens espaciais e dos contatos com raças alienígenas, mas, durante décadas, a Sétima Arte se contentou em abordar esses temas de forma "rasteira". Imperava a noção de que o grande público não era sofisticado o bastante para absorver a sutileza dos comentários sociais encontrados nas boas obras literárias do gênero, que estavam anos-luz à frente de suas contrapartes cinematográficas. Isaac Asimov já escrevera *Eu, robô* (uma coletânea de contos que mostravam os impactos da robótica nas vidas dos humanos) e Philip K. Dick apresentava dramas pungentes em seus romances sobre androides sencientes e realidades alternativas. Enquanto isso, o cinema se limitava a explorar a periferia do filão, insistindo em monótonas tramas sobre invasões de OVNIs.

No fim dos anos 1950, alguns pioneiros passaram a propor uma abordagem mais sofisticada para a ficção científica audiovisual. Rod Serling (1924-1975) liderou o movimento ao criar a série de TV *Além da imaginação*[4], que mostrou ao espectador a riqueza que se podia extrair dessas histórias. Sete anos depois, *Jornada nas estrelas*[5] protocolou a revolução, levando para a "telinha" noções básicas de Filosofia, Sociologia e História Política sutilmente inseridas nas aventuras do Capitão Kirk, do Senhor Spock e do Dr. McCoy. É provável que esses esforços televisivos tenham influenciado os criativos do cinema, uma vez que, na metade dos anos 1960, os filmes também começaram a dispensar um tratamento mais digno ao gênero.

----

4 *Além da imaginação* (The twilight zone, 1959-1964, criação de Rod Serling).
5 *Jornada nas estrelas* (Star trek, 1966-1969, Gene Roddenberry).

Produções como *Viagem fantástica*[6] e *2001: uma odisseia no espaço*[7] são da mesma safra de *O planeta* e, tanto quanto o filme estrelado por Charlton Heston, ajudaram a mudar a "cara" da ficção científica na tela grande.

Os longas-metragens da série *Planeta dos macacos*, portanto, surgiram em meio a um renascimento midiático do filão. Mas a franquia não se limitou a reinventar as convenções da ficção científica cinematográfica em termos técnicos e narrativos: os filmes originais, baseados em uma novela do escritor francês Pierre Boulle (1912-1994) e realizados pela produtora APJAC para a 20th Century Fox, também iniciaram a era das superproduções do gênero em sequência, um modismo aprimorado com o advento da saga *StarWars* e que continua em voga na atualidade – vide os casos das franquias *Jogos vorazes* (*The hunger games*) e *Divergente* (*Divergent*)[8].

A rigor, a ideia foi copiada de uma estratégia que garantiu o sustento de estúdios como a Universal nas décadas de 1930 e 1940 – mas que, então, se restringia a comédias e a filmes de terror, como as aventuras de Abbott & Costello e as cinesséries *Drácula* e *Frankenstein*. Mais tarde, ao realizar os três primeiros longas da franquia *Star Wars*, George Lucas transformou essa dinâmica em um modelo de negócios ao vincular o lançamento de cada episódio da série a mercadorias associadas aos filmes (camisetas, bonecos e outros itens de memorabilia). Mas o fenômeno comercial deflagrado por sua popular *space-opera* teve um precedente importante: a *macacomania*, uma febre de consumo inspirada nos personagens de *O planeta* e suas sequências que se espalhou pelo mundo nos anos 1960-1970.

Tanto quanto os filmes de *Star Wars*, a saga dos macacos deu origem a diversos artigos de merchandising: por volta de 1974, havia cerca de 300 produtos licenciados à venda nas lojas dos EUA, incluindo jogos de tabuleiro, revistas em quadrinhos, bonecos, kits de moldar, quebra-cabeças, livros de colorir, novelizações e – é claro! – máscaras de macacos. A diferença é que os *tie-ins* inspirados em *O Planeta* e em suas continuações surgiram de forma espontânea, a partir da repercussão dos filmes e de duas séries de TV sobre o tema produzidas na metade da década de 1970. Lucas inverteu o processo em 1977, ao realizar *Guerra nas estrelas* (mais tarde relançada como *StarWars: uma nova esperança*) para a mesma 20th Century Fox: já ciente do potencial lucrativo dos *tie-ins*, o produtor e cineasta planejou e assumiu o gerenciamento de todo o merchandising atrelado aos seus filmes (uma estratégia muito mais rentável do que ter participação na bilheteria).

- -

6 *Viagem fantástica* (*Fantastic Voyage*, 1966, Richard Fleischer).

7 *2001: uma odisseia no espaço* (*2001: a space odissey*, 1968, Stanley Kubrick).

8 Os títulos das sagas *Jogos vorazes* e *Divergente* estão no início do Índice de Filmes.

A curiosidade sobre a saga *Planeta dos macacos* é que, diferentemente de *StarWars*, a história contada pelos filmes não era uma utopia, mas uma *distopia*, o que torna um pouco excêntrico o culto a ela devotado nas décadas de 1960-1970. É fácil entender o apelo que os longas tinham junto às crianças, já que há uma boa dose de aventura e escapismo nos enredos. Mas as tramas versavam sobre temas "espinhosos", como revolução, intolerância ideológica, guerras e segregação social — o tipo de material não encontrado em outros ícones infantojuvenis da época, como *Perdidos no espaço*[9] ou *O túnel do tempo*[10].

Os tópicos sociais e políticos da série não passaram despercebidos aos críticos, que reconheciam em seus episódios uma correlação com a realidade do período, assim como um conteúdo filosófico acessível ao grande público. Isto não quer dizer que as resenhas fossem sempre positivas: durante muito tempo, as quatro sequências do filme original ostentaram a pecha de "caça-níqueis", já que continuações não eram bem vistas em uma era na qual o chamado *bom cinema* passava longe do comercialismo. Um exemplo da relação esquizofrênica que os críticos mantinham com os longas originais (um curioso misto de desprezo e simpatia) é a resenha de Vincent Can sobre *A batalha do planeta dos macacos* publicada no *The New York Times* em julho de 1973:

> "*A Batalha do Planeta dos macacos* não é um filme ótimo, mas tem apelo e é um pouco triste. É o quinto e, segundo dizem, último capítulo da série de filmes incrivelmente bem-sucedida inspirada na novela 'O Planeta dos macacos', de Pierre Boulle. (...) Me disseram que o enredo, de certa forma, leva a história até o início do *Planeta dos macacos* original (1968), mas não tenho muita certeza disso. Em minha mente, os títulos das sequências (*De volta ao planeta dos macacos*, *Fuga do planeta dos macacos*, *Conquista do planeta dos macacos*) se tornaram tão desconectados dos enredos quanto os títulos das novelas de Evelyn Waugh ou dos filmes de Ozu. Não faz diferença. Todos os filmes dos macacos são parecidos e, ainda assim, cada um deles é um pouco diferente. (...) J. Lee Thompson, que também dirigiu o longa anterior, *Conquista do planeta dos macacos*, não ganhará nenhum prêmio por *A batalha*, mas a simplicidade do filme desarma a crítica. As maquiagens dos chimpanzés e orangotangos continuam notáveis e os diálogos são ocasionalmente brilhantes e divertidos. Há maneiras bem piores de perder o seu tempo."
>
> "Battle for the planet of the apes" - *The New York Times*.

---

9 *Perdidos no espaço* (*Lost in space*, 1965-1968, criação de Irwin Allen).
10 *Túnel do tempo* (*The time tunnel*, 1966-1967, criação de Irwin Allen).

A impressão é que, para os críticos dos anos 1960-1970 (bem mais resistentes ao cinema comercial que os da atualidade), a saga dos macacos era uma espécie de "prazer culpado", tanto quanto as relativamente reacionárias aventuras de James Bond (que colidiam com o espírito de contestação à autoridade que imperava na época, ainda que fossem muito divertidas). A tendência, assim, era menosprezar a pouca latitude das tramas (em comparação ao que ofereciam os filmes de Fellini, Antonioni ou Kubrick) e condenar a óbvia ambição comercial dos produtores.

Porém, como sugere a resenha de Can, havia algo de inquietante na série: uma ideia poderosa se esgueirava daquele cenário bizarro de gorilas portando armas de fogo e humanos trancados em jaulas. A inusitada iconografia dos filmes tocava o subconsciente do espectador, levando-o a reflexões que não costumam ser despertadas por esse tipo de entretenimento. Tanto quanto o romance que os inspirou, os longas da franquia punham o Homem contemporâneo no divã, confrontando o seu "eu" civilizado com instintos bestiais reprimidos pela evolução (ainda que tão perceptíveis em um mundo convulsionado pela Guerra Fria e por conflitos ideológicos e de raça). Nas palavras do psicólogo James F. Iaccino, que dedica todo um capítulo de sua obra *Jungian reflections within the cinema: a psychological analysis of sci-fi and fantasy archetypes*[11] à saga dos símios falantes:

> "Uma das razões pelas quais o interesse por *Planeta dos macacos* persiste, mesmo passados todos esses anos, é que essas criaturas cinematográficas têm uma parte de nós que gostaríamos de reprimir – mas que não conseguimos reprimir. Quando olhamos para os macacos, olhamos para a nossa própria natureza oculta, que é refletida de volta para nós."
>
> "Jungian reflections within the cinema" - *Planet of the apes: the evolution of an archetypal shadow species*.

---

11 "Planet of the apes: the evolution of an archetypal shadow species" em *Jungian reflections within the cinema: a psychological analysis of sci-fi and fantasy archetypes* (Praeger, 1998). // *Reflexões Jungianas sobre o cinema: uma análise dos arquétipos da ficção científica e da fantasia.*

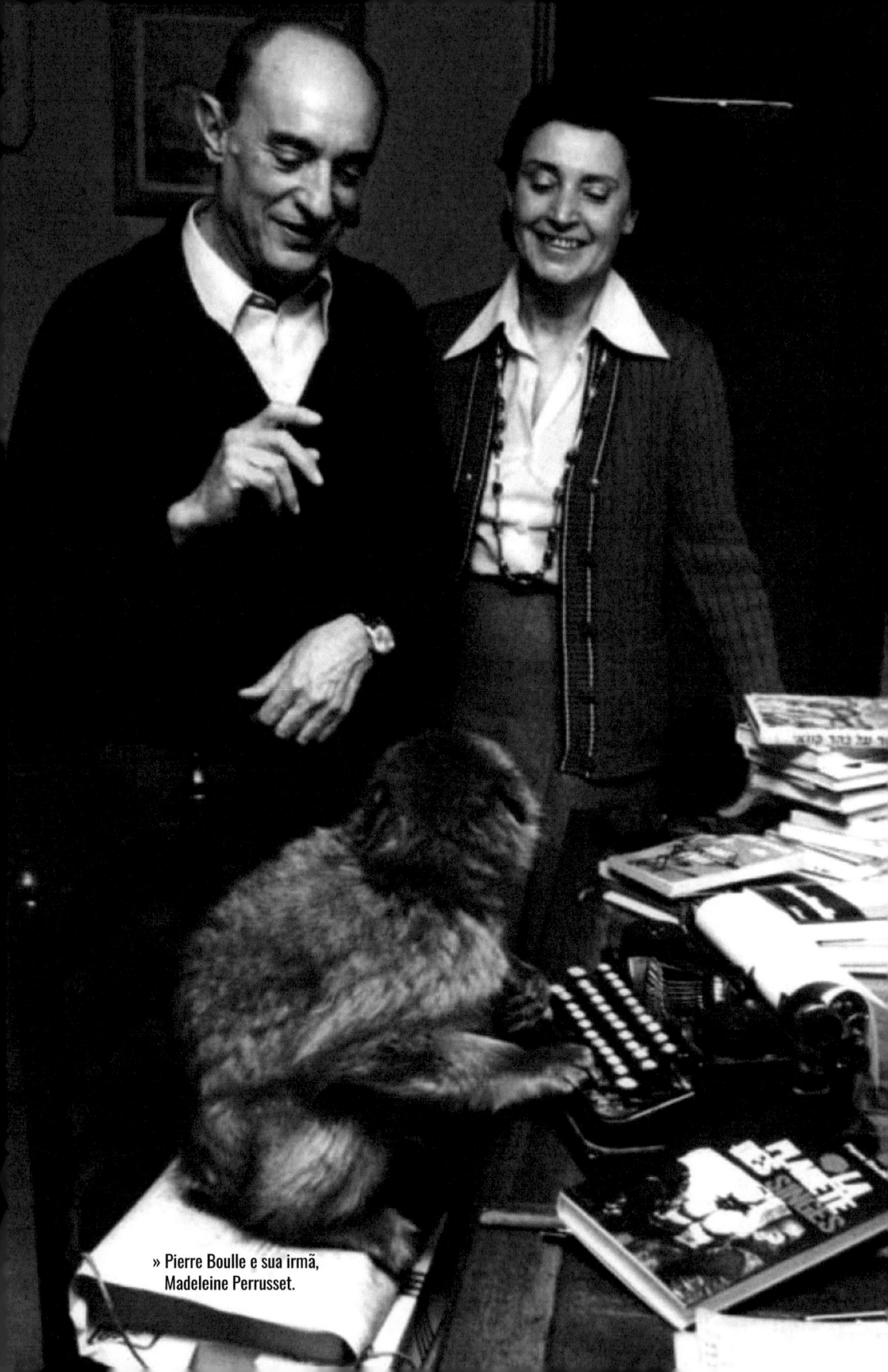

» Pierre Boulle e sua irmã,
Madeleine Perrusset.

A ORIGEM DAS ESPÉCIES

Tanto o produtor Arthur P. Jacobs (1922-1973) quanto o chefe de estúdio Richard D. Zanuck (1934-2012) – que comandava a 20th Century Fox em 1968 e autorizou a realização do longa original, contrariando todas as expectativas pessimistas quanto ao projeto –, tiveram uma grande importância na consolidação da franquia dos macacos. Mas as origens do fenômeno remontam a 1963, quando Pierre Boulle publicou *La planète des singes*, um misto de sátira swiftiana e aventura de ficção científica (apropriadamente definida pelo *Louisville Times* como o *"Viagens de Gulliver* do futuro").

Nascido a 20 de fevereiro de 1912, em Avignon (França), Boulle teve uma vida interessante. Foi criado como um católico, mas aderiu ao agnosticismo quando adulto. Na melhor tradição romântica, também correu o mundo em busca de aventuras antes de se tornar um escritor de sucesso. Após se formar em engenharia pela École Supérieure d'Électricité, em 1933, mudou-se para a Malásia, onde trabalhou em uma plantação de borracha. Já no período da Segunda Guerra, atuou como espião contra os países do Eixo e passou mais de dois anos preso em um campo de trabalhos forçados na fronteira entre o Vietnã e o Camboja, de onde conseguiu escapar em 1944. Mais tarde, a experiência no *front* alimentaria de realidade seus romances mais famosos, como *A ponte do rio Kwai* (*Le pont de la rivière Kwai*, 1952) e o próprio *O planeta dos macacos*.

Boulle deu início à carreira literária logo após a guerra, mas só se tornou um autor mundialmente famoso em 1957, quando *A ponte do rio Kwai* foi transformado em um filme épico dirigido por David Lean[12]. Em vista da grande repercussão obtida pelo longa, esperava-se que o autor se dedicasse a escrever outros enredos de guerra, mas não foi o que aconteceu: em 1958, ele publicou um drama político ambientado na Malásia *Les voies du salut*; em 1960, produziu uma trama de espionagem *Un métier de seigneur*; e em 1963, aventurou-se na ficção científica, gênero com o qual havia flertado em seus primeiros trabalhos (como a antologia *Contes de l'absurde*, de 1953), com *La planète des singes*. Um tratado de criticismo social disfarçado de aventura futurista, o romance utilizava chimpanzés, gorilas e orangotangos como metáforas do Homem (o que permitiu ao autor apontar as rebarbas acadêmicas e religiosas de sua época).

O mais famoso precursor desse tipo de literatura foi Jonathan Swift (1667- 1745), que, no século 17, publicou *Viagens de Gulliver*. O protagonista da obra era um médico e aventureiro que, ao longo de suas andanças pelo mundo, visitava países habitados por homens diminutos, gigantes e

---

12 *A ponte do rio Kwai* (*The bridge on the river Kwai*, 1957, David Lean).

até cavalos falantes. A sátira social permeava o romance – os imaginários países de Lilliput e Blefuscu, por exemplo, eram caricaturas da Inglaterra e da França –, mas só era notada pelo leitor mais perspicaz, capaz de ler os comentários subliminares do autor nas entrelinhas.

Segundo Boulle, a inspiração para *La planète des singes* surgiu durante uma visita ao zoológico. "Observando os gorilas, fiquei impressionado com suas expressões quase humanas", disse o autor à revista *Cinefantastique* em 1972. "Isto me levou a pensar nas relações entre homens e macacos." O paralelo entre as espécies era o principal aspecto do livro, uma vez que, apesar de sua educação científica e de seu interesse por Cosmologia[13] – tema sobre o qual escreveu um abrangente ensaio em 1987, *L'univers ondoyant* (*O universo ondulante*) –, Boulle não imitou os estilos de Isaac Asimov ou Arthur C. Clarke ao escrever a novela: em sua trama, as espaçonaves e macacos falantes são simples precedentes para que o autor denuncie as mazelas do mundo contemporâneo.

No século XIX, Mary Shelley (1797-1851) e H. G. Wells (1866-1946) fizeram o mesmo em romances como *Frankenstein* (*Frankenstein: or the Modern Prometheus*), *A máquina do tempo* (*The time machine*), *O homem invisível* (*The invisible man*) e *A ilha do Dr. Moreau* (*The island of Dr. Moreau*), que instituíram as bases da ficção científica social. Em *Frankenstein*, publicado em 1818, Shelley recorreu à fantasia para teorizar sobre uma questão que afligia a muitos intelectuais do período: poderia o avanço da Ciência, dentro de alguns anos, comprometer a sobrevivência do Homem? O meio encontrado pela autora para ilustrar essa questão foi contar a história de um cientista que, desafiando as leis da Natureza, cria em laboratório um monstro vingativo. O sentido da metáfora era claro: quando empregado sem sabedoria, o conhecimento se torna uma arma potente o bastante para destruir a Humanidade.

Depois de Shelley, H. G. Wells foi o nome mais influente no delineamento da ficção científica social. O autor de *O homem invisível*, *A máquina do tempo* e *A ilha do Dr. Moreau* era adepto de uma "futurologia" diferente à de seu ilustre contemporâneo Júlio Verne (1828-1905), cuja abordagem da ficção científica era mais empirista. Nas novelas de Wells, a Ciência raramente é encarada com otimismo: ao descobrir a fórmula da invisibilidade, Griffin (o protagonista de *O homem invisível*) se transforma em um monstro moral. E em *A ilha do Dr. Moreau*, as controversas experiências biológicas do protagonista resultam apenas em abominação. O sucesso dos livros de Shelley e Wells deu início a todo um subgênero de novelas com o mesmo

---

13 Ramo da Astronomia que busca estudar a evolução e a estrutura do Universo; a Cosmologia sustenta-se em dois princípios básicos: a Teoria da Relatividade de Einstein e a Teoria Inflacionária (segundo a qual o Universo foi criado a partir do Big Bang).

viés. Por volta de 1960 (com o mundo à beira de um conflito atômico), romances sobre o fim da civilização estavam no auge. A sátira apocalíptica de Pierre Boulle, portanto, surgiu em um momento propício.

Em *La planète des singes*, três astronautas franceses – o Professor Antelle, o físico Arthur Leváin e o jornalista Ulysse Mérou – deixam a Terra no ano 2500 e viajam até o sistema solar de Betélgeuse, onde pousam em um mundo idêntico à Terra (o qual batizam como "Soror"), mas dominado por macacos evoluídos que usam os humanos como cobaias de laboratório. Capturado, Ulysse se torna amigo de dois cientistas chimpanzés, Zira e Cornelius, que conseguem integrá-lo à sociedade após provarem aos gorilas e orangotangos (as castas predominantes do planeta) que o prisioneiro é uma criatura consciente e espiritual. No curso de uma expedição arqueológica, Ulysse e seus protetores macacos descobrem que os humanos governaram Soror em um passado distante, o que os coloca em apuros com as autoridades. Apreensivo, o herói decide voltar à Terra, mas tem uma surpresa quando sua nave pousa no aeroporto de Orly, em Paris: ele é recebido por uma comitiva de gorilas em trajes militares. De algum modo, o processo evolutivo "às avessas" ocorrido em Soror também se produzira em nosso planeta durante a ausência do viajante[14].

O FILME "INFILMÁVEL"

Apesar de sua proposta intrigante, *La planète des singes* (que ganhou o inglório título de *Monkey planet* na Inglaterra!) talvez caísse no esquecimento se um agente literário francês não apresentasse a obra ao produtor americano Arthur P. Jacobs, que ficou encantado com o romance. Nascido a 7 de março de 1922, Jacobs se graduou em cinema na University of Southern California no início da década de 1940. Começou a carreira de forma modesta, trabalhando como mensageiro da MGM, mas, por volta de 1946, já se tornara relações públicas de superastros como James Stewart e Marilyn Monroe. Arthur sonhava se lançar como produtor de filmes, uma ambição que só conseguiu realizar em 1964, por meio da comédia *A senhora e os seus maridos*[15], estrelada por Shirley MacLaine. A série dos macacos foi o maior *case* de sua produtora, a APJAC (fundada em 1963), mas Jacobs não desfrutou do sucesso alcançado pela companhia durante muito tempo: ele morreu precocemente, aos 51 anos, vítima de um enfarto.

---

14 *La planète des singes* não foi a primeira obra literária a sugerir que os símios herdariam a civilização; uma ideia parecida é apresentada em *O macaco e a essência* (*Ape and essence*, 1948), de Aldous Huxley, no qual os babuínos se tornam os senhores da Terra após a Humanidade se autodestruir em uma guerra nuclear.

15 *A senhora e seus maridos* (*What a way to go!*, 1964, J. Lee Thompson).

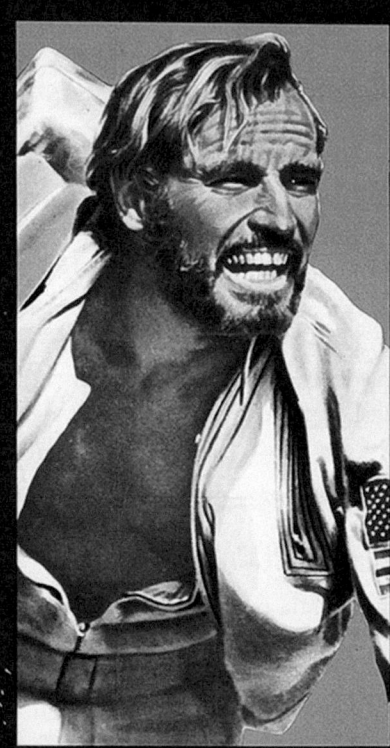
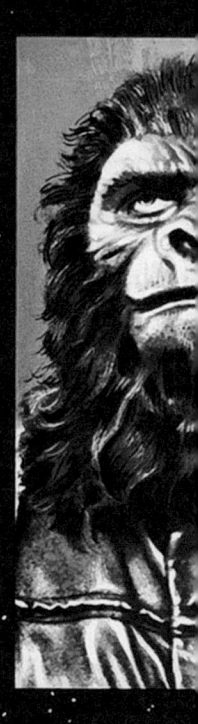
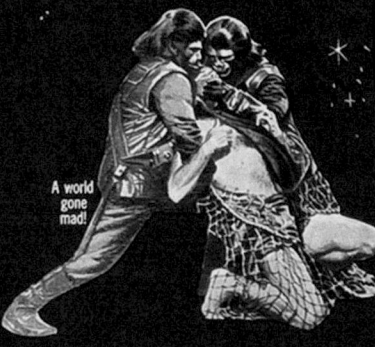

UST BE SOMETHING BETTER THAN MAN.
HROUGH THE CENTURIES AND FIND THE ANSWER.
ANET WHERE APES ARE THE RULERS AND MAN THE BEAST.

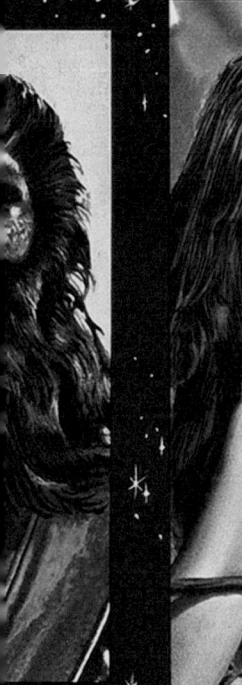 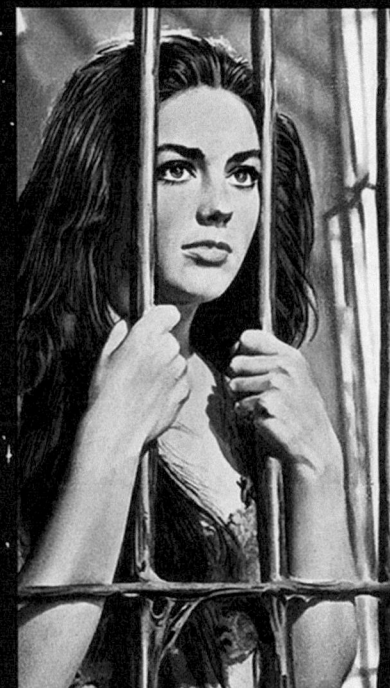 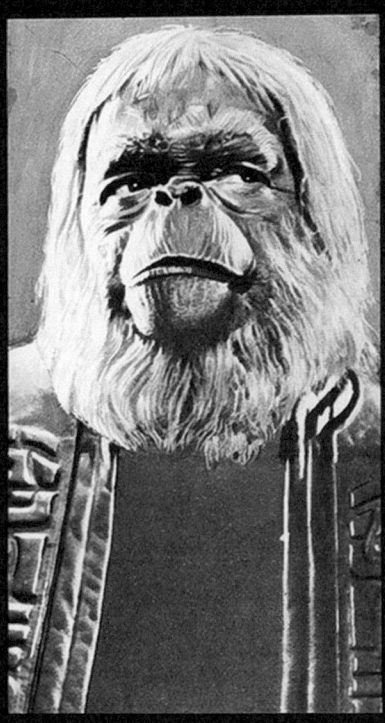

x presents

HESTON

THE APES 'A' PANAVISION® Colour by DE LUXE

AMES WHITMORE · JAMES DALY · **INTRODUCING** LINDA HARRISON
AS NOVA

AEL WILSON AND ROD SERLING   MUSIC BY JERRY GOLDSMITH   BASED ON A NOVEL BY PIERRE BOULLE

Printed in England by   Loxdale & Bartholomew (Nottingham) Ltd.

Jacobs era o perfeito *entertainer*. É dele uma frase lapidar, própria de alguém que entende a mentalidade do grande público: "Aprendi a não me preocupar com os críticos. Só me preocupo com o fato de as pessoas assistirem aos meus filmes. Se as pessoas os assistem e gostam, dou-me por feliz"[16]. Isto não significa que, como produtor, Jacobs fosse partidário de um cinema banal. Ele se preocupava com a qualidade e a consistência de seus projetos e entendia a relevância de bons roteiristas, realizadores e atores para o êxito de um longa-metragem.

Ao notar o potencial de *La planète des singes*, Jacobs adquiriu os direitos de adaptação sobre a obra e passou a acalentar o sonho de trans-portá-la para as telas[17]. Foi o início de uma longa peregrinação: entre 1963 e 1966, o projeto de *O planeta* vagou pelo purgatório das produções consideradas "infilmáveis": os efeitos especiais disponíveis na época eram muito primitivos para garantir que a fantasia da novela se materializasse a contento no *écran*. Além disso, a trama era tão exótica que nem o próprio autor imaginava "como" poderia ser aproveitada cinematograficamente. "Nunca pensei que conseguiriam transformar aquilo em um filme", disse Boulle, em 1972. "Parecia-me difícil demais e havia a chance de tudo parecer ridículo. Quando assisti ao filme pela primeira vez, nada me pareceu ridículo"[18].

Sem o auxílio do roteirista Rod Serling e de Charlton Heston (então, um dos astros mais influentes de Hollywood), Arthur não teria sido capaz de levar o projeto à frente. Mas, após atrair esses dois grandes nomes para a produção, Jacobs convenceu o chefão da 20th Century Fox, Richard Zanuck, de que *La planète des singes* poderia migrar com êxito para o ci-nema, desde que uma caracterização convincente fosse elaborada para os macacos. O maquiador artístico John Chambers (1922-2001) se incumbiu desta tarefa e, após meses de pesquisas nos laboratórios da Fox, concebeu um *look* personalíssimo para os personagens símios, solucionando o maior entrave para a realização do filme. Com roteiro final assinado por Serling e Michael Wilson (1914-1978) e dirigida por Franklin J. Schaffner (1920-1989), a primeira versão cinematográfica de *La planète des singes* estreou em fevereiro de 1968, logo se tornando um sucesso de bilheteria.

---

16 "Dialogues on apes, apes, and more apes" - Revista *Cinefantastique*.

17 Há alguma controvérsia no que se refere à aquisição dos direitos de adaptação da obra; algumas fontes afirmam que o negócio foi fechado com a ajuda do cineasta J. Lee Thompson (o primeiro diretor cotado para realizar *O planeta dos macacos*), que teria emprestado dinheiro a Arthur Jacobs para a viabilização do negócio; outras fontes, porém, sugerem que nenhum acordo formal foi fechado até a Warner Bros. se envolver no projeto, o que só ocorreu dois anos depois.

18 "Dialogues on apes, apes, and more apes" - Revista *Cinefantastique*.

Na trama, o astronauta George Taylor (Charlton Heston) aterrissa em um mundo primitivo no qual humanos pré-históricos são caçados por gorilas e submetidos a cirurgias de cérebro experimentais realizadas por chimpanzés. Os cientistas Zira (Kim Hunter) e Cornelius (Roddy McDowall) se convencem de que o herói é o "elo perdido" entre os primatas não evoluídos e o Macaco e tentam protegê-lo dos políticos orangotangos, que querem submeter o prisioneiro a uma lobotomia. Na conclusão do filme, Taylor escapa para uma região conhecida como "Zona Proibida", onde, perplexo, descobre que o Planeta dos macacos é a Terra do século XL, arrasada por uma guerra nuclear.

UNIVERSO EM EXPANSÃO

"Esta é uma das fantasias de ficção científica mais divertidas de todos os tempos", afirmou a lendária crítica de cinema Pauline Kael (1919-2001) em sua resenha sobre *O planeta* publicada na revista *The New Yorker*[19]. Suas palavras traduziam o sentimento dos espectadores: as plateias se entregaram de corpo e alma àquela aventura futurista e destinada ao público infantojuvenil, mas tão imbuída do "espírito" da época: temas como a Guerra Fria, o racismo e a intervenção no Vietnã insinuavam-se na trama (nunca de forma declarada, mas perceptível o bastante para o espectador mais atento). Ali se estabeleceu a conexão entre *Planeta dos macacos* e política – um tópico às vezes superestimado pela crítica, mas que indiscutivelmente é parte do fenômeno cultural criado em torno dos símios inteligentes.

Jacobs era o tipo de empreendedor que gostava de pensar positivo (sua perseverança fora testada durante a pré-produção de *O planeta*, quando ele enfrentara sucessivas portas na cara de cabeça erguida). Mas nem o seu excesso de otimismo o preparou para a repercussão do filme: quando os primeiros artigos de consumo baseados no longa começarem a surgir – a ponta de lança foi uma coleção de cards da Topps –, Arthur e os executivos da Fox intuíram que os macacos poderiam se tornar uma mania com grande potencial de exploração. De olho no futuro, Richard Zanuck autorizou a realização de uma sequência de *O planeta*, que estreou nos cinemas no primeiro semestre de 1970.

Ted Post (1918-2013) dirigiu *De volta ao planeta dos macacos*, já que Franklin Schaffner não estava disponível para realizar a continuação. Rod Serling e Michael Wilson tampouco escreveram o script final da produção

---

19 "Apes must be remembered, Charlie!" - *The New Yorker*.

e Charlton Heston se recusou a atuar no filme (o que quase inviabilizou o projeto). Além dos proverbiais "conflitos de agenda", é provável que essa deserção em massa se explique por uma ideia muito difundida naquele tempo: a de que continuações não tinham qualquer valor artístico. Heston deixou isto claro ao ser entrevistado pelo repórter Dale Winogura, da revista *Cinefantastique*[20], em 1972:

> "Tão logo o monumental sucesso do filme ficou evidente, vieram falar comigo sobre uma continuação. Eu disse: 'Não existe continuação. Só há uma história a ser contada.' Você pode fazer outro filme contando novas aventuras com os macacos e talvez seja um filme emocionante. Mas, criativamente, não há filme algum."
>
> "Dialogues on apes, apes, and more apes" - *Cinefantastique*.

O valor do dinheiro, porém, não podia ser desprezado em uma época na qual a Fox enfrentava dificuldades financeiras. Zanuck, assim, usou sua diplomacia para convencer Heston a repetir o papel de Taylor em *DeVolta*. Bem mais difícil foi encontrar uma ideia que sustentasse a sequência: vários roteiros preliminares foram escritos e descartados, já que os produtores não conseguiam imaginar um argumento que justificasse o prosseguimento da história.

Poeta, escritor e coautor de uma das melhores aventuras cinematográficas de James Bond – *007 contra Goldfinger*[21] –, o britânico Paul Dehn foi a resposta aos problemas da APJAC. Além de escrever *DeVolta*, Dehn elaborou outros dois scripts para a série original e pré-configurou o enredo de *A batalha*, o filme que pôs um fim transitório à franquia em 1973. O roteirista também elevou a saga dos macacos a um patamar mais ambicioso em termos de história de ficção científica: nos longas seguintes, à já inusitada intriga de *O planeta*, foram adicionados elementos que incluíam uma superbomba atômica capaz de destruir a Terra, mutantes humanos gerados pela radiação nuclear e um mirabolante paradoxo temporal que traz os chimpanzés Cornelius e Zira ao nosso tempo, o que causou um "rebuliço" no *espaço continuum* da saga (até hoje os fãs discutem se os eventos dos três últimos filmes ocorrem na mesma linha temporal dos primeiros). Dehn também criou aquele que, atualmente, é o personagem mais popular da franquia: o revolucionário chimpanzé César, que fez sua primeira aparição na série em 1972. Rod Serling e Michael Wilson delinearam um cenário para a saga dos macacos, mas foi Dehn quem elaborou sua "mitologia".

---

20 "Dialogues on apes, apes, and more apes" - *Cinefantastique*.
21 *007 contra Goldfinger* (*Goldfinger*, 1964, Guy Hamilton).

Como destacou o crítico e pesquisador de cinema Jeff Rovin em *A pictorial history of science fiction films*[22], as quatro continuações de *O planeta*, mesmo sem a qualidade artística do longa original, tiveram o mérito de buscar novos caminhos para uma história com potencial de sobra para ir além daquela célebre imagem da Estátua da Liberdade em ruínas. Rovin identificou nas sequências uma característica que muitos críticos da atualidade ainda relutam em lhes atribuir: uma inventividade a toda prova que compensa sua realização irregular:

> "Um ponto forte de *O planeta dos macacos* era a originalidade de tudo aquilo – o conceito, os cenários e os macacos eram singulares e essa singularidade foi responsável por boa parte do apelo do filme original. As continuações não puderam contar com essa originalidade e tiveram que confiar mais na construção dos personagens, na ação e nos enredos. E a cada filme (ainda que a qualidade das produções tenha caído radicalmente), as histórias se tornaram mais inteligentes e mais intrigantes."
>
> "A pictorial history of science fiction" - *The Seventies*.

Em *De Volta*, o exército símio, liderado pelo gorila General Ursus (James Gregory), declara guerra a humanos mutantes que vivem no subsolo da Zona Proibida. Últimos sobreviventes do apocalipse atômico que destruiu a Terra há 20 séculos, estes seres cultuam uma bomba de Cobalto potente o bastante para incinerar o planeta. No clímax do filme, desiludido com as duas facções que disputam o controle da Terra – macacos militaristas e mutantes fanáticos –, Taylor impõe ao mundo um último flagelo ao detonar a Bomba do Juízo Final. Em uma série simpática a conclusões pessimistas, o desfecho de *De Volta* foi o mais pessimista de todos.

O longa foi recebido com críticas mistas, mas o consenso foi o de que, apesar de divertida e visualmente interessante, a sequência não se igualou ao filme original. Mesmo assim a bilheteria arrecadada superou as expectativas do estúdio. O sucesso da continuação levou a editora Gold Key Comics a lançar uma versão em quadrinhos do filme, a primeira HQ inspirada na saga dos macacos publicada nos EUA – só não foi a iniciativa pioneira do gênero porque um mangá "não oficial" baseado em *O planeta* fora editado no Japão dois anos antes[23]. Em um balanço geral, o saldo do projeto foi tão positivo que a Fox não hesitou em encomendar a Jacobs um terceiro capítulo da saga, que se tornara um fenômeno pop.

- -

22 *A pictorial history of science fiction films* (Citadel Press, 1975).
23 *Saru no wakusei* (*O planeta dos macacos*), escrito e ilustrado por Jôji Enami.

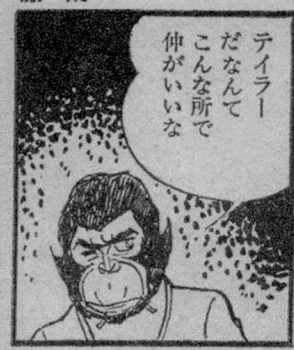

テイラーだなんてこんな所で仲がいいな

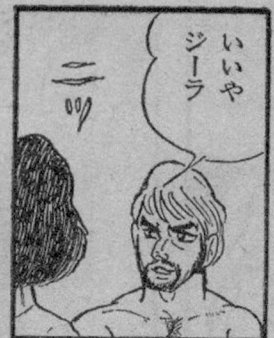

いいやジーラ

ニ ッ

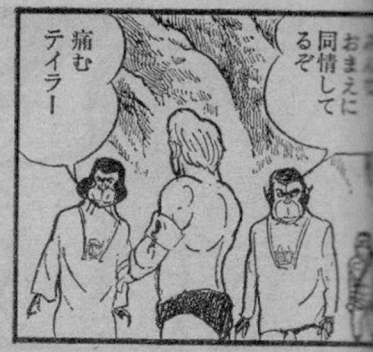

痛むテイラー

みろおまえに同情してるぞ

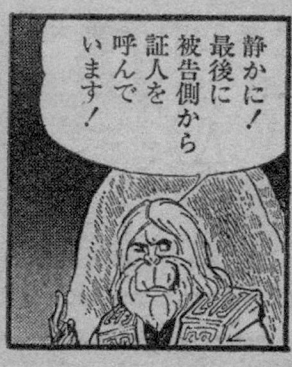

静かに！最後に被告側から証人を呼んでいます！

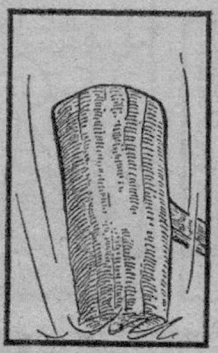

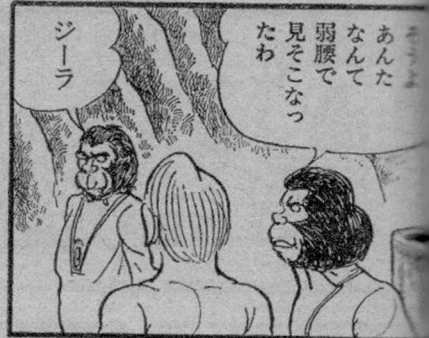

ジーラ

あんたなんて弱腰で見そこなったわ

そうよ

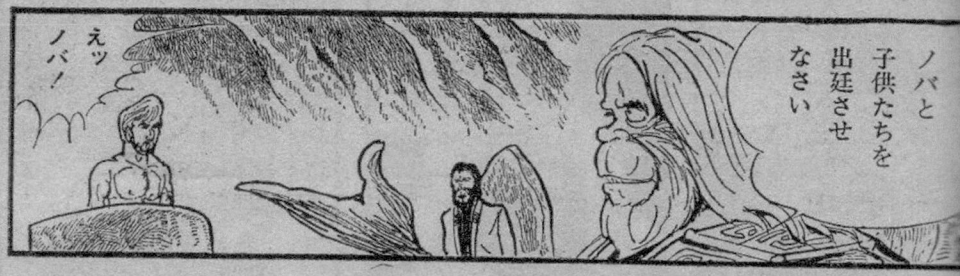

ノバと子供たちを出廷させなさい

えッ
ノバ！

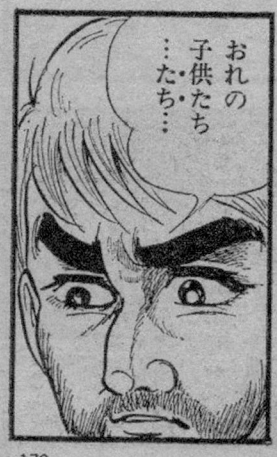

おれの子供たち……たち……

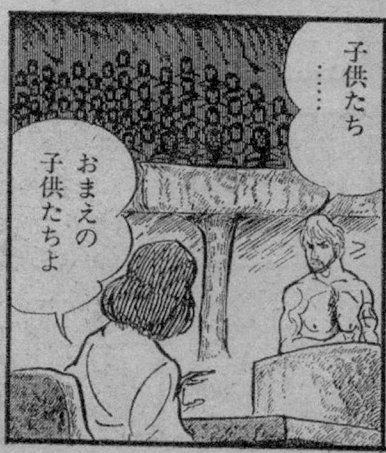

子供たち

……

おまえの子供たちよ

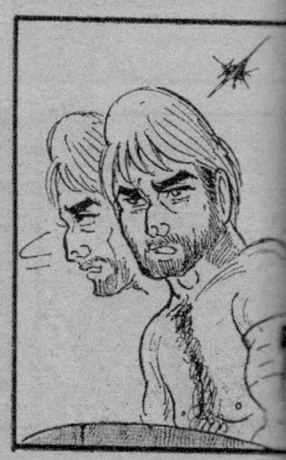

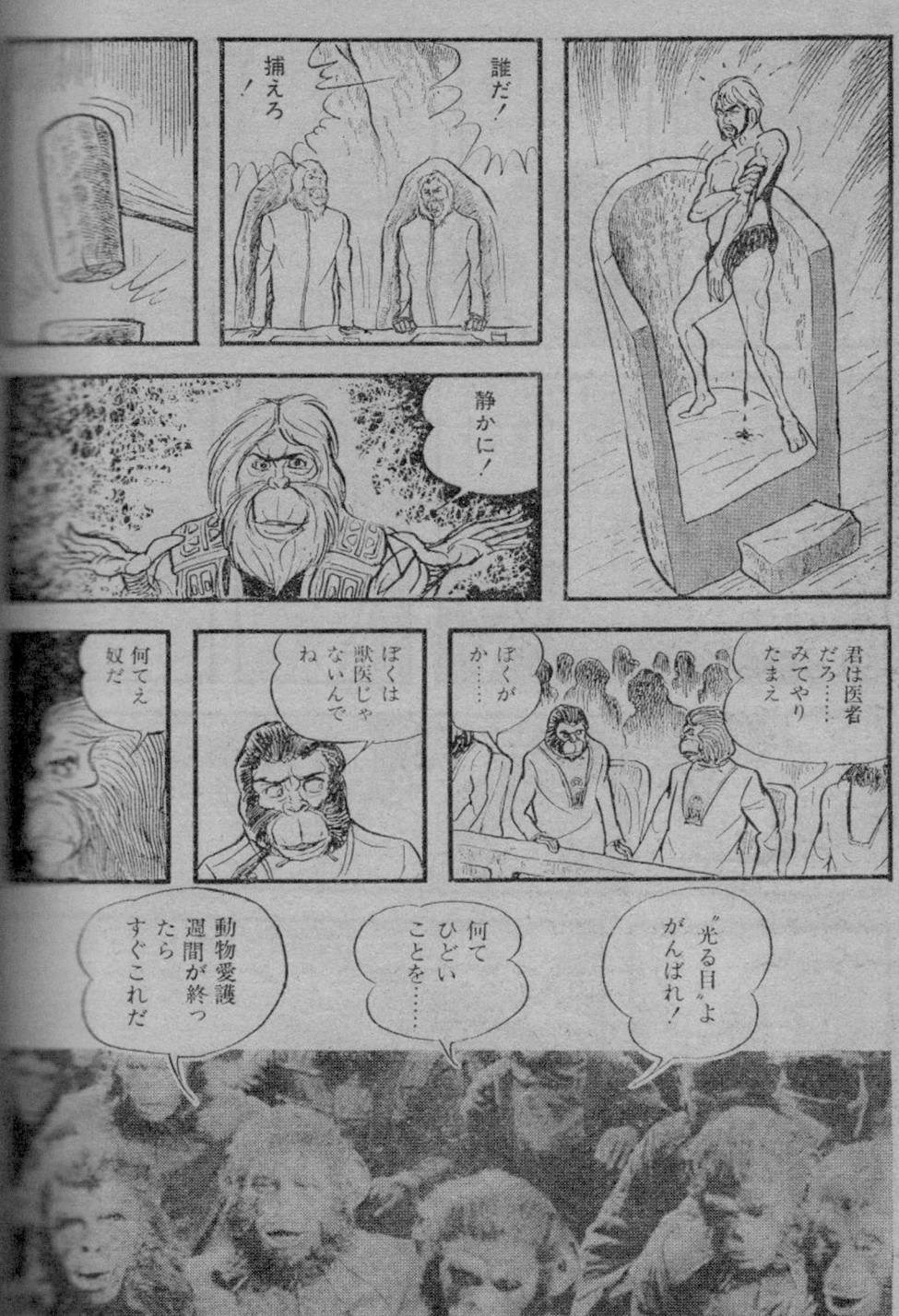

178

» Páginas do mangá *Saru no wakusei* (*O planeta dos macacos*).
Copyright © Jôji Enami.

Dirigido por Don Taylor (1920-1998), *Fuga do planeta dos macacos* (1971) estreou um ano após o lançamento de *De Volta*. A solução encontrada por Dehn para dar continuidade à série após a destruição da Terra no filme anterior foi criativa: ao prever as consequências da guerra entre gorilas e mutantes, Zira e Cornelius embarcam na espaçonave de Taylor e viajam para o passado, aterrissando na costa oeste dos EUA em 1973. Os macacos ficam sob a tutela de dois psicólogos de animais e se tornam celebridades midiáticas. As amenidades cessam quando o governo estadunidense descobre que Zira está grávida: temendo que a descendência dos símios falantes ameace a sobrevivência do Homem, as autoridades iniciam uma caçada ao simpático casal de chimpanzés, que são mortos no trágico desfecho da história. Mas o filhote de Zira sobrevive para tornar possível o futuro de onde vieram os seus pais.

A série prosseguiu com o violento *Conquista do planeta dos macacos* (1972), o episódio mais "político" da franquia depois do longa original. Escrito por Paul Dehn e dirigido por J. Lee Thompson (1914-2002) – de *Os canhões de Navarone*[24] e *O círculo do medo*[25] –, o longa se passa 20 anos após *Fuga*, em uma América totalitária na qual chimpanzés, orangotangos e gorilas são adestrados como escravos. O protagonista é César (Roddy McDowall), o filho de Zira e Cornelius, que organiza a primeira rebelião símia contra os humanos. Thompson moldou o levante dos macacos nos Tumultos de Watts, o mais famoso conflito inter-racial ocorrido na América nos anos 1960. A conclusão do filme parecia apoiar o discurso radical de grupos como os Panteras Negras, que empregavam métodos violentos na luta contra a opressão, o que levou a Fox a intervir na montagem final: cenas consideradas muito brutais para o público infantojuvenil foram suprimidas do longa, que também ganhou um desfecho mais brando e conciliatório.

A batalha do planeta dos macacos (1973), também dirigido por Thompson, encerrou o primeiro ciclo de produções da franquia evitando o "ativismo" de *Conquista*. Um típico "filme de férias", o longa é baseado em uma ideia de Paul Dehn, embora o roteiro seja assinado por John William Corrington (1932-1988) e Joyce Hooper Corrington, autores sem muita intimidade com a série ou com o gênero, mas que tinham no currículo o script da melhor de todas as adaptações cinematográficas da novela *Eu sou a lenda* (*I am legend*), de Richard Matheson: *A última esperança da Terra*[26]. A trama é ambientada alguns anos após a rebelião orquestrada

---

24 *Os canhões de Navarone* (*The guns of Navarone*, 1961, J. Lee Thompson).
25 *O círculo do medo* (*Cape fear*, 1962, J. Lee Thompson).
26 *A última esperança da Terra* (*The omega man*, 1971, Boris Sagal).

por César – agora o líder de uma comunidade de humanos e macacos que coexistem em relativa harmonia, apesar dos esforços em contrário de um militar gorila "separatista", o General Aldo (Claude Akins). A batalha do título eclode quando um grupo de mutantes fanáticos tenta reconquistar o planeta.

Arthur Jacobs faleceu em 1973, dez anos após adquirir os direitos de adaptação de *La planète des singes*. Os macacos, então, migraram do cinema para a TV, onde estrelaram duas séries de curta duração: *Planeta dos macacos* (*Planet of the apes*, 1974), exibida pela Rede CBS e protagonizada por dois astronautas do século XX (Ron Harper e James Naughton) e por um chimpanzé "subversivo" chamado Galen (Roddy McDowall) – semanalmente, o trio de heróis era perseguido por um vilão memorável: o irascível General Urko (Mark Lenard) –; e o desenho animado *De volta ao planeta dos macacos* (*Return to the planet of the apes*, 1975), produzido por David H. DePatie e Friz Freleng (1906-1995).

MONKEY BUSINESS

Além de inspirarem toneladas de artigos de merchandising no início dos anos 1970, *O Planeta* e suas sequências tiveram uma influência marcante na Cultura Popular do período, motivando o surgimento de dezenas de distopias cinematográficas perpetradas por estúdios rivais. Alguns exemplos são *Rollerball: os gladiadores do futuro*[27] e *Mad Max*[28], que também apresentavam cenários apocalípticos para a Humanidade. O próprio Charlton Heston interpretou outros heróis futuristas no já mencionado *A última esperança da Terra* e em *No mundo de 2020*[29]. No primeiro filme, um bacilo produzido em laboratório transformava os poucos remanescentes de uma guerra bacteriológica em monstros fotófobos. Já em *No Mundo de 2020*, as ameaças eram a superpopulação e a degradação ambiental. Confrontado com a fome e o esgotamento das reservas naturais, o Homem apelava para um último e dramático recurso em nome da sobrevivência: o canibalismo.

Atento à rápida proliferação de itens de consumo baseados nos filmes, o setor editorial não demorou a aderir à *macacomania*, que atingiu o ápice em meados daquela década: em 1973, a lendária revista *MAD* (famosa por suas sátiras em quadrinhos a longas-metragens de sucesso) dedicou uma de suas capas à saga produzida por Arthur Jacobs: nela, um gorila removia

---

27 *Rollerball: os gladiadores do futuro* (*Rollerball*. 1975, Norman Jewison).
28 *Mad Max* (*Mad Max*, 1979, George Miller).
29 *No mundo de 2020* (*Soylent green*, 1973, Richard Fleischer).

do rosto uma máscara de Alfred E. Newman (a mascote da publicação)[30]. Na seara dos *comics*, porém, nenhum evento foi tão bombástico quanto o lançamento da HQ *Planet of the apes*, criada pela Marvel Comics em 1974 e totalmente dedicada ao assunto. A revista não apenas publicou quadrinizações de *O planeta*, *De volta*, *Fuga*, *Conquista* e *A batalha*, como apresentou tramas inéditas protagonizadas pelos símios falantes. Para satisfazer o público adulto, os editores incrementaram o título com artigos jornalísticos focados nos bastidores dos longas e da série de TV exibida pela CBS (no Brasil, *Planet of the apes* foi lançada em 1975, pela Bloch, em versão colorizada e em formato reduzido).

A partir de 1974, a Mego Company passou a comercializar bonecos inspirados nos personagens da franquia. O catálogo da marca reunia macacos e humanos dos filmes e das séries de TV, incluindo Zira, Cornelius, Galen e um "piloto humano" que era um substituto do Comandante Taylor (Charlton Heston não autorizou a criação de um boneco com suas feições!). O mesmo fabricante produziu *playsets* da Cidade dos Macacos, da Zona Proibida e de outras locações dos filmes, grandes o bastante para acomodarem os bonecos, além de itens mais singulares, como um "Trono do Dr. Zaius".

Até o Japão produziu uma versão própria da saga dos macacos, a série de TV *Army of the apes*[31], que estreou em outubro de 1974. Na trama, uma mulher e duas crianças entravam em sono criogênico e acordavam em uma Terra futurista dominada por chimpanzés, orangotangos e gorilas falantes. Com 26 episódios, a atração só se tornou conhecida nos EUA em 1987, quando a Sandy Frank Entertainment a transformou em um longa de 97 minutos que ganhou o título de *Time of the apes*[32]. Com diálogos dublados em inglês, o filme era um condensado dos principais momentos da série.

Em poucos meses, o logotipo *Planeta dos macacos* estava impresso em lancheiras, quebra-cabeças, cestos de papel, canetas, livros de colorir, *rearviews*, pistolas d'água, roupas e filmes em Super-8 (disponíveis em versões sonoras e coloridas ou "mudas" e em preto e branco, que saíam por um valor mais em conta). O fato de a maioria desses artigos serem consumidos por crianças que não tinham consciência dos comentários sociais e políticos embutidos nos longas e séries de TV mostra o quão multifacetada foi a *macacomania*: os conteúdos ideológicos e de entretenimento da saga estavam entrelaçados, mas a percepção de uns e de outros dependia da maturidade e da capacidade de entendimento de cada espectador.

---

30 No Brasil, a Ed. Vecchi publicou a sátira na edição nº 19, de janeiro de 1976, com a mesma capa.
31 *Army of the apes* (*Sara no gundam*, 1974-1975, Kiyo Sumi Fukazawa e Atsuo Okunaka).
32 *Time of the apes* (1987, Kiyo Sumi Fukazawa e Atsuo Okunaka).

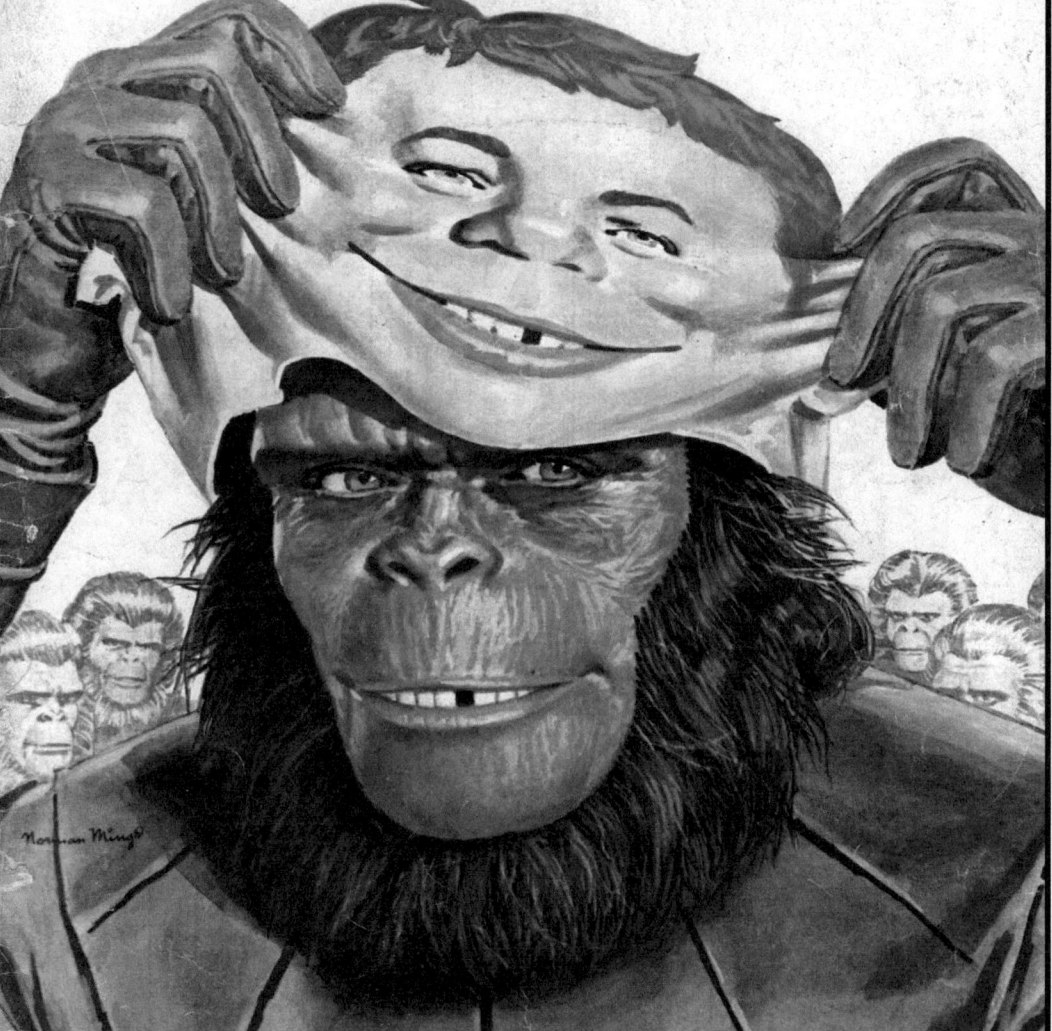

Tamanha era a demanda pelos macacos falantes que alguns deles acabaram se tornando astros de um espetáculo itinerante que viajou por 50 cidades dos EUA entre 1974 e 1977: *Meet Zira & Cornelius*. Os jovens atores Bill Blake e Paula Crist (na época, com 22 e 25 anos de idade, respectivamente) foram autorizados pela Fox a se caracterizarem como os ilustres chimpanzés dos filmes em shows que eram um misto de teatro e apresentações circenses, aguardados com ansiedade pelas crianças. "O público ficava tão perto do palco que quase podia tocá-los", observa Saulo Adami em sua obra *Homem não entende nada!*. "Blake e Crist podiam não ser *celebridades*, mas seus personagens eram. Por isso, ao final de cada apresentação, e depois de responderem a curiosidades do público – que podia fazer perguntas aos atores –, eram assediados para dar autógrafos". Embora o espetáculo tivesse uma estrutura básica pré-definida, Blake e Crist mudavam a rotina a cada apresentação para que as performances não se tornassem repetitivas.

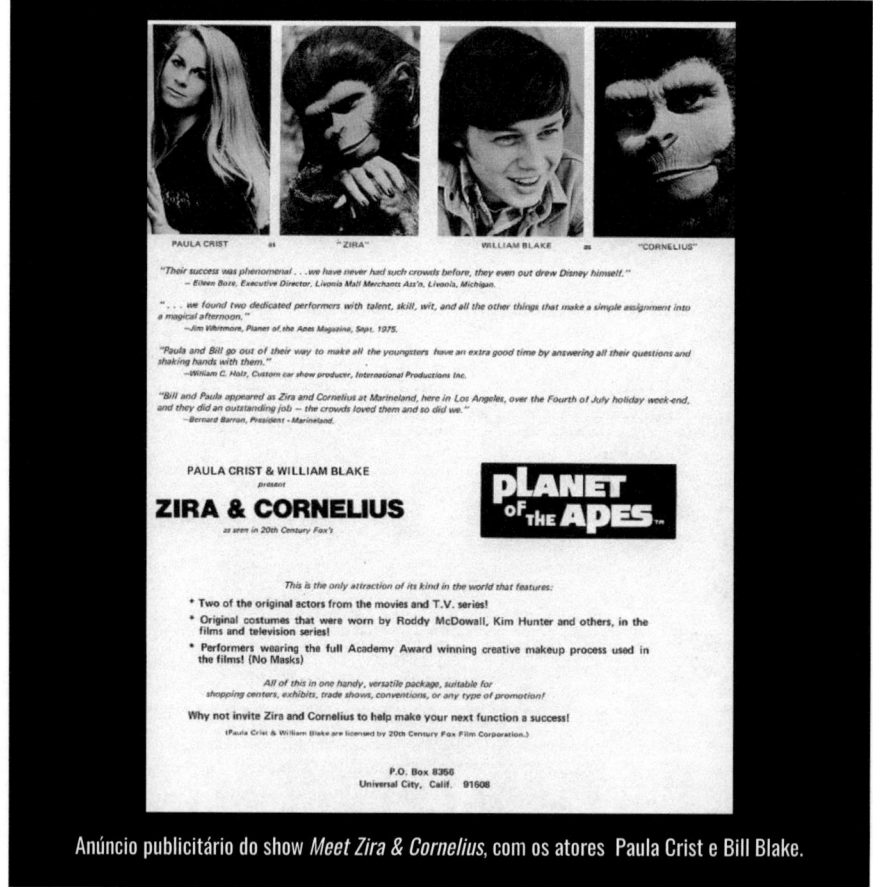

Anúncio publicitário do show *Meet Zira & Cornelius*, com os atores Paula Crist e Bill Blake.

OS SÍMIOS INVADEM A EUROPA

Em uma curiosa inversão da "invasão britânica" (que colocou bandas inglesas como os Beatles e o The Who no topo das paradas de sucesso americanas na década de 1960), os macacos estadunidenses tomaram o Reino Unido de assalto em 1974. "Por aqui, no auge do fenômeno, a série de TV era reprisada com frequência", recorda Dave Ballard, um dos editores do fanzine britânico *Simian scrolls* (criado por John Roche em 2000). "A Marvel local também reimprimia o material da HQ americana todas as semanas (e depois passou a reimprimir as reimpressões!). Nas lojas, havia crachás, kits de bonecos, roupas, pôsteres, máscaras, cards, anuários e quebra-cabeças, só para mencionar alguns itens"[33].

A exemplo do que aconteceu no Brasil, a série de TV se tornou mais popular no Reino Unido do que os longas-metragens, o que ficou patente em uma ação promovida pela Promotions Television Characters (TVC) em 1975: a produtora realizou apresentações públicas com os personagens símios Urko e "Gallan" (provavelmente inspirado no chimpanzé Galen do seriado de 1974), que eram encenadas em uma arena. A *macacomania* ainda se espalhou por outros países da Europa, como a Espanha, onde os gibis da Marvel foram publicados pela Ediciones Vertice sob o título de *El planeta de los monos*.

Isto comprova que, apesar de ser um legítimo produto norte-americano, a saga dos macacos possui uma ressonância universal, o que talvez se explique por seus apontamentos sociopolíticos subjetivos. "Os EUA não são o único país que tiveram revoltas raciais ou escravidão", opina Ballard. "Os roteiros podem ser baseados em eventos exclusivos da História americana, mas a sobrevivência, o preconceito racial, a autodestruição, a perseguição e a negação de direitos são tópicos universais e relevantes para todas as pessoas do planeta. Filmes de faroeste sempre foram populares pela mesma razão".

Com ótimas entrevistas conduzidas por Dean Preston (algumas delas reproduzidas nesta obra) e abrangentes artigos centrados em todos os tópicos pertinentes à franquia – *comics*, marketing, trilhas sonoras etc. –, o *Simian scrolls* também publica histórias em quadrinhos originais inspiradas nos filmes e séries de TV. "Sou um grande fã dos macacos, desde os originais até a nova trilogia", diz Preston, que se interessou pela saga ao assistir à *De volta* em um cinema de Jersey (Ilhas do Canal, Reino Unido) em 1970. "Também coleciono produtos relacionados à série, em especial, autógrafos e memorabilia"[34].

---

33 Entrevista realizada pelo autor em 2018.
34 Entrevista realizada pelo autor em 2018.

O PLANETA É "POP"!

A "febre" dos macacos arrefeceu em 1977, quando a HQ da Marvel Comics saiu de circulação e um novo *hit* da ficção científica estreou nos cinemas: *Star wars*. Com a polaridade entre os EUA e a União Soviética controlada e a "ressaca" do Vietnã substituída por um neonacionalismo truculento, que tornou o cinema americano bem menos crítico na década de 1980, os símios falantes pareciam ter se tornado uma relíquia do passado[35].

Mas um sentimento de "nostalgia" pela saga começou a ser detectado pela Fox já em 1981, o que levou o estúdio a transformar alguns episódios da série *live action* realizada em 1974 em filmes de longa-metragem exibidos na TV. A primeira dessas "produções", *Back to the planet of the apes*[36] (*Retorno ao planeta dos macacos*), era uma compilação dos episódios *Fuga do amanhã* (*Escape from tomorrow*) e *A armadilha* (*The trap*).

Os demais títulos foram batizados como:

- *Forgotten city of the planet of the apes*[37];
- *Treachery and greed on the planet of the apes*[38];
- *Life, liberty and pursuit on the planet of the apes*[39];
- *Farewell to the planet of the apes*[40].

No correr da década de 1980, a Fox se deu conta de que a saga dos macacos não era apenas um item empoeirado de seu acervo, mas uma de suas propriedades mais longevas e com maior *recall*. Desde então, o estúdio não deixou de explorar o seu apelo duradouro: logo que o mercado de

---

35 Este momento do cinema norte-americano é muito bem representado pela série Rambo, estrelada por Sylvester Stallone, iniciada com o filme *Rambo: programado para matar* (*First blood*, 1982, Ted Kotcheff) e; diferentemente dos blockbusters dos anos 1960 e 1970, as superproduções dos anos 1980 projetavam a imagem de uma América vitoriosa e isenta de problemas sociais.

36 *Back to the planet of the apes* (1980, Arnold Laven e Don Weis). Arnold dirigiu o episódio *The trap* e Don Weis, *Escape from tomorrow*.

37 *Cidade esquecida do planeta dos macacos* (*Forgotten city of the planet of the apes*,1980, Don McDougall e Bernard McEveety). McDougall dirigiu o episódio *The gladiators*, e McEvvety dirigiu *The legacy*.

38 *Traição e cobiça no planeta dos macacos* (*Treachery and greed on the planet of the apes*,1980, Ralph Senensky e Jack Starrett). Senensky dirigiu o episódio *The tyrant*, enquanto Starret dirigiu *The horse race*.

39 *Vida, liberdade e perseguição no planeta dos macacos* (*Life, liberty and pursuit on the planet of the apes*,1980, Alf Kjellin e Arnold Laven). Kjellin dirigiu o episódio *The interrogation*, e Laven, *The surgeon*.

40 *Adeus ao planeta dos macacos* (*Farewell to the planet of the apes*,1980, Don McDougall e John Meredyth Lucas). McDougall dirigiu o episódio *Tomorrow's tide*, e John Meredyth, *Up above the world so high*.

home video se firmou nos EUA, a companhia lançou os filmes clássicos em VHS. Os títulos foram relançados outras três vezes neste formato (sempre com slogans bombásticos, do tipo: "Os macacos estão chegando!"), antes de liderarem os lançamentos da Fox em DVD e Blu-ray[41]. Hoje, os longas dos anos 1960-1970 também estão nos canais por cabo e nos serviços de streaming.

Mesmo sem um marketing agressivo para promovê-la, a série continua a atrair um público interessado – talvez pela recorrência com que a Cultura Pop referenciou o clássico de 1968 e suas quatro sequências ao longo das últimas décadas. Em 1987, por exemplo, Mel Brooks pagou um tributo memorável ao *Planeta* de 1968 na comédia de ficção científica *S.O.S.: tem um louco solto no espaço*[42], ao refilmar em tom de galhofa a icônica cena da Estátua da Liberdade em ruínas.

Por volta dessa época, muitos jovens que haviam crescido assistindo aos filmes originais já estavam trabalhando em produtoras independentes, estúdios de cinema e editoras de histórias em quadrinhos. Seria esta geração de criativos que promoveria o retorno triunfal dos macacos à grande mídia na década seguinte. A primeira iniciativa de vulto foi empreendida pelo roteirista Charles Marshall, admirador inveterado da saga que coordenou um projeto inusitado para a Adventure Comics/Malibu Graphics em 1990: o lançamento de uma nova revista em quadrinhos baseada na franquia, com histórias ambientadas no período cronológico entre *A batalha* e *O planeta*. Surpreendentemente, a publicação (intitulada *Planet of the apes*, a exemplo de sua famosa antecessora da Marvel) circulou durante dois anos e teve 24 edições. Animada com a repercussão do título, a editora também publicou minisséries independentes que se passavam no mesmo universo de *Planet of the apes* e relançou parte do material original da Marvel (agora, no formato *Graphic Novel*).

A revista da Malibu Graphics foi o único produto "oficial" associado à saga naquela década, mas referências aos longas originais continuavam a aparecer em séries e filmes populares do período: há nada menos que oito menções a *O planeta* e suas sequências nas primeiras temporadas de *Os Simpsons*[43] – na melhor delas, o personagem Troy McClure estrela um

---

41 Outro exemplo do pioneirismo não reconhecido da série dos macacos é o documentário *Behind the planet of the apes*, dirigido por Kevin Burns e David Comtois em 1998; a produção se tornou o modelo para vários documentários semelhantes produzidos desde então, como *Império dos sonhos: a história da trilogia Star Wars* (*Empire of dreams: the story of the Star Wars trilogy*), incluído em um pack de DVDs da saga de George Lucas lançado em 2004, também dirigido por Kevin Burns, dessa vez ao lado de Edith Becker.

42 *S.O.S.: tem um louco solto no espaço* (*Spaceballs*, 1987, Mel Brooks).

43 *Os Simpsons* (*The Simpsons*, 1989-..., criação de James L. Brooks, Matt Groening e Sam Simon).

musical inspirado em *O planeta dos macacos* que parece uma sátira às super-produções da Broadway[44] —, sem contar as muitas citações em programas como *Arquivo X*[45] e *Saturday night live*[46] ou em filmes como *Independence day*[47] e *Austin Powers: o agente 'Bond' cama*[48]. Embora a franquia continuasse inativa, a Fox passou a considerar a produção de um sexto filme da série, já que ainda existia uma demanda pelo tema.

OS MACACOS NO SÉCULO XXI

Ideias para eventuais continuações ou refilmagens de *O Planeta* vinham sendo apresentadas ao estúdio desde 1988. Cineastas como Adam Rifkin, Peter Jackson e Oliver Stone sugeriram as mais diversas propostas para reativar a franquia – desde histórias situadas em um futuro pós-nuclear a aventuras ambientadas na pré-história ou em outros planetas. Mas os projetos sempre emperravam na pré-produção. A confirmação de que uma refilmagem de *O Planeta* estava a caminho surgiu apenas em 2000, quando a Fox anunciou que o diretor Tim Burton e o produtor Richard Zanuck (o executivo que chefiava o estúdio nos anos 1960 e que aju-dou a fruir o longa original) haviam sido contratados para viabilizar o empreendimento.

Planeta dos macacos, o *remake* que Burton e Zanuck entregaram ao público em 2001, é uma obra controversa: há quem ame e há quem odeie a produção. O longa mostra as aventuras de um piloto que se perde no espaço e aterrissa em um mundo dominado por macacos inteligentes, mas aí termina a semelhança entre a refilmagem e o clássico de 1968: o filme se passa em outra galáxia (e não na Terra do futuro) e possui um conteúdo alegórico quase irrelevante. Embora tenha sido um êxito de bilheteria (e apesar de ter originado uma nova leva de produtos com o logotipo da fran-quia, incluindo uma linha de bonecos lançada pela Hasbro e uma terceira HQ sobre o tema, publicada pela Dark Horse), o *Planeta* de 2001 não foi uma unanimidade de crítica. Seus "prós" e "contras" são muito bem resumidos na resenha de Jonathan Rommey sobre o longa publicada no *Independent*:

---

44 O musical inspirado em *O planeta dos macacos* aparece no episódio *Um peixe chamado Selma* (*A fish called Selma*, 1996, Mark Kirkland), da sétima temporada de *Os Simpsons*.

45 *Arquivo X* (*The X files*, 1993-2018, criação de Chris Carter).

46 *Saturday night live* (1975-..., criação de Lorne Michaels). Nos anos 1990, a equipe do *Saturday night live* convidou um idoso Charlton Heston para reprisar o papel de Taylor em uma edição do programa. Os comediantes da atração interpretaram os macacos, devidamente caracterizados como chimpanzés, gorilas e orangotangos.

47 *Independence day* (1996, Roland Emmerich).

48 *Austin Powers: o agente 'Bond' cama* (*Austin Powers: the spy who shagged me*, 1999, Jay Roach).

"Em vários aspectos, a nova versão de Burton é visualmente mais arrebatadora que a de Franklin Schaffner. (...) Ele tem a ILM (Industrial Light & Magic) e o mago da maquiagem Rick Baker ao seu lado, mas falta ao menos uma nova ideia inteligente ou um ângulo crítico em relação ao filme original. Nenhum dos envolvidos parece ter pensado no que a história significava na época e em que novos significados poderia ter na atualidade. Este *remake* mostra que a ficção científica de médio orçamento da década de 1960 era mais consciente e antenada que os grandes filmes de hoje, que se importam apenas com os números obtidos nas bilheterias dos finais de semana de estreia."

"Don't monkey with a great ape"- *Independent*.

Como observou Rommey, a realização do *Planeta* de 2001 contou com uma tecnologia superior à do clássico de 1968 (algumas cenas do *remake* têm uma plástica equiparável às dos últimos filmes de *Star Wars*). Entretanto, o uso intensivo de efeitos visuais na produção só deixou clara a diferença que há entre esta franquia e dezenas de outras que têm o espaço ou o futuro como "panos de fundo": sem um conteúdo social ou político que pareça perceptível na tela, o conceito de *Planeta dos macacos* se confunde com o de qualquer outra saga de ficção científica. A versão de Burton confirmou que os símios falantes poderiam voltar a ser uma mina de ouro para a Fox, mas também deixou clara a necessidade de se buscar uma abordagem diferente para o material dali por diante. Mais do que upgrades técnicos, a franquia necessitava de boas ideias.

Até então, o estúdio não considerara a possibilidade de encontrar essas ideias nas continuações do longa original, que mantinham o seu inglório status de "produções B". Coube à HQ *Revolution on the planet of the apes*, lançada pela editora Mr. Comics em 2005, provar que a mitologia dos primeiros filmes poderia ser uma rica fonte de inspiração para os novos capítulos da série cinematográfica. Escrita por Ty Templeton e Joe O'Brien, *Revolution* reunia elementos de todas as sequências de *O Planeta* (incluindo os personagens César e Aldo e a bomba atômica que destrói a Terra em *De Volta*) em uma trama inédita e envolvente. Seguindo os passos de Charles Marshall, Templeton e O'Brien conseguiram tornar o universo *vintage* dos macacos atraente para as novas gerações.

Dois anos após a publicação de *Revolution*, inspirados ou não pelas HQs da Malibu Graphics e da Mr. Comics, dois roteiristas igualmente familiarizados com a mitologia dos filmes clássicos, Rick Jaffa e Amanda Silver, bateram às portas da Fox sugerindo a realização de um sétimo longa da franquia baseado no conceito de *Conquista*. O script de Jaffa e Silver recontava a história do revolucionário César, mas sob uma óptica mais coerente com a realidade do século XXI: agora, o ativista símio não seria a cria de um casal de símios do futuro, mas o filhote de uma fêmea chimpanzé cujos genes eram modificados por uma empresa de biotecnologia. De certa forma, ao endossar o projeto (que se tornou um dos maiores sucessos do estúdio em 2011), a Fox, enfim, reconheceu a inventividade das sequências de *O planeta dos macacos*.

A princípio, a notícia de que os símios da nova produção não seriam atores caracterizados, mas personagens virtuais criados pela Weta Digital – a mesma empresa responsável pelos efeitos de *O senhor dos anéis*[49] e *Avatar*[50] –, deixou os fãs apreensivos. Era uma "quebra de protocolo" muito radical para uma série que, durante décadas, fora uma referência em maquiagem artística. Mas havia uma boa justificativa para a mudança: os primatas de *Planeta dos macacos: a origem* não eram chimpanzés, gorilas e orangotangos "humanizados" pela evolução, mas espécimes idênticos aos que são encontrados em nossos zoológicos e laboratórios de pesquisas. A aparência mais "primitiva" dos macacos também atendia ao novo posicionamento ideológico da saga: diferentemente dos longas das décadas de 1960-1970, cujas alegorias tinham um viés social, *A origem* era uma crítica ao especismo e denunciava o tratamento arbitrário que os humanos dispensam às outras criaturas sencientes do planeta.

A trajetória do "novo" César prosseguiu nas duas sequências de *A origem*: *Planeta dos macacos: o confronto* (2014) e *Planeta dos macacos: a guerra* (2017).

---

[49] *O senhor dos anéis: a sociedade do anel* (*Lord of the rings: the fellowship of the ring*, 2002, Peter Jackson).

[50] *Avatar* (2009, James Cameron).

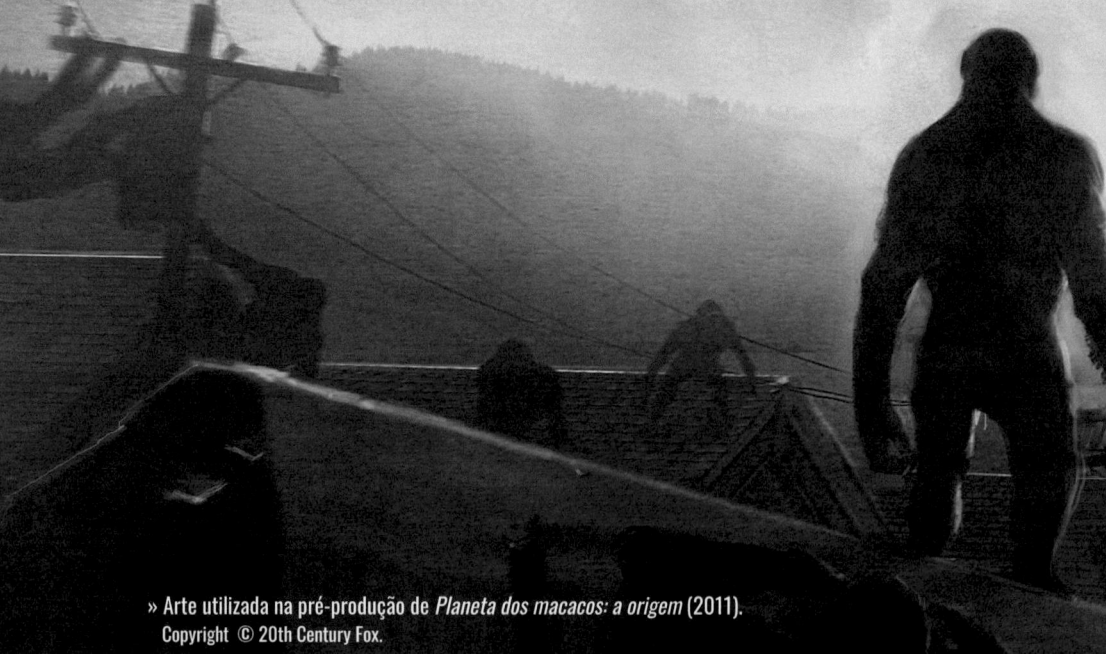

» Arte utilizada na pré-produção de *Planeta dos macacos: a origem* (2011).

A repercussão dos últimos filmes não só revitalizou a popularidade da série, como reativou seu potencial lucrativo: nunca houve tanto material relacionado à saga à disposição dos fãs — de novelizações a brinquedos, passando por livros que discutem a cronologia dos longas-metragens e HQs que mesclam o universo dos macacos com os de super-heróis como Tarzan e Lanterna Verde, ou promovem o encontro de Taylor, Cornelius e Zira com os personagens de *Jornada nas estrelas*. Mais de 50 anos após a realização de *O planeta*, é curioso lembrar a relutância inicial de Hollywood em produzir uma versão filmada do romance de Pierre Boulle: hoje, a franquia acumula uma bilheteria mundial de US$ 2,353,068,191 e é parte da Cultura Popular de muitos países. O próprio Brasil tem um longo e apaixonado *affair* com a série (algo que o leitor comprovará em um dos capítulos deste livro).

Nas próximas páginas recordaremos os romances, longas-metragens, séries de TV, histórias em quadrinhos e "reimaginações" que perpetuaram a saga desde a década de 1960 (começando pela novela de Pierre Boulle, que deu origem a tudo). Analisaremos todas as versões do mito sob o prisma da arte e, de tempos em tempos, nos deteremos nos tópicos sociais e políticos que inspiraram seus enredos (o Macartismo, o Movimento pelos Direitos Civis, a Guerra do Vietnã e, mais recentemente, a luta em prol dos direitos dos animais).

Acompanhe-me e descubra que uma viagem ao Planeta dos macacos, além de divertida, é uma forma lúdica e acessível de entender melhor o que se passa no "planeta dos homens".

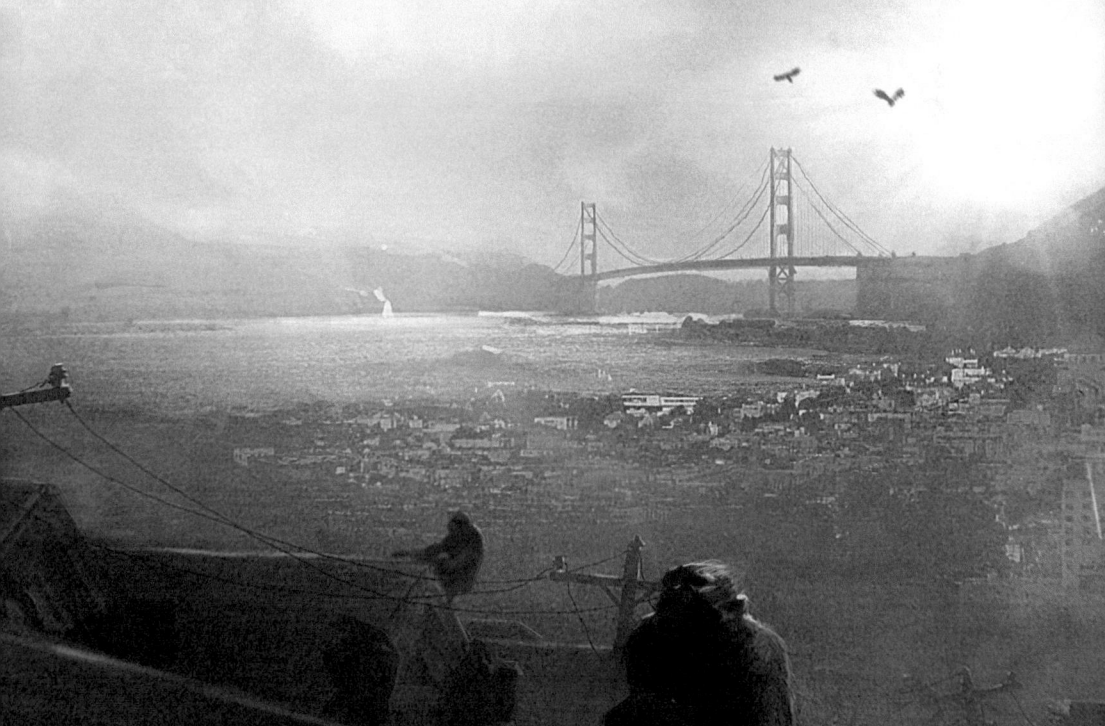

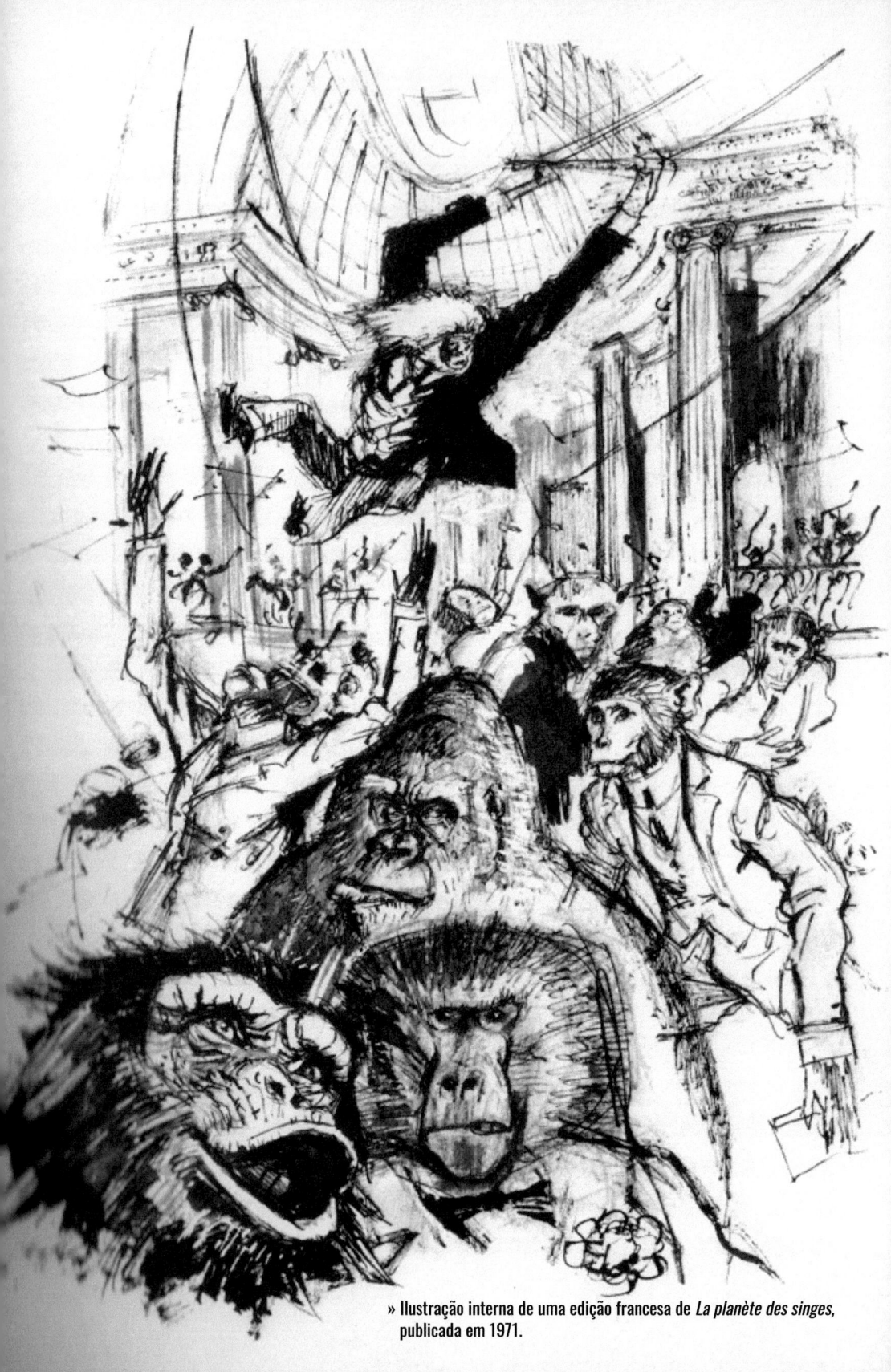

» Ilustração interna de uma edição francesa de *La planète des singes*,
publicada em 1971.

CAPÍTULO 2

LA PLANÈTE DES SINGES (1963)

Em um futuro distante, um casal de astronautas excursiona pelo Universo. Os turistas se chamam Jinn e Phyllis e se locomovem pelo Cosmo a bordo de um "veleiro" celeste impulsionado por radiações solares. A viagem é interrompida quando eles avistam uma garrafa à deriva no espaço, dentro da qual há uma mensagem. Quem assina o manuscrito é o jornalista e astronauta Ulysse Mèrou, que deixou a Terra no ano 2500 como integrante da primeira missão interestelar francesa. A carta aguça a curiosidade de Jinn e Phyllis, que interrompem suas atividades para lê-la (Jinn conhece as línguas da Terra, pois fez parte de seus estudos naquele planeta).

Ulysse Mérou conta em detalhes a jornada que ele e outros dois companheiros (o cerebral professor Antelle, patrocinador e chefe da expedição, e o jovem físico Arthur Leváin) empreenderam ao sistema solar de Betelgeuse, na constelação de Orion. Além dos três astronautas, a nave carregava outras formas de vida, incluindo uma mascote chimpanzé chamada "Heitor". Espantada com as primeiras revelações do manuscrito, Phyllis interrompe a narrativa por duas vezes. Jinn pede à companheira que permaneça em silêncio. O restante do livro (com exceção do epílogo) é narrado nas palavras de Mérou:

> "Confio este manuscrito ao espaço, não com a intenção de obter socorro, mas para ajudar, talvez, a conjurar a medonha calamidade que ameaça a raça humana. Deus tenha piedade de nós!
>
> (…) Foi no ano 2500 que embarquei na nave cósmica com dois companheiros, com o intuito de atingir a região do espaço onde reina a estrela supergigante Betelgeuse.
>
> Era um projeto ambicioso, o mais vasto concebido na Terra. Betelgeuse, alfa de Orion, como a chamavam os nossos astrônomos, encontra-se a 300 anos-luz de nosso planeta (…)."
>
> *O planeta dos macacos* (Capítulo II, primeira parte)[51]

---

51 Os trechos utilizados neste capítulo foram retirados de uma edição portuguesa da obra, lançada em 1966 pela editora Ulisseia (tradução de Calado Trindade), e adaptados pelo autor.

Confirmando as previsões do Professor Antelle, os astronautas franceses vencem uma grande distância no espaço, viajando em uma velocidade próxima à da luz, e atingem o sistema de Betelgeuse. O único revés da jornada é que, segundo Antelle, este "salto" no espaço também implicará em um "salto" no tempo: quando regressarem à Terra, eles encontrarão seu planeta natal envelhecido em 700 anos. Ofuscados pelo brilho da estrela, os viajantes detectam a existência de quatro planetas na órbita de Betelgeuse e escolhem um deles para suas explorações. A bordo de uma nave de reconhecimento (a qual chamam de "escuna"), os três abandonam o foguete de Antelle (que permanece ancorado à gravidade do planeta) e iniciam a descida rumo à estratosfera. Por sua notável semelhança com a Terra, os homens batizam o planeta como "Soror" ("Irmã" em Latim):

> "O planeta assemelhava-se estranhamente à Terra. Esta impressão se acentuava a cada segundo. Distinguia, agora, a olho nu, o contorno dos continentes. A atmosfera era clara, ligeiramente colorida de um verde-pálido, atirando por vezes para o alaranjado, um pouco como em nosso céu de Provença ao pôr do sol. O oceano era de um azul leve, igualmente com cambiantes verdes (...) Nada na geografia lembrava o nosso antigo ou o nosso novo continente.
>
> Nada? Ora, vamos! O essencial, ao contrário! O planeta era habitado. Sobrevoamos uma cidade, uma cidade muito grande, da qual irradiavam estradas ladeadas por árvores, pelas quais circulavam veículos. Tive tempo de distinguir a arquitetura geral: ruas largas, casas brancas com longas arestas retilíneas."
>
> *O planeta dos macacos* (Capítulo III, primeira parte)

Os astronautas pousam em uma clareira e dão início à exploração do planeta. Carregando rifles, Mérou, Levain e Antelle penetram em uma densa floresta. Animado por estar novamente em solo firme, o chimpanzé Heitor se distancia de seus mestres e desaparece entre as árvores. Na mata, os exploradores se deparam com um lago e uma cachoeira e aproveitam a oportunidade para se refrescar. Arthur Levain avista uma pegada na margem do lago. É a pegada de uma mulher, o que deixa o Professor Antelle desapontado: teriam eles viajado tantos anos-luz para chegarem a um planeta habitado por humanos, raça da qual o misantropo cientista vinha tentando fugir? De repente, uma bela e selvagem nativa do planeta surge à frente dos viajantes, posicionando-se de forma desafiadora no alto de um rochedo. Seguindo um "impulso de seu coração", Mérou a batiza como "Nova" ("pois sua aparição apenas se comparava à de uma estrela resplandecente"):

"Era uma mulher, melhor, uma jovem, a menos que fosse uma deusa. Afirmava com audácia sua feminilidade perante esse monstruoso sol, inteiramente nua, sem outros adornos que não fossem uma cabeleira bastante comprida, que lhe tombava sobre os ombros. (…)

De pé, inclinada para diante, o peito estendido em nossa direção, de braços ligeiramente recuados, na postura de uma mergulhadora que toma impulso, nos observava, e sua surpresa devia se igualar à nossa. (…) O conjunto de suas formas me impressionara."

O planeta dos macacos (Capítulo V, primeira parte)

Ulysse, Antelle e Levain tentam se comunicar com Nova, mas logo descobrem que a mulher não possui uma linguagem. Por fim, mostrando sua natureza selvagem e agressiva, Nova estrangula Heitor no momento em que a indefesa mascote sai da floresta e vai ao encontro de seus mestres. Horrorizados, os exploradores voltam à nave de reconhecimento e meditam sobre o que devem fazer: Antelle está decidido a ir embora, mas Levain e Ulysse o convencem a permanecer mais um dia no planeta, a fim de tentarem um contato com espécies mais evoluídas.

Os três retornam à cachoeira na manhã seguinte, encontrando não apenas Nova, mas toda uma população de humanos selvagens e mudos. Os exploradores tentam estabelecer comunicação com o grupo, mas as consequências são desastrosas: dessa vez atraindo para si a fúria do povo primitivo, os astronautas são perseguidos e feitos reféns pela tribo. A nave de reconhecimento (seu único meio de transporte até o foguete de Antelle) é destruída pelos selvagens.

Conduzidos a um acampamento na selva, os viajantes passam a noite em meio aos nativos. Nova permite que Ulysse durma ao seu lado, embora, em um primeiro momento, nenhum envolvimento ocorra entre eles. Com o surgimento da aurora, o pânico toma conta da tribo: os sons de um tambor e de disparos de rifle em um ponto recuado da selva colocam os selvagens em fuga. Uma ameaça desconhecida avança pela floresta, ganhando terreno rapidamente. Tentando identificar a natureza do perigo que os espreita, Ulysse se embrenha na mata e, oculto atrás de uma moita, tem uma visão aterradora dos senhores deste planeta:

"Quase soltei um grito de surpresa. (…) Pois aquele ser era um um gorila de grande porte. Apesar de repetir a mim mesmo que enlouquecera, não restava nenhuma dúvida quanto à sua espécie. Mas encontrar um gorila no planeta Soror não era a bizarrice principal do episódio. Esta residia no fato daquele macaco estar perfeitamente vestido, como um homem do nosso planeta, e principalmente na desenvoltura com que envergava suas roupas. Essa naturalidade impressionou-me logo de início. (…)

Estava vestido como você ou eu, isto é, como nos vestiríamos se participássemos de uma daquelas batidas organizadas, entre nós, em honra de embaixadores e outros personagens importantes, nas grandes caçadas oficiais. Seu casaco castanho parecia provir do melhor alfaiate parisiense, revelando uma camisa de grandes quadrados, como as usadas por nossos esportistas. Os calções, ligeiramente tufados acima das panturrilhas, prolongavam-se em um par de polainas. Terminava aí a semelhança: ao invés de sapatos, ele calçava grandes luvas negras.

Eu lhe digo que era um gorila! Do colarinho da camisa saía-lhe a hedionda cabeça terminada em cone, coberta por pelos negros, de nariz esborrachado e malares salientes. Ali estava ele, em pé, um pouco inclinado adiante, na postura de um caçador à espreita, com a espingarda nas mãos compridas (…).”

O planeta dos macacos (Capítulo IX, primeira parte)

No desenrolar da caçada, Antelle desaparece, Levain é abatido por um tiro e o pobre Ulysse é capturado. Atirado em uma jaula, o jornalista é levado para a cidade onde vivem os símios. Antes que a caravana atinja o destino, os caçadores param em uma pousada no campo, onde fêmeas gorilas os recebem para o almoço. A exemplo dos machos, elas se vestem de maneira aristocrática – algumas, inclusive, portando frondosos chapéus. No amontoado de corpos humanos dispostos perto das jaulas, Mérou reconhece o cadáver de Arthur Levain, o que provoca um colapso nervoso no astronauta. Pouco depois, Mérou e os outros cativos entram nas ruas de uma grande capital habitada por macacos:

“Os prisioneiros haviam se levantado e estavam agachados contra as grades, observando por baixo do toldo um espetáculo que parecia renovar-lhes a inquietação da véspera. Imitei-os: colei o rosto contra as barras e contemplei, pela primeira vez, uma cidade civilizada do planeta Soror.

Rodávamos por uma rua muito larga, ladeada por passeios. Examinei ansiosamente os transeuntes: eram macacos. Vi um comerciante, uma espécie de quitandeiro, que acabara de levantar o toldo da loja e que se voltou com curiosidade para nos ver passar: era um macaco. Tentei distinguir os passageiros e motoristas dos carros que cruzavam conosco: vestiam-se como em nosso planeta e eram macacos.”

O planeta dos macacos (Capítulo XII, primeira parte)

Os humanos são levados para o instituto de ciências local. Trancado em uma jaula, Ulysse é alimentado por seus captores. Sua primeira tentativa de se comunicar com os macacos é desastrosa: notando a aproximação de dois empregados do instituto, os gorilas Zoran e Zanan, o astronauta se apresenta como "um homem da Terra, que fez uma longa viagem". Os gorilas, porém, são incapazes de entender o francês (ou qualquer outra língua falada na Terra) e são tomados por um violento acesso de riso.

Nos próximos dias, Ulysse se torna cobaia de uma infinidade de testes conduzidos pelos macacos. O astronauta conclui que a busca pelo conhecimento é algo muito valorizado por eles. O estudo dos processos reprodutivos do Homem, assim como o de suas funções cerebrais, também é objeto da curiosidade dos cientistas. Na verdade, há uma intensa atividade na "seção encefálica" do instituto, onde cirurgias de cérebro e experiências inovadoras têm sido realizadas em homens e mulheres.

O comportamento diferenciado de Ulysse atrai a atenção de uma aguerrida psicóloga de animais, a Dra. Zira. Encantada com a destreza do prisioneiro, a pesquisadora chimpanzé o elege o seu preferido entre as cobaias. Zira é noiva do arqueólogo Cornelius, que estuda o passado de Soror e elaborou teorias polêmicas sobre o assunto – por exemplo: a de que o "símio sapiens" é produto de uma longa evolução e não um ser criado à imagem e semelhança de Deus. O entusiasmo desses jovens cientistas, porém, esbarra no conservadorismo obtuso de macacos como Zaius, um dos mais poderosos membros da elite científica de Soror:

> "Avançavam pelo corredor três personagens: Zira, a chimpanzé, e outros dois macacos, um dos quais, visivelmente, era uma grande autoridade.
>
> Era um orangotango; o primeiro exemplar da espécie que eu via no planeta Soror. (…). Com a cabeça adornada por compridos pelos ruivos, enterrada nos ombros, o rosto fixo em um ar de meditação pedante, parecia-me um velho pontífice, venerável e solene. Distinguia-se dos outros, também, por sua roupa: uma comprida sobrecasaca preta com uma estrela vermelha na lapela e calças riscadas de branco e preto, cobertas de poeira".
>
> *O planeta dos macacos* (Capítulo XV, primeira parte)

A situação de Ulysse começa a mudar quando ele consegue se comunicar com Zira – a princípio por meio de desenhos e, depois, verbalmente. Tão logo aprende o idioma de Soror, o astronauta passa a ter longos debates sobre as naturezas do Homem e do Macaco com a pesquisadora chimpanzé. Para alimentar a cultura de Ulysse sobre o planeta, sua protetora lhe fornece livros que permanecem ocultos sob a palha da jaula de Mérou. Logo, os estudos do jornalista sobre Soror estão bem avançados:

> "Os macacos não estão divididos em nações. Todo o planeta é administrado por um conselho de ministros, à cabeça do qual se encontra um triunvirato constituído por um gorila, um orangotango e um chimpanzé. Ao lado desse governo, há um parlamento composto por três câmaras: a câmara dos gorilas, a dos orangotangos e a dos chimpanzés. (…) Os gorilas conservam o gosto pela autoridade desde a época em que reinavam pela força. Ainda constituem a classe mais poderosa. Não se misturam com a multidão: nunca são vistos em manifestações populares, mas são eles quem administram de muito alto a maioria das empresas. (…).
>
> (…) Ao lado dos gorilas, diria, abaixo, embora se conteste qualquer hierarquia, estão os orangotangos e os chimpanzés. Zira definiu os primeiros, bem menos numerosos, por uma fórmula curta: são a ciência oficial.
>
> (…) Restam os chimpanzés. Estes parecem, de fato, representar o elemento intelectual do planeta. Não é por fanfarronice que Zira afirma que todas as grandes descobertas foram feitas por eles. (…) Em todo caso, escrevem a maioria dos livros interessantes nas mais diversas áreas. Parecem dispor de um poderoso espírito de investigação.
>
> (…) A unificação do planeta, a ausência de guerras e de despesas militares – não existe exército, apenas polícia – parecem-me outros tantos fatores favoráveis a rápidos progressos em todos os domínios, entre os macacos. (…)".
>
> *O planeta dos macacos* (Capítulo V, segunda parte)

Embora não dominem todas as tecnologias da Terra, os símios de Soror dirigem carros, constroem e comercializam aparelhos eletrônicos e lançam seus primeiros satélites artificiais ao espaço ("tripulados" por cobaias humanas, ao invés de cães). Os símios vivem em um regime democrático, no qual a imprensa exerce um papel importante: todas as grandes decisões políticas e descobertas científicas têm ampla cobertura dos meios de comunicação.

Zira apresenta Ulysse a Cornelius, que se mostra muito interessado na História da Terra. Os três decidem aproveitar a realização de um fórum científico nas próximas semanas para divulgarem a teoria evolucionista de Cornelius e o caso de Ulysse. Quando o esperado dia chega, o astronauta é levado ao centro de um grande anfiteatro, onde tem a oportunidade de parlamentar com as maiores autoridades científicas do planeta:

60

"Ilustre Presidente, nobres gorilas, sábios orangotangos, sutis chimpanzés, oh, macacos! Permitam que um homem se dirija a vocês. Sei que a minha aparência é grotesca, a minha forma, repelente, o meu perfil, bestial, o meu odor, infecto, a cor da minha pele, repugnante. (…).

(…) Antes, quero revelar-lhes esta verdade espantosa: não apenas sou uma criatura pensante, não apenas uma alma habita paradoxalmente este corpo humano, mas também venho de um planeta longínquo, da Terra, dessa Terra onde, por uma fantasia inexplicável da Natureza, são os homens que detêm a sabedoria e a razão. (…).

(…) Calei-me, esgotado, em meio a um silêncio absoluto. (…) Eu sabia que ganhara o auditório, mas não teria acreditado que fosse possível uma assembleia do mundo explodir com um tal estrépito. (…) Estava, assim, rodeado por um turbilhão de criaturas endiabradas, apoiadas sobre as nádegas e batendo freneticamente os quatro membros, de tal modo que me parecia que a cúpula ia desmoronar-se. (…) Olhei, inquieto, ao meu redor. Zaius acabava de abandonar seu assento com um movimento furioso e passeava pelo estrado, com as mãos atrás das costas, como o fazia diante da minha jaula."

O planeta dos macacos (Capítulo VIII, segunda parte)

A repercussão do discurso de Ulysse não poderia ser mais bombástica: forçados a reconhecer sua natureza espiritual, os macacos libertam o astronauta e o instalam em um confortável apartamento. Ulysse também ganha roupas elegantes e passa a ter acesso à vida social de Soror. Assediado por jornalistas, que querem saber tudo sobre o planeta natal do visitante, ele se torna um convidado de honra em festas e eventos importantes.

Um dos primeiros pedidos do explorador ao ser aceito na comunidade dos macacos é a soltura do Professor Antelle. Sem a mesma sorte de seu pupilo, o cientista fora mandado para o zoológico da cidade. O reencontro com Antelle, porém, é frustrante: incapaz de suportar a vida sub-humana a que fora submetido, o professor se deixara regredir a um estado animalesco. Imitando os outros homens de Soror, ele só se comunica por meio de rosnados e não consegue compreender as palavras de conforto de Ulysse.

A revelação da inteligência do astronauta também promove melhorias nas vidas de Cornelius e Zira; o primeiro ganha mais poder e prestígio junto à casta intelectual do planeta (tomando o lugar de Zaius na hierarquia científica local), enquanto Zira passa a ter carta branca para intensificar suas pesquisas sobre o comportamento humano. Determinado a provar sua teoria evolucionista, Cornelius convida Ulysse a visitar um sítio arqueológico no deserto. Ali, pesquisadores macacos descobriram os destroços de uma cidade datada em mais de dez mil anos:

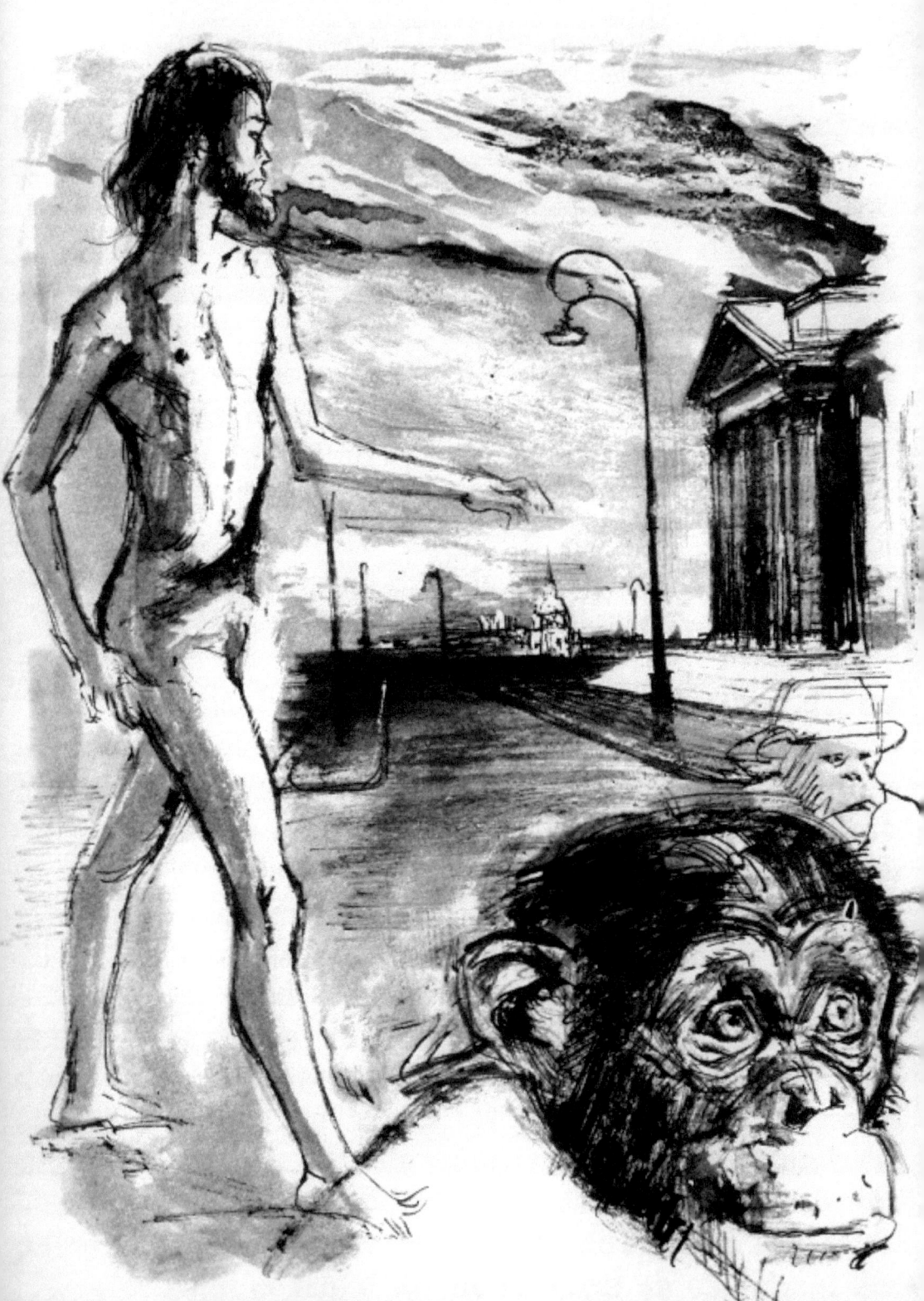

» Ilustração interna de uma edição francesa de 1971, de *La planète des singes* publicada em 1971.

"É uma cidade inteira o que os arqueólogos trouxeram à luz do dia, uma cidade sepultada sob as areias do deserto, da qual só restam, infelizmente, ruínas! Mas tenho certeza de que essas ruínas guardam um segredo prodigioso, que juro desvendar. Isso deve ser possível para quem saiba observar e refletir, algo que o orangotango que dirige as escavações não parece, de modo algum, capaz de fazer. Recebeu Cornelius com o respeito devido à sua alta posição, mas com um desdém mal dissimulado por sua juventude e pelas ideias originais que costuma emitir."

O planeta dos macacos (Capítulo III, terceira parte)

Pelas evidências, Cornelius conclui que a civilização que habitou a cidade possuía um nível tecnológico equivalente ao dos macacos na atualidade. Mas esse paradoxo propõe um enigma: por que os símios não fizeram nenhuma descoberta científica relevante nos últimos dez mil anos? Teriam eles apenas "herdado" uma cultura pregressa mais antiga que, de um momento para o outro, deixara de existir? Quando os operários que trabalham nas escavações descobrem uma velha boneca humana nas ruínas, os pesquisadores símios se dão conta de que o Homem, um dia, governou o planeta Soror:

"É uma boneca, uma simples boneca de porcelana. Um milagre a conservou quase intacta, com vestígios de cabelos e olhos que ainda conservam algumas falhas de cor. É uma visão tão familiar para mim que, a princípio, não compreendo a emoção de Cornelius. Preciso de alguns segundos para compreender… Consegui! O insólito penetra-me e perturba-me ao mesmo tempo. É uma boneca 'humana', que representa uma garota, uma garota das nossas. (…) "E não é tudo. Este brinquedo apresenta outra anomalia, outra bizarrice que fez rir todos os operários e até sorrir o solene orangotango que dirige as escavações. A boneca 'fala'. Fala como uma boneca das nossas. Ao pousá-la, Cornelius acionou por acaso o mecanismo intacto e ela falou. Oh! Não fez um discurso. Pronunciou uma palavra, uma simples palavra de duas sílabas: 'Pa-pa'. 'Pa-pa', diz novamente a boneca, quando Cornelius a retoma e a vira em todos os sentidos entre seus dedos ágeis. A palavra é a mesma em francês e na língua dos macacos, talvez, também, em muitas outras línguas desse Cosmo misterioso, e tem o mesmo significado."

O planeta dos macacos (Capítulo III, terceira parte)

O impacto da descoberta põe Ulysse em um estado febril e desperta a insegurança de Cornelius, que muda sua atitude em relação ao astronauta. Contrariado, o chimpanzé ordena que Ulysse regresse à cidade. No avião que o leva de volta à capital símia, o explorador começa a ter estranhos delírios sobre sua presença no planeta. "Não há acaso no Universo", conclui ele. "Minha viagem para o mundo de Betelgeuse foi decidida por uma consciência superior. Cabe a mim mostrar-me digno dessa escolha e ser o novo salvador dessa Humanidade decaída". Ao chegar à cidade, Ulysse é informado por Zira que Nova está grávida – e que seu filho, tanto quanto o pai, deverá ser capaz de falar.

A última peça do quebra-cabeças para a compreensão da História de Soror é encontrada em uma ala fechada do instituto científico. Ali, um grupo de cientistas macacos (chefiados por um jovem chimpanzé, Hélius) têm realizado fantásticas experiências com humanos, estimulando seus cérebros com elétrodos e drogas poderosas. Por meio desta técnica inovadora, Cornelius e seus colegas estão despertando o inconsciente coletivo de homens e mulheres selvagens. As próprias cobaias narram, em voz alta, o passado obscuro de Soror. Milênios atrás, era o Homem que realizava experiências com os macacos. De animais selvagens, os símios se tornaram servos dos humanos após terem suas capacidades cognitivas ampliadas pelos cientistas. Eventualmente os escravos se rebelaram contra seus mestres:

"Esses macacos, todos esses macacos – dizia a voz, com um cambiante de inquietação – multiplicam-se sem parar já há algum tempo, quando, em determinada época, parecia que sua espécie deveria extinguir-se. Se isso continuar, eles se tornarão tão numerosos como nós... (...)

Fizemos mal em domesticá-los e dar uma certa liberdade àqueles que usamos como servos. São esses os mais insolentes. (...) O que nos aconteceu era previsível. Apoderou-se de nós uma preguiça cerebral. Acabaram-se os livros; até os romances policiais se tornaram uma fadiga intelectual muito grande. Acabaram-se os jogos; paciências, mais exatamente. O próprio cinema infantil já não nos tenta. Entretanto, os macacos meditam em silêncio. Seus cérebros se desenvolveram na reflexão solitária... E falam! (...)

Eles agora ocupam toda a cidade. Não somos mais do que algumas centenas neste reduto e nossa situação é precária. Formamos o único núcleo humano nas cercanias da cidade, mas os macacos não nos deixarão em liberdade e tão próximos deles. Nos outros acampamentos, alguns homens fugiram para longe, para a selva; outros se entregaram para terem o que comer. Aqui permanecemos, principalmente por preguiça. Dormimos; somos incapazes de nos organizar em uma resistência."

O planeta dos macacos (Capítulo VIII, terceira parte)

A divulgação de algumas dessas descobertas causa pânico em Soror. De um momento para o outro, o simpático visitante terrestre se torna uma ameaça. A população reage mal à ideia de dividir o mundo com uma linhagem de humanos inteligentes e os notáveis do planeta decidem dar a Zaius a guarda do filho de Nova, tão logo ela dê à luz o bebê. Em uma última manobra para ajudar Ulysse (e também motivado pelo ciúme doentio que sente da relação entre Zira e o astronauta), Cornelius, com a ajuda de alguns amigos cientistas, arquiteta uma fuga para o herói e sua família.

A bordo de um dos satélites artificiais que os macacos têm colocado em órbita, Ulysse, Nova e Sirius (o filho do casal) atingem o foguete do Professor Antelle, ainda ancorado à gravidade de Soror. Os fugitivos, então, iniciam a longa viagem de volta à Terra. Dois anos depois, Ulysse e Nova veem os contornos do planeta e, dentro de algumas horas, pousam na pista do aeroporto de Orly, em Paris. Um caminhão vence a distância entre a torre de observação e os recém-chegados:

> "O motorista desceu. Volta-me as costas. Está meio escondido pelo mato alto que me separa do carro. Abre a porta para que o passageiro desça. Não me enganei, é um oficial: ao menos, um comandante; vejo suas muitas medalhas reluzirem. Saltou para o chão. Dá alguns passos em nossa direção, sai do mato e finalmente me aparece em plena luz. Nova emite um uivo, arrancando-me o filho, e corre a se refugiar com ele na escuna, enquanto fico pregado ao chão, incapaz de fazer um gesto ou de proferir uma palavra.
>
> Era um gorila."
>
> *O planeta dos macacos* (Capítulo XI, terceira parte)

Fim da mensagem.

Jinn e Phyllis acabam de ler o relato de Ulysse e se entreolham, espantados. Humanos inteligentes? Humanos providos de espírito? "É uma bela fantasia", conclui Phyllis. "Mas, nesse ponto, o autor foi longe demais". Antes de retornar ao seu planeta natal, Phyllis aplica uma camada de pó de arroz sobre o seu focinho de chimpanzé fêmea.

ANÁLISE CRÍTICA:
"É POSSÍVEL PERDER O ESPÍRITO, ASSIM COMO ADQUIRI-LO"

A exemplo de outras crianças que aprenderam a pronunciar os nomes "Zira" e "Cornelius" nos anos 1970, meu primeiro contato com os personagens da saga *Planeta dos macacos* não se deu por meio da literatura, mas dos filmes. Só mais tarde descobri que os longas-metragens e séries de TV eram baseados em um romance – e que a obra em questão, publicada em 1963, era muito diferente da produção de 1968 e de suas continuações. Tentei encontrar a novela de Pierre Boulle em livrarias e sebos de São Paulo durante dez anos, sem sucesso: por razões inexplicáveis, o livro (apesar da popularidade da franquia no Brasil) nunca havia sido lançado em nosso país[52].

Em 1993, por cortesia de um colega que adquiriu uma edição chilena da obra, finalmente tive acesso ao texto de Boulle, o qual li em uma tarde e uma noite. Na conclusão da história, não encontrei a imagem choque de Charlton Heston e Linda Harrison cavalgando junto às ruínas da Estátua da Liberdade. Mas a conclusão do livro, à sua maneira, também era aterradora: o romance sugeria que os macacos haviam nos sucedido não apenas como senhores da Terra, mas de todo o Universo.

O FIM DO HOMEM

Este é um ponto crucial de *La planète des singes*: na novela, a palavra "Homem" não tem um sentido estritamente biológico; quase sempre é invocada a partir de um viés antropocentrista – "o Homem como o centro do Universo". Ulysse Mérou, o herói da narrativa, incorpora muitos valores antropocêntricos em sua crença inabalável na superioridade humana. Ao ser aprisionado por uma cultura de macacos que vivem em outro planeta, o protagonista é obrigado a questionar esses valores. Suas convicções a respeito da soberania do homo sapiens não vigoram no sistema solar de Betelgeuse, onde o "espírito" *(sic)* encarnou-se em outra forma de vida:

> "Certamente esse era o motivo essencial do meu espanto: nas pupilas deste animal reluzia a centelha espiritual que eu procurara em vão nos homens de Soror."
>
> *O planeta dos macacos* (Capítulo IX, primeira parte).

52 Atualmente o romance está disponível no Brasil em duas edições: uma lançada pela Editora Pocket Ouro, em 2008, e outra publicada pela Editora Aleph, em 2017.

Sem desmerecer as adaptações cinematográficas da trama, a verdade é que Hollywood absorveu apenas em parte a mensagem metafísica da novela: o que Boulle nos diz em *La planète des singes* é que há uma consciência superior regendo o Universo, mas que o fato desta se achar encarnada no Homem é circunstancial. Com o fracasso moral e intelectual da Humanidade (não apenas na Terra, mas em todos os mundos habitáveis), o "espírito" migra para outra espécie. No livro, o Homem não perde o seu reinado para os macacos por ter se autoaniquilado em uma guerra nuclear, mas por ter se deixado "desumanizar" (o que fica patente no trecho da novela que revela as origens da civilização símia de Soror). Como resume Cornelius em uma passagem da história: "É possível perder o espírito, assim como adquiri-lo."

Para um leitor não habituado ao estilo da ficção científica francesa, alguns elementos da novela podem parecer bizarros, o que inclui sua delirante abordagem da Ciência. Na trama, há "veleiros espaciais" que se deslocam de um sistema solar para outro impulsionados por radiações solares, em contraposição à anacrônica viagem de Antelle, Mérou e Levain a Soror (os personagens desembarcam no planeta armados com carabinas e usando escafandros que parecem saídos de um romance de Júlio Verne).

Porém, esta extravagância é uma das bandeiras da ficção científica francesa, que se opõe à abordagem anglófila do gênero. Os autores franceses põem o filão em um patamar mais elevado e costumam explorá-lo a partir de um viés filosófico, além de o utilizarem como um campo para experimentações literárias[53]. Boulle poderia ter adotado uma visão mais "sóbria" da Ciência em *La planète des singes*, mas preferiu dar asas à própria imaginação e apresentar ao leitor um universo onde garrafas com pedidos de socorro navegam pelo espaço e no qual "ricos ociosos se sobressaem no Cosmo por sua originalidade e alguns grãos de poesia, singrando o Universo por prazer, à vela".

A missão interestelar dos astronautas franceses a Orion, por exemplo, é um clichê da literatura marítima – gênero representado por obras como *Robinson Crusoé* (1719), de Daniel Defoe, e *Moby Dick* (1851), de Herman Melville – transposto para o espaço. A jornada não é um empreendimento governamental, como seria de se esperar, mas uma iniciativa concebida e financiada por Antelle, "que gastara toda a sua fortuna na viabilização do prodigioso empreendimento". Trata-se de uma noção romântica das viagens espaciais, contrária aos cenários delineados nas novelas de Isaac Asimov e Arthur C. Clarke publicadas na mesma época, nas quais se percebe a

---

[53] Em um ensaio que discute as diferenças entre as obras do gênero produzidas na França e nos EUA (*The hitch-hiker guide to french science fiction*, publicado na revista *Inter Nova*), o escritor Jean-Claude Dunyach afirma que os norte-americanos têm uma visão mais juvenil da ficção científica, enquanto os autores franceses a abordam como "a literatura em seu melhor". "Disney contra o Louvre", compara Dunyach.

influência da Guerra Fria (quando o sonho da conquista do espaço foi "estatizado" pelas superpotências), assim como um maior comprometimento com os axiomas da Ciência.

Também soam excêntricos os debates entre Cornelius e seus colegas acadêmicos na seção encefálica do instituto científico, no qual os macacos, de algum modo, conseguem acessar os "bancos de memória" da raça humana por meio de intervenções cirúrgicas realizadas em homens e mulheres primitivos. Esta proposição absurda foi inspirada nas teorias de Carl Jung (1875-1961)[54] sobre o inconsciente coletivo (que pressupõem a existência de uma "memória da espécie", além da memória individual, a qual seria transmitida a todos os seres humanos ao longo das gerações, como um traço genético).

No livro, os macacos não só descobrem em que áreas do cérebro estão essas lembranças atávicas como conseguem "despertá-las" por meio de estimulações elétricas. O êxito da experiência é tamanho que, apesar de mudos e irracionais, os humanos de Soror submetidos ao procedimento têm suas capacidades orais e cerebrais restauradas e contam verbalmente o passado do planeta, como se fossem "livros de registros" de uma era há muito esquecida. É uma ideia esdrúxula e ofensiva à inteligência – mas, também, muito divertida (se o leitor estiver conectado ao enredo e acatar sua singularidade)[55].

La planète des singes, tanto quanto os filmes que inspirou, é uma parábola sobre o fim da civilização. Mas o livro não comunica a mesma lição de moral dos longas-metragens, nos quais a queda do Homem, de um modo ou de outro, está atrelada ao progresso científico desenfreado. No romance, a explicação de como Soror – no passado, um mundo idêntico à Terra – se transformou em um planeta de macacos é muito mais ultrajante do ponto de vista filosófico: ao atingirem o ápice de seu conhecimento, os humanos tornam-se intelectualmente inaptos, a ponto de não os estimularem mais "sequer o cinema infantil ou os romances policiais". Esta é a deixa para que os macacos assumam o comando da civilização, mas sem pegarem em armas ou recorrerem à violência:

> "(...) São eles, os macacos! (...) Oh, cruel humilhação, injúria suprema! Eis o seu exército que chega, brandindo apenas chicotes!"
>
> *O planeta dos macacos* (Capítulo VIII, terceira parte)

---

54 Psicoterapeuta suíço considerado o fundador da Psicologia Analítica.

55 O *remake* de *O planeta dos macacos* dirigido por Tim Burton em 2001 é a única versão cinematográfica do romance de Pierre Boulle que aproveita esta ideia, ainda que a modificando ligeiramente: no filme, o Major Leo Davidson (Mark Whalberg) descobre como os macacos subjugaram os humanos em um passado distante ao consultar os bancos de memória da estação espacial Oberon (que substituem as cobaias humanas do livro).

O conformismo com que os homens de Soror abdicam de seu papel de espécie dominante é um símbolo extremo de nossa fragilidade moral, muito bem representada pelos astronautas do livro. Como nos diz Ulysse em uma passagem da história, ao relembrar seus dias de cativeiro (quando é submetido a testes humilhantes e forçado a acasalar-se com Nova na frente de Zira, Zaius e dos gorilas Zoran e Zanan): "Preciso confessar que me adaptei com incrível facilidade às condições de vida em minha jaula. (…) Durante o dia, os macacos me dispensavam todos os cuidados; à noite, eu partilhava a enxerga de palha com uma das garotas mais espetaculares do Cosmo."

Da mesma forma, os símios não precisam submeter o sábio Dr. Antelle a uma lobotomia para privá-lo de sua racionalidade (como o fazem os orangotangos a um dos colegas de Taylor na versão cinematográfica de 1968): o personagem regride a uma condição sub-humana por vontade própria ao encontrar alento para suas inquietações existenciais nas curvas de uma das belas mulheres de Soror. Boulle sugere que, apresentando-se o cenário propício, o Homem está fadado à regressão: sua moral não tem a solidez de seu prodigioso intelecto.

"COMEDORES DE CARNE"

Em termos de ambientação e caracterização, a obra é um triunfo: as descrições dos macacos e de sua curiosa civilização são bastante eloquentes – quase é possível visualizar as cenas do livro como as de um filme –, de modo que nunca questionamos o absurdo que constitui uma sociedade de chimpanzés, gorilas e orangotangos urbanos e adaptados à tecnologia. Boulle nos proporciona um relato preciso da moda, da economia, da política e da arquitetura do mundo símio, cujas cidades lembram as metrópoles europeias dos anos 1950, ainda que "customizadas" para os primatas (as principais avenidas são encimadas por altos corrimões, os quais eles percorrem fazendo uso das quatro mãos).

Na novela, personagens como Zira, Cornelius e Zaius têm traços e feições realmente simiescas , o que é muito funcional em termos de sátira: quando quer ridicularizar algum protagonista símio, Boulle sublinha a descrição de seus atributos físicos, o que lhe confere uma aura de comicidade. O "pseudocientista" orangotango Zaius é descrito como um macaco velho e encurvado, que apoia as mãos no chão ao caminhar ("algo que os outros macacos não costumam fazer", ressalta o autor). Boulle retrata de forma parecida os orangotangos que presidem o fórum científico no qual Ulysse é apresentado à sociedade símia:

"Concentrei minha atenção nos pontífices. (...) Seu aspecto lembrava muito o de Zaius. De cabeça baixa, quase ao nível dos ombros, um braço desmesurado, meio dobrado e assente sobre uma pasta, rabiscavam por vezes algumas notas, a menos que se tratasse de um desenho pueril. (...) Tive a impressão de que a minha entrada e o seu anúncio feito por um alto-falante chegou no preciso momento de acordar sua atenção vacilante. Na verdade, lembro-me claramente de ter visto três desses orangotangos se sobressaltarem e erguerem bruscamente as cabeças, como se tivessem sido arrancados de um sono profundo".

O planeta dos macacos (Capítulo VII, segunda parte).

A sátira social apresentada no romance não se dirige especificamente a políticos ou militares (dois grupos caricaturados de maneira frequente nas versões cinematográficas). Boulle parece mais interessado em denunciar a obtusidade das academias científicas "oficiais" e do Clero, assim como os falsos pensadores em posição de comando que atravancam os rumos do progresso. Com sua antiquada e suja sobrecasaca preta e "seu ar de meditação pedante", Zaius é a epítome das características que tipificam os orangotangos como a ralé intelectual da civilização dos macacos: ignorância, prepotência, inveja e ultraconservadorismo.

O vilão e sua espécie representam o ranço das instituições acadêmicas e religiosas, mas não são de fato perigosos, uma vez que lhes falta inteligência: Zaius chega a sugerir que Ulysse seja transferido para a seção encefálica do instituto (onde o cérebro do astronauta será dissecado por pesquisadores chimpanzés) e tenta se apoderar de Sirius, o filho de Ulysse e Nova. Mas seus planos são frustrados com facilidade por Zira e Cornelius, que o superam em esperteza.

A civilização símia do romance é mais transparente e democrática que a do filme de 1968 (no qual os macacos ganharam um perfil mais intolerante, por razões que serão explicadas nos próximos capítulos). Apesar dos esforços dos orangotangos em contrário, as diferentes espécies vivem em uma sociedade razoavelmente igualitária, na qual a Ciência e o progresso são encorajados.

Há preconceitos arraigados entre as castas – de forma desdenhosa, Zira define os gorilas como "comedores de carne", o que soa como um insulto no contexto da novela –, mas, na prática, chimpanzés podem ser empresários (um setor dominado pelos gorilas) ou disputar com os orangotangos cargos importantes no alto escalão científico. Os símios também não travam guerras e têm uma Cultura bastante desenvolvida. A soma de todos esses fatores sugere uma sociedade utópica, à qual Mérou gostaria de se integrar. Porém, sua permanência em Soror é justamente o fator que pode desestabilizar o mundo símio (um tema que domina a terceira e mais exótica parte do livro).

FOGO SAGRADO

O desfecho de *La planète des singes* é ambíguo e misterioso: há uma óbvia mudança de tom nos capítulos finais – a sátira quase fica em segundo plano quando Boulle (por meio de seu protagonista e narrador) leva o enredo para o campo do misticismo. Estará o autor falando a sério ao sugerir que o fato de ter dado à luz um filho de Mérou reacendeu na selvagem Nova a "centelha espiritual" que, até então, não se notava na Humanidade de Soror? Ou ao comparar o bebê Sirius com o próprio Menino Jesus?

> "Eu o vi. É um bebê magnífico. Estava deitado na palha, como um novo Cristo, enovelado contra o seio da mãe. (…) Tenho certeza de que esse nascimento fez com que ela subisse vários degraus na escala dos seres. (…) Abraço meu filho com paixão, recusando-me a pensar nas nuvens que se acumulam sobre nossas cabeças.
>
> Será um homem, um autêntico homem, tenho certeza. O espírito cintila em seus traços e em seu olhar. Reacendi o fogo sagrado. Graças a mim, a Humanidade ressuscita e irá se espalhar sobre este planeta".
>
> *O planeta dos macacos* (Capítulo IX, terceira parte).

Talvez sim, talvez não. Embora, desde as primeiras páginas, um subtexto metafísico se infiltre na trama, este elemento deixa de ser abordado em nível estritamente filosófico nos últimos capítulos e assume uma literalidade que não se encaixa no romance. Todo o episódio envolvendo o nascimento de Sirius também compromete a progressão da narrativa, já que ocorre perto do desfecho e Boulle não tem tempo suficiente para resolvê-lo – o que foi feito da família de Ulysse? Sirius, afinal, será o novo Messias dessa Humanidade decaída? O livro não nos dá uma resposta (embora, mais tarde, esse apêndice da história tenha sido aproveitado nos roteiros das sequências do clássico de 1968: Sirius e seu "miraculoso" nascimento inspiraram o roteirista Paul Dehn a criar o personagem César, protagonista de *Conquista do planeta dos macacos* e *A batalha do planeta dos macacos*).

Bem mais interessante é o segundo dilema apresentado na terceira parte do romance, que corre em paralelo à gestação de Nova: com crescente horror, à luz das próprias pesquisas arqueológicas e biológicas, os macacos descobrem que sua civilização é apenas a imitação de uma outra que se extinguiu há dez mil anos. Até a simpatia de Cornelius por Mérou arrefece em vista da constrangedora verdade sobre o passado de Soror. O ego da espécie dominante está em xeque – e em vista disso, os chimpanzés (o elemento intelectual do planeta) imitam o comportamento retrógrado dos orangotangos e se livram do que, de uma hora para outra, se tornou uma "verdade inconveniente": Mérou e sua família humana, que são despachados para o espaço.

Antes de colocar um ponto final em sua sátira, Boulle surpreende o leitor com duas guinadas narrativas engenhosas: a primeira, ao revelar que o destino da Terra foi o mesmo de Soror (ou seja: a ascensão dos símios sobre o Homem é uma norma universal, fadada a se repetir em todos os planetas onde o homo sapiens é a espécie dominante); e depois, com o epílogo traiçoeiro, no qual se descobre que Jynn e Phyllis (aos quais, por impulso, o leitor atribui uma natureza humana no início da narrativa) são, de fato, chimpanzés. É um final esplêndido (a seu modo, tão original e memorável quanto o do longa-metragem estrelado por Charlton Heston).

Por que, então, o romance nunca obteve a mesma fama de suas versões para o *écran*, que há décadas atraem multidões aos cinemas? Não há qualquer mistério nisto: a despeito de seu forte conteúdo escapista, *La planète des singes* não foi concebido com a pretensão de ser um best-seller e sequer procura agradar a todos os públicos curvando-se às exigências da ficção científica de "fácil consumo". Ao narrar as aventuras de um astronauta perdido em um mundo dominado por macacos inteligentes, a intenção do autor era questionar a superioridade humana sob uma óptica mais filosófica e menos comercial.

PIERRE BOULLE

autor de "El puente sobre el río Kwai"

EL PLANETA DE LOS SIMIOS

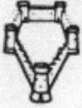 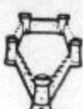

ES UN LIBRO PLAZA

Novela completa. Edición íntegra

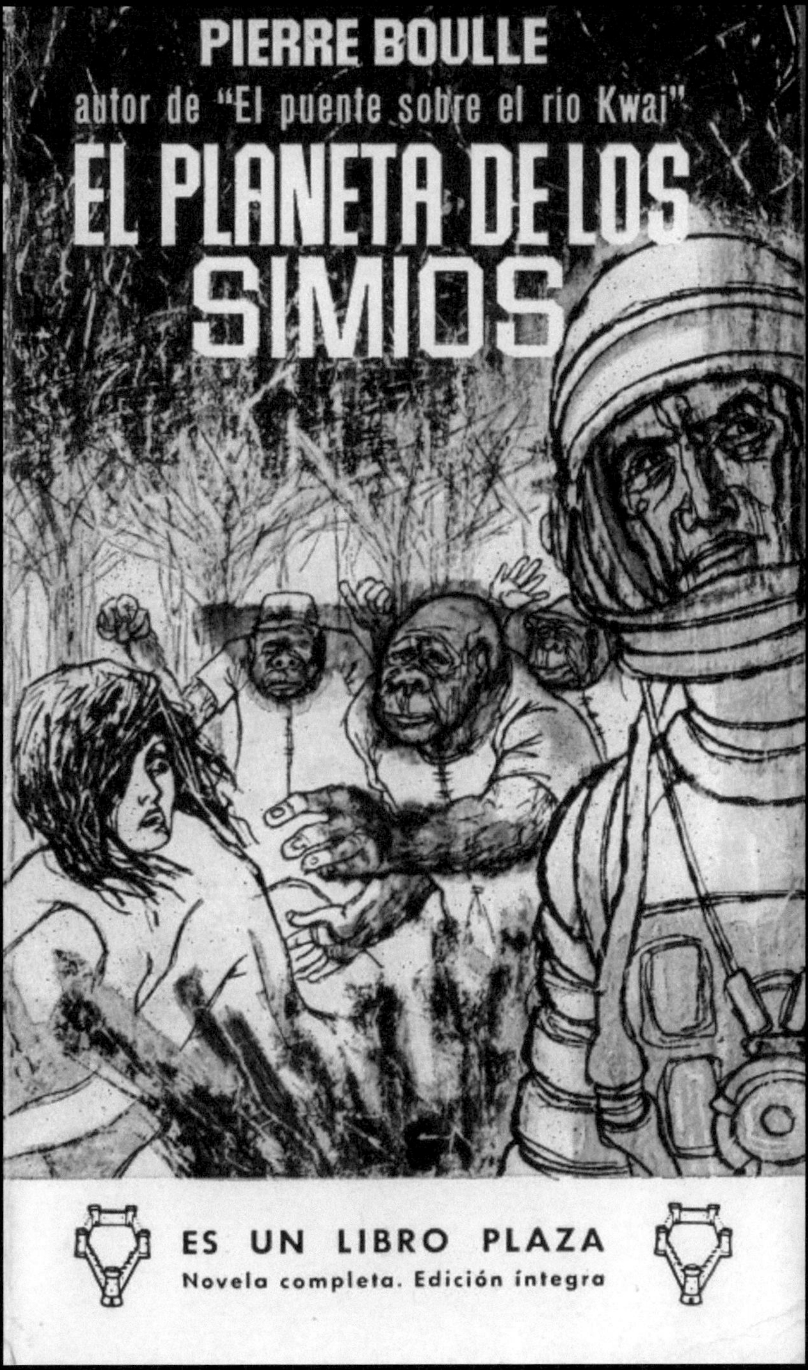

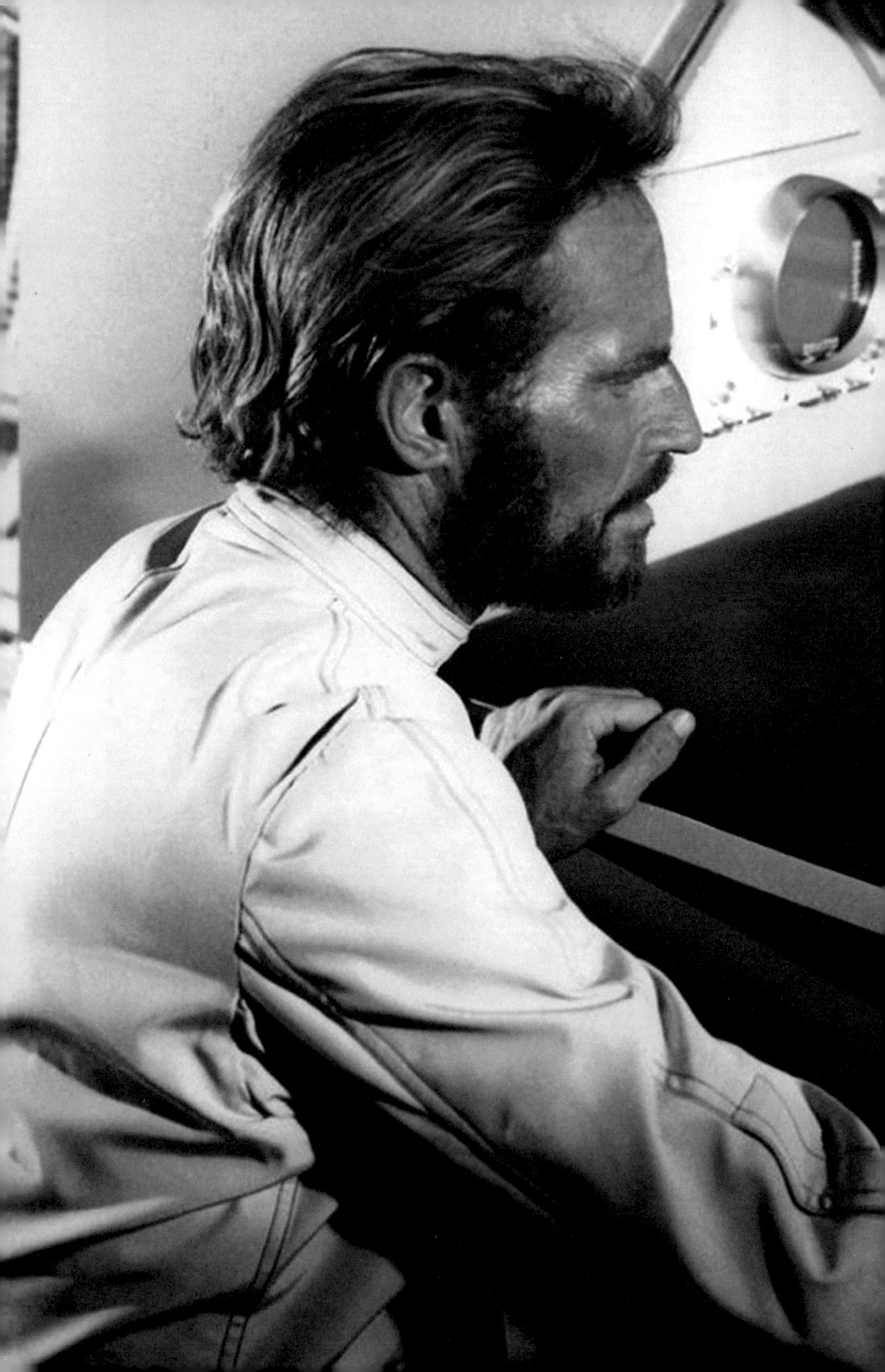

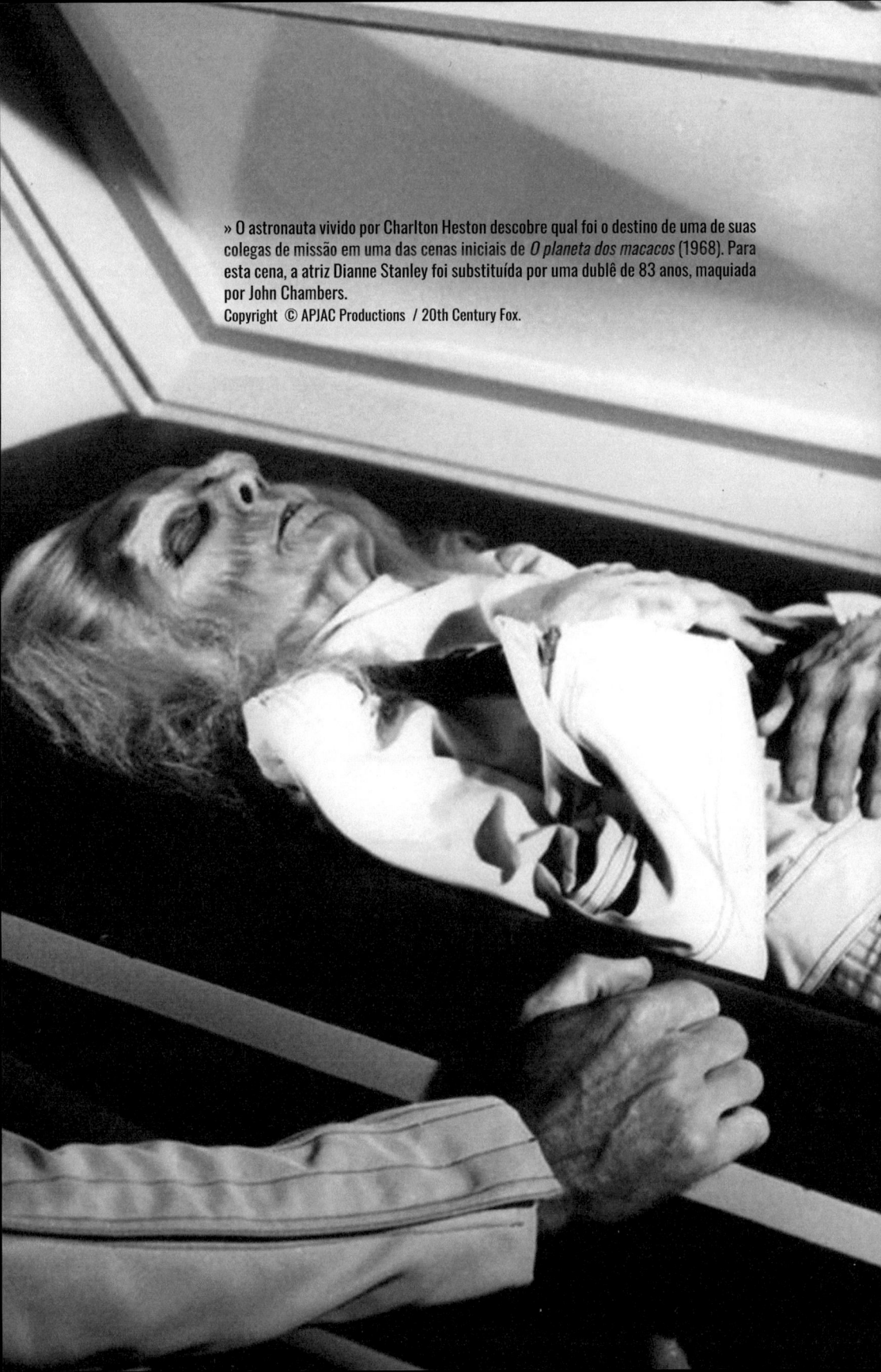

» O astronauta vivido por Charlton Heston descobre qual foi o destino de uma de suas colegas de missão em uma das cenas iniciais de *O planeta dos macacos* (1968). Para esta cena, a atriz Dianne Stanley foi substituída por uma dublê de 83 anos, maquiada por John Chambers.
Copyright © APJAC Productions / 20th Century Fox.

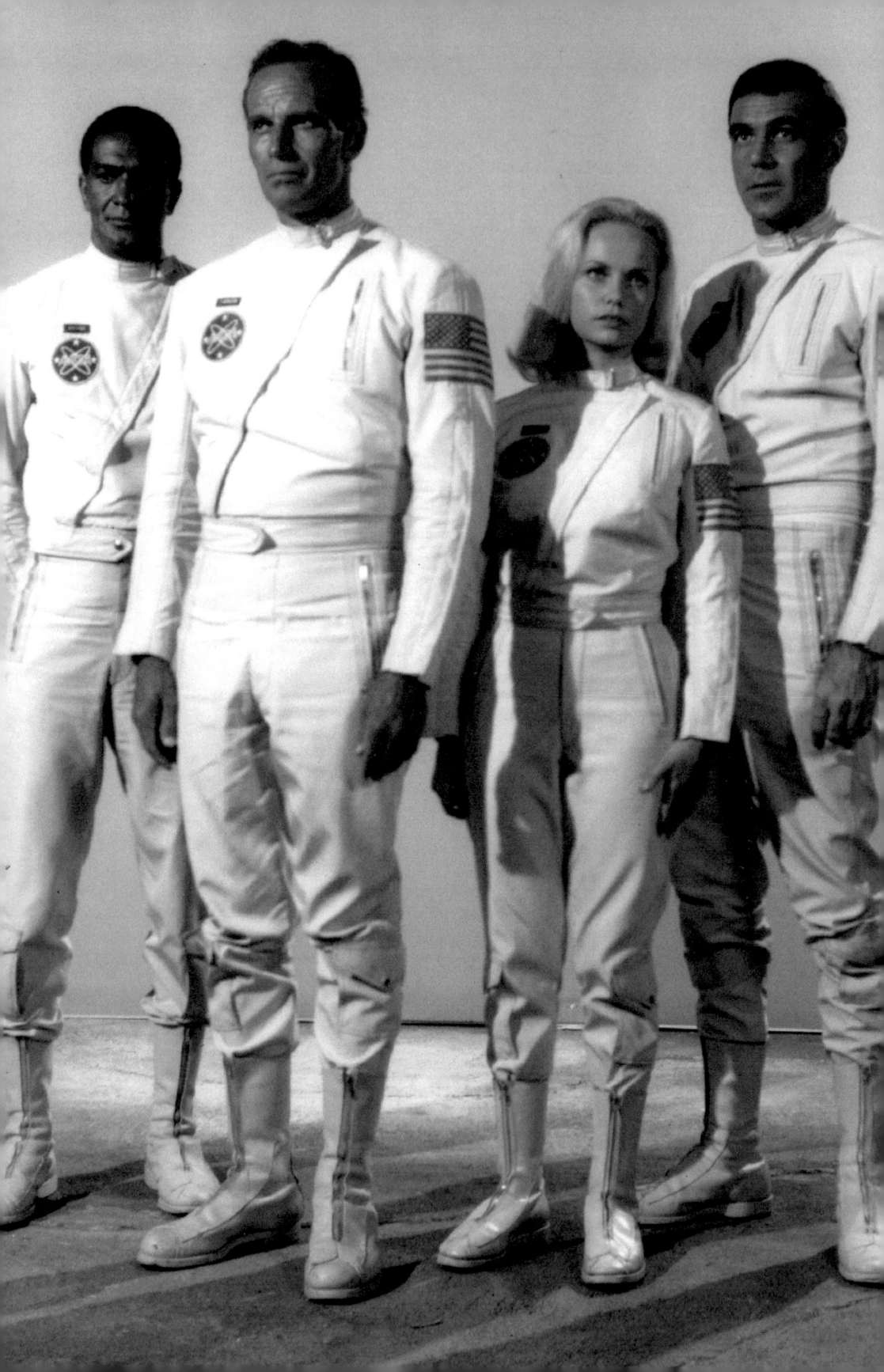

O PLANETA DOS MACACOS (1968)

CAPÍTULO 3

Em uma viagem exploratória à Constelação de Orion, a nave comandada pelo astronauta George Taylor (Charlton Heston) cruza o
espaço a uma velocidade próxima à da luz. Os demais integrantes
da missão – Landon (Robert Gunner), Dodge (Jeff Burton) e Stewart
(Dianne Stanley) – aguardam o término da jornada em estado de animação suspensa. Antes de se dirigir à própria câmara criogênica, Taylor faz
um último registro em seu diário de bordo e se pergunta se a teoria do
Dr. Hasslein sobre deslocamentos interestelares está correta: segundo o
físico, a espaçonave, por sua enorme capacidade de aceleração, pode já
ter se adiantado 700 anos em relação ao tempo da Terra. Taylor encerra a
gravação com uma nota pessoal: "Será que o Homem, essa maravilha do
universo, esse glorioso paradoxo que me mandou às estrelas, ainda guerreia
com seus próprios irmãos?"

Seis meses depois, controlada por piloto-automático, a nave penetra na
atmosfera de um planeta não identificado e mergulha nas águas de um lago.
Taylor, Landon e Dodge são despertados após a aterrissagem e constatam
que um defeito na câmara criogênica de Stewart matou a única mulher
da tripulação, cujo cadáver aparenta ter centenas de anos. Uma leitura
do tempo nos relógios da ponte de comando revela que o ano corrente é
3978 – eles estão dois mil anos à frente de sua era.

A água do lago invade a nave e os astronautas se concentram em escapar do veículo antes que este afunde, reunindo o maior número possível
de provisões e utilizando um bote inflável para chegar até a margem.

Diferentemente de Taylor, Landon não acredita que eles tenham
viajado no tempo e alimenta a esperança de voltar à Terra. Convencido de
que a hipótese de Hasslein está certa e de que a nave pousou em algum
planeta desconhecido da Constelação de Orion, Taylor aconselha o colega
a se conformar com a situação e ressalta que a prioridade, agora, é encontrar novas reservas de água e alimentos. Antes que os astronautas iniciem
o reconhecimento do planeta, Landon finca uma bandeirinha americana
na margem do lago para legitimar a proposta colonizadora da expedição.

Durante dias, Taylor, Dodge e Landon caminham por um vasto deserto sem encontrar sinal de vida. De tempos em tempos, a jornada é interrompida por tempestades magnéticas e tremores de terra inexplicáveis, que intrigam os exploradores. Suas esperanças de sobrevivência se renovam quando eles chegam a uma área arborizada, onde veem espantalhos dispostos no alto de uma colina – um indício de que o planeta é habitado por seres inteligentes. O enigma proposto por esta descoberta, porém, é posto de lado quando os viajantes escutam o som de água corrente. Eufóricos, eles encontram um lago e uma cachoeira, onde decidem se banhar.

Minutos depois, Landon vê uma pegada na margem do lago e o grupo percebe que suas roupas e equipamentos estão sendo roubados por seres que os observam por trás dos arbustos. Seguindo o rastro dos ladrões, Taylor, Dodge e Landon chegam ao que parece ser uma zona de cultivo, onde humanos primitivos e mudos se alimentam com frutas e espigas de milho. De repente, o som de uma trombeta de caça ecoa no campo, o que põe os selvagens em pânico. Perplexos, os astronautas veem gorilas uniformizados e montados em cavalos atacarem os humanos, armados com rifles, redes e bastões. Na matança que se segue, Dodge é baleado e Landon, capturado. Taylor não tem melhor sorte: encurralado em um barranco por um batedor gorila, ele leva um tiro na garganta e perde os sentidos.

Os sobreviventes da caçada são levados para uma cidade de contornos rústicos, com habitações parcialmente escavadas na rocha, na qual Taylor toma contato com os exóticos seres que dominam o planeta: orangotangos, chimpanzés e gorilas inteligentes e articulados que usam o Homem como cobaia de experiências científicas. Incapaz de falar, Taylor tem a garganta suturada por um veterinário chimpanzé, o Dr. Galen (Wright King), e é entregue aos cuidados da simpática psicóloga de animais Dra. Zira (Kim Hunter), que o apelida como "Olhos Brilhantes".

Ao perceber que as capacidades cognitivas de Taylor são superiores às dos outros humanos, Zira tenta convencer o ministro da ciência local, o orangotango Dr. Zaius (Maurice Evans), de que o prisioneiro merece um estudo pormenorizado. Mas Zaius não se impressiona com a suposta inteligência de "Olhos Brilhantes". De forma rude, o orangotango lembra à Zira que qualquer homem pode executar truques de mímica e ressalta que estudar o comportamento dessas criaturas é uma "insensatez". Para que Taylor não se sinta tão solitário em sua jaula, Zira lhe providencia uma companheira: a humana "Nova" (Linda Harrison), capturada junto com o astronauta durante a caçada.

Dias depois, quando os humanos se exercitam em uma grande jaula ao ar livre, vizinha ao instituto de ciências, Zira apresenta Taylor ao seu noivo, Cornelius (Roddy McDowall). O companheiro de Zira é arqueólogo e tem realizado escavações em uma região do planeta conhecida como "Zona Proibida" – um projeto que não conta com a aprovação da Academia de Ciências, chefiada pelos orangotangos. O Dr. Zaius saúda o casal de cientistas e menciona as escavações arqueológicas de Cornelius, sugerindo que o chimpanzé encerre o projeto, que poderá enterrar sua reputação acadêmica.

Em uma tentativa de se comunicar com seus captores, Taylor escreve uma mensagem no solo para os macacos. Um dos outros prisioneiros tenta apagar as palavras grafadas na terra, o que deixa Taylor furioso. Os dois humanos se atracam e oficiais gorilas entram na jaula para separar a briga. Os soldados queimam o ombro de Taylor com uma tocha e Zira ordena que o prisioneiro seja levado de volta ao cárcere, para que ela trate de sua ferida. Quando a confusão termina, Zaius se aproxima da jaula e lê a frase que Taylor rabiscou no chão: "Eu sei escrever".

No cárcere, Zira pede ao chefe da guarda, Julius (Buck Kartalian), que lhe traga um unguento para cuidar do ferimento de "Olhos Brilhantes". Aproveitando a ausência do guarda, Taylor se apodera da caneta e do caderno de notas de Zira e finalmente consegue se comunicar com sua protetora: ao ler a frase "Meu nome é Taylor" escrita em seu caderno, a chimpanzé ordena que o humano seja libertado e, sob o protesto de Julius, leva-o até o escritório de Cornelius.

O noivo de Zira fica admirado com a inteligência de "Olhos Brilhantes", mas não acredita em sua história: para o chimpanzé, a ideia de humanos alienígenas "caídos do céu" parece absurda. Cornelius se mantém cético até quando o astronauta lhe prova que voar não é uma "impossibilidade científica" ao fabricar um aviãozinho de papel e fazê-lo planar pelo escritório. Zira lembra ao noivo que a existência de Taylor – um humano racional – pode provar sua polêmica teoria de que os macacos evoluíram do Homem, uma proposição que desafia os dogmas religiosos da sociedade símia.

A conferência é interrompida quando Zaius e um colega orangotango, o Dr. Maximus (Woodrow Parfrey), entram no escritório acompanhados por duas sentinelas gorilas. Os orangotangos advertem Zira e Cornelius de que experiências com humanos devem ser feitas no laboratório e ordenam que Taylor seja levado de volta ao cárcere. Enquanto os gorilas amordaçam o prisioneiro, Zaius vê o avião de papel caído no chão do escritório. Ele analisa o brinquedo com curiosidade e o amassa com um gesto decidido.

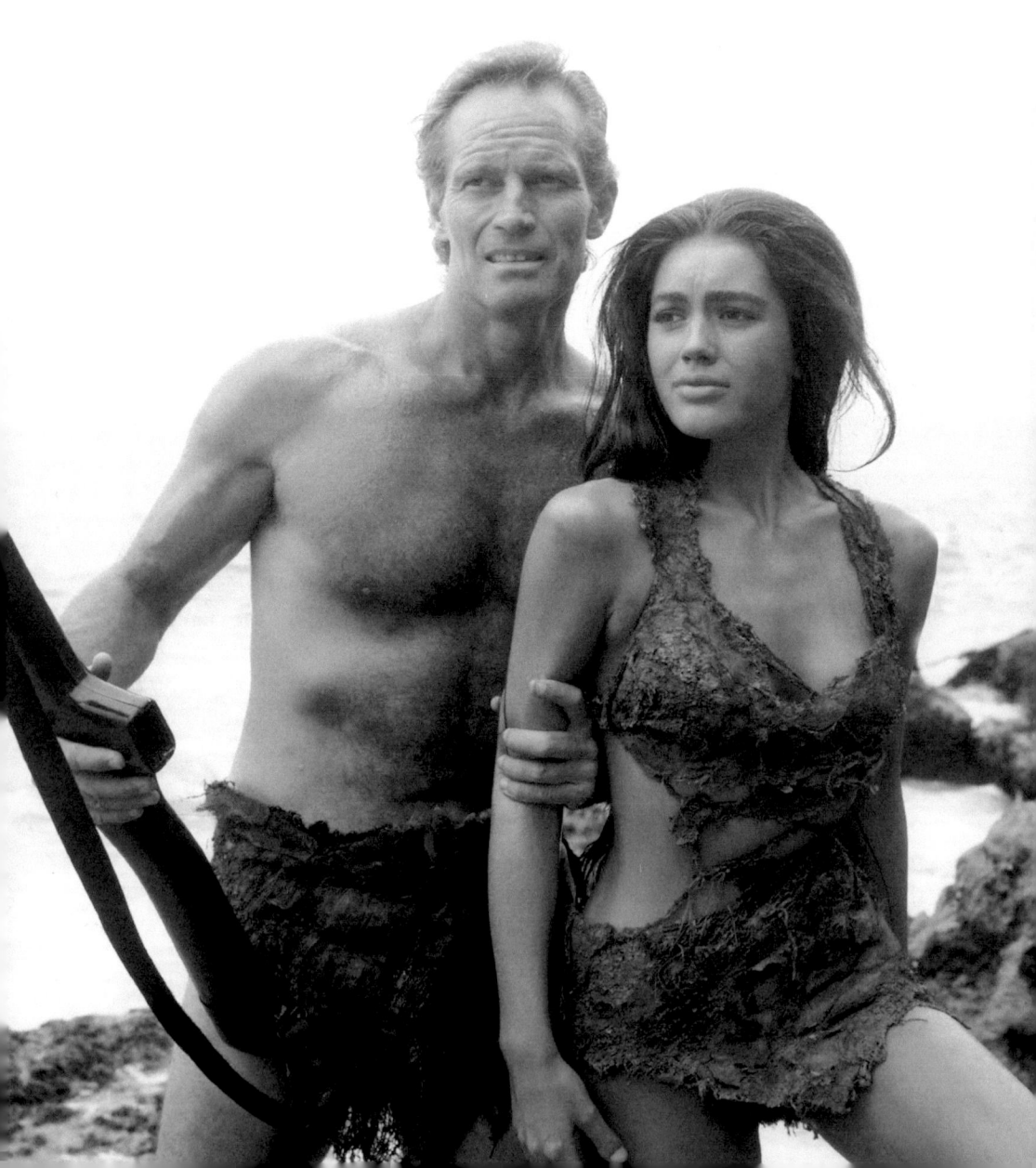

Pouco depois, dois soldados vão ao instituto de ciências em busca de Taylor. De sua jaula, o astronauta ouve os guardas dizerem a Julius que Zaius ordenou a castração de "Olhos Brilhantes". Antes que o gorila possa conduzi-lo ao laboratório, Taylor agride Julius e escapa do instituto. A população reage com histeria à presença de um humano nas ruas e Taylor é perseguido por cavaleiros gorilas. Antes de ser recapturado, ele invade um funeral e se refugia em um museu de história natural – onde, horrorizado, vê o cadáver embalsamado de Dodge exposto como uma curiosidade zoológica. Os gorilas o prendem com uma rede, mas antes que uma das sentinelas possa amordaçá-lo, Taylor recupera a voz e expressa o seu ultraje em palavras: "Tire suas patas imundas de cima de mim, seu macaco sujo!".

O fato de Taylor ser capaz de falar o transforma em uma ameaça para a sociedade símia. Semanas após ser recapturado, o astronauta é levado como réu a uma audiência realizada a portas-fechadas, da qual participam, como jurados, o Dr. Zaius e o Dr. Máximus, além do presidente da Academia Nacional (James Withmore) e um promotor, Dr. Honorius (James Daly). Zira e Cornelius assumem o papel de "advogados de defesa" de Taylor, embora o objetivo da audiência não esteja claro para os chimpanzés. Logo, o astronauta e seus protetores descobrem que o julgamento é uma farsa encenada pelos orangotangos para formalizar a execução de Taylor e indiciar os cientistas símios por suas ideias heréticas.

Taylor tenta contar sua história aos juízes, que a escutam com ceticismo. A acusação sustenta que o astronauta não é um ser pensante, mas uma aberração fisiológica criada por Zira. Zaius desafia o astronauta a provar o que afirmou no tribunal: que tinha dois companheiros inteligentes quando pousou no planeta com sua "nave espacial". O ministro da ciência diz que os sobreviventes da caçada estão no anfiteatro da cidade e que, se Taylor se comunicar com algum deles, os juízes levarão em conta o seu depoimento. Taylor encontra Landon entre os homens e mulheres dispostos no anfiteatro, mas nota uma cicatriz em forma de semicírculo no crânio do colega: os macacos o submeteram a uma lobotomia, privando-o da capacidade de pensar e falar. Taylor ataca o Dr. Zaius e, no tumulto que se segue, a audiência é suspensa. Mas não antes que Zira e Cornelius sejam formalmente acusados de Heresia.

À noite, Taylor é levado ao gabinete do Dr. Zaius. A sós com o prisioneiro, o orangotango admite ter operado o cérebro de Landon, mas garante que Taylor não terá o mesmo destino se confessar que é um "mutante" e revelar a localização de sua "tribo". Zaius acredita que Taylor possa pertencer a uma nova estirpe de humanos inteligentes surgida na Zona Proibida. Taylor reafirma o que disse no tribunal e Zaius lhe concede um prazo de seis horas para fazer uma confissão completa. Do contrário, ele será entregue aos cirurgiões macacos.

Antes que a pena seja cumprida, Cornelius, Zira e Lucius (Lou Wagner) – um sobrinho da psicóloga chimpanzé – ajudam Taylor e Nova a escapar da prisão. Os cientistas sabem que serão condenados por Heresia a menos que provem sua teoria. Por isso, decidem voltar às escavações de Cornelius na Zona Proibida, onde esperam encontrar evidências que sustentem sua tese evolucionista. Após três dias de viagem, o grupo alcança o sítio arqueológico de Cornelius. Taylor manifesta interesse em olhar os artefatos encontrados pelo chimpanzé, que estão em uma caverna à beira-mar. Antes que possa fazê-lo, porém, o Dr. Zaius e um pelotão de soldados gorilas irrompem na praia montados em cavalos. Zaius dá ordem de prisão a Zira e Cornelius, mas Taylor, armado com um rifle, faz o orangotango refém e exige que os gorilas se retirem para um ponto recuado da orla.

Taylor propõe que Zaius avalie a descoberta dos chimpanzés antes de prendê-los. Ele argumenta que, se os fósseis forem anteriores ao tempo em que os textos sagrados foram escritos (1200 anos atrás), não haverá base formal para acusá-los. Contrariado, Zaius concorda em ver os artefatos, mas refuta todos os argumentos de Cornelius, mesmo quando o arqueólogo lhe mostra ossadas símias com quase dois mil anos de idade e objetos da mesma época que parecem ter sido fabricados por seres que dominavam a metalurgia. Taylor identifica vários desses objetos: os achados são itens que os humanos da Terra usavam no século XX, como óculos e dentaduras. A relíquia mais surpreendente, porém, é uma boneca humana que diz a palavra "Mamãe". Isto é o bastante para Taylor concluir que, em um passado distante, os humanos deste planeta tiveram uma linguagem e uma cultura.

Tiros ecoam na praia: os soldados haviam emboscado Lucius aproveitando uma distração do chimpanzé. Com Zaius sob a mira do rifle, Taylor detém os gorilas e exige que eles lhe providenciem um cavalo, munição, água e mantimentos. Em seguida, o astronauta confronta o Dr. Zaius. "O Homem esteve aqui antes", afirma Taylor, triunfante. "Defensor da Fé... Guardião do Terrível Segredo! É isso, não é, doutor?". Zaius admite que Taylor está certo, mas reafirma suas apreensões quanto ao Homem, que, segundo ele, transformou a Zona Proibida em um deserto, séculos atrás. Para provar o seu ponto de vista, Zaius pede a Cornelius que leia em voz alta um trecho dos Pergaminhos Sagrados, escritos pelo mais sábio de todos os macacos, o Legislador:

"Cuidado com o Homem, pois ele é o peão do demônio. O único entre os primatas de Deus que mata por esporte, cobiça ou avareza. Sim, ele matará o seu irmão para possuir a sua terra. Não o deixe nascer em grande número, pois ele transformará a sua casa, e a dele, em um deserto. Evite-o. Dirija-o para o seu esconderijo na selva. O Homem é o presságio da Morte".

As palavras têm um forte impacto no astronauta, cuja visão da raça humana não é muito diferente à do Legislador. Mas Taylor argumenta que a extinção dos humanos pode ter sido causada por uma catástrofe natural, e não por uma guerra, já que os artefatos de Cornelius não revelaram indícios de uma civilização belicista. Porém, Taylor ainda não sabe explicar como o Homem e o Macaco trocaram de lugar. Falta um elo para elucidar o mistério. "Não o procure, Taylor", adverte Zaius. "Você pode não gostar do que vai encontrar".

O astronauta se despede de Zira, Cornelius e Lucius e, junto com Nova, monta em seu cavalo e segue pela linha da costa. "O que ele encontrará lá, Dr. Zaius?", pergunta Zira, observando o humano desaparecer no horizonte. "O seu destino", responde o orangotango. Milhas à frente, à beira-mar, a atenção de Taylor é atraída para os contornos de um monumento decaído. Apeando do cavalo, o astronauta golpeia o solo e amaldiçoa a memória da própria espécie, que se autodestruiu em uma guerra atômica ocorrida há 20 séculos. Prostrado diante das ruínas da Estátua da Liberdade, Taylor descobre que está de volta ao lar.

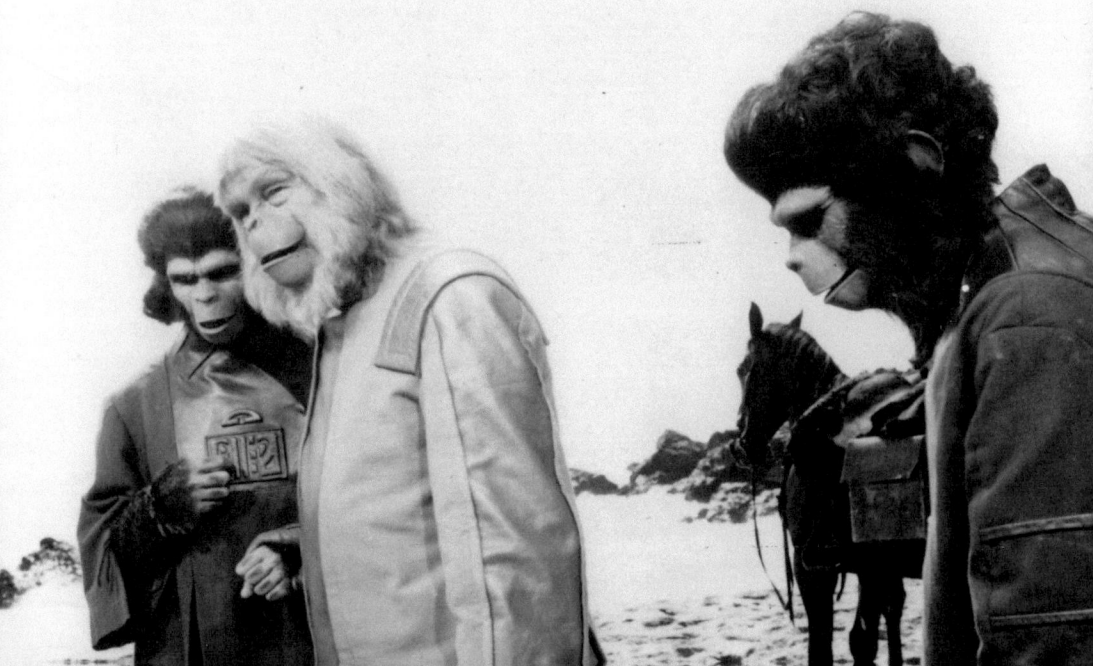

PRODUÇÃO

JORNADA RUMO AO PLANETA DOS MACACOS

Após adquirir os direitos de adaptação de *La planète des singes*, Arthur Jacobs deve ter se perguntado se não comprara algo equivalente a um terreno na Lua. O produtor achava a novela de Pierre Boulle fascinante, mas não demorou a descobrir que ninguém mais em Hollywood compartilhava desta opinião. O próprio autor considerava o romance infilmável: até então, no cinema, macacos sempre haviam sido "interpretados" por atores fantasiados ou, na melhor das hipóteses, por bonecos animados pela técnica de *stop-motion*, como em *King Kong*[56].

Portanto, antes de vender o projeto a algum estúdio, Jacobs tomou precauções para torná-lo crível. Uma das principais providências foi contratar um roteirista familiarizado com o gênero a que pertencia a obra — alguém capacitado a digerir o bizarro contexto da novela e a adaptá-lo ao formato cinematográfico. Por suas invejáveis credenciais como o criador de *Além da imaginação*, Rod Serling foi o homem eleito para a tarefa. Coincidentemente, antes de ser contratado pela APJAC, o roteirista fora abordado por uma dupla de produtores de filmes "B", os King Brothers, que pretendia realizar uma versão para o cinema de *La planète des singes* com um orçamento de parcos US$ 200 mil. Ao saber que a produção seria rodada com atores usando ridículas máscaras inteiriças de borracha, Serling declinara de escrever o script.

Mas Jacobs parecia determinado a transformar o romance em um filme de sucesso. Contagiado pelo entusiasmo do produtor, Serling sentou-se à máquina de escrever e iniciou a árdua tarefa de acomodar as situações, reviravoltas e alegorias da novela em um script coeso. Seus primeiros tratamentos para *O planeta*, redigidos em 1964, ainda eram versões muito diferentes do filme que estrearia em 1968 — os macacos, por exemplo, habitavam uma cidade moderna, semelhante à metrópole símia descrita no livro, ao invés de viverem em casas e edifícios de pedra e argila erigidos na encosta de uma montanha —, mas já tinham o "espírito" do longa. Serling injetou na trama uma dose de ação que faltava ao romance, além de temperá-la com o seu humor negro peculiar: é de sua autoria a cena que mostra o cadáver de um dos astronautas embalsamado em um museu — um momento que talvez tenha sido inspirado em *Elegia*[57], episódio de

---

56 *King Kong* (1933, Merian C. Cooper e Ernest B. Schoedsack).
57 *Elegia* (*Elegy*, 1960, Douglas Heyes).

85

Além da imaginação no qual três exploradores do espaço têm um destino parecido após aterrissarem em um "planeta-mausoléu" administrado por um zelador robô fora de controle.

No roteiro de Serling, o enredo também foi transposto da Constelação de Orion para a Terra do futuro. A primeira menção à Estátua da Liberdade em ruínas, que tornou o desfecho da produção icônico, já aparece em seu terceiro tratamento para *O planeta*, escrito entre junho e dezembro de 1964[58]. Embora, mais tarde, dezenas de pessoas tenham reclamado o crédito por esta cena, a conclusão do filme é muito parecida com a de *Atirei uma flecha no ar*[59], outro episódio de *Além da imaginação*. Na trama, astronautas americanos pousam no que imaginam ser um planeta árido e desabitado e, na cena final, descobrem que a nave efetuou um *looping* no espaço, indo cair em algum lugar do Vale da Morte, nos EUA. Ainda que seja a *pièce de résistance* da versão cinematográfica, a conclusão de *O planeta* não foi aprovada por Pierre Boulle[60]. Como afirmou o autor à revista *Cinefantastique*, em 1972:

> "Não gostei muito do desfecho utilizado – a Estátua da Liberdade –, do qual os críticos parecem ter gostado tanto. Pessoalmente, prefiro o meu próprio final."
>
> "Dialogues on apes, apes, and more apes" - *Cinefantastique*.

---

58 *Planet of the apes* (terceiro tratamento); disponível para download no site Hunter's planet of the apes archive (https://pota.goatley.com).

59 *Atirei uma flecha no ar* (*I shot an arrow in the air*, 1960, Stuart Rosenberg).

60 Rod Serling, por sua vez, apreciava muito o desfecho da novela e chegou a afirmar que "aquela era a conclusão que ele gostaria de ter usado no filme".

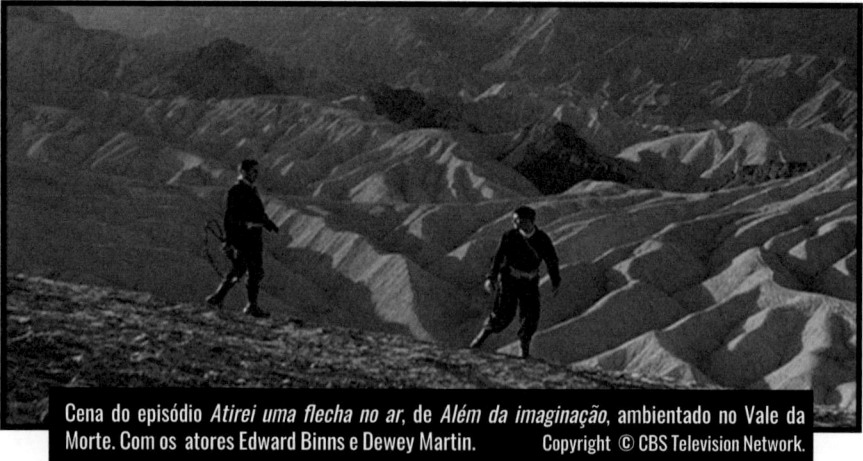

Cena do episódio *Atirei uma flecha no ar*, de *Além da imaginação*, ambientado no Vale da Morte. Com os atores Edward Binns e Dewey Martin.　Copyright © CBS Television Network.

O roteiro passaria por muitas reformulações antes de ser filmado – especialmente após o ingresso de Michael Wilson no projeto, em 1967. Porém, Serling resolveu os principais problemas referentes à adaptação do texto para as telas, tornando a história mais cinematográfica, verossímil e conectada à realidade da época: enquanto, no romance, os macacos dominavam o Homem quando este mergulhava em um estado de profunda "apatia intelectual", no filme a inversão de papéis entre as espécies é explicada como o resultado de uma guerra nuclear (um elemento que não existia na novela).

Apesar de terem estilos e conclusões diferentes, tanto o roteiro de Serling quanto a obra de Boulle compartilhavam uma pesada ambientação extraterrestre – o que, no cinema, implicaria em altos custos de produção. A cidade para onde o astronauta "Thomas" (mais tarde rebatizado como "Taylor") era levado após ser capturado pelos símios tinha contornos futuristas, sendo inclusive adaptada à anatomia dos macacos. Isto exigiria um desenho de produção rebuscado – seria necessário projetar e construir veículos e edifícios peculiares para as filmagens –, o que elevaria o orçamento do filme para a casa dos US$ 100 milhões (o custo de qualquer blockbuster da atualidade, mas uma cifra astronômica na metade da década de 1960). Portanto, mesmo que Serling tivesse simplificado a fantasia do romance, *O planeta* ainda era um empreendimento desafiador e, para todos os efeitos, "infilmável".

Ciente disso, ao longo da pré-produção, Jacobs lançou mão de todo tipo de estratégia para tornar a proposta do filme palatável aos chefes de estúdio. O produtor percebeu que o projeto necessitava de uma identidade visual bem definida, que permitisse aos executivos antever o épico de ficção científica que ele tinha em mente, e contratou artistas talentosos para criarem "versões ilustradas" da trama baseadas no romance de Boulle e no script de Serling.

O resultado talvez sejam os mais belos *storyboards* concebidos para um filme da década de 1960: organizadas em forma de portfólio, dinâmicas sequências de aquarelas retratavam as principais passagens da história: a caçada aos humanos (nos primeiros tratamentos de Serling, conduzida por gorilas que pilotavam helicópteros e veículos parecidos com tanques de guerra), o interrogatório de Thomas por uma comissão de cientistas macacos, o confinamento do astronauta em um zoológico de seres humanos etc. De posse das versões preliminares do script e de seu portfólio de aquarelas, Jacobs bateu às portas dos principais estúdios americanos, sempre obtendo a mesma resposta: "Não há interesse". A peregrinação do produtor tampouco se mostrou frutífera na Inglaterra e na Espanha, países nos quais Jacobs também tentou conseguir financiamento.

Entre fevereiro de 1964 e janeiro de 1965, Arthur contou com um importante aliado em sua cruzada para realizar o longa: o renomado diretor Blake Edwards (1922-2010) – criador da cinessérie *A Pantera Cor-de-Rosa*[61], estrelada por Peter Sellers –, que simpatizava com a ideia de *O planeta* e participou ativamente da pré-produção. O interesse do cineasta levou a Warner Bros. a anunciar um investimento de US$ 10 milhões no filme, mas Jacobs voltou à estaca zero quando Blake desistiu de dirigi-lo. Sidney Pollack concordou em substituir Edwards, mas àquela altura a Warner também já havia recuado, temendo que as ideias malucas de Arthur resultassem em um monumental fracasso de bilheteria.

EM BUSCA DE UM ASTRO

Ao longo de suas andanças por Hollywood, Jacobs reencontrou um velho amigo, o também produtor Mort Abrahams (1916-2009), que ficou cativado pela proposta do filme após dar uma olhada nas belas ilustrações inspiradas no roteiro. Os dois concluíram que a melhor "plataforma de lançamento" para *O planeta* seria conseguir o engajamento de alguma celebridade do cinema com o projeto – se possível, um superastro como Marlon Brando, famoso por sua atuação em *Uma rua chamada pecado*[62], filme em que o ator contracenou com Kim Hunter, que viria a ser a Dra. Zira da versão cinematográfica de *La planète des singes*.

Brando foi sondado para o papel de Thomas, mas recusou o convite, alegando "não ter compreendido a proposta do filme". É provável que a recusa tenha sido motivada pela inerente comicidade de um título como *O planeta dos macacos* (o qual sugeria algo na linha das pândegas aventuras espaciais dos Três Patetas) e pelo fato de a ficção científica cinematográfica, na época, ser um território dominado por produções "B" (às quais uma celebridade como Brando nunca se associaria).

Surpreendentemente, um ator muito mais conservador do que Brando – Charlton Heston, outro nome que constava na lista de figurões que Jacobs e Abrahams consideravam como potenciais protagonistas do filme – não teve qualquer problema em lidar com a proposta absurda da produção. O famoso intérprete de *Ben-Hur*[63] e Moisés (vencedor de um Oscar em 1960 e de um Globo de Ouro em 1962) não apenas concordou em atuar no filme como se tornou um de seus grandes defensores até o início das filmagens, em 1967. Heston, inclusive, participou de conferências criativas

---

61 *A Pantera Cor-de-Rosa* (*The Pink Phanter*, 1963, Blake Edwards).
62 *Uma rua chamada pecado* (*A streetcar named desire*, 1951, Elia Kazan).
63 *Ben-Hur* (1959, William Wyler).

junto com os produtores e roteiristas, o que não é habitual em se tratando de astros dessa magnitude.

Na tela grande, Heston só precisou erguer um cajado para abrir o Mar Vermelho e assegurar a fuga dos hebreus para a Terra Prometida no clímax de *Os dez mandamentos*[64]. Como parceiro de Jacobs e Abrahams, ele realizou uma versão mais modesta daquele milagre ao conduzir os produtores por caminhos que lhes permitiram fechar um acordo de realização com a 20th Century Fox. Também foi Heston quem indicou Franklin J. Schaffner para dirigir *O planeta* – ambos haviam trabalhado juntos em *O senhor da guerra*[65], no qual Heston interpretou o nobre medieval Chrysagon. Com Heston como porta-voz do empreendimento, os produtores viram grande parte da resistência inicial ao projeto cair por terra.

A adesão de Schaffner também trouxe credibilidade ao filme: ele ainda não era um cineasta consagrado em 1966, mas sua direção segura e criativa em *O senhor da guerra* não passara despercebida aos olhos dos críticos. Nascido em Tóquio, filho de missionários, Schaffner serviu na Marinha dos EUA antes de entrar para a indústria do cinema. Sua carreira como realizador começou na TV, em um período no qual o uso do *videotape* era um luxo e a maioria das atrações era dirigida "ao vivo", de modo que nada podia dar errado quando os programas entravam no ar. A familiaridade com o improviso talvez tenha sido um dos fatores pelos quais ele não se intimidou com as muitas dificuldades técnicas do projeto, sendo a principal delas a necessidade de se elaborar uma maquiagem adequada para os macacos. Porém, este e outros problemas teriam que ser resolvidos mais tarde. Por hora, a prioridade era obter financiamento para o longa.

Enquanto batalhava pelo projeto de *O planeta*, Jacobs produzia o musical *O fabuloso Dr. Doolitle*[66] para a 20th Century Fox. Sempre que possível, Arthur mencionava seu pretendido épico de ficção científica para o chefão do estúdio, Richard D. Zanuck, lembrando-o que já tinha um astro do cinema e um diretor relativamente famoso comprometidos com o filme. Vencido pela ladainha do produtor, Zanuck concordou em ler o roteiro de Serling e em dar uma espiada nas aquarelas de Jacobs. O executivo levou o material para casa e o avaliou durante um fim de semana – e como outras celebridades que Arthur já conseguira arregimentar para o projeto, também passou a acreditar na viabilidade daquela loucura. Porém, antes de bater o martelo, Zanuck convocou Franklin Schaffner e Charlton Heston para uma reunião. Ele tinha algumas dúvidas quanto à realização e queria saná-las antes de conceder o financiamento.

---

64 *Os dez mandamentos* (*The ten commandments*, 1956, Cecil B. DeMille).
65 *O senhor da guerra* (*The war lord*, 1965, Franklin J. Schaffner).
66 *O fabuloso doutor Dolittle* (*Doctor Dolittle*, 1967, Richard Fleischer).

"E quanto aos macacos do filme?", perguntou Zanuck. "Eles serão representados por atores?" Schaffner e Heston assentiram: "Sim, é claro, por atores." Zanuck retorquiu: "E se o público achar a maquiagem engraçada?" Heston e Schaffner se entreolharam e ficaram em silêncio, pois não haviam considerado essa possibilidade. A pergunta, porém, era válida: o filme deveria ser um drama de ficção científica, e não uma comédia involuntária; se a caracterização não funcionasse a contento, ou se o tema não ganhasse o devido tratamento cinematográfico, o público poderia cair na gargalhada assim que o primeiro orangotango falante surgisse na tela (interpretado ou não por um ator shakespeariano, como Maurice Evans). "Eis o que faremos", prosseguiu Zanuck. "Vamos rodar um teste e o exibiremos aos executivos do estúdio. Se ninguém rir, faremos o filme." Schaffner e Heston, porém, acharam que podiam fazer algo melhor: por que não filmar toda uma sequência do longa, ao invés de um simples teste? Zanuck gostou da ideia e autorizou uma verba de US$ 5 mil para a realização da cena[67].

No dia 8 de março de 1966, Heston (no papel de Thomas), Edward G. Robinson (Dr. Zaius), Linda Harrison (a namorada de Richard Zanuck, aqui interpretando a Dra. Zira) e James Brolin (Dr. Cornelius) se reuniram sob a batuta de Schaffner para gravar uma sequência de nove páginas do roteiro de Serling. A cena era ambientada no sítio arqueológico de Cornelius e mostrava um debate entre os personagens de Heston e Robinson, motivado pela recente descoberta de que o planeta, séculos atrás, fora dominado pelo Homem. Na conclusão da cena, Zira e Cornelius mostravam ao Dr. Zaius uma boneca humana encontrada nas escavações. Um mecanismo do brinquedo era acionado e a boneca pronunciava a palavra "Mamãe". "Eles já tiveram uma linguagem", dizia a Dra. Zira a um aturdido Dr. Zaius. "Quando ainda nos balançávamos em árvores, eles já tinham uma linguagem." Zaius encerrava a discussão com um questionamento sombrio: "Se o Homem já teve uma Cultura neste planeta, o que aconteceu com ela?" Um *fade-out* obscurecia a tela enquanto a boneca repetia insistentemente sua fala mecânica: "Mamãe… mamãe… mamãe…"

O teste foi exibido aos executivos da Fox alguns dias depois, precedido por uma narração do dublador Paul Frees – a voz do personagem "O Coisa" no desenho animado *Quarteto fantástico*[68], da Hanna-Barbera: "Esta é uma experiência em maquiagem para uma experiência em imaginação e terror. Queremos apresentar a vocês o projeto de um filme baseado

---

67 Entrevistas com Charlton Heston e Richard Zanuck (*Behind the planet of the apes*, 1998).
68 *Os quatro fantásticos* aka *Quarteto fantástico* (*Fantastic 4*, 1967-1968, criação de Jack Kirby e Stan Lee).

no melhor livro de Pierre Boulle desde *A ponte do Rio Kwai*: *O planeta dos macacos*. Neste breve filme, assim como em nossa pretendida produção, Charlton Heston interpreta o astronauta Thomas e Edward G. Robinson, o Dr. Zaius."

Visto hoje, o teste parece tosco e inconvincente: o maquiador da Fox, Ben Nye (1907-1986), utilizou os parcos recursos que tinha à mão para transformar Edward G. Robinson em algo parecido com os seres simiescos retratados nas aquarelas de Arthur Jacobs – e não se saiu tão mal, considerando que, naquelas primeiras artes conceituais, os macacos se pareciam mais com homens de Neandertal usando jalecos do que com autênticos gorilas, orangotangos e chimpanzés. Nye cobriu parte do rosto de Robinson com um nariz e malares simiiformes e com pelos artificiais. A estrutura da face, porém, ainda era humana – a maquiagem não contava com as mandíbulas, orelhas e frontes pronunciadas que deram aos personagens símios do filme um ar tão peculiar. O *look* dos primatas precisava de ajustes – mas, apesar de sua rusticidade, o teste provou que uma plateia poderia aceitar a ideia de macacos usando roupas e se comunicando em inglês: nenhum dos executivos riu. Satisfeito, Zanuck deu o "sinal verde" para a realização do filme.

O orçamento aprovado pela Fox foi de US$ 5.8 milhões – nem de longe o "budget" com o qual Arthur Jacobs sonhava (em função da verba limitada, Heston e Schaffner trabalharam por salários modestos, ainda que tenham sido recompensados mais tarde, por meio de uma participação na bilheteria). Mesmo assim, havia muito a comemorar: *O planeta*, enfim, sairia do papel, após uma pré-produção que já se arrastava por três anos. O time formado por Schaffner, Heston, Jacobs e Abrahams ainda comemorava a vitória quando Edward G. Robinson anunciou sua renúncia ao papel do Dr. Zaius. "Estou muito velho para isso, pessoal", confidenciou o veterano aos colegas[69]. Robinson detestou a sessão de maquiagem demandada pelo teste e temia ter um ataque cardíaco se precisasse aguentar aquilo por meses a fio. O ator, então, foi substituído por Maurice Evans (1901-1989) – um astro com sólida reputação teatral que interpretou Zaius no filme original e em sua primeira continuação, *De volta ao planeta dos macacos*.

---

[69] Entrevista com Charlton Heston (*Behind the planet of the apes*, 1998).

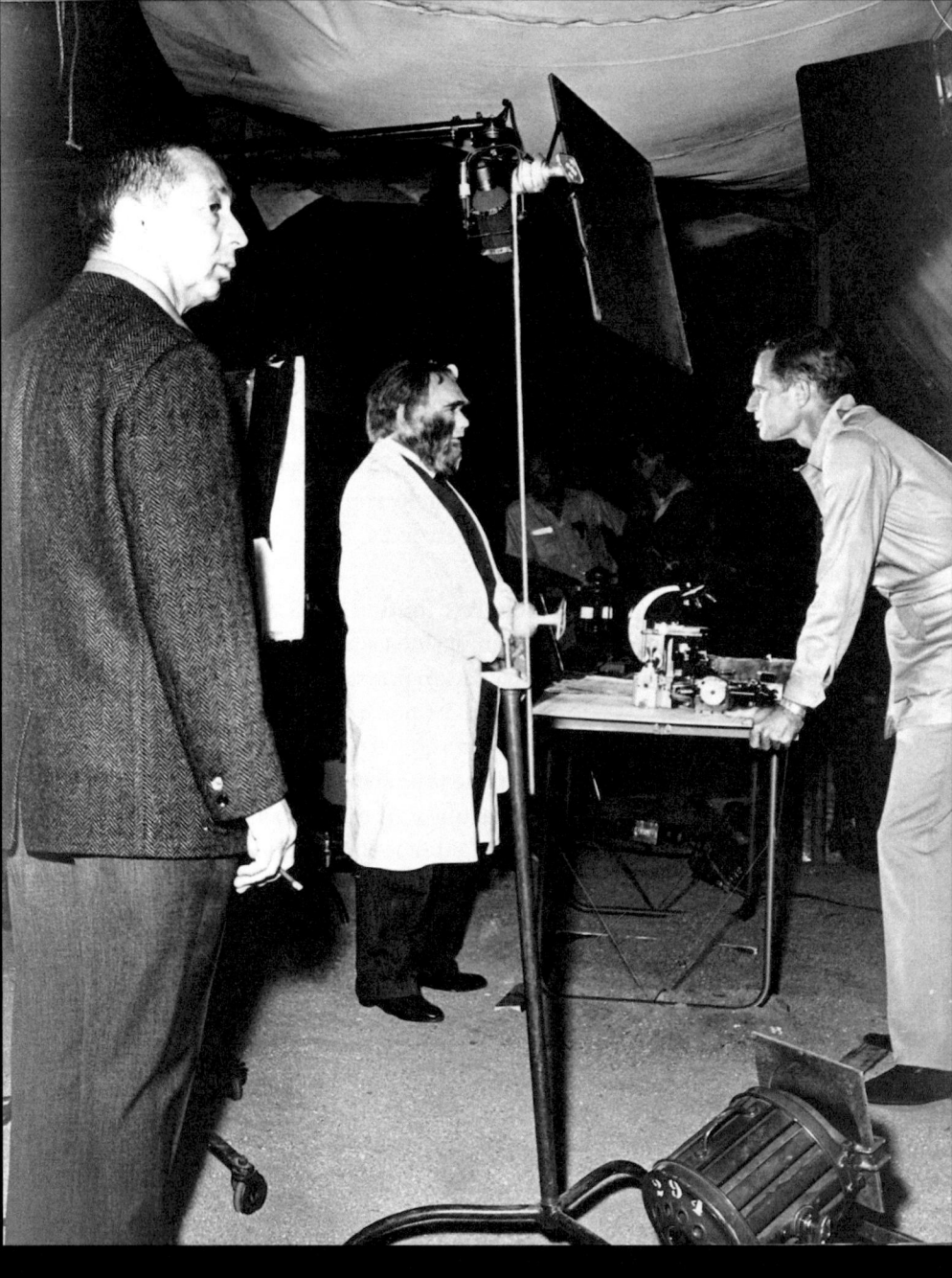

Arthur P. Jacobs, Edward G. Robinson e Charlton Heston durante a filmagem teste de cena.
Copyright © APJAC Productions / 20th Century Fox.

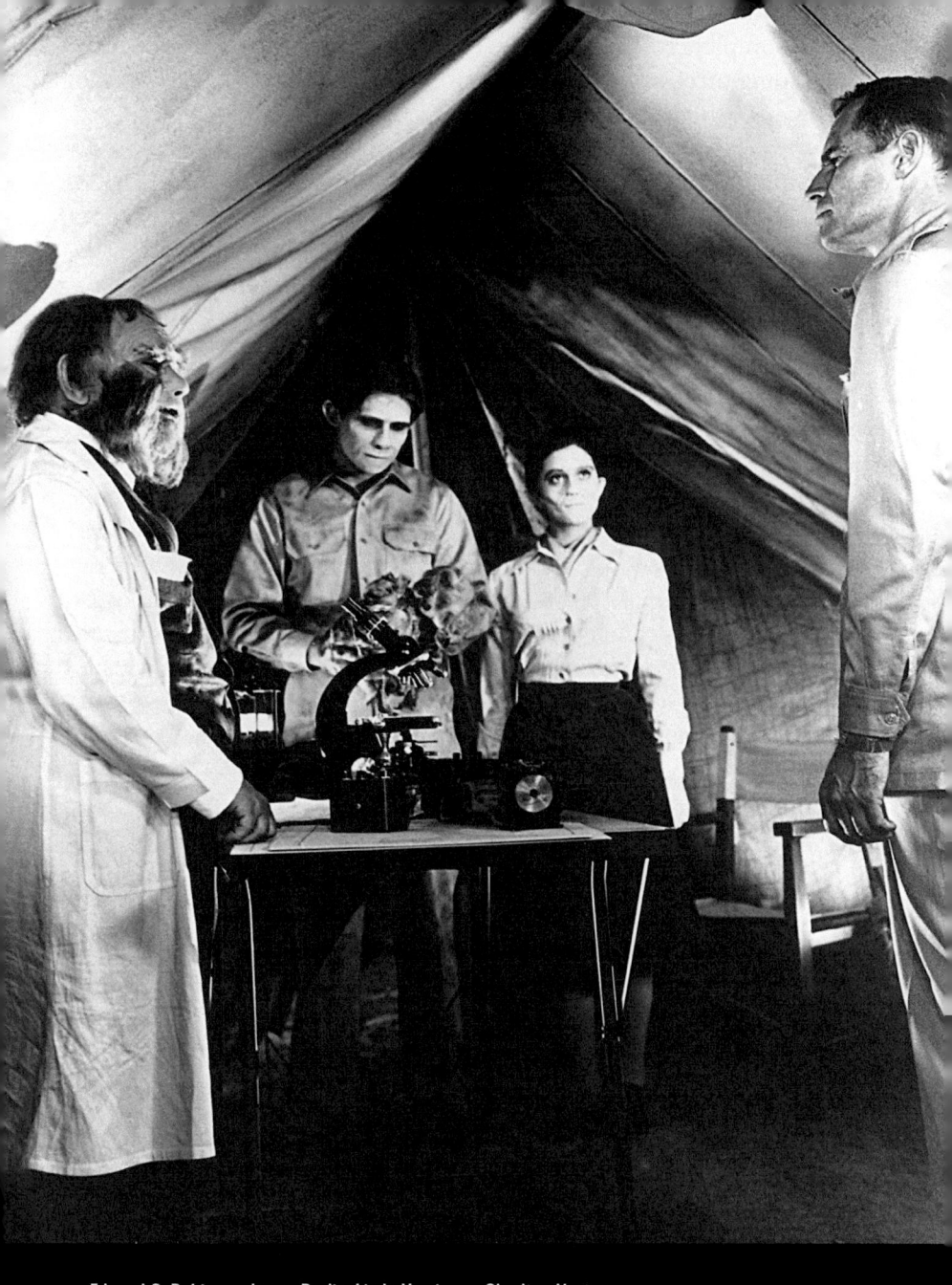

À INSPIRAÇÃO DE GAUDI

Em vista das limitações financeiras, Jacobs e Schaffner decidiram fazer uma completa reformulação no conceito da produção. Serling estava ocupado com outros projetos e, portanto, um novo roteirista foi chamado para reformatar o script e adaptá-lo ao orçamento do filme – embora sua participação no longa tenha ido muito além disso: Michael Wilson, vencedor de um Oscar por seu trabalho em *Um lugar ao sol*[70], drama dirigido por George Stevens e estrelado por Montgomery Clift e Elizabeth Taylor. Wilson nunca escrevera ficção científica, mas tinha "outras" contribuições relevantes a fazer ao projeto, as quais se mostrariam determinantes para o sucesso do filme.

O roteirista resolveu o problema da insuficiência de verba ao sugerir que os macacos deveriam viver em uma cidade primitiva, na qual os únicos métodos de locomoção fossem carroças e cavalos (o que eliminou a necessidade de se desenhar e elaborar veículos terrestres e aéreos com designs futuristas). Além de ser mais fácil de construir, um set com essas características atenderia melhor a uma necessidade básica do script: dar ao espectador o mínimo de pistas de que a história se passava na Terra, assegurando a surpresa da cena final. Sem arranha-céus, carros ou postes de iluminação à vista, a plateia poderia imergir em uma cultura que em nada remetia às civilizações contemporâneas. No script de Wilson, a cidade símia é descrita de forma muito diferente à do roteiro de Serling (que sublinhava a existência de lojas, outdoors e automóveis nas ruas):

> "A comunidade que vemos ao fim da calçada é pequena e arcana. Não há rede elétrica e nem lâmpadas – na verdade, não há sequer ruas, apenas um pequeno conjunto de edifícios em torno de uma praça agradável. A arquitetura dos edifícios deriva muito das obras mais simples e menos rebuscadas de Antonio Gaudi – colunas e pilares de tijolos ou alvenaria exterior que lembram troncos e ramos de grandes árvores e que sugerem um passado arbóreo."

Há alguma controvérsia no que se refere à autoria do conceito arquitetônico final da Cidade dos Macacos – um achado do filme, tanto quanto a maquiagem símia e o desfecho inesperado. Nas entrevistas que concedeu aos autores dos livros *Planet of the apes revisited* e *The legend of the planet of the apes: or how Hollywood turned Darwin upside down* (editados em 2001), Mort Abrahams dá a entender que o povoado troglodita foi uma sugestão sua, enquanto o desenhista de produção William Crebber reclamou o

---

70 *Um lugar ao sol* (*A place in the sun*, 1951, George Stevens).

crédito para si em vários artigos publicados nas décadas de 1960 e 1970. Michael Wilson, por sua vez, se identificou como o "pai" da ideia em uma entrevista concedida à revista *Planet of the Apes* em 1974:

> "Há um arquiteto espanhol chamado Antonio Gaudi que é considerado um grande homem na Espanha e que fez projetos maravilhosos por lá. Sua arquitetura sugere um tipo de passado arbóreo; algumas colunas de seus edifícios lembram galhos de árvores gigantescos. Mostrei isso ao diretor de arte e ele gostou da ideia. Esta foi a inspiração. Então, a Cidade dos Macacos do filme foi construída dessa forma. O que sugere que, para seus habitantes, as árvores são nostálgicas, pois eles já viveram nelas."
>
> "Michael Wilson: the other 'apes' writer" - *Planet of the apes.*

Permanece a dúvida, portanto, sobre quem criou o aspecto definitivo da Cidade dos Macacos, embora ninguém o tenha definido melhor do que Michael Wilson: não só as colunas do museu de história natural e as pontes que interligam os edifícios do vilarejo símio lembram troncos e galhos de árvores, como as próprias paredes internas das casas têm uma "textura" arbórea. O mesmo ocorre com parte da mobília (os espaldares das cadeiras dos juízes orangotangos, na cena do tribunal, possuem um formato de "folha"). Coube a William Crebber, porém, concatenar tudo isso em um desenho de produção coerente: enquanto a arquitetura dos macacos era influenciada por Gaudi, os contornos externos da cidade lembravam os de antigos povoados da Capadócia, escavados em rocha vulcânica e com habitações que pareciam esculturas de pedra erodidas. Combinadas, essas referências sugerem uma civilização a um só tempo primitiva e "modernista".

Wilson manteve a estrutura do script de Serling mais ou menos intacta, mas eliminou muitas cenas que considerava redundantes, além de injetar bastante humor nos diálogos dos macacos ("Nunca imaginei que o Homem pudesse ser monogâmico", diz o Dr. Zaius a Taylor em uma cena do filme, ironizando o excesso de preocupação do astronauta com o bem-estar de sua "fêmea" humana, Nova). "O script original era uma história literal de ficção científica", disse o roteirista à revista *Planet of the apes*. "Alterei tudo para fazer uma autêntica sátira sobre a raça humana. É mais um filme sobre preconceitos humanos do que sobre macacos"[71].

---

71 "Michael Wilson: the other 'apes' writer" - Revista *Planet of the apes*, 1974.

Um dos perseguidos pelo Macartismo, Michael Wilson também conferiu uma verve "política" ao enredo, aproveitando sua proposta escapista para denunciar os malefícios da intolerância e do abuso de poder em qualquer sociedade de criaturas inteligentes. Alguns membros da equipe estavam cientes disso, como o produtor associado Mort Abrahams, e não se opuseram ao criticismo do roteirista, contanto que a produção não se tornasse um "palanque" para discursos sociopolíticos. "Aquela era uma trama com implicações ideológicas, sociais, econômicas e filosóficas, mas estávamos fazendo um filme de entretenimento", disse Mort Abrahams, mais tarde. "Colocamos essa diretriz em primeiro lugar. Se os roteiristas quisessem fazer comentários que funcionassem no contexto de um filme de entretenimento, tudo bem"[72].

Durante as filmagens, a APJAC contratou um terceiro roteirista, John T. Kelley (1921–1972), para fazer revisões de última hora nos diálogos. Embora não tenha acrescentado nada à trama, Keeley é o autor da frase que encerra o filme, dita por Charlton Heston no momento em que Taylor avista a Estátua da Liberdade: "Seus maníacos! Vocês destruíram tudo! Malditos sejam até no inferno!" Por incrível que pareça, as imprecações do astronauta (ingênuas para os padrões do verborrágico cinema de entretenimento contemporâneo) deram margem a uma pequena polêmica em 1967: na época, filmes com censura livre não podiam ter palavrões ou diálogos "pesados". Mais uma vez, Heston usou sua influência a favor do projeto, convencendo os executivos do estúdio de que a frase não deveria ser cortada por fazer parte do contexto da cena e ser importante para a compreensão da história.

Enquanto o script ganhava os últimos retoques, o desenhista de produção William Crebber começou a construir o set da Cidade dos Macacos no "Fox Ranch", uma área arborizada perto de Malibu (Califórnia) que, então, pertencia à 20th Century Fox. Erigido ao ar livre e do tamanho de um condomínio residencial (a estrutura contava com cerca de 20 edificações, além de um anfiteatro central), o ambicioso cenário foi primeiramente feito em maquete a partir de pinturas conceituais elaboradas pelo ilustrador Mentor Huebner (1917-2001), para que os produtores e o estúdio tivessem uma noção de como seriam as casas dos macacos quando fossem construídas em escala real.

Nas fotos ao lado: acima, arte conceitual da Cidade dos Macacos, feita por Mentor Huebner. »» Abaixo, foto tirada durante a construção da cidade.
Copyright © APJAC Productions / 20th Century Fox.

---

72 Entrevista coletiva com o elenco de *O planeta dos macacos* realizada em 1998, em comemoração aos 30 anos do longa-metragem original.

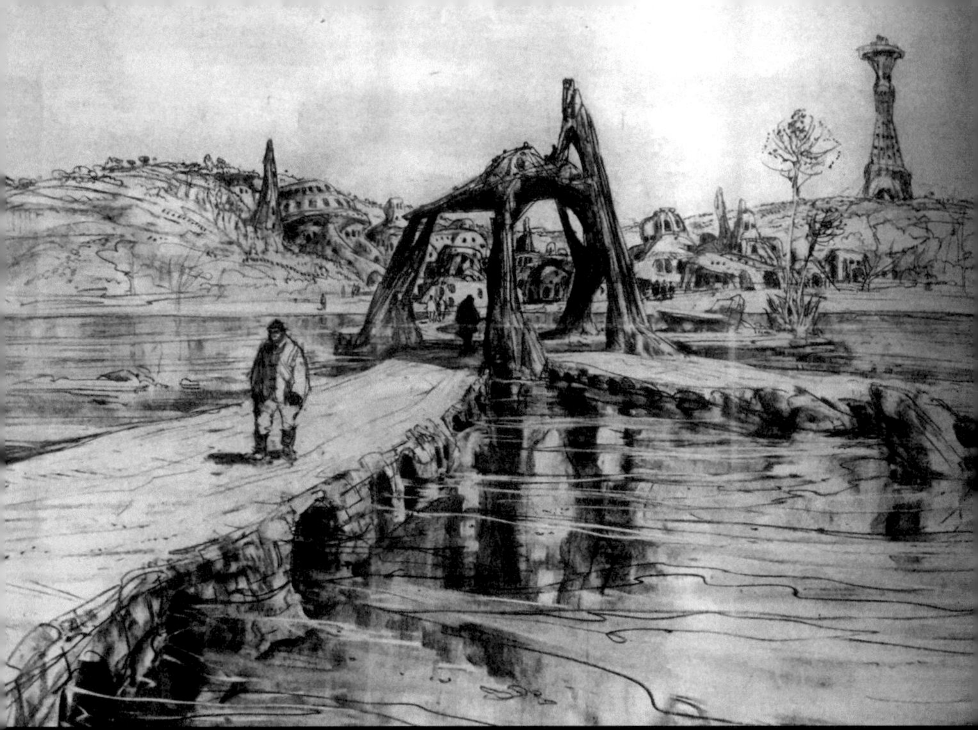

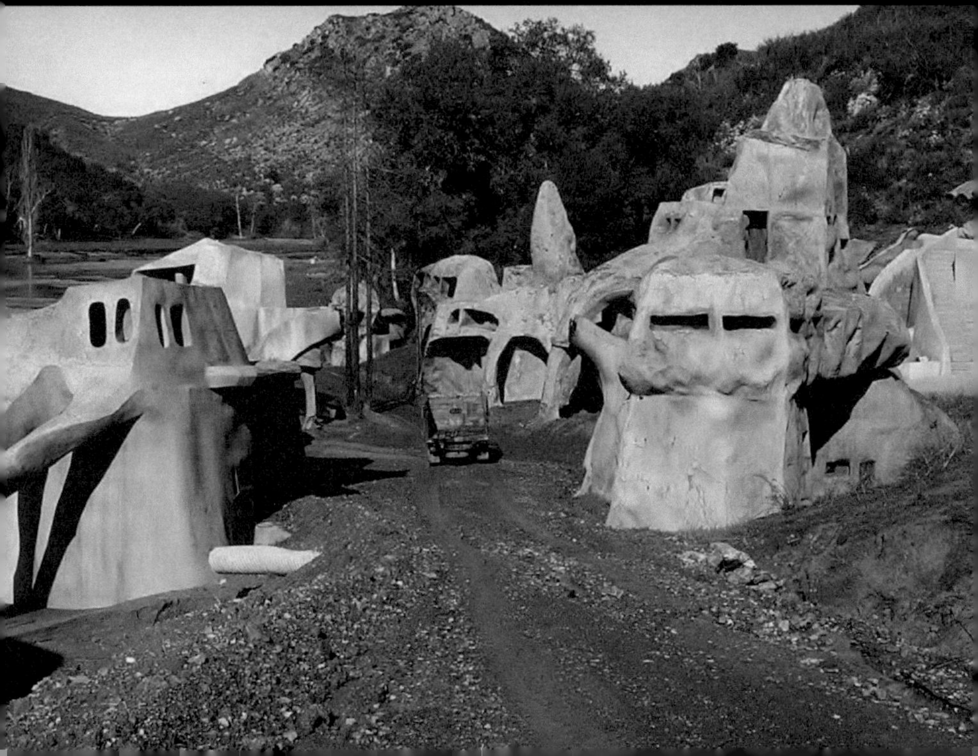

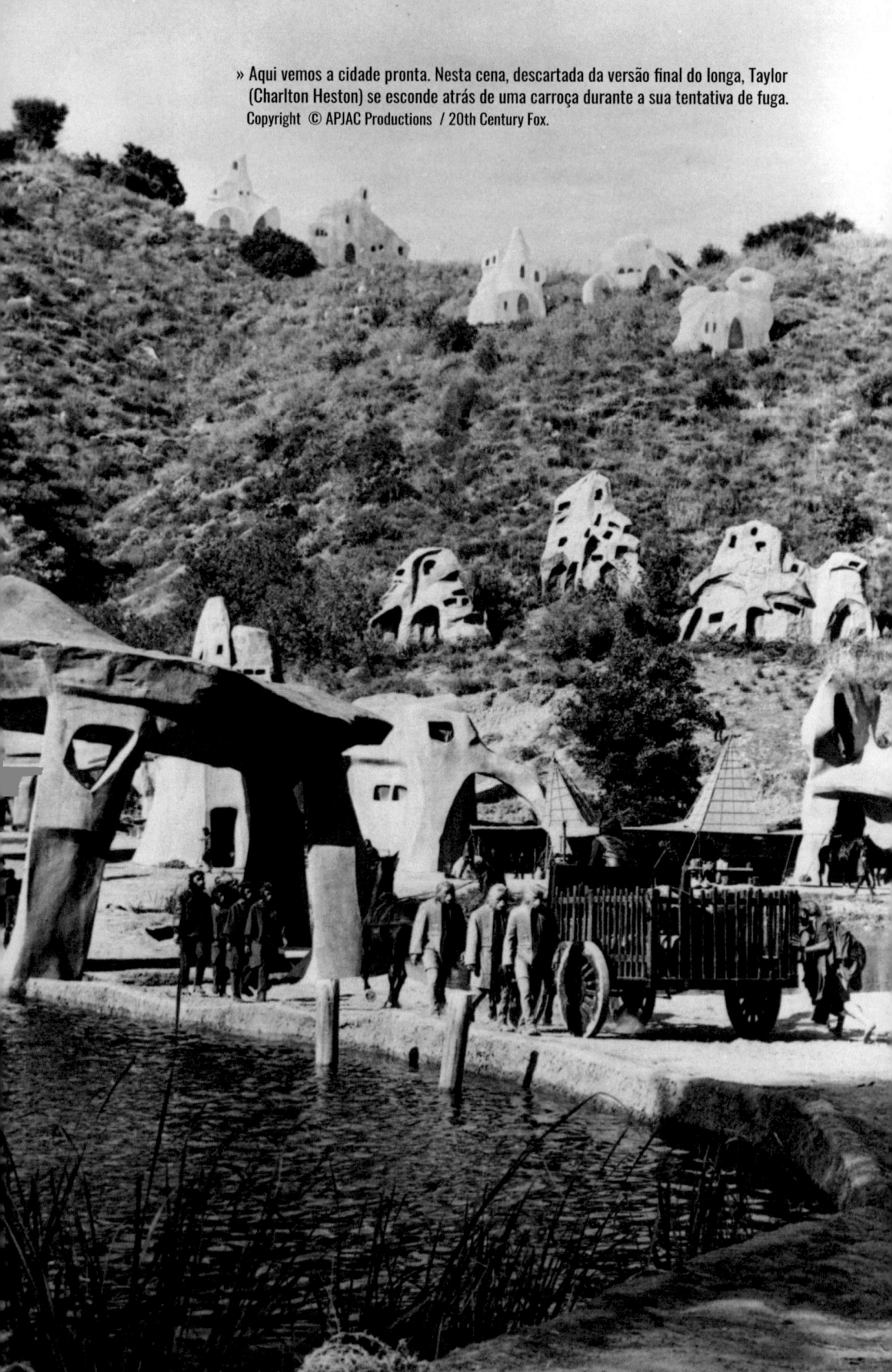

» Aqui vemos a cidade pronta. Nesta cena, descartada da versão final do longa, Taylor (Charlton Heston) se esconde atrás de uma carroça durante a sua tentativa de fuga.

Em abril e maio de 1967, uma equipe de operários trabalhou na viabilização do set. Uma grande área do rancho foi desmatada para que as casas e prédios pudessem ser alicerçados. O primeiro passo era forjar as fundações de cada moradia com ferro, arame e madeira. Em seguida, os "esqueletos" das habitações eram cobertos com superfícies de fibra de vidro, gesso e espuma de poliuretano (o material mais utilizado no acabamento dos edifícios). Pulverizada com uma pistola de pressão, a espuma de poliuretano era uma novidade na época – hoje, é bastante utilizada em construção civil – e permitiu que a equipe poupasse muito dinheiro na construção do set. Logo após a aplicação, o material se expandia como massa de pão, solidificando-se e adquirindo uma textura semelhante à do cimento.

Prédios menores (e menos detalhados que os edifícios principais) foram elaborados e posicionados nos topos de planícies próximas, para dar a impressão de que o vilarejo se estendia por uma área maior. A Cidade dos Macacos ainda ganhou um belo projeto paisagístico, com árvores e arbustos exóticos. Os interiores tinham o mesmo padrão "gaudiesco" dos exteriores, mas foram construídos nos estúdios da Fox. Assim como as chaminés das casas e as passarelas contíguas aos prédios pareciam "organicamente" conectadas às edificações, os móveis que decoravam a sala do tribunal ou o gabinete do Dr. Zaius davam a impressão de "brotar" do chão ou das paredes, como cogumelos.

Embora, na tela, o vilarejo pareça ser sólido como uma rocha, sua estrutura já estaria deteriorada em 1974, quando a mesma locação foi usada nas filmagens da série de TV *Planeta dos macacos*. A espuma de poliuretano é um material prático, mas efêmero; tanto pela ação do clima como em decorrência de enchentes ocorridas no rancho em 1969, só o anfiteatro e as poucas seções do set construídas em concreto continuariam em pé na década seguinte. Porém, ainda é possível encontrar "vestígios" das casas dos macacos na área onde foi erigida a cidade (que não pertence mais à Fox e, hoje, é parte do Malibu Creek State Park). Com um pouco de sorte, um fã da série que se dispuser a explorar a mata com cuidado voltará para casa com um pequeno "suvenir" do vilarejo símio: pedacinhos das paredes dos edifícios ainda estão espalhados por todo aquele perímetro (desde janeiro de 2018, quando a região foi assolada por um incêndio de grandes proporções que tornou irreconhecíveis algumas áreas do parque, a busca se tornou mais complicada; contudo, as relíquias ainda estão lá, à espera de serem garimpadas).

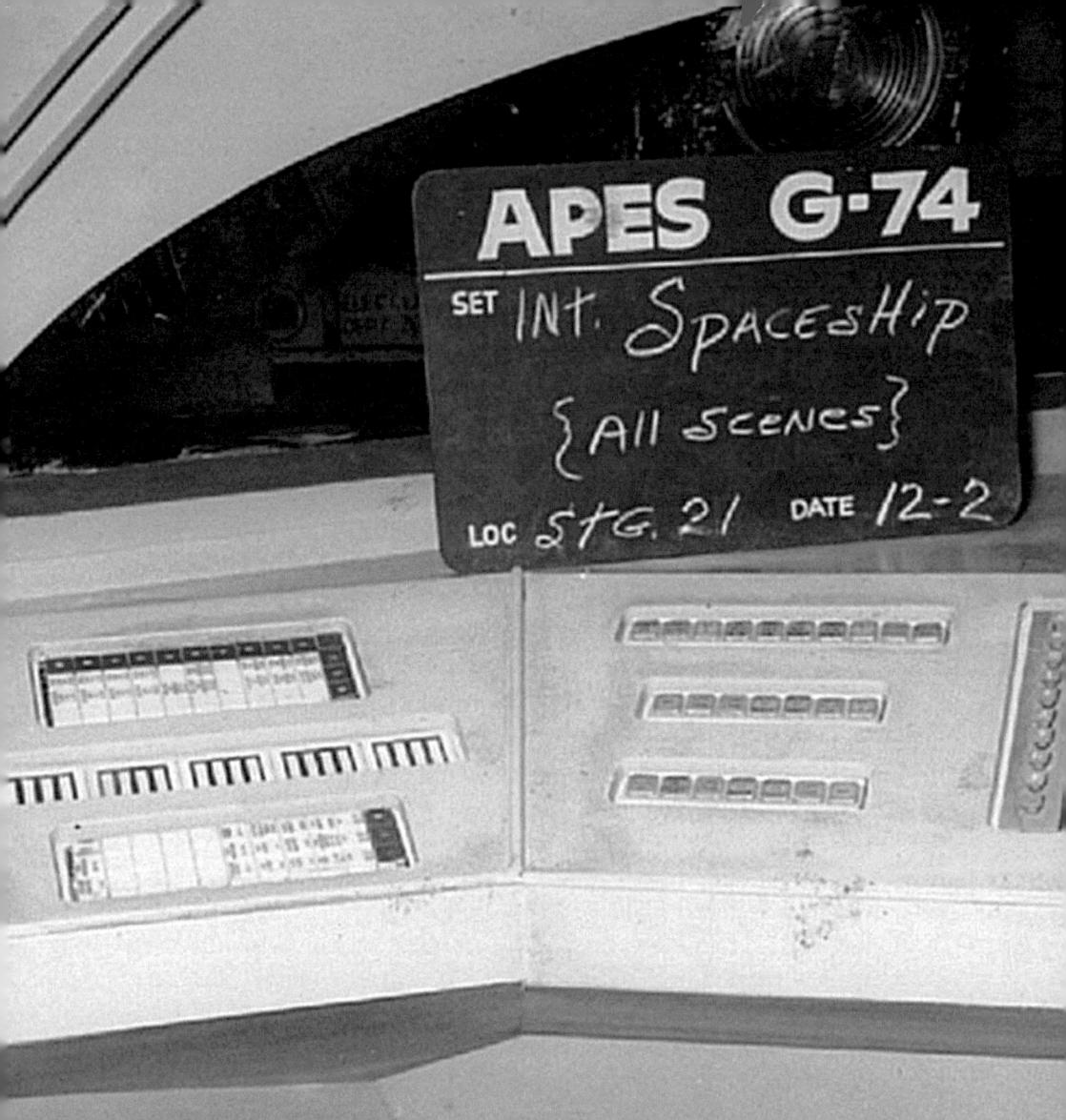

APES G·74

SET INT. SPACESHIP
{All scenes}

LOC STG. 21   DATE 12-2

Parte do painel de controle da Icarus.
Copyright © APJAC Productions / 20th Century Fox.

Foto do acervo de Mark Talbot-Butler, retirada do site de Hunter Goatley (Hunter's Planet of the Apes Archives).

G 74 SE

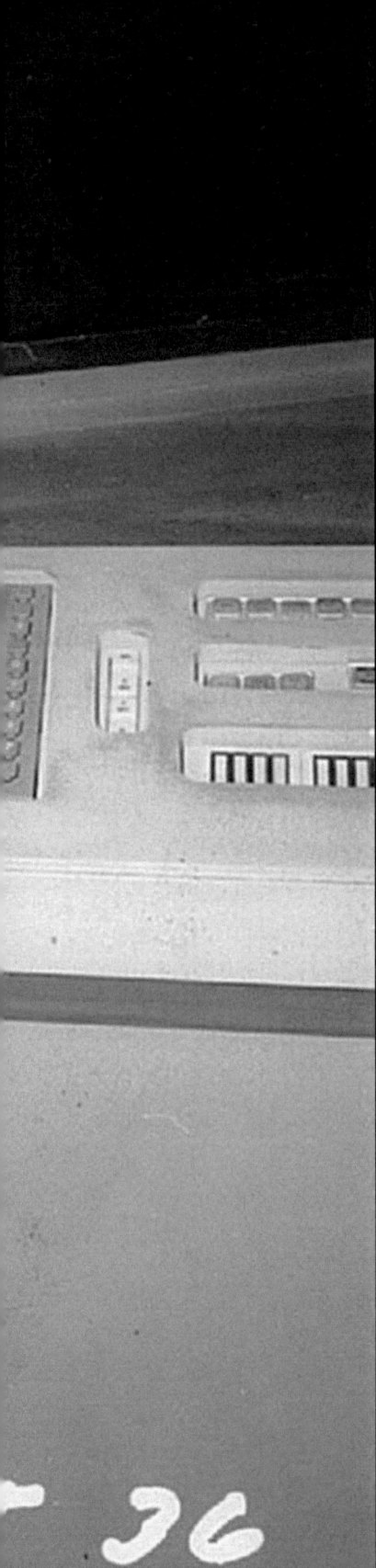

O lago onde os astronautas se banham pouco antes de serem capturados pelos gorilas também era uma instalação artificial. Criada para uma cena de *Dr. Doolitle*, a locação ficava no mesmo "Fox Ranch" onde foi construída a Cidade dos Macacos e ganhou a adição de uma "queda d'água" (na verdade, dezenas de mangueiras de incêndio ocultas nos arbustos de uma planície ao lado do tanque). Mas a maior contribuição de William Crebber ao filme, depois da vila dos macacos, foi elaborar o design da espaçonave de Taylor: com seu nariz triangular e linhas arrojadas, o veículo foi inspirado na *Winged Gemini*, uma das cápsulas desenvolvidas para o Projeto Gemini, da NASA. Diferentemente da *Nostromo* (de *Alien: o oitavo passageiro*[73]) ou da *Discovery* (de *2001: uma odisseia no espaço*), a nave de *O planeta* não chegou a ser batizada pelos roteiristas. Entretanto, os fãs da saga passaram a chamá-la de *Icarus*, uma ideia que, mais tarde, foi encampada pela própria Fox.

O interior da *Icarus* (assim como os gabinetes dos macacos, o cárcere dos humanos, o museu de história natural e a sala do julgamento) foi construído em estúdio. Para a obtenção de um melhor efeito na cena em que a espaçonave afunda em um lago da Zona Proibida, o set era sustentado por um mecanismo pivotante que podia ser movido pela equipe técnica, de modo que os atores (e toda a estrutura do cenário) ficassem em um ângulo inclinado. Tanto no "Fox Ranch" como nos estúdios da Fox, o Planeta dos macacos ganhava "corpo" no mundo real. Só faltava resolver o problema da maquiagem símia, que ainda não atingira o ponto de maturação para ser captada pelas câmeras.

---

73 *Alien: o oitavo passageiro* (*Alien*, 1979, Ridley Scott).

ESPUMA DE LÁTEX

Embora a maquiagem usada em Edward G. Robinson no teste filmado em 1966 tivesse causado boa impressão na diretoria da Fox, Jacobs e Abrahams sabiam que a caracterização precisava ser melhorada, ganhando uma estética mais caprichada e proporcionando maior mobilidade facial. A aparência geral dos personagens símios sequer estava definida quando o teste foi realizado. Essa questão permaneceu em aberto até que um verdadeiro *expert* no assunto se juntou à equipe, já na reta final da pré-produção: John Chambers.

Antes de fazer carreira na televisão e no cinema, Chambers trabalhou em hospitais para veteranos de guerra desenhando próteses de braços, pernas e narizes para soldados mutilados. Ele conhecia a fundo a anatomia humana e ainda era um escultor habilidoso, talentos que o transformaram em uma referência em *make-up* artístico já na década de 1950. Mais tarde, Chambers contribuiria com seus préstimos para o sucesso de séries famosas, como *Perdidos no espaço* e *Jornada nas estrelas* (reza a lenda que suas mãos forjaram as célebres orelhas pontudas do Senhor Spock, embora sua participação no programa nunca tenha sido creditada). Nas horas de folga, o maquiador também era um colaborador informal da CIA, como mostra o filme *Argo*[74], no qual Chambers foi interpretado pelo ator John Goodman.

Indicado pelo próprio Ben Nye, responsável pela caracterização de Edward G. Robinson no filme-teste, Chambers se tornou o consultor de maquiagem de *O planeta* sete meses antes das filmagens — um prazo curto para realizar o que parecia ser uma verdadeira proeza: transformar mais de 200 atores em primatas bípedes, falantes e verossímeis. O ponto de partida para o trabalho foi determinar a aparência dos macacos: diferentemente de Jacobs e Abrahams, que estavam satisfeitos com as feições trogloditas dos personagens nas primeiras pinturas conceituais elaboradas para o filme, Chambers e Franklin Schaffner tinham a convicção de que os símios do futuro deveriam ser mais fiéis às suas contrapartes no presente (sem, no entanto, parecerem *muito* reais). Como explicou o maquiador aos repórteres Dale Winogura e Jack Hirshberg em 1972:

> "Li o roteiro e concordei com o diretor que os macacos não deveriam se parecer com humanos de cara peluda. Eles tinham que ser animais (…), talvez com pequenas concessões aqui e ali. Em outras palavras: levamos o processo evolutivo um pouco além do que você poderia

---

74 *Argo* (2012, Ben Affleck).

chamar de 'o macaco básico'. Para chegar ao conceito final dos três tipos de macacos – chimpanzés, orangotangos e gorilas –, recorremos a uma boa quantidade de escultura. (...) Precisávamos da força e do encantamento da face do animal, mas sem que o resultado parecesse ser muito grotesco."

"Dialogues on apes, apes, and more apes" - *Cinefantastique*.

Durante seis meses, Chambers e seu assistente, Paul Malcolm, permaneceram enfurnados nos laboratórios da Fox. Suas experiências com maquiagem requereram até a presença de um chimpanzé de verdade no estúdio, para que os técnicos pudessem estudar com atenção a face de um primata. No prazo solicitado (e a um custo divulgado de US$ 1 milhão), Chambers entregou um conceito de caracterização revolucionário, que fez história no cinema.

A grande inspiração para os macacos de *O planeta* foi o Leão Covarde de *O mágico de Oz*[75]. Para viver o personagem, o ator Bert Lahr usou um tipo de "máscara" que enfatizava de maneira caricata as porções de seu rosto que mais se assemelhavam às de um leão. A máscara lhe cobria metade da face e não permita muita expressividade (Lahr contava basicamente com os olhos e a boca para comunicar emoções). Chambers aprimorou a técnica recorrendo a uma série de apliques independentes que eram fixados em diferentes pontos do rosto do ator, ao invés de uma peça inteiriça que só deixasse os olhos e o lábio inferior à mostra. Desse modo, os atores caracterizados conseguiam não apenas falar, mas franzir o cenho, sorrir e exprimir raiva ou tristeza. Os apliques eram feitos com espuma de látex, cuja flexibilidade é muito maior que a da borracha. Obtido a partir de uma base líquida, o material se transforma em uma substância esponjosa quando é levado ao forno em altas temperaturas.

O conjunto de apliques que formavam a "máscara" símia era composto por uma peça principal em formato de "T" (que cobria as sobrancelhas, o nariz e o lábio superior), uma segunda peça em formato de "U" (encaixada sobre o queixo e o lábio inferior) e um par de orelhas artificiais. Com a adição de uma peruca e camadas de pelos nas laterais da face, o próprio ator não conseguia se reconhecer no espelho ao término do processo: toda a sua estrutura facial fora redimensionada, ganhando contornos simiescos. É claro que, para que a maquiagem funcionasse a contento, os apliques tinham que ser "personalizados", de modo a se encaixarem com precisão à estrutura facial do intérprete. O primeiro passo, portanto, era criar um "busto" em gesso do ator, sobre o qual eram esculpidas feições símias individualizadas em argila. Definido o conceito da face do macaco, os

---

75 *O mágico de Oz* (*The wizzard of Oz*, 1939, Victor Fleming).

maquiadores produziam um molde, no qual abriam furinhos para injetar a espuma de látex em estado líquido. A peça, então, era curada no forno a uma temperatura de mais de 90°C.

A partir dos moldes originais, Chambers e sua equipe podiam fabricar quantas faces de macacos fossem necessárias para cada ator ao longo das filmagens. E já que a espuma de látex é um material muito delicado, os apliques eram produzidos em uma base diária, uma vez que não podiam ser reaproveitados: as peças se danificavam quando eram removidas, por serem coladas à pele com um adesivo forte o bastante para resistir ao suor e ao calor (bastante ampliado pelas luzes fortes do estúdio).

Para Roddy McDowall, Maurice Evans, Kim Hunter (1922-2002) e o restante do elenco símio, o "suplício" da maquiagem começava cedo, por volta das 5h, quando eles se apresentavam aos maquiadores e se sentavam em poltronas semelhantes às dos salões de beleza, submetendo-se às três horas necessárias para a fixação dos apliques e das mexas de cabelos (três profissionais trabalhavam em tempo integral produzindo as perucas dos macacos, feitas com cabelos humanos importados da Coreia). As faces dos atores também eram inteiramente pintadas, e seus dentes, escurecidos com uma substância especial, para que não brilhassem sob as luzes dos refletores. Sombras ainda eram aplicadas à região dos olhos, para que estes parecessem ser mais profundos, e pelos eram colados aos dorsos das mãos.

Cada ator encontrou um meio de lidar com o desconforto da caracterização, que era contraindicada para pessoas claustrofóbicas. Roddy McDowall, por exemplo, ouvia música clássica durante as sessões de maquiagem, enquanto Kim Hunter apelou para o *Valium* para combater a sensação de "confinamento" proporcionada pelos apliques. Mas ninguém sofreu tanto com o pesado *make-up* símio quanto Maurice Evans: o ator suava profusamente e sua maquiagem tinha que ser retocada com frequência (com a transpiração, os apliques começavam a se soltar da pele). Evans também teve problemas para dizer suas falas com os lábios soterrados por espuma de látex (parte de seus diálogos foi regravada na pós-produção).

Morton Haack (1924-1987) idealizou as curiosas indumentárias dos macacos, que renderam a *O planeta* uma surpreendente indicação ao Oscar de Melhor Figurino. A princípio o guarda-roupa não era uma preocupação dos realizadores, já que os símios viveriam em uma sociedade parecida com a nossa e usariam ternos e vestidos convencionais. Tudo mudou após a reformulação do roteiro, em 1967: a partir de então, as roupas dos personagens, tanto quanto suas habitações, precisavam ter um "toque" alienígena, provocando no espectador a impressão de que a história se passava em outro planeta.

Nos primeiros croquis elaborados para a produção, os macacos usavam batas simples e monocromáticas, sem um estilo marcante ou adereços dignos de nota. Embora parecessem adequadas a uma civilização pós-nuclear e com um domínio limitado da tecnologia, as roupas eram tão básicas que não sugeriam uma cultura desenvolvida o bastante para governar o planeta. Os designs requeriam mais personalidade, o que levou Haack a usar um código de cores baseado nas características físicas de cada espécie de macaco, separando-as por castas.

Os orangotangos vestiam paletós, calças e botas marrons que combinavam com sua pelagem marrom-amarelada, enquanto os gorilas, representantes do exército e responsáveis pela manutenção da ordem, ostentavam coletes negros e cartucheiras passadas sobre o dorso (por sua vez, inspiradas em seu tom de pele e em sua compleição robusta). No caso dos chimpanzés, a cor predominante era o verde (embora sua pelagem castanha fosse lembrada nas golas e estolas marrons que adornavam os trajes dos machos e fêmeas da espécie), uma "dica" do figurinista de que eles eram a casta mais sofisticada do planeta.

As roupas também foram confeccionadas de modo a ajudar os atores a "vestirem" seus personagens – nesse caso, literalmente: as mangas dos paletós e dos vestidos eram mais curtas, o que parecia alongar os braços, e o vinco das calças era baixo, criando a ilusão de pernas pouco desenvolvidas. Mas o adereço mais inusitado do figurino eram os sapatos, que tinham polegares opositores e davam aos pés um aspecto de "mãos". Algumas seções dos paletós e vestidos ainda possuíam grafismos parecidos com hieróglifos, cuja complexidade variava de acordo com a importância de cada macaco na sociedade fictícia do filme (os desenhos são mais intricados nos paletós dos orangotangos e mais simples nas indumentárias dos chimpanzés, reforçando a ideia de uma sociedade estratificada e sem uma distribuição igualitária de poder, como demandava o script de Michael Wilson).

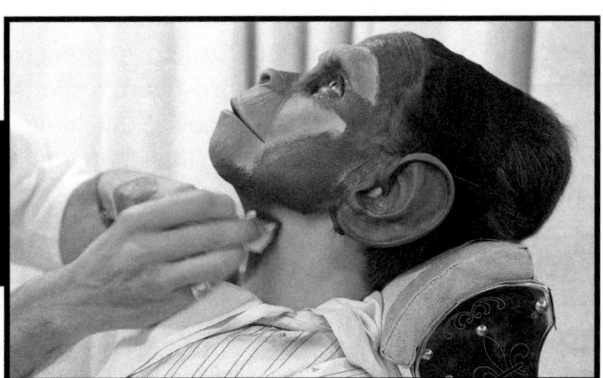

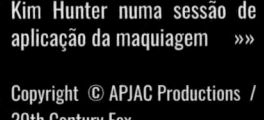

Kim Hunter numa sessão de aplicação da maquiagem »»

A população humana do planeta foi vestida com peles que lembravam as dos homens e mulheres pré-históricos de *Quando os dinossauros dominavam a Terra*[76], embora os produtores tenham considerado outras propostas, inclusive a nudez total – uma ideia impraticável em 1967, ainda mais por se tratar de um filme liberado para menores. Provas fotográficas encontradas nos arquivos de produção mostram uma versão da personagem Nova ao melhor estilo "Lady Godiva", com os seios parcialmente expostos em meio a uma catarata de cabelos. Entretanto, os únicos atores que tiraram a roupa no filme foram Charlton Heston, Robert Gunner (1931-2001) e Jeff Burton (1924-1988), nas cenas que mostram o banho dos astronautas na cachoeira e o julgamento de Taylor. Durante muito tempo, *O planeta* e o épico *A Bíblia: no princípio*[77], realizado em 1966, foram as únicas produções americanas com cenas de nudez que obtiveram a certificação "G" ("censura livre").

Em 1965, quando o filme ainda era rechaçado pelos chefes de estúdio, Arthur Jacobs ofereceu o papel de Cornelius a Roddy McDowall durante uma viagem aérea de Londres para Los Angeles. O produtor parecia muito animado com o projeto e forneceu ao ator um *briefing* completo do longa, antecipando até o seu final-surpresa. Roddy gostou do que ouviu e se comprometeu a participar do filme se Arthur encontrasse um estúdio disposto a realizá-lo. Jacobs nem imaginava que acabara de encontrar o mais prolífico astro das produções da APJAC, que nos próximos anos não realizaria apenas *um*, mas *cinco* filmes sobre o Planeta dos macacos. Roddy apareceria em quatro dessas produções e ainda seria o astro da série de TV inspirada nos longas, lançada em 1974.

McDowall fora um proeminente astro infantil nos anos 1930 e 1940, atuando em filmes como *Murder in the family*[78] e *Como era verde o meu vale*[79]. Mas, nos anos 1960, sua carreira no cinema se resumia a papéis secundários. Em decorrência do sucesso da série *Planeta dos macacos*, Roddy estrelou uma infinidade de longas e seriados de terror e ficção científica nos anos 1960, 1970 e 1980. Mas, infelizmente, a maioria dessas produções era descartável e apelativa e não aproveitava o seu talento para o drama e a comédia – o ótimo *A hora do espanto*[80] é uma notável exceção à regra e lhe permitiu destilar todo o seu histrionismo na pele de Peter Vincent, um "caçador de vampiros" canastrão.

---

76 *Quando os dinossauros dominavam a Terra* (*When dinossaurs ruled the earth*, 1966, Val Guest).
77 *A Bíblia: no princípio* (*The Bible: in the beginning*, 1966, John Huston).
78 *Murder in the family* (1938, Albert Parker).
79 *Como era verde o meu vale* (*How green was my valley*, 1941, John Ford).
80 *A hora do espanto* (*Fright night*, 1985, Tom Holland).

LADIES
WARDROBE

PICTURE G 33 Date 2-28-67
TITLE PLANET OF APES
DIRECTOR F. SCHAFFNER
ACTRESS ANGELIC PETTIJOHN
PART
CHANGE No.

DES MORTON HAACK
SCENE No.

8 x 10

Em Kim Hunter, o ator encontrou uma parceira de cena tão determinada quanto ele a dar o melhor de si no papel para o qual fora contratada – pouco importando se o papel em questão era o de uma chimpanzé, algo que a maioria das estrelas da época consideraria "humilhante". Roddy e Kim levaram a sério o seu trabalho em *O planeta*, pesquisando os movimentos de chimpanzés autênticos (ele, no zoológico de Los Angeles; ela, no zoológico do Bronx) e depois incorporando essas informações à caracterização de seus personagens. O gestual dos macacos ganhou o toque final quando ambos decidiram agregar um pouco da pantomima de Groucho Marx (um mestre do humor estadunidense, que estrelou várias comédias de sucesso ao lado dos irmãos Harpo, Chico, Zeppo e Gummo) ao andar de Zira e Cornelius – um detalhe que não passou despercebido aos críticos e que foi enfatizado na elogiosa resenha de Pauline Kael sobre *O planeta* publicada em *The New Yorker* ("Os macacos se movem com um passinho maravilhosamente nervoso e saltitante. Quem saltita melhor é Kim Hunter, no papel de uma cientista símia")[81].

Um mestre da promoção, Arthur Jacobs chegou a anunciar à mídia que a Fox promoveria um concurso mundial para encontrar a "Nova" ideal para a versão cinematográfica do livro de Pierre Boulle – beldades de todas as nacionalidades seriam consideradas para o papel, já que a personagem era muda e a escolhida para representá-la não precisava falar o inglês. Mas quem acabou interpretando o "par romântico" de Charlton Heston no filme foi Linda Harrison, a namorada de Richard Zanuck. Embora tivesse pouquíssima experiência como atriz, Linda deu conta do recado ao pegar algumas dicas com Franklin Schaffner, que a incentivou a ser espontânea e reagir de forma instintiva a todas as situações, como um animal. "Eu tinha 20 anos e não fizera nada em cinema, até então", recordou a atriz em 1998. "Assim, incorporei isto à personagem, já que ela não era intelectual, consciente ou sofisticada"[82].

EM LOCAÇÃO

A produção de *O planeta* começou a 21 de maio de 1967 no deserto do Arizona, onde foram registradas as primeiras imagens de Taylor, Dodge e Landon explorando a vastidão da Zona Proibida em busca de água e comida após o naufrágio da espaçonave. O terreno era acidentado e as condições

---

81 "Apes must be remembered, Charlie!" (*The New Yorker*).
82 Entrevista coletiva com o elenco de *O planeta dos macacos* realizada em 1998, em comemoração aos 30 anos do longa-metragem original.

climáticas beiravam o insuportável: em várias ocasiões, Heston e seus colegas de cena tiveram que ser transportados para as locações via helicóptero, já que não havia outro meio de acessá-las. Jeff Burton também sofreu um desmaio no primeiro dia de filmagem, sucumbindo ao calor intenso.

Outras cenas que mostram os astronautas em sua peregrinação pelas áreas devastadas do planeta (incluindo aquela em que os exploradores avistam os espantalhos que demarcam os limites entre a Zona Proibida e o território dos macacos) tiveram como cenário o deserto de Utah. A equipe permaneceu muito tempo nessas locações porque Franklin Schaffner e o diretor de fotografia, Leon Shamroy (1901-1974), queriam dar atenção especial às primeiras sequências do longa: ambos estavam convencidos de que elas seriam determinantes para criar a atmosfera de mistério que a trama requeria.

Em Los Angeles, assistindo aos copiões enviados pela equipe, Richard Zanuck começou a se preocupar com o tempo excessivo que Schaffner dedicava às cenas iniciais – a Fox gastara US$ 1 milhão no desenvolvimento de uma maquiagem para os macacos, sem mencionar o valor investido nos cenários, e tudo o que ele via eram *takes* intermináveis de três homens andando pelo deserto. Pressionados pelo executivo, Jacobs e Abrahams tentaram convencer o diretor a apressar aquela etapa, concentrando-se mais no que realmente importava: as cenas envolvendo ação e efeitos especiais. Mas Schaffner foi irredutível. "É a abertura que irá estabelecer o 'tom', o 'clima' e o objetivo do filme", insistiu o realizador[83].

---

83 Entrevista com Mort Abrahams (*Behind the planet of the apes*, 1998).

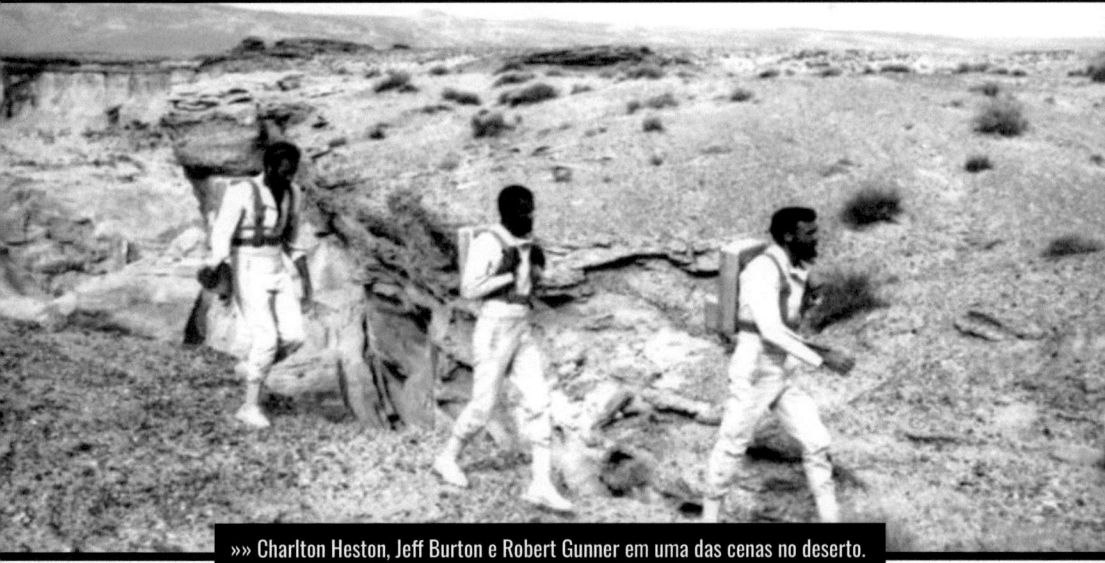

»» Charlton Heston, Jeff Burton e Robert Gunner em uma das cenas no deserto.
Copyright © APJAC Productions / 20th Century Fox.

Também no Arizona foram filmadas as sequências que mostram a queda da espaçonave e a subsequente fuga dos astronautas do veículo. A aterrissagem foi registrada de forma subjetiva (ou seja, a partir do ponto de vista de alguém que estivesse no interior da nave), com o uso de uma câmera fixada ao nariz de um avião que sobrevoou a represa de Lake Powell. Em um segundo momento, a equipe voltou à represa para filmar o desembarque dos astronautas, o que envolveu uma infraestrutura de produção mais complexa: o *mockup* da nave foi transportado ao centro do Lake Powell e ancorado em suas águas com o auxílio de pesados barris cheios de cimento. A bordo de uma balsa e de um helicóptero, os operadores de câmera registraram as imagens de Heston, Burton e Gunner escapulindo pela escotilha da *Icarus* e embarcando em um bote salva-vidas.

As sequências no interior da nave foram rodadas em separado, nos estúdios da Fox. Uma atriz octogenária, devidamente maquiada por John Chambers, interpretou a versão "mumificada" da astronauta Stewart (representada por Dianne Stanley no prólogo do filme), no momento em

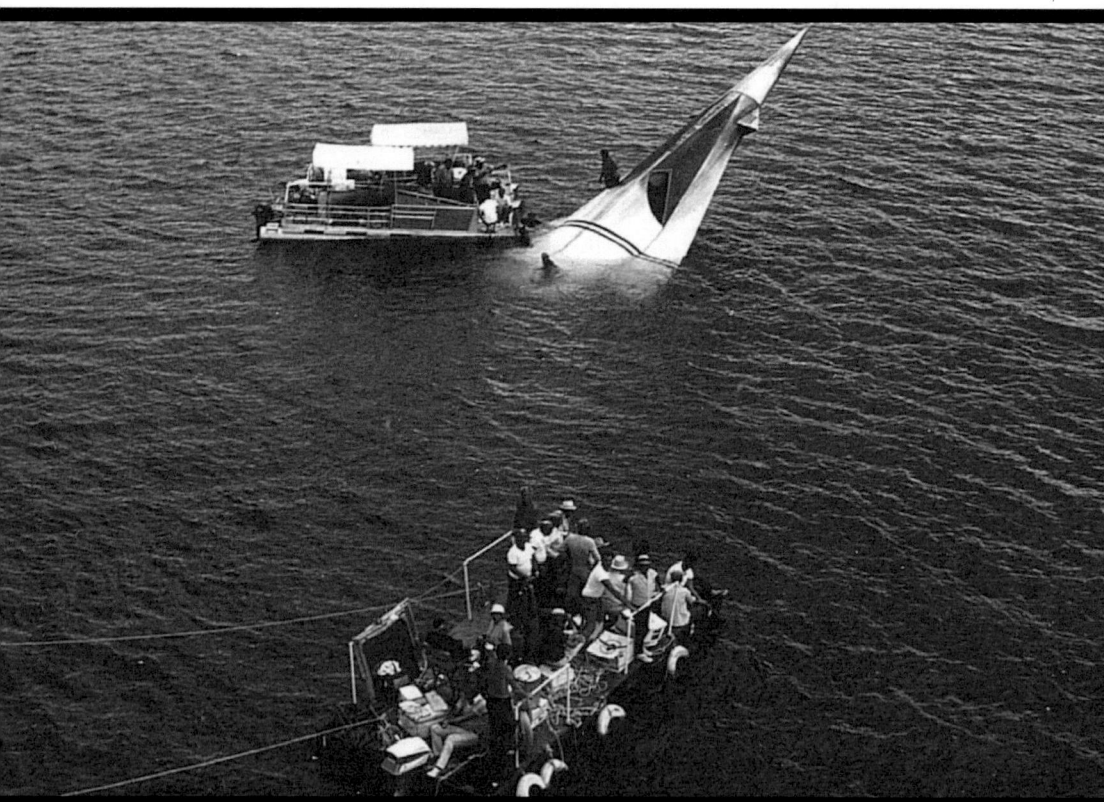

»» A equipe se prepara para filmar a cena do naufrágio da Icarus.
Copyright © APJAC Productions / 20th Century Fox.
Foto do acervo de Mark Talbot-Butler, retirada do site de Hunter Goatley (Hunter's Planet of the Apes Archives)

que Taylor descobre que a colega de missão morreu em decorrência de um vazamento de ar em sua câmara criogênica. A cena do naufrágio ainda exigiu a elaboração de uma miniatura detalhada da nave (com cerca de dois metros de comprimento), utilizada nos *takes* que mostram o veículo afundando. O modelo foi submergido em um tanque da Fox e as imagens foram captadas em câmera lenta, para que as ondulações da água parecem próprias de um lago e não de um reservatório artificial. A filmagem foi completada com a justaposição de uma imagem do Lake Powell ao tanque e ao modelo, feita por meio da técnica de *rearprojection* ("projeção traseira").

Embora *O planeta* não seja um "filme de efeitos especiais" (rótulo que se aplica mais aos longas da série *Star wars*), todas as trucagens à disposição dos especialistas da época foram usadas na produção. Em sua maioria, são recursos ópticos e fotográficos discretos, mas que funcionam muito bem porque ficaram a cargo de uma trinca de veteranos da área: L.B. Abbott (1908-1985), Art Cruickshank (1918-1983) e Emil Kosa Jr. (1903-1968) – todos laureados com o Oscar da categoria por filmes como *Cleópatra*[84]e *O destino do Poseidon*[85]. Além do *rearprojection* (também utilizado no prólogo do filme, quando Charlton Heston contempla as luzes de Orion pelas janelas da espaçonave) e das miniaturas em escala, a produção recorreu a métodos como a pintura sobre vidro e a impressora óptica (dispositivo composto por um projetor e uma câmera conectados mecanicamente, o qual permitia realizar fusões e justaposições de imagem) para criar cenas como a da tempestade magnética no deserto e a visão apocalíptica da Estátua da Liberdade enterrada à beira-mar.

O "Fox Ranch" foi a locação de outra cena famosa do filme: aquela em que os astronautas e uma tribo de humanos primitivos são caçados por gorilas a cavalo. Schaffner queria que a perseguição ocorresse em meio a uma plantação (embora o roteiro não deixe isto claro, a caçada acontece porque os humanos estão invadindo as áreas de cultivo dos macacos, um ponto que seria tornado explícito na primeira continuação do filme, realizada dois anos depois). Já que não havia nenhuma plantação por perto, coube a William Crebber "criar" uma zona de plantio em apenas dois meses. Utilizando fertilizantes especiais, o desenhista de produção providenciou um milharal em tempo recorde para as filmagens.

O suspense que antecede a primeira aparição dos macacos só foi possível graças à essa ambientação – os astronautas sabem que estão em perigo porque ouvem o som de uma trombeta de caça e o tropel de cavalos se aproximando, mas os altos talos de milho impedem que eles vejam os gorilas

----

84 *Cleópatra* (*Cleopatra*, 1963, Joseph L. Mankiewicz).
85 *O destino do Poseidon* (*The Poseidon adventure*, 1972, Ronald Neame).

até o clímax da sequência —, outro exemplo da engenhosidade de Schaffner como realizador. Não por acaso, todas as preocupações de Richard Zanuck quanto à capacidade do cineasta em orquestrar o projeto caíram por terra quando ele assistiu aos copiões da cena da caçada. Como disse o ex-chefão da Fox à equipe de reportagem do documentário *Behind the planet of the apes*:

> "Aquela sequência tinha que segurar você e convencê-lo imediatamente de que o que viria a seguir seria extraordinário, chocante, diferente de tudo o que você já tinha visto. Soube que tomamos a decisão certa ao escolher Schaffner quando vi o modo como ele filmou aquela cena. Ele acertou em cheio."
>
> *Behind the planet of the apes*, 1998

A caçada é o ponto de transição do filme em que Charlton Heston deixa de ser o "herói" e passa a ser a "vítima" do drama que se desenrola na tela — uma mudança de status que tornou a experiência do ator em *O planeta* bastante desconfortável nas próximas semanas. Como observou Heston em sua autobiografia, *In the arena*, publicada em 1995:

> "Descalço e quase sem roupas na maioria das cenas, fui empurrado por gorilas, chicoteado, acorrentado, amordaçado, apedrejado (pedras de borracha também machucam!), molhado com uma mangueira de incêndio e, finalmente, capturado com uma rede e virado de ponta-cabeça. Joe Canutt, que foi o meu dublê na cena da rede, me disse: 'Sabe, Chuck, eu me lembro de quando nós costumávamos ganhar essas lutas'."
>
> *In the arena: an autobiography by Charlton Heston*

Para os atores, tanto quanto para os técnicos, *O planeta* foi uma filmagem difícil. A compensação é que havia um clima de genuína descontração nos bastidores, o que beneficiou o seu processo criativo. Por exemplo: quando Schaffner rodava a cena do julgamento, os atores Maurice Evans, James Withmore (1921-2009) e James Daly (1918-1978), caracterizados com suas "máscaras" e trajes de orangotangos, decidiram fazer o que seria uma "piada interna" restrita aos membros da equipe e imitaram a pose dos Três Macacos Sábios ("Não ouço o mal, não vejo o mal, não digo o mal"), o mais antigo clichê símio de que se tem notícia. Registrada como um *out-take*, a brincadeira foi mostrada aos executivos do estúdio, que imploraram a Schaffner para incluí-la na montagem final. Há um sem-número de outras situações parecidas nos bastidores de *O planeta*, uma produção "experimental" em todos os sentidos e que deve seu sucesso à inventividade de muitas pessoas.

A equipe se transferiu para uma praia situada entre Malibu e Oxnard, na costa da Califórnia, para filmar as cenas em que Taylor e seus protetores macacos descobrem vestígios da extinta civilização humana na Zona Proibida. Para que o cronograma de produção fosse cumprido sem atrasos, Roddy McDowall, Kim Hunter, Maurice Evans e os demais atores do elenco símio eram maquiados no estúdio e transportados de helicóptero para a locação (no período em que a equipe ali permaneceu, Linda Harrison fez aniversário e um bolo foi levado até a praia).

O desfecho do filme, porém, teve como cenário uma pequena enseada a leste de Westward Beach, entre Zuma Beach e Point Dume. A histórica cena da Estátua da Liberdade foi captada em duas etapas: o primeiro *take* (que oferece uma visão aérea da coroa e da tocha do monumento, com as figuras de Heston e Linda Harrison logo abaixo) exigiu a construção de um andaime para o posicionamento da câmera, além de *mockups* da coroa e da tocha (confeccionados em papel machê pelo departamento de direção de arte). Já a imagem frontal da estátua que aparece no contra-plano era uma pintura sobre vidro assinada por Emil Kosa Jr. As áreas transparentes da "tela" permitiram que a pintura se integrasse com perfeição a um *take* de Heston e Harrison à beira-mar.

WALTER MATTHAU E O CHIMPANZÉ

A produção foi concluída em novembro de 1967 e o projeto seguiu para a etapa de pós-produção, onde ganhou dois reforços importantes: a montagem precisa de Hugh S. Fowler (1912-1975), que deu ao longa um ritmo dinâmico, e a inovadora trilha sonora de Jerry Goldsmith (1929-2004) – uma partitura muito à frente de seu tempo e do nosso, já que o cinema comercial raramente voltou a ser tão ousado em termos de música composta para filmes. Para tirar a prova dos nove, basta comparar a trilha do *Planeta* original com a de seu controverso *remake*, realizado em 2001, ou com as dos novos filmes da saga (muito mais conservadoras, apesar de terem sido compostas em uma época simpática a experimentalismos).

Goldsmith foi um dos mais prolíficos autores de trilhas dos anos 1960, 1970 e 1980 e teve uma carreira pontuada por premiações. Seu trabalho em *O planeta* lhe rendeu uma indicação ao Oscar em 1968 e, como outras peças do maestro, se distingue pela maneira como incorpora o tema do filme à partitura, inclusive no que se refere à escolha dos instrumentos empregados em sua execução. Atonal e misteriosa, a música enfatiza a percussão e o sopro e chega a ser abstrata em algumas passagens.

A "musicalidade" do longa (se é que se pode chamá-la assim) é tão primitiva quanto os macacos e suas rústicas casas de pedra e argila. Há um uso frequente do piano e do trompete ao longo da trilha, mas essas sonoridades se misturam com outras menos usuais (o retinir de tigelas de aço inoxidável, o lamento prolongado de uma cuíca, a toada de um chifre de cordeiro que irrompe na cena da caçada etc.). É um trabalho que definiu o estilo de todas as partituras escritas para os filmes e seriados da franquia até 1975 e que se tornou um clássico, como o longa que o inspirou.

Lançado em 8 de fevereiro de 1968, *O planeta* rendeu US$ 32,589,624 nos EUA. Foi o nono filme mais lucrativo do ano, ficando logo atrás de *O bebê de Rosemary*[86] e do musical *Oliver!*[87], que faturou o Oscar de Melhor Filme naquela temporada. E falando em Oscar: a produção dirigida por Franklin Schaffner roubou a cena na cerimônia de 1969, já que a Academia decidiu dar um prêmio honorário a John Chambers pela inovadora maquiagem dos macacos. A estatueta foi entregue ao maquiador por uma dupla inusitada: o ator Walter Matthau (1920-2000)... e um chimpanzé!

---

86 *O bebê de Rosemary* (*Rosemary's baby*, 1968, Roman Polanski).
87 *Oliver!* (1968, Carol Reed).

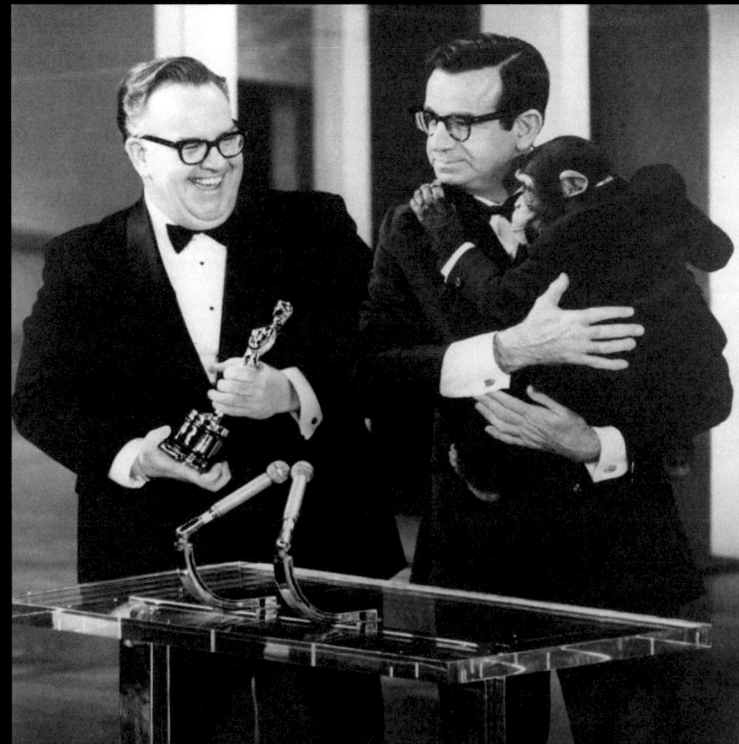

»» John Chambers, Walter Matthau e o chimpanzé, na entrega do Oscar

ANÁLISE CRÍTICA

"ALGUNS MACACOS SÃO MAIS IGUAIS DO QUE OUTROS"

Em 1968, poucos filmes foram tão paparicados quanto *O planeta dos macacos*. A revista *Life* afirmou que a produção era o grande lançamento do ano e a até temida crítica Pauline Kael a recomendou em *The New Yorker*, elogiando a qualidade da realização e a construção impecável do roteiro de Rod Serling e Michael Wilson. Na época, porém, a opinião mais interessante sobre o longa-metragem partiu de alguém que nunca ganhou a vida escrevendo resenhas cinematográficas: o ator e cantor negro Sammy Davis Jr.

Poucos dias após a *première* de *O planeta*, Sammy encontrou Arthur Jacobs e Mort Abrahams em um restaurante de Los Angeles. "Caras, vocês são incríveis", exclamou ele. "Aquele filme é a melhor explicação sobre a relação entre brancos e negros que eu já vi"! Arthur e Mort ficaram perplexos: embora não fossem alheios ao viés alegórico da produção, eles não imaginavam que este aspecto do projeto se tornaria tão evidente a ponto de eclipsar seus valores de entretenimento[88].

A observação de Davis Jr. foi apenas o começo. Desde então, muitos críticos e pesquisadores de cinema dissecaram a obra de Franklin Schaffner em busca de paralelos entre o filme e a realidade sociopolítica dos EUA nos anos 1960. Para Eric Greene (autor do livro *Planet of the apes as american myth – race, politics and popular culture*, publicado em 1996), por exemplo, *O planeta* era uma resposta ao pessimismo que reinava na América naquele período – a nação se tornara palco de violentos conflitos de raça, como os Tumultos de Watts, e lutava uma guerra ilegítima no Sudeste Asiático, o que punha em xeque sua imagem de "defensora da democracia e da liberdade". Na visão de Greene, a odisseia do astronauta Taylor em um mundo dominado por macacos xenófobos e militaristas era uma metáfora da crise moral que se instaurara no mais próspero dos países capitalistas, com o personagem interpretado por Charlton Heston simbolizando as malogradas ambições imperialistas dos EUA, e os símios, os grupos étnicos e políticos que ameaçavam a hegemonia da América conservadora.

---

88 Entrevista com Mort Abrahams publicada no fanzine *Simian scrolls*.

UM FILME POLÍTICO?

Se o objeto de análise fosse um filme de Costa-Gravas, Oliver Stone ou Michael Moore, seria mais fácil chegar a um veredicto sobre a coerência desta afirmação. Mas pode uma aventura comercial realizada por um grande estúdio ser um "filme político"? Talvez sim, embora não da mesma forma que *Z* (de Gravas), *JFK* (de Stone) ou *Fahrenheit 11/9* (de Moore)[89] são filmes políticos. O mais correto seria afirmar que *O planeta* – assim como *Vampiros de almas*, de Don Siegel, e *Dr. Fantástico*, de Stanley Kubrick[90] – é um filme de entretenimento imbuído de uma *sensibilidade* política. Mas quem agregou essa sensibilidade ao filme? E por quê?

Como Greene observa em *Planet of the apes as american myth*, filmes são realizações coletivas. A feitura de longas comerciais envolve os esforços de muitos colaboradores – produtores, roteiristas, cineastas etc. –, razão pela qual, diferentemente da pintura ou da literatura, esse tipo de obra não privilegia a visão de um único autor. E quando várias mentes contribuem com ideias para um projeto, o resultado pode ser um combinado de intenções diferentes e até contraditórias. Assim, é possível que os principais envolvidos na realização de *O planeta* não enxergassem o filme sob a mesma óptica.

Richard Zanuck e Charlton Heston nunca levaram a sério a insinuação de que o longa fosse algo mais que uma ficção científica divertida. Arthur Jacobs e Mort Abrahams provavelmente viam o filme da mesma forma: ambos eram pragmáticos executivos de cinema e não transformariam um projeto orçado em US$ 5.8 milhões (uma cifra considerável em 1968) em panfletagem favorável ao Movimento pelos Direitos Civis ou contrária à Guerra do Vietnã. Franklin Schaffner chegou a dizer que *O planeta* era um "filme político" – mas, dois anos depois, dirigiu *Patton: rebelde ou herói?*[91], uma ode às ambições bélicas dos EUA (comprovando que o questionamento do *establishment* norte-americano não era uma prioridade em sua filmografia). Portanto, se a produção tinha um espírito contestador, este não foi incutido no projeto durante a realização, mas onde tudo começou: nas páginas do roteiro, assinado por dois autores com aguda consciência social.

---

89 *Z* (1969, Costa-Gavras); *JFK: a pergunta que não quer calar* (*JFK*, 1991, Oliver Stone); *Fahrenheit 11/9* (2018, Michael Moore).

90 *Vampiros de almas* (*Invasion of the body snatchers*, 1956, Don Siegel); *Dr. Fantástico* (*Dr. Strangelove or how I learned do stop worrying and love the bomb*, 1964, Stanley Kubrick).

91 *Patton, Rebelde ou Herói?* (*Patton*, 1970, Franklin J. Schaffner).

É indiscutível que Rod Serling e Michael Wilson transportaram para o enredo questões sociais e políticas que os afligiam. Entretanto, ambos eram experientes homens de comunicação e sabiam que esses *insights* deveriam ser apresentados de forma sutil, para que a fruição da história (bem como das ideias nela embutidas) não se tornasse maçante para o público. O resultado é uma obra capaz de se conectar com espectadores de todas as idades e lhes comunicar os mesmos pontos de vista sobre tópicos que nenhum estúdio queria ver retratados em um filme "familiar" do período: guerra, preconceito racial e intolerância ideológica.

MUNDO ÀS AVESSAS

A aventura começa em um futuro próximo, quando o sonho da colonização espacial (meta traçada pelo governo de John F. Kennedy e que estava em pleno exercício no fim dos anos 1960, com a iminente chegada do Homem à Lua) já é uma realidade: viajando em uma velocidade próxima à da luz, uma tripulação de astronautas ruma para a Constelação de Orion deixando para trás uma Terra que não resolveu seus conflitos geopolíticos (como sugere o monólogo de Taylor no prólogo do filme). No romance de Pierre Boulle, a tripulação é composta por três homens brancos. Na versão cinematográfica – contemporânea do Movimento pelos Direitos Civis e do Feminismo –, dois homens brancos, um homem negro e uma mulher branca são os primeiros americanos a se lançar em uma missão interestelar.

A princípio, para um filme famoso por seus discursos progressistas, pode parecer contraditório que, de todos os viajantes, apenas o líder da missão – louro, com porte militar e interpretado por Charlton Heston, uma lenda hollywoodiana – sobreviva ao catastrófico desembarque no Planeta dos macacos. Porém, estas são justamente as credenciais que qualificam Taylor como o protagonista ideal para a alegoria que se desenrola na tela, baseada em uma das mais antigas ferramentas da sátira: a inversão de papéis.

O planeta possui um óbvio discurso antirracista que se impõe de forma repetida ao espectador (não apenas por meio de diálogos, mas de imagens): capturado, Taylor sofre as mesmas humilhações e abusos impostos aos negros nos tempos da escravidão: é baleado, queimado, espancado e escapa por pouco de uma potencial castração. Deslocado da realidade em que personificava os ideais de perfeição e superioridade, o personagem deixa de ser um bastião das pretensões norte-americanas e se encolhe à estatura de um animal: a visão do icônico Charlton Heston sendo desnudado pelos macacos na cena do julgamento é suficiente para comunicar o tipo de "inversão" que o filme propõe.

Também é fácil notar um paralelo entre a caçada aos humanos (conduzida por gorilas de pele negra e armados com rifles e bastões) e as batidas escravistas realizadas na África nos séculos 17 e 18. No romance de Boulle, a caçada era um evento esportivo (uma espécie de "caça à raposa" organizada para aristocratas). No filme, é um massacre – e irrompe de forma tão súbita que qualquer comicidade não intencional provocada pela visão de símios montados em cavalos e usando roupas de couro é prontamente neutralizada. Um recurso narrativo engenhoso, a violência do ataque dá um lastro de realismo à fantasia do filme e ajuda a sustentá-la até em momentos que, de tão exuberantes, poderiam descambar para a bufonaria: a imagem dos gorilas posando para uma foto ao término da caçada seria cômica se o chão ao redor deles não estivesse repleto de cadáveres humanos (todos caucasianos, como Taylor).

Rod Serling utilizou a inversão de papéis para denunciar o preconceito em vários episódios de *Além da imaginação*. Um capítulo da segunda temporada do programa – *A beleza está apenas em quem olha*[92] –, por exemplo, já antecipava algumas ideias que mais tarde seriam revisitadas em seus tratamentos para *O planeta*. A protagonista é uma bela jovem que, em um mundo alienígena habitado por seres que parecem híbridos de porcos e humanos, submete-se a várias cirurgias plásticas para se adaptar ao padrão estético vigente. Os procedimentos falham e a personagem é condenada pelo governo a se exilar em uma colônia distante, para onde são mandadas as "aberrações" locais.

Os episódios *As pessoas são iguais em qualquer lugar*[93] e *O homem obsoleto* também são ambientados em sociedades futuristas ou alienígenas que temem e condenam o que é "diferente". Seus heróis são páreas sociais que não se encaixam nos padrões estabelecidos e que, por isso, devem ser isolados ou destruídos para a manutenção do *status quo*. É um destino que tais personagens compartilham com Taylor: quando sua inteligência é revelada, o astronauta se torna um embaraço para a sociedade dos macacos. O *establishment* símio conclui que as únicas soluções para o problema são lobotomizá-lo ou matá-lo, já que não há lugar para um homem racional nesta civilização.

Outra característica do filme que pode ser atribuída a Serling é o modo enfático com que *O planeta* tenta nos advertir sobre os riscos da aniquilação nuclear. O tema inspirou excelentes episódios de *Além da imaginação*, como *Tempo suficiente*[94], *Terceiro planeta do Sol* e *O abrigo*. Serling era

---

92 *A beleza está apenas em quem olha* (*Eye of the beholder*, 1960, Douglas Heyes).
93 *As pessoas são iguais em qualquer lugar* (*People are alike all over*,1960, Mitchell Leisen); *O homem obsoleto* (*The obsolete man*, 1961, Elliot Silverstein).
94 *Tempo suficiente* (*Time enough at last*, 1959, John Brahm); *Terceiro planeta do Sol* (*Third from the Sun*, 1960, Richard L. Bare); *O abrigo* (*The shelter*,1961, Lamont Johnson).

obcecado pelo problema nuclear e o ceticismo de Taylor quanto ao futuro da Humanidade (o qual o personagem expressa em palavras ao gravar sua última mensagem à Terra) reflete o pessimismo com que o próprio autor observava a progressão da sociedade após a invenção da bomba atômica.

Serling, portanto, definiu o clima de "mundo às avessas" do filme e estabeleceu sua ambientação pós-nuclear. Mas não se detém em comentários muito específicos sobre a política norte-americana do período, um trabalho que ficou por conta de Michael Wilson. Nos anos 1950, Wilson foi uma das celebridades hollywoodianas que caíram na mira do Comitê de Atividades Antiamericanas. Sem predileção especial por ficção científica, o roteirista viu nesta história extravagante uma oportunidade de apresentar sua visão crítica dos EUA à luz da própria experiência como perseguido político.

UMA PITADA DE PRECONCEITO

Temendo que simpatizantes do Comunismo estivessem usando o cinema para veicular propaganda ideológica antiamericana, o comitê passou a investigar a indústria do entretenimento da década de 1940. Os roteiristas eram os principais suspeitos e uma paranoia logo se instalou em Hollywood, com colegas se delatando e os grandes estúdios adotando uma política de "banimento": quem tivesse supostas ligações com o Partido Comunista não arrumava mais emprego na Meca do cinema. A chamada "Caça às Bruxas" era liderada por um senador de extrema-direita, Joseph McCarthy (1908-1957), que também deu nome ao movimento ("Macartismo"). Após entrarem para a "lista negra" do Senador McCarthy, Michael Wilson e outros colegas famosos, como Dalton Trumbo (1905-1976) e Carl Foreman (1914-1984), passaram a trabalhar no anonimato: seus nomes não eram mais creditados nos roteiros que escreviam. O Macartismo já estava morto nos anos 1960, mas, antes que se extinguisse, arruinou muitas carreiras e reputações.

Um exemplo da influência de Wilson em *O planeta* é a sequência do tribunal. Muitos críticos a interpretaram como uma caricatura do "Julgamento do Macaco", realizado em 1925 (quando um professor americano, John Thomas Scopes, foi levado ao banco dos réus por ensinar a Teoria da Evolução a seus alunos, contrariando os dogmas criacionistas), já que Zira e Cornelius são acusados de Heresia Científica durante a audiência por defenderem a tese de que o Macaco descende do Homem. Porém, poucos notaram que os diálogos dos orangotangos também satirizavam as sessões de inquérito do Comitê de Atividades Antiamericanas (que, sem embasamento legal para criminalizar os investigados, recorria a outras estratégias para silenciá-los, como a desonra e a restrição de trabalhos).

Quando Zira argumenta que a simples presença de Taylor diante do júri é um contrassenso, já que um animal irracional não pode ser submetido aos rigores da Lei, a Corte desvia o foco das acusações e encontra outra maneira de transformar o astronauta em réu (e ao mesmo tempo criminalizar seus "subversivos" protetores chimpanzés):

> **ZIRA**: *"Por que o estão chamando de 'o acusado'? Os senhores devem achá-lo culpado de alguma coisa"!*
>
> **DR. ZAIUS**: *"Ele não está sendo 'julgado'. Ele está à nossa disposição. É Heresia Científica que está sendo julgada aqui e agora".*
>
> **DR. MÁXIMUS**: *"Bem colocado, Dr. Zaius! Vamos advertir nossos amigos de que eles estão arriscando as próprias carreiras defendendo este animal".*

Wilson também transformou a sociedade dos macacos em um espelho mais fidedigno da América ao inserir uma pitada de preconceito racial entre as castas símias. No livro, os macacos se dividem em castas, mas vivem em um regime mais igualitário: nada impede que aspirem a cargos que não costumam ser ocupados por suas espécies (chimpanzés, por exemplo, podem disputar posições com os orangotangos na Academia de Ciências). No filme, os papéis desempenhados pelas espécies são mais fixos e a ascensão social é quase impossível (ainda que essa estratificação seja negada).

Enquanto é submetido a uma operação na enfermaria para onde são levados os sobreviventes da caçada, Taylor testemunha uma discussão entre Zira e um chimpanzé veterinário, Galen. Ambos falam sobre um "sistema de castas" que, até pouco tempo atrás, regeu sua civilização. Em *Planet of the apes as american myth*, Eric Greene contextualiza historicamente o sentido metafórico deste diálogo:

> "Embora as castas tenham sido oficialmente extintas, os chimpanzés, retratados como pacifistas, intelectuais, cientistas e políticos radicais, ainda enfrentam discriminações em sua busca por melhores posições e não têm autoridade real. (…) Isto estabelece os chimpanzés como similares dos judeus americanos nos anos 1960. A referência ao sistema de castas, em particular, lembra o sistema restritivo de imigração, educação e empregos contra os judeus, que reduziu a entrada dessas pessoas nos EUA, assim como o seu avanço no país."
>
> "Planet of the apes" - *Planet of the apes as american myth*

O livro de Greene é um soberbo estudo sobre a simbologia da saga dos macacos, fundamentado em entrevistas com os realizadores e em uma ampla e detalhada exposição dos problemas sociopolíticos dos EUA nas décadas de 1960 e 1970. Sua grande virtude, do ponto de vista de um leitor não americano, é apontar eventos específicos da História do país que podem ter inspirado situações, personagens e diálogos dos filmes e séries de TV. É provável que o autor esteja certo em 70% de suas afirmações – mas, às vezes, sua interpretação dos subtextos de *O planeta* e suas sequências parece superlativa. Por exemplo: Greene discorre por linhas a fio sobre o suposto significado de um ônibus escolar que aparece nas cenas finais de *A batalha do planeta dos macacos*, insistindo que se trata de uma referência ao ônibus em que viajava a afro-americana Rosa Parks em 1955 (Rosa se recusou a ceder seu lugar a um homem branco e, por isso, foi detida e levada à prisão, um episódio que marcou a cronologia dos conflitos de raça na América). Não acredito nisso: às vezes, um ônibus é *apenas* um ônibus.

Por outro lado, cenas como a dos chimpanzés discutindo o sistema de castas na enfermaria não podem ser aleatórias. Sua mensagem é óbvia demais, assim como aquela que extraímos da cena do tribunal, onde os orangotangos falam e agem como membros do Comitê de Atividades Antiamericanas. Wilson realmente inseriu uma consciência política na trama, notada por alguns (como o diretor Franklin Schaffner) e ignorada por outros (Richard Zanuck e Charlton Heston). De fato, o filme se assume como uma fábula sobre o preconceito na sequência em que Taylor contesta a afirmação do Dr. Honorius de "que todos os macacos são iguais" ao citar *A revolução dos bichos* (*Animal farm*, 1945), de George Orwell: "Ao que parece, alguns macacos são mais iguais do que outros".

Escrita por um socialista desencantado com o regime ditatorial implantado na Rússia por Joseph Stalin (1878-1953) – uma distorção dos princípios que haviam inspirado a Revolução Soviética em 1917 –, *A Revolução dos bichos* é uma sátira protagonizada por porcos, cavalos e asnos falantes que, em uma propriedade rural inglesa, se insurgem contra seus mestres humanos e fundam o "Animalismo", um movimento para libertar todos os animais da Terra. Mas os nobres ideais da iniciativa são subvertidos quando os porcos (líderes da revolução) passam a imitar o comportamento dos humanos, o que transforma a idílica comunidade dos bichos em um sistema tão corrupto quanto o que o precedeu.

Para convencerem os outros animais de que merecem desfrutar de "privilégios especiais", como o luxo de vestirem roupas, dormirem em camas ou consumirem álcool, os porcos substituem o principal mote do

Animalismo ("Todos os bichos são iguais") por um outro mais apropriado às suas ambições: "Todos os bichos são iguais, mas alguns bichos são mais iguais do que outros". A referência ao livro de Orwell se dá na cena do filme em que o segregacionismo da sociedade dos macacos é comunicado de forma mais enfática ao espectador – a farsa encenada para criminalizar Taylor e o arbitrário indiciamento de Zira e Cornelius (que, por serem chimpanzés, pertencem a uma casta "inferior"). Como os porcos de *A revolução dos bichos*, os orangotangos do longa-metragem mascaram a própria tirania sob um falso discurso de "igualdade social".

A GUERRA FINAL

A trama assume um tom progressivamente mais sombrio à medida que se aproxima da conclusão. Tal como no romance, as escavações de Cornelius revelam um aspecto, até então, desconhecido do planeta: no passado, os homens foram a raça dominante e tiveram uma civilização avançada. No filme, porém, o sítio arqueológico não traz à luz uma cidade preservada, com edifícios, carros e peças de maquinaria ainda intactas. Os únicos vestígios encontrados são restos carbonizados de utensílios pessoais, como um par de óculos e uma boneca. Ao que parece, os humanos inteligentes que antecederam os macacos foram dizimados por um evento apocalíptico, mas séculos de obscurantismo histórico e religioso não permitem a Cornelius determinar a causa desta extinção. O Dr. Zaius, porém, tem a chave para o enigma:

> **DR. ZAIUS:** *"Eu sempre soube tudo a respeito do Homem. Pelas evidências, acredito que o seu saber caminhava passo a passo com sua idiotice. Suas emoções têm que reger o seu cérebro… Ele deve ser uma criatura bélica que combate tudo o que existe à sua volta. Até a si mesmo!"*

As apreensões do Dr. Zaius quanto à natureza violenta e destrutiva do Homem refletem o clima de instabilidade política da década de 1960, quando a paranoia nuclear atingiu o ápice. Naquele período, os EUA e a Rússia quase chegaram às vias de fato em duas ocasiões: em 1961, quando uma falha nas comunicações do NORAD (Comando de Defesa Aeroespacial da América do Norte) foi interpretada como um ato de sabotagem soviético – a cidade de Moscou só não foi incinerada com ogivas nucleares porque alguém percebeu a tempo que o "apagão" se devia a um problema técnico em uma unidade da rede – e em 1962, o ano da Crise dos Mísseis Cubanos.

O segundo evento é mais lembrado porque não foi um episódio restrito aos bastidores da política internacional: durante 13 dias, o mundo assistiu perplexo a uma queda de braço entre as duas superpotências e conviveu com a possibilidade de uma guerra iminente. A crise começou quando os americanos descobriram que os soviéticos haviam instalado silos nucleares em Cuba, a 150 km de Miami. Além da destruição de grandes cidades, a estimativa inicial de baixas, no caso de um conflito, era de 200 milhões de mortos (o imbróglio chegou a uma solução diplomática no dia 28 de outubro, quando os russos concordaram em remover os mísseis de Cuba). A guerra nuclear era um pesadelo tão tangível em 1968 que *O planeta* não poderia ter acabado de forma diferente: os realizadores estavam contando uma história de alerta — e histórias de alerta não têm finais felizes.

A última cena do filme captura muito bem o espírito contraditório da América nos anos 1960: a imagem do astronauta ajoelhado diante das ruínas do símbolo máximo da resiliência e da esperança estadunidenses reúne, em um mesmo *frame*, a apreensão e o otimismo da nação naquele período. A corrida armamentista levou os EUA a criarem a NASA em 1958 (acelerar o progresso em todas as suas vertentes era uma forma de mostrar superioridade ao inimigo soviético). A partir daí, duas indústrias — uma focada na destruição e a outra na esperança — passaram a evoluir em paralelo: a das bombas nucleares cada vez mais potentes e a dos foguetes destinados à exploração do espaço. Esta dualidade é perfeitamente retratada no *take* final de *O planeta dos macacos*.

A SOCIEDADE VISTA EM UM ESPELHO

Sem o olhar de Franklin Schaffner, todo o criticismo que Serling e Wilson imprimiram ao enredo talvez se diluísse em uma obra concebida para ser um blockbuster de férias na linha de *Viagem fantástica*, outra ficção científica de grande orçamento produzida pela Fox na década de 1960. Mas as escolhas do diretor, sejam no que se refere à realização, ao delineamento dos personagens e à própria fotografia, condizem com o tom distópico do script. Tanto *Viagem fantástica* quanto *O planeta* foram rodados com a ambiciosa bitola de 70mm e "preenchem" uma tela de cinema. Mas, enquanto o primeiro filme tem uma paleta de cores exuberante, o segundo possui uma tonalidade terrosa que remete à aridez do deserto. *Viagem fantástica* apresentava um futuro otimista para a Humanidade. *O planeta* segue na direção contrária.

O espírito niilista da produção se manifesta já nas primeiras cenas, por meio de uma tomada aérea que mostra a nave de Taylor à deriva em um lago da Zona Proibida: uma diminuta mancha branca, azul e vermelha (as cores da bandeira dos EUA) em meio ao cenário desolado. É significativo que a jornada empreendida pelos astronautas os leve a um lugar que tão bem representa a esterilidade e a morte: no período em que o longa chegou aos cinemas, o país estava engajado em campanhas imperialistas tão mirabolantes quanto fúteis, como a Guerra do Vietnã. Nesse contexto, o fracasso da primeira missão espacial colonizadora norte-americana parece ser outra ironia destilada pelo filme.

As cenas seguintes, nas quais os exploradores caminham pelo deserto em busca de novas provisões de água e comida, possuem uma plástica ainda mais sinistra: captados em ângulos quase expressionistas pelo diretor de fotografia Leon Shamroy, os cânions e paredões rochosos do Arizona lembram as áreas de testes nucleares de Nevada, onde o governo estadunidense explodiu dezenas de bombas atômicas na década de 1950. Antes mesmo de saber que o longa é uma parábola sobre o fim da civilização, o espectador pressente sua atmosfera apocalíptica.

O filme ganha um matiz mais suave nas sequências ambientadas na Cidade dos Macacos, quando *O planeta* se transforma em uma sátira muito semelhante àquela apresentada por Pierre Boulle em sua novela. É impossível não associar o gorila Julius a certas figuras de autoridade do mundo real quando o vemos baforar um charuto de forma ostensiva, ou não comparar Lucius aos rebeldes da Contracultura na cena em que o jovem chimpanzé se exaspera com a arrogância de Taylor ("Você é como qualquer macaco adulto! Sempre dando ordens"!). Momentos como estes alçaram a produção a um patamar mais elevado que o da maioria dos títulos do gênero lançados na década de 1960, que eram meros veículos para a ação e os efeitos visuais. Como salientou uma crítica sobre *O planeta* publicada em 1968: "Por sua abordagem sociológica, este é o filme futurista mais interessante já realizado"[95].

Independentemente de concordar ou não com os pontos de vista de Serling e Wilson sobre a sociedade americana nos tempos da Guerra Fria, Schaffner se amparou nas visões dos dois autores ao criar a estética e os "climas" de *O planeta*. O diretor também entendeu melhor do que os produtores e executivos da Fox a proposta original de *La planète des singes* e o modo como orquestrou o projeto foi determinante para que o viés farsesco da trama não se perdesse em sua transição para o cinema. "Nunca

---

95 "Planet of the apes review" - *The Bulletin..*

achei que aquele fosse um filme de ficção científica", disse Schaffner em 1972. "Ao olhar para aquela sociedade de macacos, você percebe que está olhando para um espelho. Este era o objetivo do filme: mostrar que os costumes humanos não são diferentes dos costumes daqueles macacos e que são igualmente ridículos"[96].

Se os símios funcionam tão bem como simbolismos de nossas vaidades e preconceitos, isto ainda se deve à engenhosa maquiagem elaborada por John Chambers. Via de regra exaltado por seu pioneirismo técnico, o *make-up* não tem apenas uma função "cosmética" em *O planeta*: as "máscaras" também ajudam a legitimar o viés alegórico da produção, já que os apliques de espuma de látex não escondem totalmente as faces dos intérpretes. Nos semblantes desses chimpanzés, gorilas e orangotangos evoluídos, o público reconhece traços do Homem contemporâneo e percebe que o que se passa na tela diz mais respeito ao mundo atual do que a uma realidade pós-apocalíptica fictícia.

Apesar de suas diferenças estéticas e narrativas, tanto a novela de Boulle quanto sua primeira versão cinematográfica são obras envolventes e que estimulam a reflexão. Não há, portanto, razão para compará-las, ainda mais se levarmos em conta que foram criadas para mídias diferentes. Mas o longa de 1968 tem uma qualidade digna de ser destacada: o roteiro de Serling e Wilson trouxe a distopia da novela (ambientada na Constelação de Orion) para o nosso próprio planeta — e à luz da era conturbada em que o filme foi realizado, a trama adquiriu uma pungência que não existia no romance.

No futuro longínquo, em uma América devastada pelo antagonismo e as armas de destruição em massa do Homem, o Comandante Taylor descobriu que nenhuma civilização perdura quando seus instintos bélicos se sobrepõem à razão. Sammy Davis Jr. estava certo: os símios falantes de *O planeta dos macacos* tinham algo importante a nos dizer.

---

96 "Dialogues on apes, apes, and more apes" - *Revista Cinefantastique*..

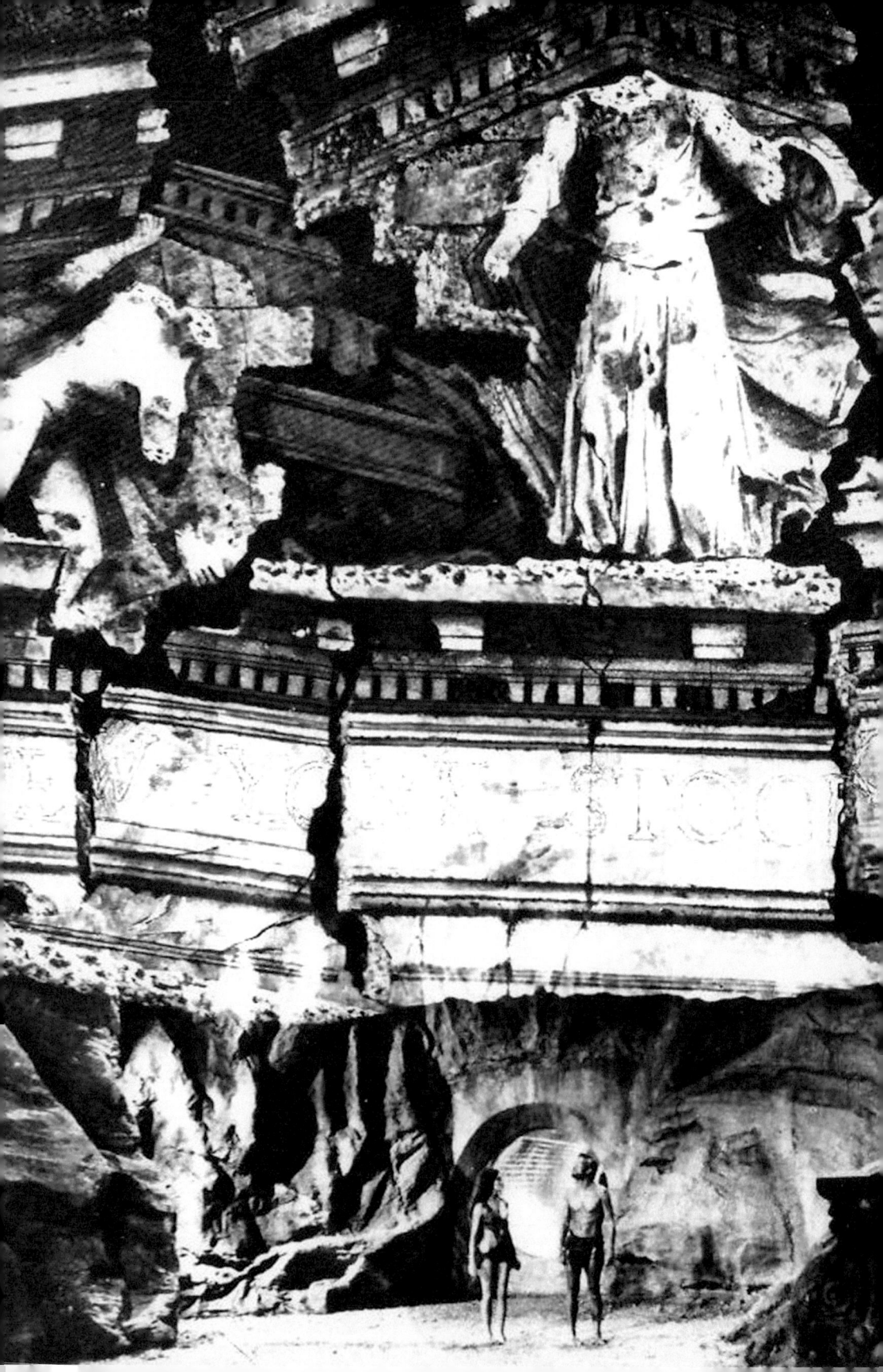

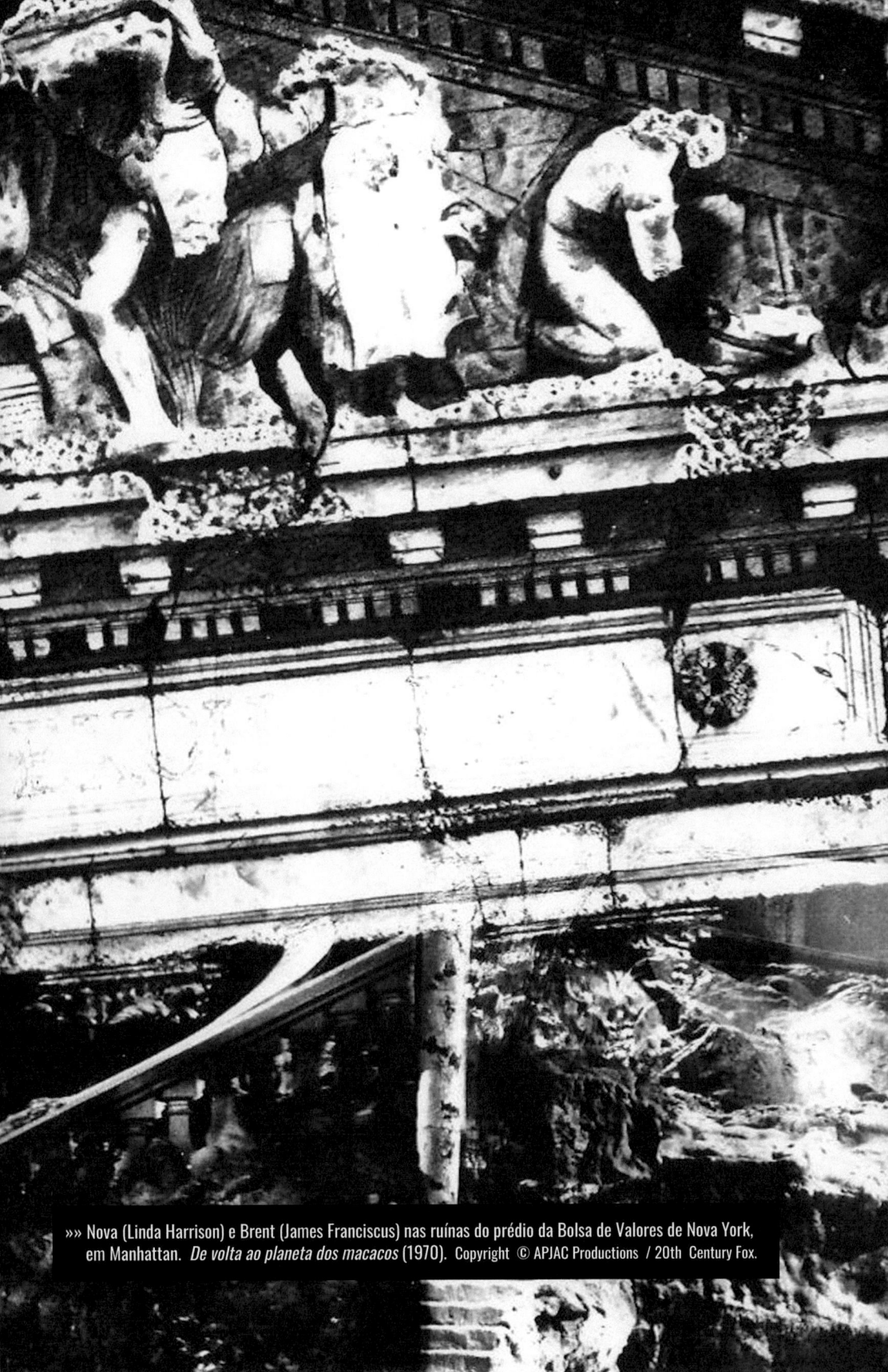

»» Nova (Linda Harrison) e Brent (James Franciscus) nas ruínas do prédio da Bolsa de Valores de Nova York, em Manhattan. *De volta ao planeta dos macacos* (1970). Copyright © APJAC Productions / 20th Century Fox.

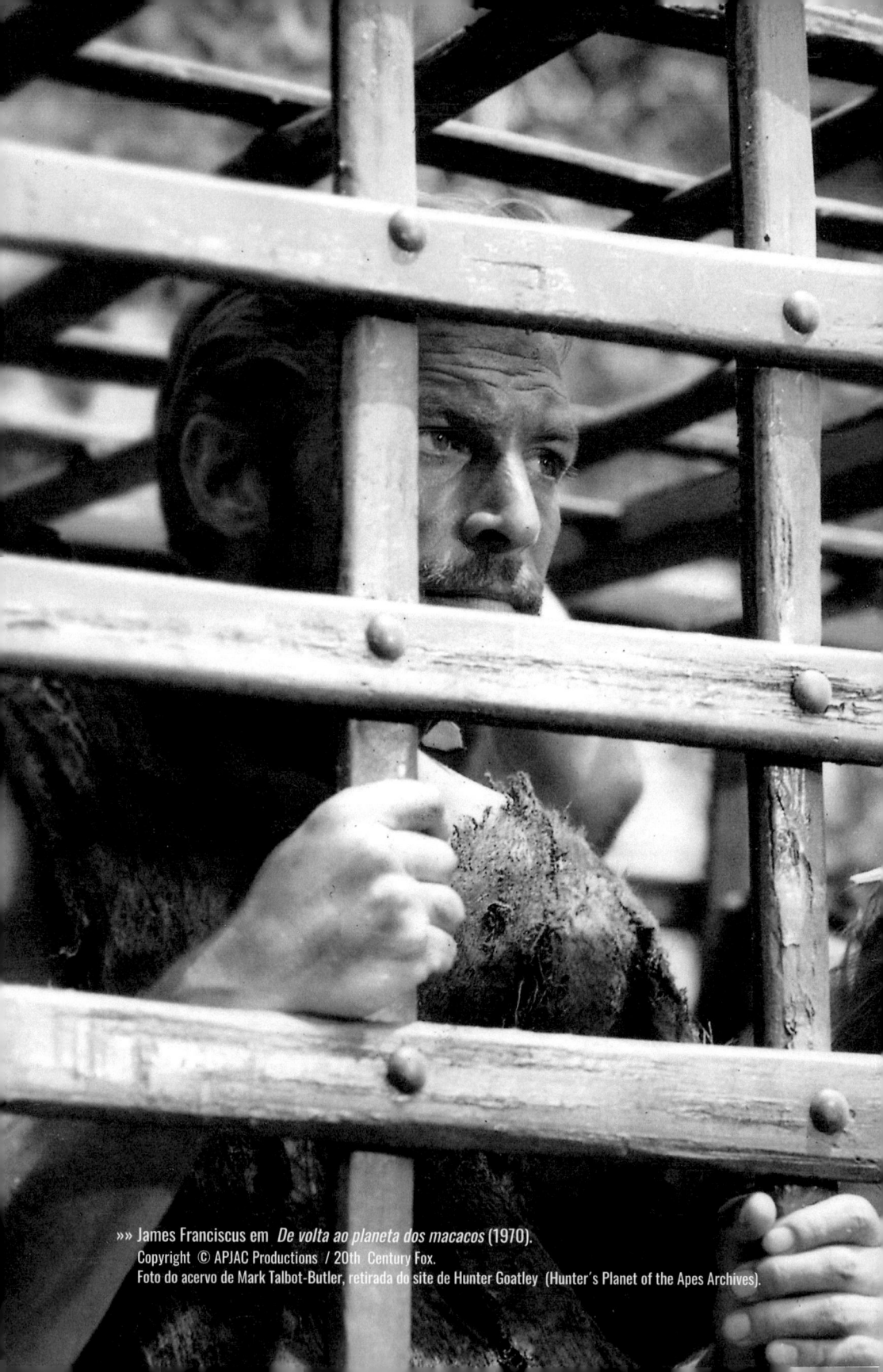

»» James Franciscus em *De volta ao planeta dos macacos* (1970).
Copyright © APJAC Productions / 20th Century Fox.
Foto do acervo de Mark Talbot-Butler, retirada do site de Hunter Goatley (Hunter´s Planet of the Apes Archives).

DE VOLTA AO PLANETA DOS MACACOS (1970)

CAPÍTULO 4

Após descobrir que o planeta onde se encontra é a Terra, destruída por uma guerra nuclear ocorrida há milhares de anos, o astronauta Taylor (Charlton Heston) se aventura na Zona Proibida em busca de um lugar onde ele e sua companheira Nova (Linda Harrison) possam se estabelecer. Enquanto cavalga pela região árida, o casal testemunha bizarros fenômenos climáticos e geológicos, como violentas tempestades magnéticas e inexplicáveis paredões de fogo que irrompem na paisagem desolada. Convencido de que está sofrendo alucinações, Taylor desce do cavalo para investigar uma dessas miragens e desaparece em pleno ar.

Perto dali, John Brent (James Franciscus), outro astronauta do Século XX, presta socorros médicos a seu capitão (Tod Andrews), gravemente ferido após ambos realizarem um pouso acidentado no planeta. Meses antes, sua nave fora lançada ao espaço em uma missão de resgate à tripulação de Taylor. Brent diz ao capitão que, segundo os relógios da nave, o ano corrente é 3955[97], embora os equipamentos de bordo não forneçam dados muito precisos sobre sua localização. Após a morte do colega, Brent é encontrado por Nova, que cavalga sozinha pelo deserto. A jovem não pode falar, mas Brent nota que ela usa a placa de identificação de Taylor no pescoço. Por meio de sinais, ele pede à garota que o leve ao encontro de Taylor.

Nova acaba retornando à Cidade dos Macacos, onde a população está reunida em uma conferência no anfiteatro. Do alto de uma colina, Brent assiste a um comício do comandante supremo do exército, o General Ursus (James Gregory), que explica aos cidadãos a necessidade de uma invasão militar à Zona Proibida. Por determinação do Legislador, aquele território permaneceu fechado durante séculos, mas os macacos precisam de novas áreas de cultivo e esperam encontrá-las ali. Ursus também informa ao povo que as hordas humanas que saquearam suas plantações, levando a civilização símia à beira de uma crise de fome, foram exterminadas pelo exército.

---

[97] No filme original, o marcador de tempo da nave de Taylor especificava que o ano corrente era 3978. Esta é uma das muitas inconsistências cronológicas da saga *Planeta dos macacos*, que são o "Calcanhar de Aquiles" da franquia. Porém, há uma possível justificativa para este deslize em particular: o computador da nave de Brent pode ter se danificado durante a aterrissagem.

A população aplaude o gorila, mas os chimpanzés estão reticentes quanto às bravatas de Ursus. Zira (Kim Hunter) se recusa a ovacioná-lo, para desespero do marido, Cornelius (David Watson), que a aconselha a não desafiar o tirano em público. Temendo pela própria vida, Brent decide voltar à nave, mas antes que possa fazê-lo é avistado por um patrulheiro gorila e baleado no ombro. Nova leva o astronauta à casa de Zira e Cornelius para que os cientistas chimpanzés tratem de sua ferida.

Na sauna da cidade, Ursus e o Dr. Zaius (Maurice Evans) discutem seus pontos de vista conflitantes sobre a invasão à Zona Proibida. O ministro da ciência acha que a atitude de Ursus é precipitada e tenta demover o general de sua cruzada. Mas o gorila está decidido a reclamar o território após onze de seus soldados terem desaparecido naquela região. Ursus acredita que a Zona Proibida é habitada por uma civilização desconhecida e hostil, a qual deve ser combatida em nome da hegemonia dos macacos.

Zira e Cornelius ficam perplexos ao saber da existência de outro humano falante. O casal trata do ferimento de Brent e lhe dá informações sobre o provável paradeiro de Taylor, mas a conferência é interrompida pela chegada de Zaius, que viera repreender Zira por seu mau comportamento no comício. Escondidos atrás de uma cortina, Brent e Nova ouvem Zira expressar a Zaius sua preocupação quanto às ambições de Ursus, que manipula o povo com discursos militaristas. Embora também desaprove as ações do gorila, Zaius diz que o acompanhará em sua jornada à Zona Proibida para descobrir se ali existe uma outra forma de vida inteligente.

Brent e Nova cavalgam em direção ao deserto, determinados a reencontrar Taylor. Porém, são capturados por um pelotão de caça e reconduzidos à Cidade dos Macacos. Ursus seleciona os dois como alvos vivos para os treinamentos do exército, mas Zira consegue libertá-los antes que sejam levados para um campo de tiro. Após despistarem outro pelotão de gorilas, Brent e Nova finalmente chegam à Zona Proibida, onde se refugiam em uma caverna. Ali, entre estalactites centenárias, o astronauta reconhece os restos da estação metroviária de Queensboro Plaza e percebe que retornou à Terra em um futuro distante.

Ursus e Zaius atendem a um culto religioso celebrado em nome da campanha militar dos gorilas antes de assumirem seus postos à frente do exército. Quando as tropas de Ursus deixam a cidade, chimpanzés pacifistas confrontam os soldados erguendo cartazes que pedem "Paz e Liberdade". Os manifestantes são detidos e trancados em carroças de caça e o exército retoma sua marcha rumo à Zona Proibida. Zira e Cornelius lamentam que os chimpanzés sejam uma casta minoritária, sem poder para questionar a autoridade dos gorilas e orangotangos.

Nos subterrâneos da Zona Proibida, Brent e Nova encontram mais vestígios da cidade de Nova York, como as ruínas da Bolsa de Valores e da Biblioteca Pública. Quando chegam à Catedral de St. Patrick, o astronauta manifesta uma estranha mudança de comportamento: ele se sente compelido a matar Nova. Resistindo a uma "força" que parece ter assumido o controle de seus pensamentos, Brent se refugia no interior da catedral, onde vê um homem encapuzado reverenciar uma bomba nuclear. A ogiva (em cujas hastes estão grafadas as letras gregas "Alfa" e "Ômega") é outra lembrança belicista do Século XX: com poder de fogo suficiente para aniquilar toda a vida na Terra, a arma foi construída por cientistas da época de Brent. Mas, neste excêntrico mundo futuro, é adorada como uma divindade.

Brent é separado de Nova e feito prisioneiro de uma civilização mutante que habita o subsolo do planeta: dotados de poderes mentais e religiosamente devotados à bomba que mantém em seu "santuário", esses humanos são os últimos remanescentes do holocausto nuclear que devastou a Terra há dois mil anos. Eles conseguem se comunicar por telepatia, ler e controlar pensamentos e criar ilusões como as tempestades magnéticas e paredões de fogo avistados por Taylor no deserto.

Cientes de que os macacos pretendem atacá-los (já que também capturaram alguns de seus batedores), os mutantes conduzem Brent a uma câmara de interrogatório e tentam extrair do astronauta informações sobre os planos do exército símio. A princípio Brent se recusa a cooperar, mas os subterrâneos vencem sua resistência quando ameaçam torturar Nova. Sem alternativa, Brent informa a seus captores que os gorilas estão marchando sobre o seu território.

Os mutantes projetam terríveis ilusões na superfície, o que põe o exército de Ursus em pânico: os soldados veem gorilas e chimpanzés crucificados no deserto, além de uma imagem gigantesca do Legislador vertendo sangue pelos olhos. Mas as miragens desaparecem quando o Dr. Zaius avança em sua direção. Percebendo que os macacos não são tão suscetíveis quanto os astronautas a seu único recurso defensivo além da bomba, os mutantes decidem detonar o dispositivo atômico na eventualidade de serem subjugados pelo inimigo.

Antes que os gorilas descubram um acesso à cidade subterrânea, os telepatas se reúnem na Catedral de St. Patrick para uma última idolatria ao seu "deus" atômico. Brent e Nova são convidados a participar e veem os mutantes cantarem e orarem para a ogiva nuclear. No clímax da celebração, eles "removem" suas faces e revelam o seu "eu" interior à bomba: seus rostos verdadeiros, ocultos sob máscaras, são grotescamente deformados pela radiação. Ao término do culto, Brent é mais uma vez separado de Nova e levado a uma cela, onde encontra Taylor (que também fora aprisionado pelos mutantes após desaparecer na Zona Proibida). Um dos telepatas usa o seu poder mental para fazer os astronautas lutarem entre si, mas Nova encontra o caminho até o calabouço e consegue articular o nome de Taylor ao avistar seu companheiro. Aproveitando a distração criada por Nova, Taylor e Brent atacam o mutante e o matam.

As tropas de Ursus invadem o subterrâneo e exterminam quase toda a população mutante. Um dos poucos sobreviventes é Mendez XXVI (Paul Richards), o líder dos telepatas, que espera pelo inimigo no santuário da bomba. Enquanto os gorilas derrubam as portas do templo com um aríete, Taylor, Brent e Nova tentam chegar à catedral antes que a bomba seja detonada. Mas o grupo é visto por uma sentinela de Ursus, que abate Nova com um tiro. "Devíamos deixá-los morrer", diz Taylor com o cadáver de Nova nos braços. "Era o que mereciam. Estaria tudo terminado"!

Os gorilas invadem a catedral e fuzilam Mendez XXVI. Vitorioso, Ursus decide se apoderar da ogiva atômica e ordena a seus soldados que a derrubem de seu pedestal usando cordas e ganchos. Escondidos entre as pilastras do templo, Taylor e Brent tentam atrair a atenção dos macacos antes que eles ativem a bomba por acidente. Taylor é baleado por Ursus — e em retaliação, Brent mata o general gorila. Os soldados respondem ao fogo e Brent é o próximo a cair morto.

Taylor rasteja até os controles da bomba Alfa & Ômega e implora a Zaius que o ajude. Mas o ministro da ciência ignora o seu apelo. "Você quer que eu o ajude?", pergunta o orangotango. "O Homem é um mal! Não é capaz de nada, além da destruição." O corpo de Taylor inclina-se para frente e sua mão toca o mecanismo de disparo da bomba. Um *fade-out* obscurece a tela e uma narração em "off" encerra o filme:

> "Entre os incontáveis bilhões de galáxias do Universo, existe uma estrela de tamanho médio. E um de seus satélites, um planeta verde e insignificante, agora está morto."

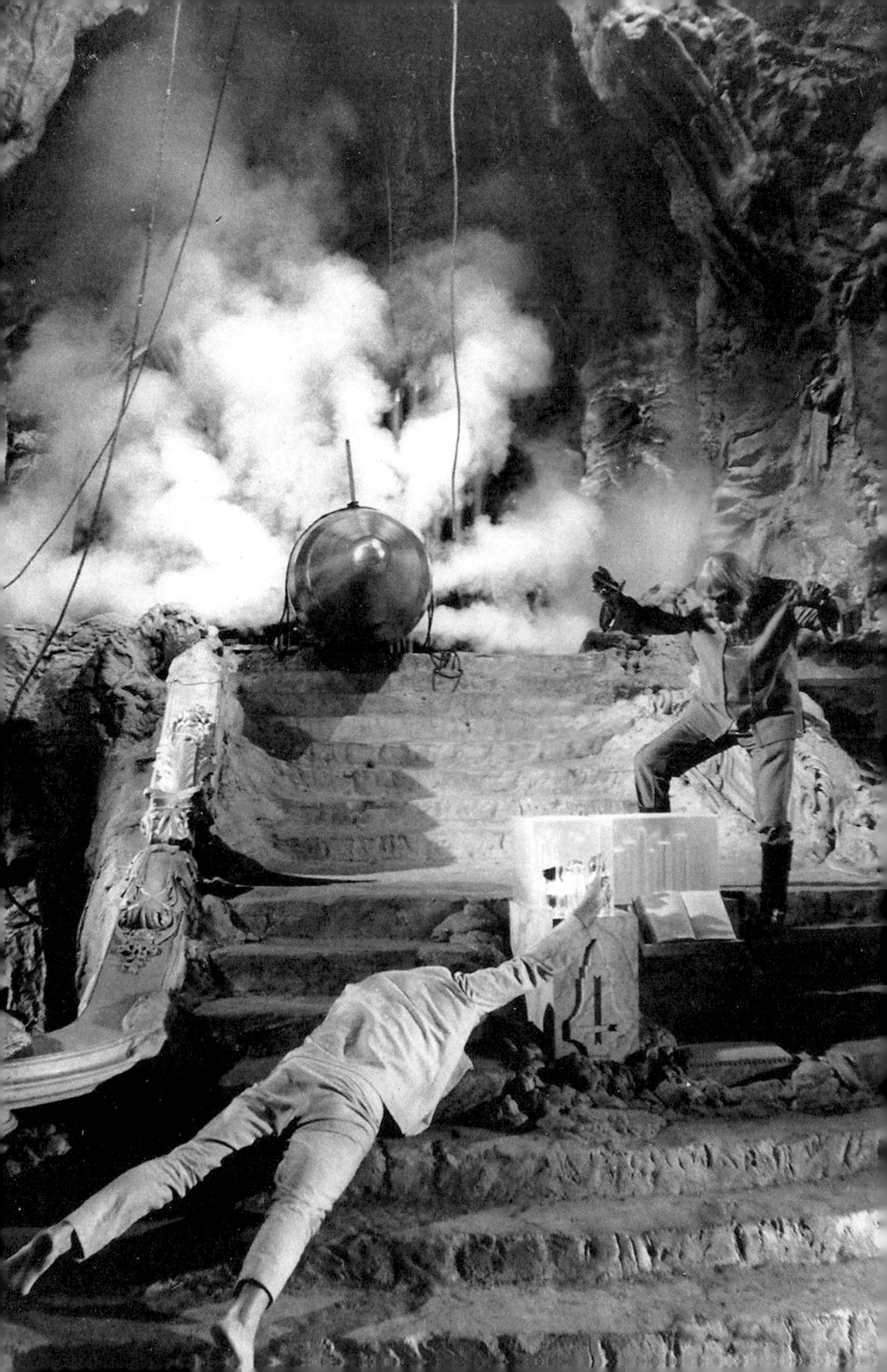

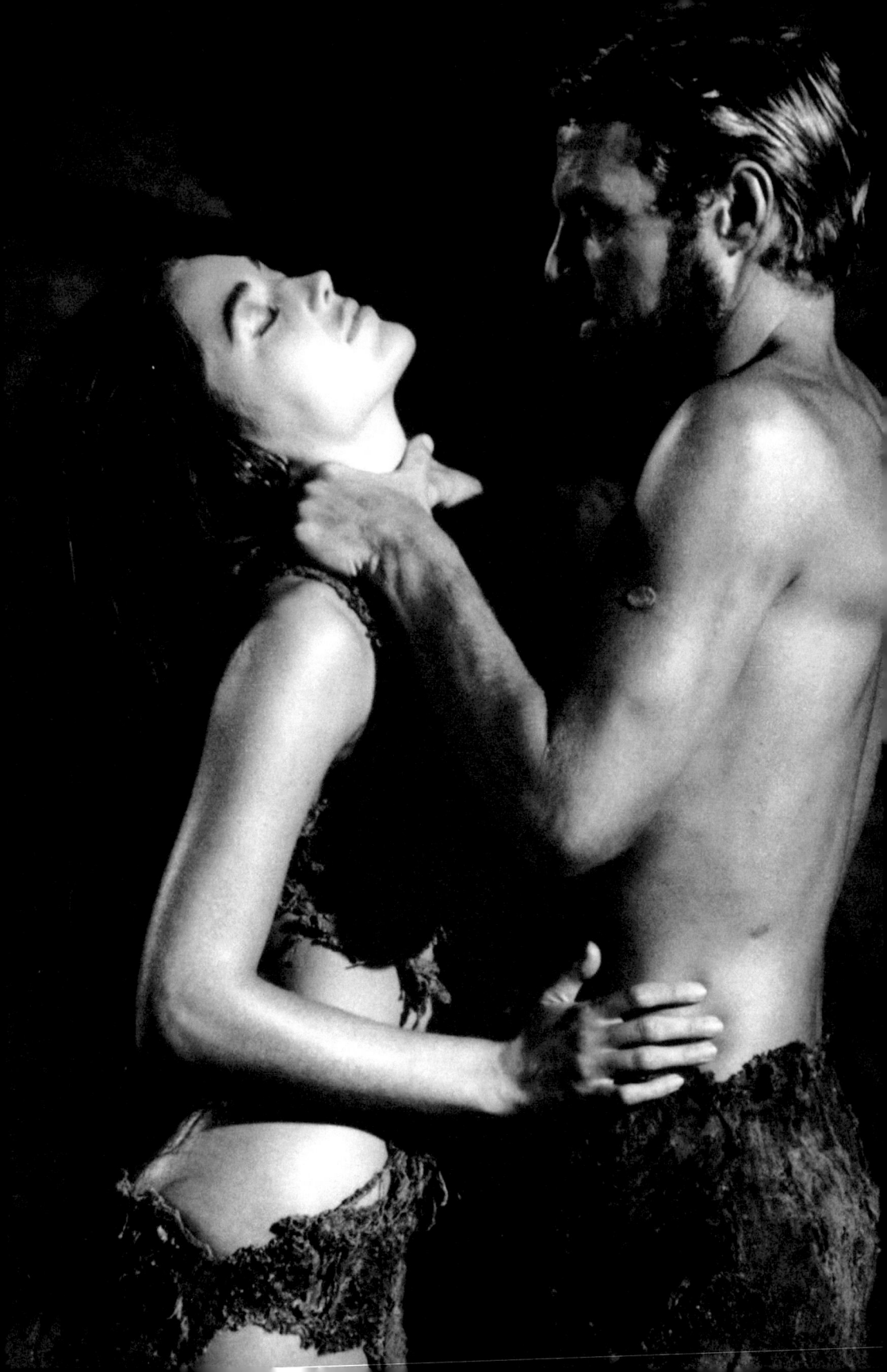

PRODUÇÃO

A AVENTURA CONTINUA...

Logo após a estreia de *O planeta*, Arthur Jacobs, Mort Abrahams e um dos gerentes de produção da Fox, Stan Hough (1918-1990)[98], reuniram-se com Richard Zanuck para celebrar o sucesso do longa-metragem original, que se tornara uma das maiores bilheterias do ano. Os três homens deixavam o escritório de Zanuck quando Hough se virou para Jacobs e Abrahams e perguntou: "Por que vocês não fazem uma continuação?"

A primeira reação dos produtores foi rir da proposta, já que *O planeta* não fora concebido como a ponta de lança de uma série. Além disso, a sugestão de Hough tinha uma conotação quase obscena naquela época: na década de 1960, sequências de produções famosas eram o tipo de empreitada que realizadores, atores e estúdios "sérios" preferiam evitar.

Esta noção cairia por terra na década seguinte, em grande parte por causa da saga dos macacos, que pavimentou o caminho para outras epopeias "serializadas" de ficção científica como *Star Wars* e *Aliens*[99] (também distribuídas pela Fox). No âmbito do cinema fantástico já existia o precedente das aventuras de James Bond[100], estreladas por um núcleo regular de personagens e ambientadas em um mesmo universo ficcional. Porém, diferentemente da série dos macacos, os longas do agente 007 possuíam uma tênue conexão uns com outros e podiam ser assistidos de forma individual ou em ordem não cronológica, já que o entendimento do que se passava em cada produção não dependia de o espectador estar ciente do que ocorrera nos filmes anteriores.

Em breve, os estúdios descobririam que as séries cinematográficas – uma evolução dos *serials* dos anos 1930 e 1940, como *Flash Gordon, Buck Rogers e Superman*[101] – eram um meio de potencializar as bilheterias em

---

98 O envolvimento de Stan Hough com a saga dos macacos se estenderia à série de TV de 1974, da qual ele foi produtor executivo.

99 Os títulos da Saga *Aliens* estão listados no início do Índice de Filmes.

100 Os títulos da série de filmes de James Bond estão listados no início do Índice de Filmes.

101 *Flash Gordon* (1936, Frederick Stephani); *Buck Rogers* (1939, Louis Hamerttonnb e Saul A. Goiuhji); *The adventures of the Superman* (1948, criado por Jerry Siegel e Joe Shuster).

«« Nos subterrâneos da Zona Proibida, dominado pelo poder mental dos mutantes, Brent (James Franciscus) tenta assassinar Nova (Linda Harrison) em *De volta ao planeta dos macacos* (1970). Copyright © APJAC Productions / 20th Century Fox. Foto do acervo de Mark Talbot-Butler, retirada do site de Hunter Goatley (Hunter's Planet of the Apes Archives).

um momento no qual o cinema enfrentava uma forte concorrência com a TV. Como observou Charlton Heston em sua autobiografia, *In the arena*:

> "Dick Zanuck viu o futuro. Hollywood produzira sequências na década de 1930, realizando filmes de baixo orçamento com os mesmos personagens, explorando e reexplorando os mesmos enredos e relacionamentos com os *Dead end kids*[102] e *Abbott e Costello*, assim como as redes de TV fazem atualmente com as *sitcoms*. A MGM fez algo parecido, de forma um pouco mais séria, com Andy Hardy[103] e os filmes da série *Thin man*. Mas Louis B. Mayer nunca pensou em produzir uma sequência de *O grande motim*[104]. Richard Zanuck pensou."
>
> *In the arena: an autobiography by Charlton Heston*

Tão logo Zanuck deu o aval para a realização da sequência, Jacobs entrou em contato com Rod Serling em busca de um conceito viável para o projeto. No primeiro tratamento escrito por Serling a trama começava exatamente onde *O planeta* terminara: após avistarem a Estátua da Liberdade, Taylor e Nova avançavam pela Zona Proibida e encontravam uma cidade humana em ruínas. Ali, o astronauta descobria um avião ainda funcional e o utilizava em um combate contra os macacos. Na conclusão da história, uma segunda espaçonave americana pousava no planeta para resgatar Taylor, mas o herói abdicava do privilégio de retornar ao século XX e escolhia uma nova companheira entre as mulheres da tripulação. Ao reproduzir-se com ela, Taylor poderia começar a repovoar a Terra com humanos inteligentes.

Jacobs recusou o tratamento, o que fez Serling voltar à máquina de escrever e produzir outros dois argumentos. No primeiro, Taylor e Nova achavam uma espaçonave na Zona Proibida e a utilizavam em diversas viagens no espaço-tempo, rumo ao futuro e ao passado; no segundo, o casal fugia do planeta a bordo da mesma nave e, na última cena, pousava em um mundo alienígena que também era dominado por macacos (uma conclusão semelhante à de *La planète des singes*). Arthur ainda não estava satisfeito e, em busca de um enfoque diferente, pediu ajuda a Pierre Boulle, que escreveu um terceiro tratamento para a sequência: *Planet of the men* (*O planeta dos homens*), concluído em julho de 1968.

---

102 "The dead end kids" era um grupo de jovens atores da cidade de Nova York que apareceu na peça da Broadway de Sidney Kingsley, *Dead end*, em 1935. Em 1937, o produtor Samuel Goldwyn levou todos eles a Hollywood e transformou a peça em filme. Eles provaram ser tão populares que continuaram a fazer filmes até 1958, mudando o nome do grupo, conforme mudavam de produtora (Little tough guys; The east side kids; e The bowery boys).

103 Andy Hardy foi um personagem vivido pelo ator Mickey Rooney (ex-*Batutinhas*), numa série de filmes que duraram de 1937 até 1958.

104 *O grande motim* (*Mutiny on the bounty*, 1962, Lewis Milestone e Carol Reed).

Na trama de Boulle, após descobrir que o Planeta dos macacos era a Terra, Taylor se estabelecia com Nova na Zona Proibida. Os dois fundavam uma colônia de humanos falantes que, anos depois, se insurgiam contra os símios sob a liderança de Sirius (um dos filhos de Taylor). Os macacos contra-atacavam comandados pelo Dr. Zaius e pelo General Marshall Urus (um militar gorila) e Taylor era morto pelos seguidores de Sirius ao tentar proteger as vidas de Zira e Cornelius. O desfecho era surpreendente: em decorrência de um bizarro processo de "involução", os símios perdiam suas capacidades cognitivas e voltavam a ser animais irracionais. Na cena final, preso em uma jaula, o Dr. Zaius tentava balbuciar o próprio nome a uma plateia de humanos!

Aquele ainda não era o argumento que a APJAC procurava. Concluindo que a trama não era "cinematográfica", Jacobs e Abrahams engavetaram o script de Boulle – ainda que, mais tarde, algumas ideias do escritor tenham sido combinadas às de Serling em um quinto tratamento, batizado como *The dark side of the Earth* (*O lado escuro da Terra*). Dessa vez, Taylor e Nova encontravam uma civilização de humanos inteligentes na Zona Proibida pouco antes de uma segunda espaçonave americana pousar na Terra do futuro. Inconformado com a ideia de macacos falantes dominarem o planeta, o comandante da expedição liderava os poucos homens racionais do Século XL em uma batalha contra os primatas (que, derrotados, regrediam à condição de animais, tal como no roteiro de Boulle).

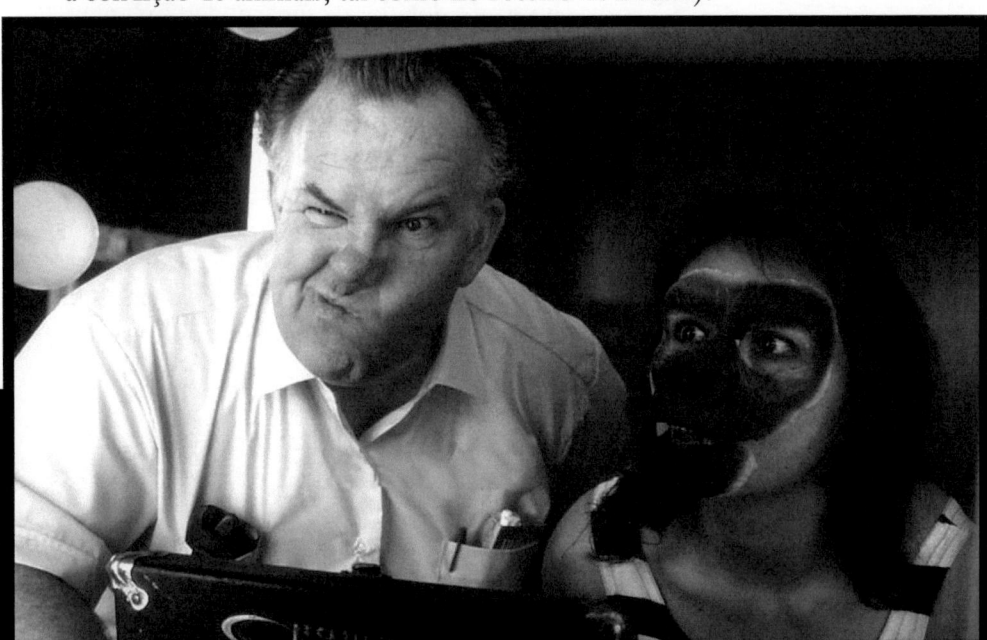

»» John Chambers e uma das mulheres contratadas para interpretarem "extras" gorilas na cena em que o exército de Ursus marcha sobre a Zona Proibida. Copyright © APJAC Productions / 20th Century Fox. Foto do acervo de Mark Talbot-Butler, retirada do site de Hunter Goatley (Hunter's Planet of the Apes Archives)

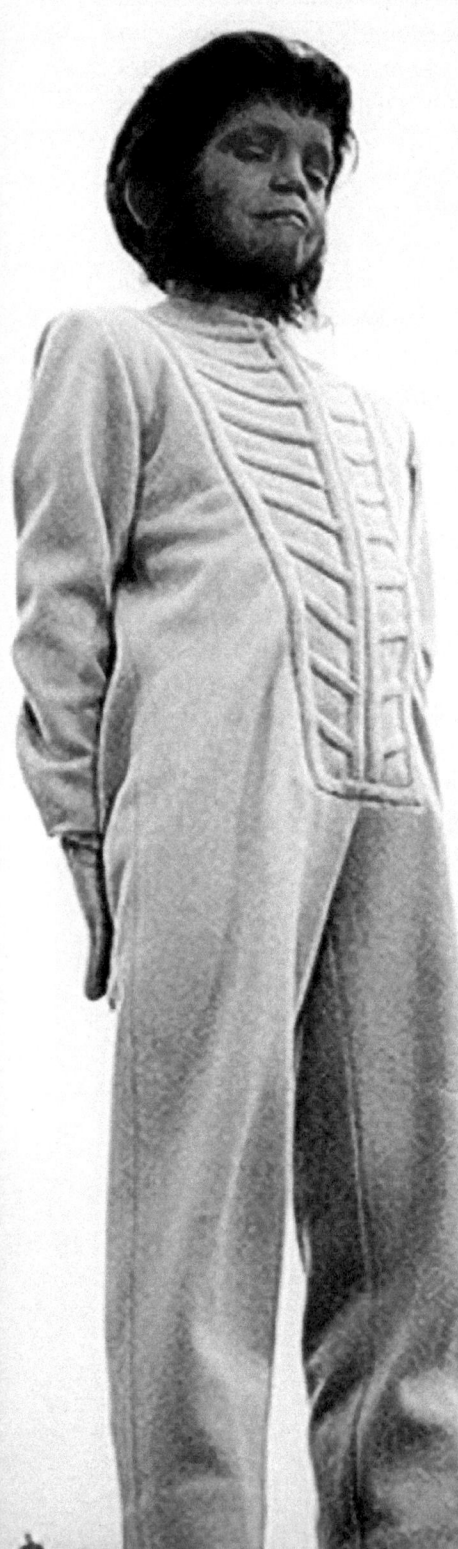

TRUQUES VISUAIS

No outono de 1968, convencido de que o projeto precisava de uma "visão de fora", Abrahams contratou os serviços de Paul Dehn, corroteirista de *007 contra Goldfinger* (o melhor filme de James Bond produzido nos anos 1960). Digerindo os conceitos dos scripts anteriores e adicionando novos elementos à intriga, Dehn (em parceria com Abrahams) criou um argumento indiscutivelmente "cinematográfico", o qual permitiria aos realizadores usarem e abusarem dos efeitos especiais (um recurso utilizado com bastante parcimônia no longa original). O script ganhou o nome de *Planet of the apes revisited* (*O Planeta dos macacos revisitado*). Concluído em setembro de 1968, era uma versão já muito próxima do roteiro final da produção: nos rincões da Zona Proibida, Taylor e Nova entravam em contato com uma civilização de mutantes humanos dotados de superpoderes mentais. Enciumados com a presença de outra espécie racional no planeta, os macacos – liderados por Zaius e pelo General Ursus (inspirado no General "Marshall Urus" do script de Boulle) atacavam os mutantes armados com metralhadoras e canhões. As facções se aniquilavam no ápice do conflito e Taylor e Nova voltavam à Cidade dos Macacos para instituir um processo de paz entre humanos e símios.

»« Teste de cena com o ator Tom Doran usando a maquiagem de uma criança híbrida.
Copyright © APJAC Productions / 20th Century Fox.

Simbolizando o início de uma era de entendimento e cooperação entre as espécies, Dehn incluiu na trama um elemento polêmico: o nascimento de uma criança metade humana e metade símia. Nos arquivos de produção há fotos e filmes que documentam os testes de maquiagem para este personagem (a caracterização foi elaborada por John Chambers, que dois anos antes criara o revolucionário *make-up* dos macacos). Entretanto, em 1969, a sugestão de acasalamento entre espécies diferentes era um tabu com o qual os produtores e a Fox não queriam lidar. A criança híbrida, assim, foi eliminada da história em subsequentes revisões do roteiro.

Quase todos os scripts anteriores flertavam com a ideia de um mundo futuro dividido entre macacos e humanos inteligentes. Mas, até então, ninguém pensara que estes humanos poderiam ser mutantes produzidos pela radiação ou que pudessem ter "habilidades" especiais, como a capacidade de controlar a vontade alheia com a força do pensamento. A inspiração partiu de Mort Abrahams, que se envolveu diretamente no processo criativo do novo filme e percebeu o quanto seria difícil elaborar um enredo tão original quanto o de *O planeta*. O modo encontrado pelo produtor para injetar personalidade à sequência foi transformá-la em um "megaespetáculo". "Trabalhamos de trás para frente", disse Abrahams a Joe Russo, Larry Landsman e Edward Gross, autores do livro *Planet of the apes revisited*, relembrando a pré-produção de *De volta*. "Construímos a história ao redor dos truques visuais."

Na época, Franklin Schaffner dirigia *Patton: rebelde ou herói?* e não estava disponível para realizar a continuação. Os produtores, então, contrataram Don Medford (1917-2012), que permaneceu muito pouco tempo no time da APJAC e abandonou o projeto ainda em seus primeiros estágios, alegando "diferenças criativas" com Jacobs e Abrahams. A próxima opção da dupla foi Ted Post, que dirigira um bom faroeste estrelado por Clint Eastwood em 1967: *A marca da força*[105]. Às vésperas das filmagens – e já com o time técnico escalado –, o longa esbarrou em um impasse que quase inviabilizou o empreendimento: Charlton Heston foi sondado para reprisar o papel de Taylor e rejeitou a proposta. Ao saber da recusa do ator, Post também ameaçou abandonar a produção. Richard Zanuck interveio em favor dos realizadores, lembrando a Heston que arriscara o próprio pescoço ao autorizar a produção de *O planeta* (um projeto que o ator defendera de forma entusiástica, e no qual nenhum outro estúdio queria investir). Mas o astro se manteve irredutível: ele achava que o assunto havia se esgotado no primeiro longa e que eventuais continuações seriam apenas "aventuras com os macacos"[106].

---

105 *A marca da força* (*Hang 'em high*, 1968, Ted Post).
106 Mais tarde, Heston reavaliou sua opinião sobre as sequências: nos anos 1990, o ator reconheceu que "algumas das continuações eram boas" e afirmou ter orgulho de ter participado da série, a qual considerava "a primeira de todas as *space-operas*".

"Chuck, nós faremos o filme e você precisa estar nele", insistiu Zanuck. A pressão exercida pelo chefe de estúdio foi tamanha que Heston acabou cedendo, mas com uma condição: Taylor precisaria morrer logo no início da história. A decisão foi comunicada a Paul Dehn, que voltou à máquina de escrever e se dedicou à ingrata tarefa de remover Taylor de 90% das páginas do script – uma missão que se mostrou impossível. Dias depois, Zanuck voltou a contatar Heston e propôs uma pequena mudança no acordo original: "Chuck... E se você 'desaparecesse' no início do filme e nós o 'matássemos' na última cena?"

Com Heston fazendo apenas uma participação especial em *De volta*, Paul Dehn precisou criar outro protagonista para a trama: John Brent, membro de uma segunda equipe de astronautas do Século XX enviada ao espaço em busca da tripulação de Taylor. Capturado pelos macacos, o personagem era resgatado por Cornelius e Zira e, junto com Nova, se refugiava nos subterrâneos da Zona Proibida, onde se tornava prisioneiro de telepatas que adoravam uma ogiva nuclear com carga de Cobalto. Nas cenas finais, Taylor ativava a "superbomba" dos mutantes e destruía o planeta.

A conclusão apocalíptica do filme – à qual o diretor Ted Post se opôs com veemência – não estava nos planos dos realizadores até a reta final da pré-produção. Porém, em algum ponto entre as negociações do estúdio com Heston e o início das filmagens todas as pessoas com poder de decisão no projeto se convenceram de que a bomba deveria ser detonada no clímax da história. Em mais de uma ocasião, Heston afirmou que a ideia foi sua (com a destruição do planeta, a Fox nunca mais o convidaria para estrelar outra "aventura com os macacos"). Mas também é possível que o próprio Richard Zanuck tenha optado por este final ao descobrir que o pai, Darryl F. Zanuck (1902-1979), tramava a sua demissão da Fox (Dick Zanuck deixou a companhia logo após o lançamento de *De volta* e iniciou uma bem-sucedida carreira como produtor independente ao lado de um sócio, David Brown)[107]. O estúdio poderia dispensá-lo, mas não extrairia mais nenhum tostão da franquia.

Diferentemente de Heston, Linda Harrison e Maurice Evans não se opuseram a reprisar seus papéis em *De volta* – Evans, inclusive, foi um grande defensor da sequência. "A tradição diz que é arriscado participar de continuações", afirmou o ator à *Cinefantastique* em 1972. "Mas *De volta*, em minha opinião, é muito mais profundo que *O planeta* do ponto de vista filosófico". Já Roddy McDowall, que interpretara Cornelius no

---

107 Ao lado de David Brown, Zanuck produziu grandes sucessos do cinema, incluindo *Golpe de mestre* (*The sting*, 1973, George Roy Hill) e *Tubarão* (*Jaws*, 1975, Steven Spielberg).

longa original, não pôde participar da produção porque dirigia um filme na Inglaterra, *A balada de Tam Lin*[108], estrelado por Ava Gardner. O ator foi substituído por David Watson (1940-2014).

Os produtores tentaram contratar Orson Welles (1915-1985) para viver o papel do General Ursus, mas o lendário diretor de *Cidadão Kane* e *A marca da maldade*[109] achou que seria "ofensivo" aparecer na tela usando uma maquiagem de gorila. Abrahams e Jacobs o lembraram de que grandes atores gregos usavam máscaras sem se importar com o fato de não serem reconhecidos pelo público. O comentário fez Welles soltar uma gargalhada. "Sim, sim, é claro", retrucou ele. "E vocês sabem o nome de algum desses atores?"[110].

Eventualmente , quem interpretou Ursus foi James Gregory (1911-2002), que assistira ao longa original e tivera uma reação oposta à de Welles: atraído pelo desafio de atuar sob a maquiagem, ele estava ansioso para representar um dos macacos. Com Kim Hunter confirmada no papel da Dra. Zira, o elenco foi completado com as contratações de James Franciscus (1934-1991) – escolhido para interpretar Brent depois que Burt Reynolds rejeitou o papel – e Natalie Trundy (a esposa de Arthur Jacobs, que viveu a mutante "Albina")[111].

NOVA YORK DEMOLIDA

Pela própria natureza do enredo, *De volta* prometia ter uma estética ambiciosa: determinados a superar a exuberância visual de *O planeta* – e partindo do pressuposto de que a imagem da Estátua da Liberdade enterrada na praia indicava que toda a cidade de Nova York jazia embaixo da Zona Proibida –, os realizadores decidiram que os mutantes deveriam habitar as ruínas da Catedral de St. Patrick, da Bolsa de Valores e da Grande Estação Central. A questão era "como" materializar essa fantasia com um orçamento de apenas US$ 3 milhões (calculando que o filme não seria tão lucrativo quanto a produção original, o estúdio decidiu investir apenas metade do dinheiro gasto em *O planeta* no novo projeto).

---

108 *A balada de Tam Lin* (*The devil's widow* aka *The devil's woman*, 1969, Roddy McDowall).

109 *Cidadão Kane* (*Citizen Kane*, 1941, Orson Welles); *A marca da maldade* (*Touch of evil*, 1958, Orson Welles).

110 *The legend of the planet of the apes* (Boxtree, 2001).

111 Ao lado de Roddy McDowall, Natalie Trundy é uma recordista em participações nos filmes da saga *Planeta dos macacos*, na qual interpretou três personagens: Albina (em *De volta*), Dra. Stephanie Branton (em *Fuga*) e Lisa (em *Conquista* e *A Batalha*).

Dessa vez não seria necessário aplicar milhares de dólares em pesquisas relacionadas à maquiagem ou construir uma cidade para os macacos (o vilarejo símio utilizado nas filmagens de *O planeta* continuava em pé no "Fox Ranch" e poderia ser reutilizado após ganhar alguns retoques estruturais). Mas os diretores de arte ainda tinham um desafio e tanto pela frente: era preciso conceber uma ilusão verossímil da destruição de Nova York sem gastar uma fortuna com sets grandiosos.

Por sorte, a APJAC ainda contava com a inventividade do diretor de arte William Crebber. Mesmo com poucos recursos à mão, o especialista elaborou um desenho de produção caprichado para o filme. Uma das estratégias utilizadas por sua equipe foi "revampirizar" cenários que já existiam, uma prática comum em Hollywood até os anos 1990 (quando a maioria dos sets ainda eram "físicos", não composições de CGI sobrepostas a fundos verdes).

A base para a estação metroviária em ruínas visitada por Brent e Nova, por exemplo, foi um cenário da Grande Estação Central de Nova York construído para o musical *Alô, Dolly*[112]. Crebber borrifou a estrutura com espuma de poliuretano para conferir às suas paredes e colunas uma textura irregular e "carbonizada", semelhante à da lava endurecida (uma explosão nuclear libera um calor de mais de três mil graus célsius, o bastante para fundir o ferro duas vezes). Estalactites e estalagmites ainda foram adicionadas ao set, dando a impressão de que o lugar estava abandonado há dois mil anos, e os ângulos dos trilhos e escadas foram distorcidos. O mesmo recurso foi usado para "envelhecer" o set do Garden's Restaurant, igualmente criado para *Alô, Dolly!*, que se transformou na câmara de interrogatório dos mutantes e em uma versão pós-apocalíptica da Catedral de St. Patrick (ao cenário original, que contava com uma escadaria e duas plataformas laterais, foram adicionadas colunas góticas, um púlpito e um silo para a bomba Alfa & Ômega).

Algumas cenas subterrâneas também mostram os escombros da Biblioteca Pública de Nova York e da casa de espetáculos City Music Hall. Embora as ruínas pareçam muito convincentes na tela, não foram elaborados cenários físicos para estas sequências: Crebber resolveu o problema utilizando *matte shots* ultrarrealistas. O desenhista de produção pediu ao pessoal do escritório nova-iorquino da Fox que fotografasse as locações e depois recortou e retocou as imagens, criando os fundos para as tomadas em que James Franciscus e Linda Harrison caminham pelas ruas e avenidas da cidade arruinada. A integração dos fundos com as imagens dos atores

---

112 *Alô, Dolly* (*Hello, Dolly!*, 1969, Gene Kelly).

foi feita durante a pós-produção pela equipe de efeitos especiais (mais uma vez chefiada por L.B. Abbott e Art Cruickshank).

Em 1967, John Chambers solucionara o maior empecilho para a realização de *O planeta* ao criar uma caracterização eloquente para os atores que interpretariam os macacos. Em *De volta*, o desafio do maquiador foi definir a aparência dos mutantes, cujas faces verdadeiras, escondidas sob máscaras, seriam desfiguradas pelos efeitos da radiação. Com o auxílio de outro artista talentoso, Dan Striepeke (1930-2019), o chefe de maquiagem da Fox, com quem já havia trabalhado em diversos projetos (incluindo a famosa série de TV *Missão impossível*[113]), Chambers imaginou diversos conceitos como ponto de partida para o trabalho: desde humanos com três olhos a criaturas ciclópicas. Todo tipo de deformidade foi considerado pela dupla na busca por um design de maquiagem apropriado, mas as propostas eram sucessivamente recusadas pelos realizadores. Chambers e Striepeke estavam se esforçando, mas a verdade é que nenhum dos dois tinha a menor ideia de com que diabo se pareceria um mutante.

O dilema foi resolvido por Ted Post, que não gostou de nenhuma das concepções apresentadas, julgando-as mais adequadas a um filme de terror. Embora aquela não fosse sua especialidade, o diretor sugeriu que os maquiadores se inspirassem nas fotos de um livro que folheara em criança, *Gray's anatomy*, no qual ele vira a imagem de uma cabeça humana sem a epiderme. O *look* dos mutantes foi criado a partir dessa referência, embora mais tarde, ninguém tenha se lembrado de dar o crédito ao cineasta. Como recordou Post em uma entrevista concedida a Joe Russo, Larry Landsman e Edward Gross:

> "O conceito final da maquiagem foi meu. Quando entrei no projeto e conheci Dan e John, eu disse aos dois: 'Não gosto de nenhuma dessas coisas horríveis que vocês estão fazendo. Uma bomba de nêutrons, ou uma bomba com essa força e impacto, esfolaria você vivo – você acabaria sem nenhuma epiderme, o que significa que seus músculos, suas células, seus nervos e seus vasos sanguíneos ficariam expostos. (...) Eu disse a eles que queria esse visual para os mutantes. Eles ficaram muito animados e logo se esqueceram de onde veio a ideia. A ideia foi 100% minha e fiquei um pouco chateado porque ninguém estava disposto a dizer que eles a executaram brilhantemente, mas que o conceito era meu."
>
> "Beneath the planet of the apes" - *Planet of the apes revisited*

---

113 *Missão impossível* (*Mission: impossible*, 1966-1973, criação de Bruce Geller).

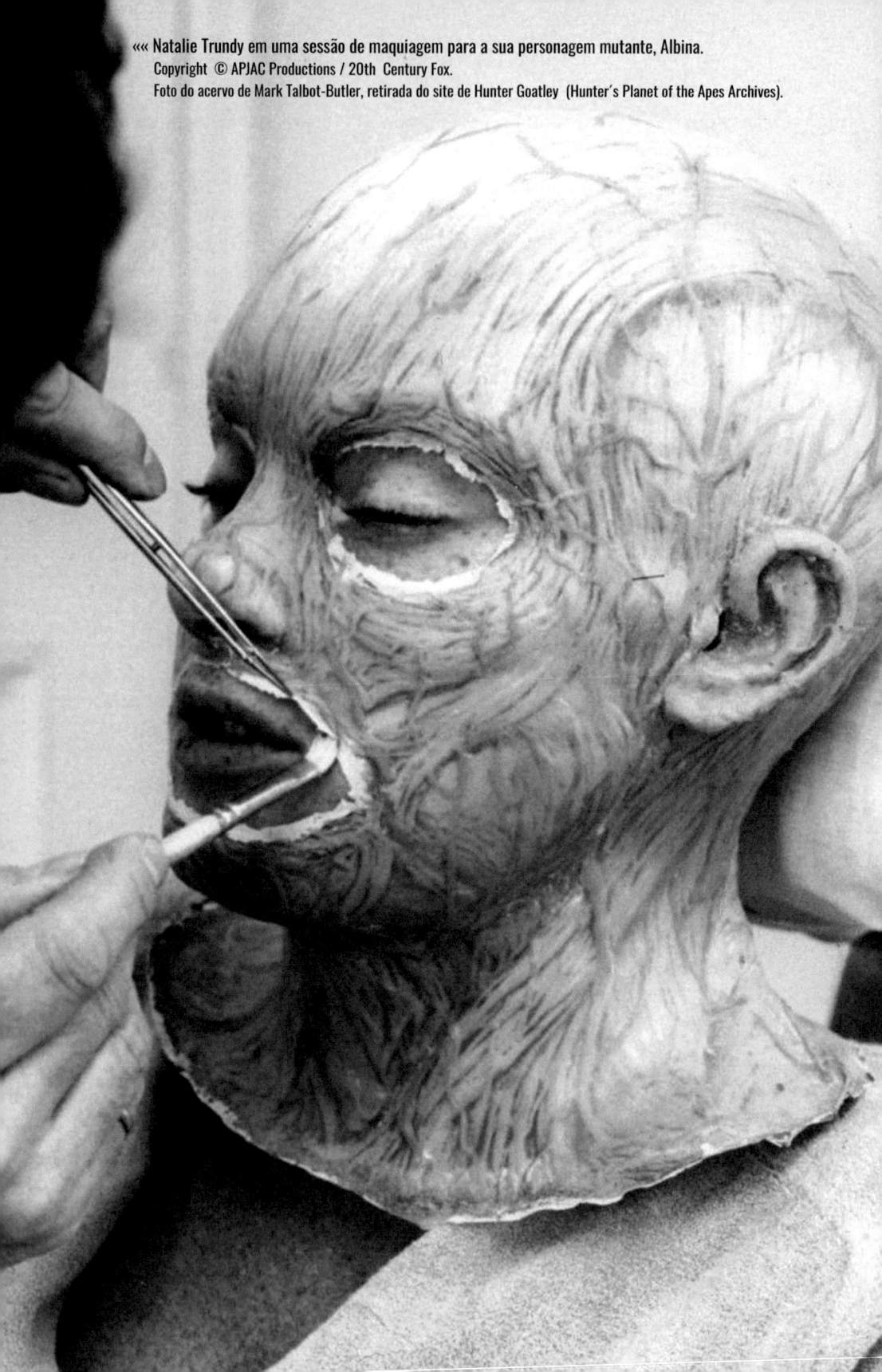

No âmbito técnico, a produção estava no caminho certo. Mas Post tinha sérias reservas quanto ao script. O astro principal do filme, James Franciscus, também não estava satisfeito com o seu personagem, que não tinha as complexidades e motivações de Taylor. O ator e o diretor debateram essa questão e Post chegou a entrar em contato com Franklin Schaffner em busca de aconselhamento. O realizador de *O planeta* recomendou ao colega a contratação dos serviços de Michael Wilson, que "polira" muito bem o argumento do filme original, mas a Fox se recusou a injetar mais dinheiro na produção. Em uma heroica manobra para "salvar" o filme, James Franciscus (auxiliado por um colega roteirista, John Ryan) passou um fim de semana reescrevendo 60 páginas do script de Dehn. O objetivo era conferir maior latitude a Brent, tornando-o um herói mais tridimensional. Quando o trabalho foi concluído, o ator remeteu o roteiro modificado a Mort Abrahams, que subiu pelas paredes ao saber que Franciscus tivera a ousadia de fazer alterações no script poucas semanas antes das filmagens.

"Quando li o roteiro, gostei da história", disse Franciscus à revista *Starlog* nos anos 1980. "Mas o meu personagem não era o que você poderia chamar de um 'ser humano'. Brent era levado pelo nariz, dizendo 'sim' ou 'não'. Falei a meu agente, Dick Clayton: 'Agora eu entendo porque Burt Reynolds rejeitou o papel. Do modo como fora criado, o personagem não era um homem. Seja como for, dois dias depois, um script revisado chegou às minhas mãos e, por Deus, nele estavam 54 das minhas 60 páginas! Em minha versão, Brent deixou de ser um 'homem perseguido' e se tornou um 'homem em perigo'"[114].

PRODUÇÃO ATRIBULADA

As filmagens começaram em fevereiro de 1969 e puseram à prova a paciência de Post: durante toda a produção, o diretor precisou lidar com as intervenções de Abrahams, com quem teve acalorados debates. Embora tivesse sido uma figura meio secundária na realização do longa original, o produtor executivo praticamente assumiu a liderança da equipe em *De volta* e até dirigiu algumas sequências do filme, como aquela que mostra os ativistas chimpanzés protestando contra a guerra dos gorilas. "Eu queria que a cena fosse inócua", lembrou o diretor em 2001. "Ao invés disso, ele filmou aquela sequência em que os gorilas marcham pela cidade e interagem com os manifestantes. E a cena foi tão mal realizada! Um crítico me atacou por aquela cena, mas não fui eu que a dirigi"[115].

114 "Planet of the apes revisited" - Revista *Starlog*.
115 *Planet of the apes revisited* (St. Martin's Griffin, 2001).

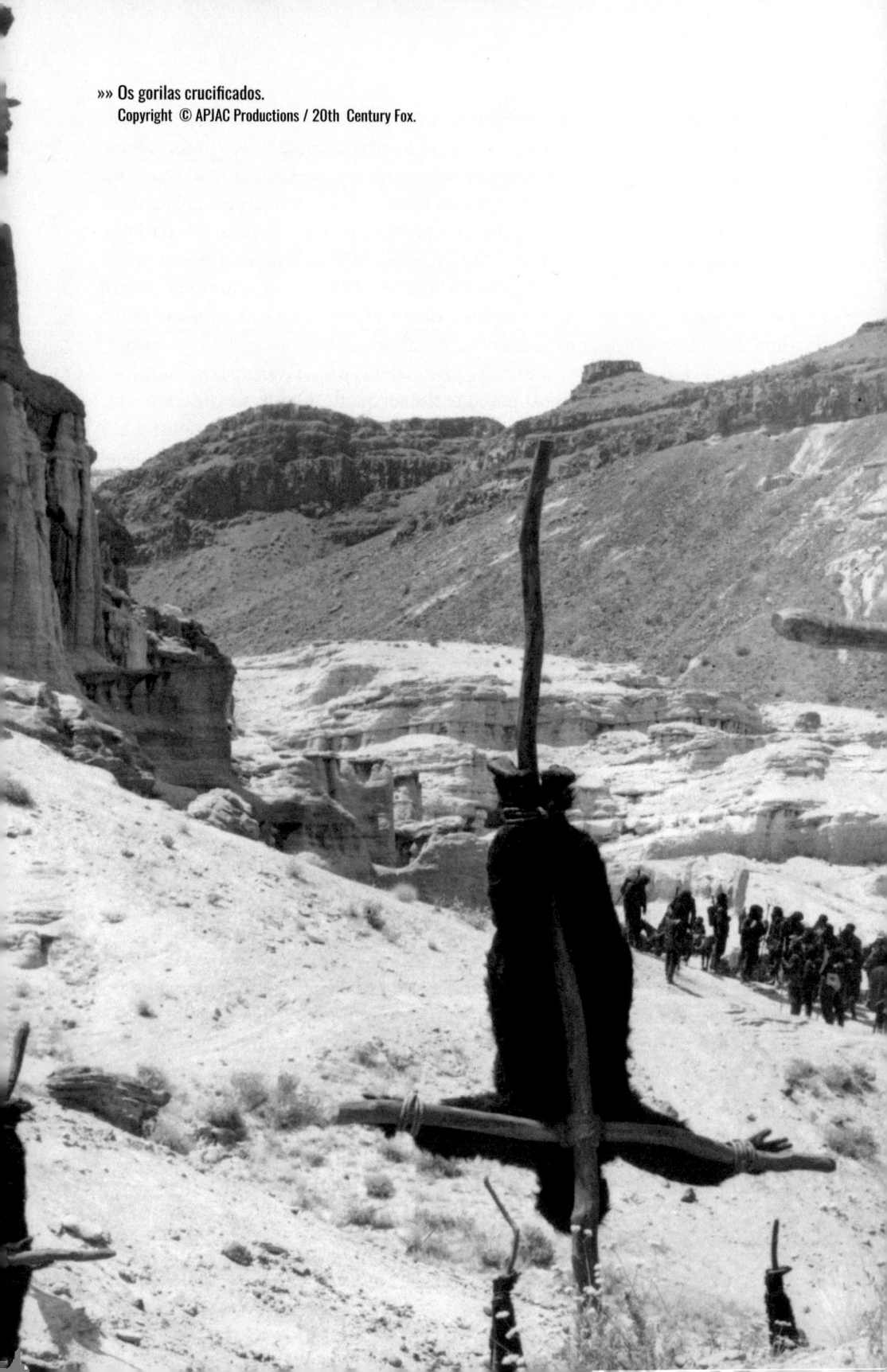

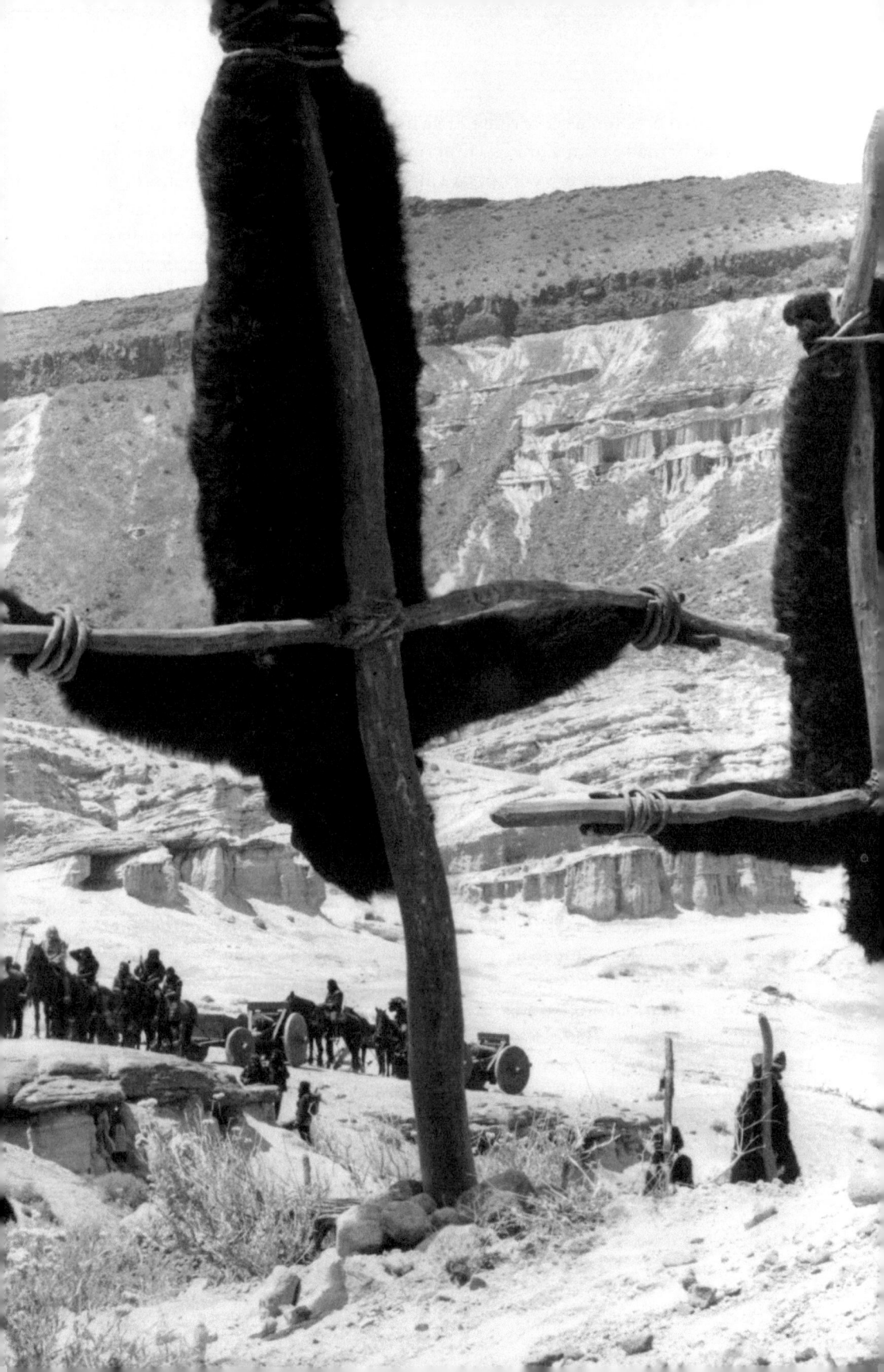

Outro problema recorrente era a má vontade de Heston em cumprir o acordo firmado com Zanuck. Embora a participação do astro no filme fosse mínima, ele sempre encontrava alguma desculpa para permanecer no set o menor tempo possível. Heston concordou em ficar disponível para as filmagens durante três semanas, mas, na prática, dedicou apenas oito dias à produção. Seu descontentamento foi registrado em seus diários, de forma clara: "Este é o primeiro filme, o primeiro trabalho que faço na vida, pelo qual não tenho nenhum entusiasmo", observou o ator[116].

Embora também não estivesse entusiasmada com a continuação (sua personagem só aparecia em quatro cenas do filme e, dessa vez, não era muito relevante para a história), Kim Hunter mostrou mais profissionalismo e comprometimento com o projeto. "Eles realmente tiveram que me convencer a participar do segundo filme", afirmou a atriz à revista *Cinefantastique*[117]. "Disseram-me que seriam apenas dez dias de trabalho, mas acabei me envolvendo com a produção por mais tempo. A maioria das minhas cenas era ao ar livre e o clima estava nublado."

Por conta do orçamento modesto, as sequências na Zona Proibida foram captadas no Parque Estadual Red Rock Canyon, na Califórnia, e não em Utah e no Arizona, onde haviam sido rodadas as primeiras cenas do filme original. A temperatura era altíssima e Maurice Evans (que não suportava o calor e precisou usar a desconfortável maquiagem símia e o pesado figurino do Dr. Zaius em pleno deserto) sofreu um desmaio durante as filmagens. As tomadas feitas em Red Rock Canyon, que mostram o avanço do exército gorila pela Zona Proibida, demandaram a participação de 150 extras caracterizados (entre os quais havia um bom número de mulheres). Na pós-produção, o departamento de efeitos especiais utilizou o recurso da divisão de tela para criar a ilusão de que havia mais de 400 macacos em cena.

L.B. Abbott e Art Cruickshank elaboraram muitos outros efeitos como este para *De volta*, o filme mais "pirotécnico" do primeiro ciclo de produções sobre o planeta dos macacos. Para viabilizar toda a fantasia sugerida pelo roteiro de Paul Dehn, a dupla recorreu a um combinado de técnicas que incluía miniaturas, *matte shots* e truques fotográficos – às vezes, usados de forma conjunta em uma mesma sequência. Um bom exemplo é a cena que mostra os gorilas crucificados na Zona Proibida, avistados através de uma cortina de fogo pelo exército de Ursus: os *takes* dos macacos agonizantes e das labaredas foram captados em separado e, mais tarde, combinados na impressora óptica. A sequência também requeria que uma projeção etérea

---

116 *The legend of the planet of the apes* (Boxtree, 2001).
117 "Dialogues on apes, apes, and more apes" - Revista *Cinefantastique*.

da estátua do Legislador surgisse diante dos gorilas, vertendo sangue pelos olhos. Isto exigiu a elaboração de uma miniatura detalhada da estátua, com furinhos nas órbitas, pelos quais era possível bombear sangue artificial.

A trilha sonora composta para *De volta* não é tão memorável quanto a do longa original, mas mantém o estilo de sua antecessora. Assinada por Leonard Rosenman, a música do filme revisita os temas "rústicos" da partitura de Jerry Goldsmith, combinando-os a motivos eletrônicos pontuais (por sua vez, inspirados na sociedade tecnológica dos mutantes). O resultado é muito eficaz e cria atmosferas eloquentes para cenas como a da marcha dos macacos pelo deserto e a cerimônia de adoração à bomba Alfa & Ômega na Catedral de St. Patrick.

Lançada em maio de 1970, a primeira continuação de *O planeta* arrecadou quase US$ 19 milhões – um desempenho e tanto, considerando o seu investimento de US$ 3 milhões –, mas desapontou boa parte da crítica e do público. Apesar de seus indiscutíveis méritos como filme de entretenimento, *De volta* foi prejudicado por um roteiro falho e por uma realização deficitária. Além disso, o longa teve um histórico de produção conturbado: Ted Post não era Franklin Schaffner e, trabalhando sob as ordens de um produtor centralizador e autoritário, não foi capaz de se impor e agregar ao projeto ideias que poderiam elevá-lo em termos criativos. Não é de estranhar que a próxima aventura dos macacos – uma produção feita em escala menor e já sem a influência de Mort Abrahams (que pôs fim à parceria com Arthur Jacobs em 1970) – tenha sido artisticamente mais bem-sucedida.

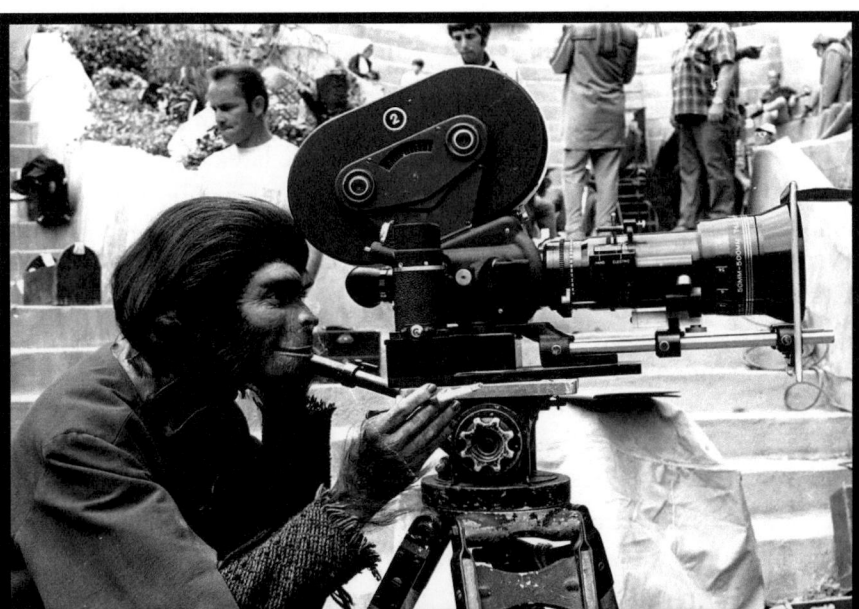

ANÁLISE CRÍTICA

"O ÚNICO HUMANO BOM É AQUELE QUE ESTÁ MORTO"

Diferentemente do clássico de 1968, *De volta* foi recebido com críticas mistas na época do lançamento. E havia razões para isso, já que a produção é irregular em termos de argumento e realização. O filme oferece uma experiência cinematográfica mais modesta que a proporcionada por *O planeta*, inclusive no que se refere aos aspectos técnicos: a qualidade da fotografia, por exemplo, é inferior, como já se percebe nas sequências de abertura. Em comparação aos criativos planos de câmera que mostravam a marcha dos astronautas pelos cânions e planícies da Zona Proibida no início do longa anterior, os enquadramentos burocráticos utilizados por Ted Post para capturar a vastidão do deserto parecem amadorísticos.

À cinematografia secundária somam-se alguns problemas narrativos: nas primeiras cenas, flashbacks que explicam o desaparecimento de Taylor após a descoberta da Estátua da Liberdade desequilibram a estrutura do filme e atrasam o desenvolvimento da história principal (focada nas aventuras de um novo astronauta, Brent, que nunca chega a ser o verdadeiro protagonista da trama; o herói vivido por James Franciscus é apenas um suplente de Taylor, que reaparece nas cenas finais para decidir os destinos de todos os outros personagens e do próprio planeta, ativando a bomba do Juízo Final).

A famosa maquiagem símia ressurge aprimorada (um pouco mais flexível e permitindo maior expressividade facial aos intérpretes). Mas até esse aspecto do longa é afetado pela negligência da realização: em várias tomadas de multidão, atores maquiados aparecem lado a lado com "extras" macacos que usam máscaras inteiriças de látex sem a mobilidade e o perfeccionismo dos apliques criados por John Chambers. Há, ainda, uma falta de propósito em todo o primeiro ato do filme, que se limita a revisitar ideias e situações já exploradas em *O planeta*: ao chegar à Cidade dos Macacos, Brent faz amizade com os chimpanzés Zira e Cornelius e passa pelos mesmos apuros de Taylor. A sensação de *déjà vu* é ainda maior na cena em que o herói avista as ruínas do metrô, dando-se conta de que está na Terra do futuro: ele expressa surpresa e indignação parafraseando o discurso de Charlton Heston na conclusão do longa original ("Meu Deus Todo-Poderoso! Nós destruímos tudo, afinal!").

Em seus primeiros 40 minutos, portanto, *De volta* é pouco mais que uma cópia de *O planeta* realizada sem a inteligência e a ironia sutil que tornaram a obra de 1968 um sucesso de crítica. Mas o filme se recupera no segundo ato, quando deixa de se espelhar em seu predecessor e imerge em um cenário mais ortodoxo de ficção científica sugerido pela ambientação pós-nuclear do script de Rod Serling e Michael Wilson: a exótica sociedade de mutantes que vivem no subsolo da Zona Proibida.

A HISTÓRIA SE REPETE

As imagens dos escombros radioativos da Bolsa de Valores, da Catedral de St. Patrick e do City Music Hall, entre outras paisagens ainda reconhecíveis da *Big Apple*, têm um grande impacto na tela e permitem que *De volta* cumpra a meta que os produtores traçaram para a continuação: superar visualmente a fantasia de *O planeta*. Além de sets impressionantes, o filme recorre a bons efeitos ópticos para atingir esse objetivo: a cena em que a infantaria do exército gorila recua aterrorizada diante da visão de uma Via Ápia repleta de macacos crucificados é um ponto alto da produção. Mais do que toda a correria que antecede o segundo ato de *De volta*, os mutantes e sua guerra apocalíptica contra os símios são os elementos mais interessantes da trama, assim como as principais fontes de suas alegorias.

Fãs do gênero ficção científica notarão a semelhança entre o enredo de Paul Dehn e o cenário apresentado em *A máquina do tempo*, a novela clássica escrita por H. G. Wells no fim do século XIX: ambientado no ano 802.701 d.C, o romance mostra uma Terra dividida entre duas castas: os "Elois" (seres que vivem em um "estado de natureza" e habitam a superfície do planeta) e os "Morlocks" (mutantes com aparência monstruosa que se escondem no subterrâneo). O herói do romance é um intrépido inventor vitoriano que, após construir um "módulo de deslocamento temporal", projeta-se nesse mundo de pesadelo. Guiado por uma bela jovem, Weena, o protagonista se aventura no império dos Morlocks quando estes se apoderam de sua máquina do tempo.

De certa forma, o filme é uma versão atualizada do romance de Wells, com Brent desempenhando o papel do inventor, e Nova, o de Weena. Naturalistas, como os Elois, os macacos enfrentam seres repulsivos e malévolos que vivem no subterrâneo (como os Morlocks). Uma das primeiras versões do script de Paul Dehn até apresentava um desfecho semelhante ao da versão cinematográfica de *A máquina do tempo*[118]: uma grande explosão subterrânea, da qual os heróis emergiriam sãos e salvos para instituir a paz no planeta. Tanto *A máquina do tempo* quanto *De volta*

---

118 *A máquina do tempo* (*The time machine*, 1960, George Pal).

são parábolas de ficção científica social. O que distingue os dois trabalhos é que eles refletem ansiedades distintas: enquanto os mutantes da obra de Wells eram um simbolismo da classe operária britânica no século XIX (cada vez mais embrutecida sob o jugo de uma aristocracia tirânica), os do filme são inspirados no clima de paranoia da Guerra Fria: nada é mais representativo da obsessão por bombas atômicas do que uma civilização que cultua um míssil nuclear como uma divindade.

A sociedade mutante também reforça duas ideias muito comuns na saga dos macacos: a de que a História se repete e a de que a corrupção é um risco inerente à evolução: os telepatas do filme têm superpoderes mentais e dominam tecnologias avançadas (o mecanismo da bomba Alfa & Ômega sugere que eles são capazes de coletar eletricidade a partir de cristais), o que deveria caracterizá-los como seres superiores aos macacos e aos próprios astronautas. Entretanto, essas criaturas encapuzadas apenas vivem no futuro: sua sociedade e seu pensamento remetem à Idade das Trevas e aos tribunais da Inquisição. Sublinhando a analogia, os personagens se vestem com túnicas quase medievais e evocam a imagem de uma fogueira para intimidar Brent na cena do interrogatório.

Na primeira continuação de *O planeta*, a sátira religiosa tem um destaque equivalente ao da sátira social, que ocupava o centro da cena na produção dirigida por Franklin Schaffner. A adoração dos mutantes à bomba é uma caricatura da liturgia católica ("A abençoada bomba fez todos nós/ Ela nos deu os olhos com os quais enxergamos/E os lábios com os quais falamos", diz o "Salmo de Mendez", entoado em coro pelos telepatas no momento que eles revelam suas faces monstruosas a Brent) e a própria ogiva atômica, com suas hastes laterais pronunciadas, lembra uma cruz invertida. A energia nuclear destruiu a Terra, mas também originou esta civilização. Para os mutantes, a bomba não é um símbolo de aniquilação, mas sim, de "renovação".

GLÓRIA FEITA DE SANGUE

Já a guerra entre mutantes e macacos é o precedente para que o filme satirize o evento político mais relevante da época: a intervenção americana no Vietnã, que inspirou a desastrosa campanha expansionista dos gorilas (iniciada em tom ufanista e culminada em completa aniquilação). Como observa Eric Greene em *Planet of the apes as american myth*, a civilização dos macacos em *De volta* espelha a sociedade estadunidense no início dos anos 1970:

"É uma guerra à qual se opõem os intelectuais e jovens liberais, ainda que os políticos – alguns relutantemente – e os membros mais conservadores da sociedade a apoiem. E uma vez iniciada a guerra, percebe-se que vencê-la será mais difícil do que se imaginava. Sob esta perspectiva, *De volta* é um filme sobre a Guerra do Vietnã e critica a participação dos EUA naquele conflito."

"Return to the planet of the apes" - *Planet of the apes as american myth*.

Considerada o confronto armado mais violento da segunda metade do século XX, a Guerra do Vietnã também foi a mais impopular campanha bélica empreendida pelos EUA. A princípio o país não se envolveu nas contendas entre o Vietnã do Norte e o Vietnã do Sul (respectivamente governados por lideranças socialistas e capitalistas), que entraram em guerra em 1959. Em 1964, porém, os americanos tomaram partido da questão e disponibilizaram tropas e armamentos aos sul-vietnamitas. Mais de 1,5 milhão de pessoas morreram durante o conflito, que se estendeu até a primeira metade da década seguinte.

Por suas motivações ideológicas, a intervenção no Vietnã nunca contou com a total aprovação do povo estadunidense. Protestos contra a guerra eclodiram em todo o país, com a pronta adesão de estudantes e militantes pacifistas. A malfadada aventura militar também arranhou a suposta invencibilidade dos EUA (que, apesar de tecnologicamente mais avançados, sofriam sucessivas derrotas no *front*, uma vez que o território inóspito, caracterizado por densas florestas tropicais, deu aos vietcongues uma importante vantagem estratégica). Mesmo contando com helicópteros e um poderio bélico invejável, os americanos eram subjugados pelo inimigo, que utilizava táticas de guerrilha primitivas. Humilhadas, as tropas estadunidenses deixaram o Vietnã em 1973.

O mesmo senso de "desorientação" em território hostil é experimentado pelos gorilas quando eles invadem a Zona Proibida – uma região que os macacos evitaram durante séculos, mas que agora reclamam sob a alegação de conquista. As motivações dos símios para empreender essa campanha inconsequente são tão ambíguas quanto as que levaram os EUA a se envolverem no Vietnã, o que permite questionar se o "estopim" do conflito é a suposta crise de fome que ameaça a Cidade dos Macacos (citada em alguns diálogos do filme) ou um simples desejo de expansão imperialista. Ironicamente , os macacos – armados até os dentes, como as tropas americanas – logo veem suas esperanças de vencer o inimigo se desvanecer ao se defrontarem com "forças" que excedem sua compreensão (os superpoderes mentais dos mutantes e a famigerada bomba Alfa & Ômega).

A alegoria se torna mais explícita na cena em que o exército símio é confrontado por chimpanzés pacifistas que gritam palavras de ordem e erguem cartazes de protesto (uma representação bastante óbvia das manifestações estudantis contra a Guerra do Vietnã). Entretanto, os chimpanzés se tornaram irrelevantes em *De volta*, a ponto das participações de Zira e Cornelius (personagens importantíssimos no longa-metragem anterior) se resumirem a um punhado de cenas na continuação. Tanto quanto os estudantes e intelectuais da década de 1960, eles não têm voz ativa para contestar as decisões dos militares e políticos ultraconservadores que assumiram o controle da Cidade dos Macacos.

A invasão à Zona Proibida é orquestrada por um dos melhores vilões da série, o General Ursus, um papel que o ator James Gregory interpreta com as medidas certas de maquiavelismo e ironia. Paul Dehn moldou o gorila e sua truculenta campanha militar em Adolf Hitler e na ascensão do Terceiro Reich (um de seus tratamentos para *De volta*, datado de 13 de setembro de 1968, sugere que Ursus deve "gritar como Hitler no Palácio de Esportes de Berlim às vésperas da Segunda Guerra" quando se dirige ao povo em busca de apoio para a sua causa). Mas o personagem também é a epítome de muitos sentimentos xenófobos que, durante séculos, incentivaram a perseguição aos negros e aos indígenas nos EUA. O inflamado discurso "humanofóbico" de Ursus no anfiteatro da Cidade dos Macacos, em uma das primeiras cenas do filme, incorpora até uma frase do General Philip Sheridan (1831-1888), um "herói" da Guerra Civil e das Guerras Indígenas ("Os únicos índios bons que conheci estavam mortos"):

> **URSUS:** "Membros do Conselho de Cidadãos... Eu sou um simples soldado, e como um simples soldado, vejo as coisas de modo simples. Eu não digo que todos os humanos são maus apenas porque a pele deles é branca... Não! Mas o nosso grande Legislador nos diz que nunca – nunca! – um humano terá a divina faculdade do Macaco para distinguir entre o Bem e o Mal. O único humano bom é aquele que está morto!"

Exceto pelas breves menções à crise de inanição que ameaça a prosperidade dos macacos, o filme não explica como um gorila ascendeu de forma tão meteórica na hierarquia social símia no breve intervalo que separa as tramas de *O planeta* e *De volta* (no longa anterior a espécie era uma casta desprestigiada e submissa às ordens dos orangotangos e chimpanzés). Porém, para efeitos dramáticos, a adição de um personagem como Ursus ao panteão de vilões da série foi providencial, permitindo aos roteiristas satirizar algumas lideranças populistas que, em um passado não muito anterior à realização do filme, levaram suas respectivas nações ao caos por meio de bravatas militares.

154

Ursus, a exemplo de Hitler, recorre à demagogia e a um discurso ultranacionalista para obter a simpatia das massas e sobrepor-se aos "políticos de carreira", como o Dr. Zaius (que não têm alternativa senão endossar seus desmandos, sob o risco de perderem o apoio da população). No mundo real, tiranos como Ursus empregaram métodos parecidos para chegar ao poder – via de regra com consequências desastrosas (com a derrocada de Hitler e do Nazismo, em 1945, a Alemanha se tornou um país econômica e socialmente colapsado).

Em sua totalidade, portanto, *De volta* é um grande manifesto antibelicista, não apenas contrário à Guerra do Vietnã, mas a todas as guerras. O filme leva sua mensagem ao extremo na fatídica conclusão da história, ainda mais sombria que a de *O planeta*: o mesmo personagem que lamentara a inata compulsão do Homem para a guerra no prólogo do longa anterior não hesita em ativar a bomba dos mutantes em um ato de puro revanchismo contra os gorilas. Desse modo, Taylor obtém uma vingança por todas as injúrias e humilhações que sofreu no Planeta dos macacos – e o Dr. Zaius confirma a sua suspeita de que "o Homem não é capaz de nada, além da destruição".

Há muitos equívocos em *De volta*, que talvez pudessem ter sido contornados se o estúdio acreditasse mais no projeto, ao invés de encará-lo como um simples caça-níqueis. Mas também há qualidades no filme: seus comentários sociais continuam válidos, assim como o seu conteúdo de fantasia. A produção ainda apontou o caminho para a expansão do universo ficcional apresentado em *O planeta* – que, por meio de abordagens tão ou mais imaginativas que a deste filme, desdobrou-se em uma constelação de outros longas, séries de TV, histórias em quadrinhos e artigos de merchandising. Ao detonar a bomba Alfa & Ômega, Charlton Heston não pôs fim a este universo. Ele ativou o seu "Big Bang".

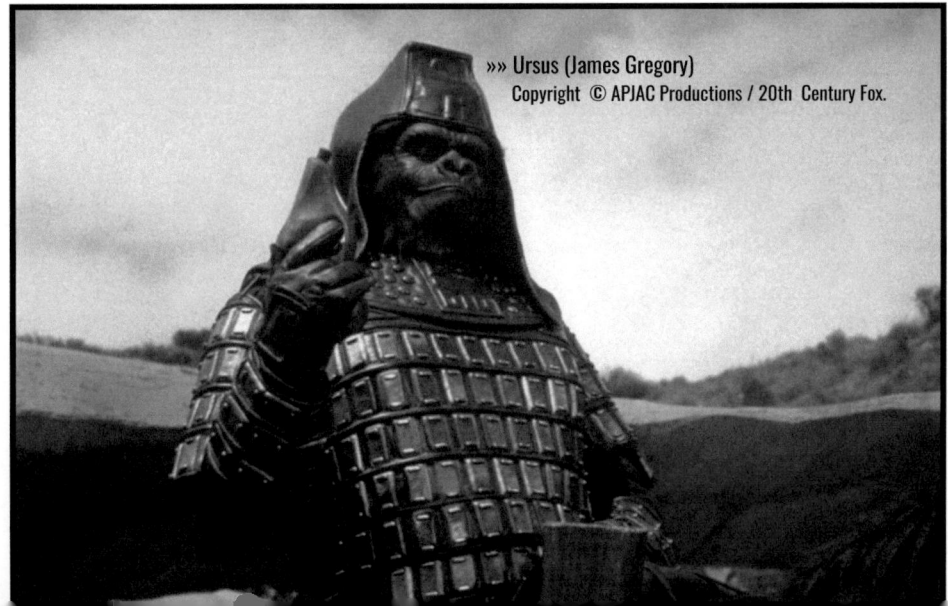

»» Ursus (James Gregory)
Copyright © APJAC Productions / 20th Century Fox.

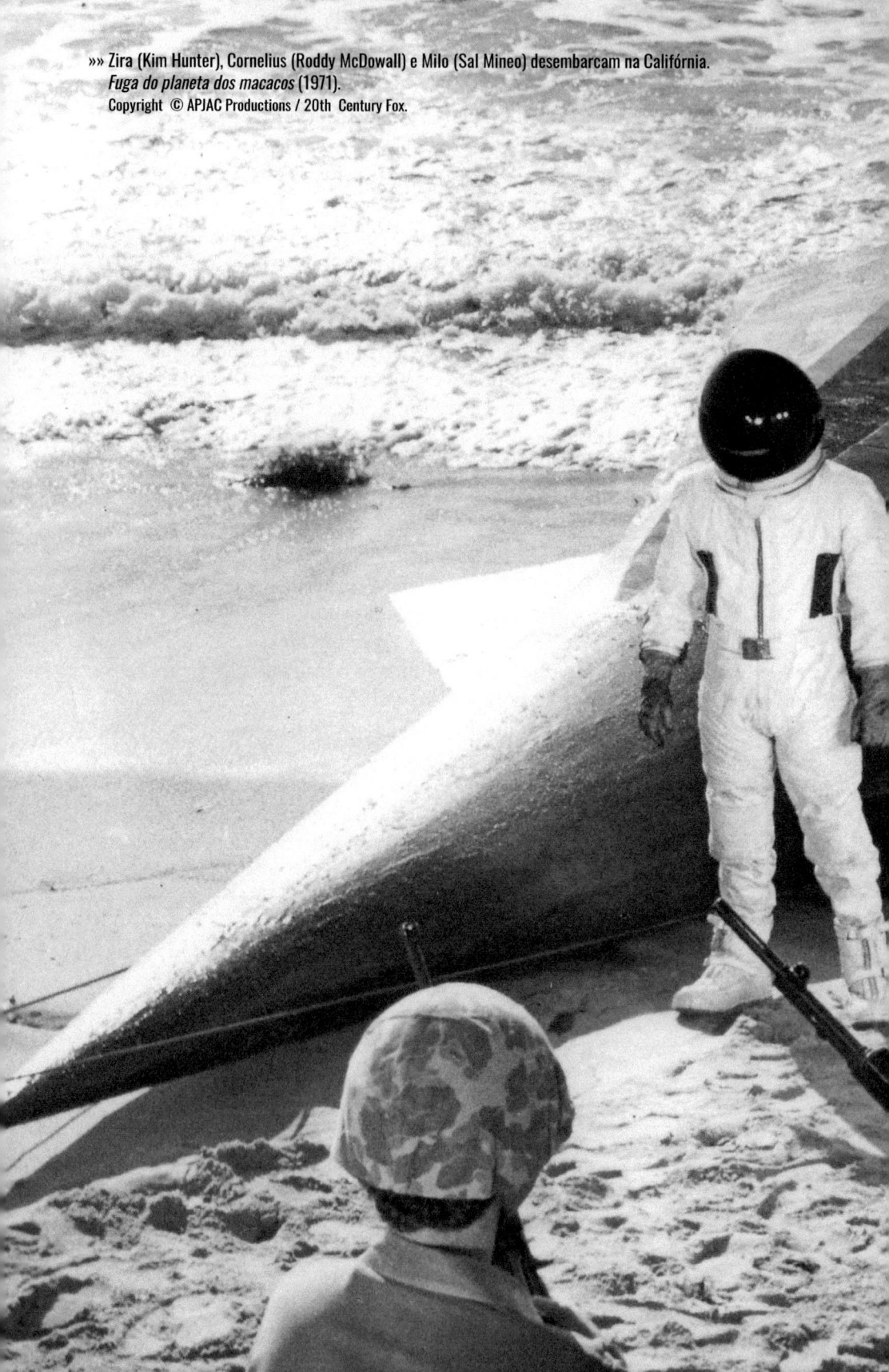

»» Zira (Kim Hunter), Cornelius (Roddy McDowall) e Milo (Sal Mineo) desembarcam na Califórnia. *Fuga do planeta dos macacos* (1971).
Copyright © APJAC Productions / 20th Century Fox.

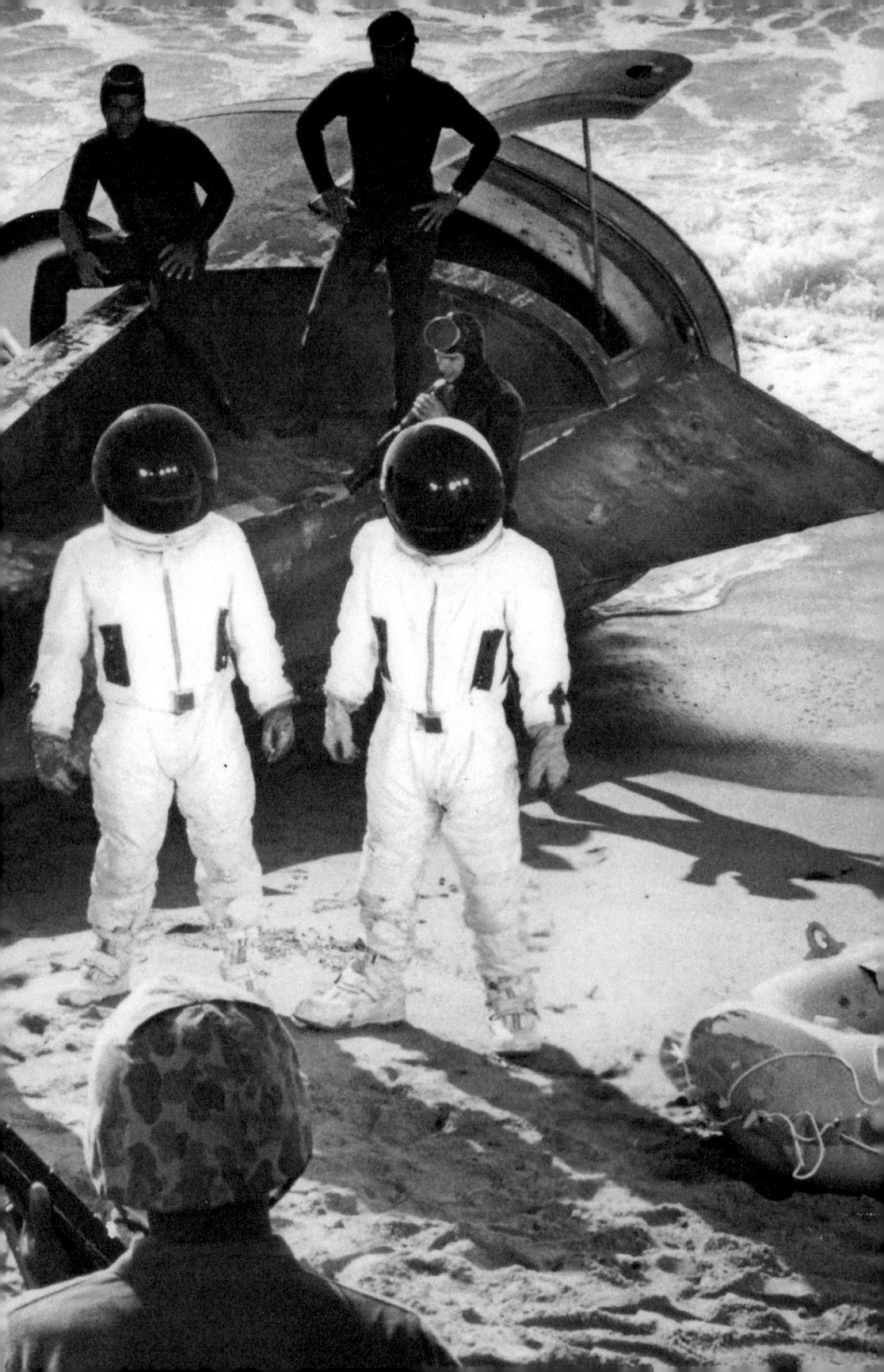

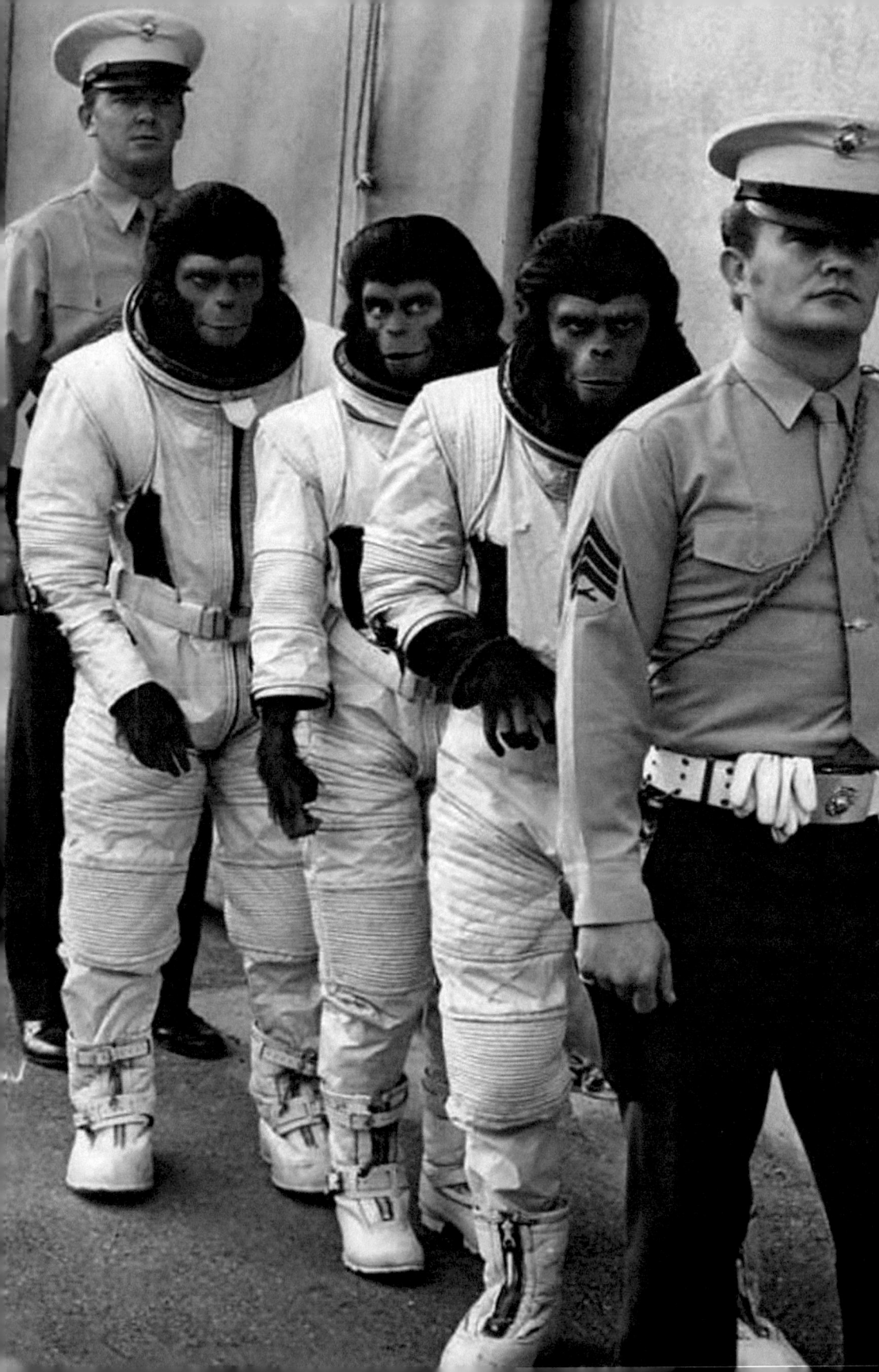

CAPÍTULO 5

FUGA DO PLANETA DOS MACACOS (1971)

EUA, 1973: sobrevoando a costa da Califórnia, patrulheiros avistam uma espaçonave boiando em alto-mar. Alertadas sobre o ocorrido, as Forças Armadas enviam um destacamento de soldados ao local, onde o veículo é resgatado e rebocado até a praia. Quando a escotilha é aberta e três tripulantes saem da nave, a surpresa é geral: os recém-chegados são chimpanzés usando trajes de astronautas. Temendo as consequências da guerra entre gorilas e mutantes, Zira (Kim Hunter), Cornelius (Roddy McDowall) e Milo (Sal Mineo) haviam embarcado na cápsula de Taylor e se lançado ao espaço. Após a destruição do planeta, o veículo fora atingido por uma onda de choque e atravessara um "distúrbio retroativo no tempo", o que explica as presenças dos macacos falantes em nossa era.

A notícia de que visitantes alienígenas desembarcaram nos EUA provoca uma comoção nos altos escalões do governo e chega ao conhecimento do presidente (William Window) e de seus principais assessores, incluindo o Dr. Otto Hasslein (Eric Braeden), consultor científico da Casa Branca e autor de revolucionárias teorias sobre o espaço-tempo. Os chimpanzés são levados para o Zoo de Los Angeles, onde Milo é morto por um gorila. Dois psicólogos de animais, Dr. Lewis Dixon (Bradford Dillman) e Dra. Stephanie Branton (Natalie Trundy), assumem a guarda dos chimpanzés sobreviventes e se oferecem para serem seus porta-vozes perante as autoridades e o povo americano.

Dixon e Branton acompanham Zira e Cornelius no primeiro encontro do casal com uma comissão presidencial de inquérito incumbida de interrogá-los. Um dos membros da comissão é o Dr. Hasslein, que não se deixa impressionar pela simpatia e o carisma dos macacos. Diferentemente de seus colegas de bancada, que se rendem ao charme dos visitantes, Hasslein se mantém frio e objetivo durante o inquérito. Para ele, a chegada dos símios falantes à Terra a bordo de uma nave americana desaparecida no espaço há dois anos levanta uma série de perguntas, as quais ele espera que sejam respondidas.

Zira e Cornelius oferecem a seus anfitriões uma versão "censurada" da verdade quando descrevem o lugar de onde vieram, onde os homens eram mudos e irracionais e os símios tinham uma civilização. Em seu depoimento, eles omitem as experiências científicas que os macacos faziam com os humanos, bem como o destino da Terra e o fato de terem conhecido o Comandante Taylor. Apesar de serem cautelosos em suas respostas, os chimpanzés se colocam em apuros quando Zira diz ao presidente da comissão (John Randolph) que ela e o marido não vieram de outro planeta, mas do futuro. O presidente considera a ideia absurda, mas Hasslein não apenas acredita em Zira como vê um perigo potencial em suas palavras: se chimpanzés falam e humanos são mudos na era de onde vieram os macacos, isto significa que o *homo sapiens* está fadado a perder sua hegemonia nos próximos séculos.

À noite, Hasslein comparece ao programa de entrevistas do jornalista Bill Bonds. À luz do que Zira e Cornelius disseram à comissão, ambos discutem o tópico da viagem no tempo, que inspirou inúmeras dissertações escritas por Hasslein. Na interpretação do físico, o tempo é "como uma rodovia de múltiplas pistas que levam do passado para o futuro, mas não para um mesmo futuro". "Um motorista na pista 'A' pode sofrer um acidente e morrer enquanto um motorista na pista 'B' sobrevive", exemplifica Hasslein. "Assim,

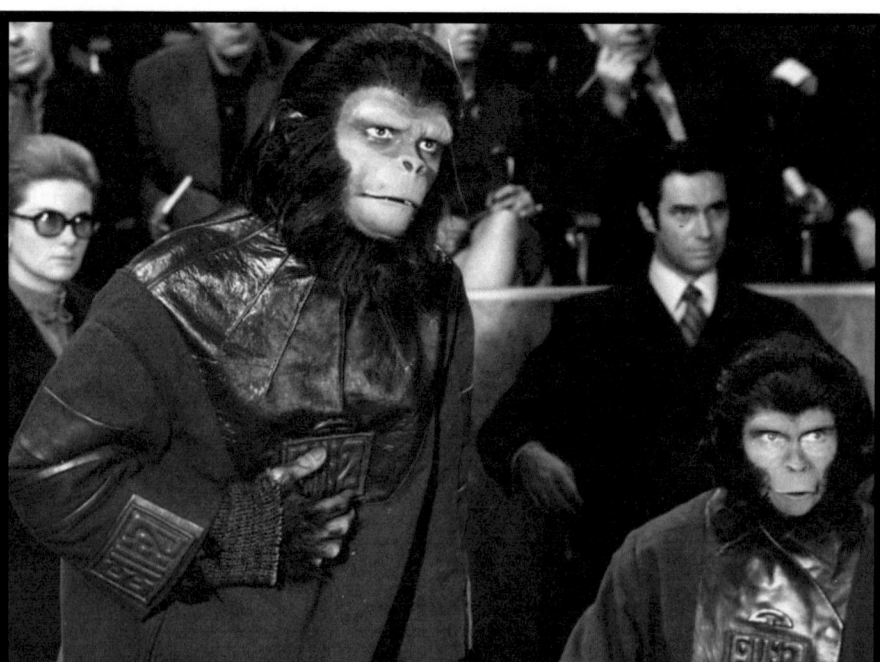

»» Dra. Stephanie Branton (Natalie Trundy), Cornelius (Roddy Mcdowall), Dr. Lewis Dixon (Bradford Dillman) e Zira (Kim Hunter) durante o inquérito da Comissão Presidencial

ao mudar de pista, um motorista pode mudar o seu futuro". Hasslein, portanto, não acredita que o curso da História seja imutável. Grandes tragédias poderiam ser evitadas se tivéssemos o poder de prevê-las.

Apelidados como "macaconautas" pela nação americana, Zira e Cornelius se transformam em celebridades: sob a tutela de Dixon e Branton, o casal é transferido do zoológico para o Beverly-Wilshire Hotel, em Beverly Hills, e passa a fazer passeios monitorados por Los Angeles. Durante uma visita ao museu de história natural da cidade, Zira vê um gorila embalsamado e sofre um desmaio. Socorrida por Hasslein, ela diz ao cientista que o mal-estar foi ocasionado por seu adiantado estado de gravidez.

Hasslein leva Zira de volta ao hotel e, após embriagá-la com uma taça de vinho, induz a chimpanzé a uma confissão, registrada com o uso de um pequeno gravador. Bêbada, Zira afirma que a gravidez foi a razão pela qual ela e Cornelius fugiram do planeta quando os gorilas declararam guerra a um inimigo desconhecido. A chimpanzé também revela ter assistido à destruição da Terra enquanto a cápsula orbitava no espaço. Agora, Hasslein sabe que os macacos não apenas dominarão o mundo nos próximos séculos, como o destruirão por meio de uma guerra de agressão. Mas o físico acredita que é possível impedir a concretização deste futuro.

A gravação é mostrada ao presidente dos EUA, que compreende a gravidade do depoimento de Zira, mas se recusa a endossar a execução dos macacos (uma medida que Hasslein considera vital para salvar a raça humana). O físico argumenta que a procriação dos chimpanzés constitui um risco ao futuro da Humanidade e exige que o chefe da nação o autorize a interrogar os macacos sob a supervisão da CIA. O presidente atende ao pedido de Hasslein, mas diz que só tomará medidas contra Zira e Cornelius se ele obtiver provas irrefutáveis de que sua descendência ameaça a sobrevivência do Homem.

Transferidos para uma instalação militar conhecida como "Campo 11", os macacos são submetidos a um inquérito rigoroso. Dois agentes da CIA (Albert Salmi e Jason Evers) conduzem o interrogatório, exercendo pressão sobre os chimpanzés até que eles admitam ter escondido informações da comissão presidencial. Hasslein diz aos suspeitos que o principal objetivo do inquérito é descobrir que fatores determinarão a queda do Homem e a ascensão dos símios no futuro. Como arqueólogo e historiador, Cornelius é capaz de responder a esta pergunta.

Segundo o chimpanzé, tudo começou com uma praga que exterminou cães e gatos da Terra nos primórdios da História dos macacos. Sem animais de estimação, os humanos adotaram símios como mascotes, ensinando-lhes truques que seus antigos animaizinhos não podiam realizar (como arrumarem camas ou servirem às mesas). Ao longo dos séculos, cada vez mais suscetíveis à voz do Homem, os macacos foram escravizados e forçados a desempenhar trabalhos braçais. Após 500 anos de dominação, porém, chimpanzés, orangotangos e gorilas se rebelaram contra seus mestres sob a liderança de um macaco falante chamado "Aldo".

Hasslein ainda não está satisfeito: para extrair toda a verdade dos macacos, ele obriga Dixon a injetar uma dose de sódio pentotal em Zira. Sob o efeito da droga, a chimpanzé revela que, dentro de dois mil anos, os humanos serão pouco mais do que animais selvagens, caçados por esporte e usados como cobaias em cirurgias experimentais. De posse das provas necessárias para recomendar uma ação drástica contra os macacos, Hasslein pede que a comissão presidencial reveja seu parecer original sobre os visitantes do futuro. A comissão determina que o bebê de Zira seja abortado e que ela e Cornelius sejam esterilizados, de modo a não gerarem outros descendentes.

Temendo por suas vidas, os chimpanzés deixam o Campo 11, acidentalmente matando uma ordenança durante a fuga. Assim que o casal escapa da base militar, Zira começa a sentir as dores do parto. Grupos de soldados vasculham as imediações do campo em busca dos prisioneiros, mas a Dra. Branton encontra os macacos antes dos militares e os esconde no circo de um amigo, Armando (Ricardo Montalbán). Horas depois, Dixon chega ao circo e realiza o parto de Zira, que dá à luz um filhote macho. Em homenagem ao colega morto, os chimpanzés dão ao bebê o nome de "Milo".

A perseguição do exército aos fugitivos se intensifica nos próximos dias, o que obriga Zira, Cornelius e o bebê a abandonarem o circo. Com o filhote nos braços, sempre o incentivando a dizer a palavra "mamãe", Zira agradece a Armando por tê-los ajudado. O dono de circo presenteia Milo com uma medalha de São Francisco de Assis, o Santo Padroeiro dos Animais. Zira faz um último pedido a seu anfitrião: ela quer ter um momento a sós com "Heloise", uma chimpanzé fêmea do circo que também deu à luz um filhote. Embalando seus respectivos bebês, Zira e Heloise trocam um olhar enigmático: embora não possam se comunicar com palavras, elas conseguem se entender em um nível instintivo.

Dixon e Branton deixam o casal e sua cria em uma estrada deserta, indicando-lhes um novo esconderijo: um cemitério de navios a alguns quilômetros dali, onde os três poderão viver até que as buscas sejam interrompidas. A pedido de Cornelius, Lewis fornece um revólver aos fugitivos.

Enquanto caminham para as docas, Zira deixa uma mala de roupas no pátio de uma refinaria de petróleo, que é achada pelo superintendente da instalação na manhã seguinte. Por meio desta pista, Hasslein descobre o paradeiro dos macacos e segue o casal até o porto abandonado.

Empunhando uma pistola, Hasslein explora o interior de um dos navios, onde encontra Zira e o bebê. Ele ordena à chimpanzé que lhe entregue o filhote, mas a atenção de ambos é desviada pela súbita chegada de um destacamento de soldados e policiais às docas. Hasslein atira em Zira e no bebê. Do último deck do navio, Cornelius vê sua família ser assassinada e dispara contra Hasslein, que cai morto nas águas da baía. Em seguida, um dos fuzileiros abre fogo contra o chimpanzé. Após jogar o cadáver do bebê no mar, Zira se arrasta até o corpo do marido e o envolve em um último abraço.

Dias depois, o circo de Armando se prepara para deixar a cidade. Sem que os empregados notem, o imigrante se aproxima de uma jaula e acaricia a pata de um filhote de chimpanzé que usa uma medalha de São Francisco de Assis no pescoço. "Criatura inteligente", diz Armando, afetuosamente . "Seus pais também eram muito inteligentes". Quando Armando se afasta, "Milo" pronuncia suas primeiras palavras: "Mamãe… Mamãe…"

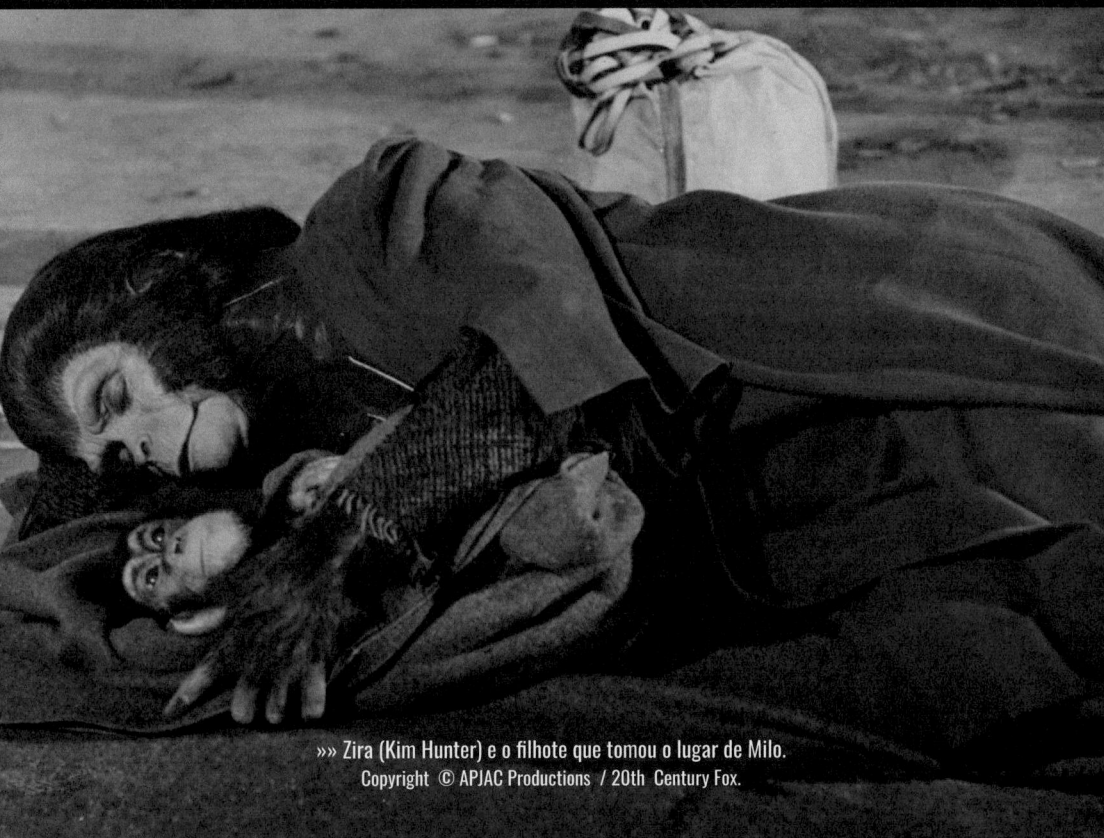

»» Zira (Kim Hunter) e o filhote que tomou o lugar de Milo.

PRODUÇÃO

DE VOLTA PARA O PASSADO

A saga dos macacos voltou a surpreender a Fox em 1970, quando o segundo longa da franquia obteve um faturamento acima do esperado. Os executivos do estúdio não demoraram a solicitar à APJAC outra continuação de *O planeta*, o que apresentou a Jacobs e a seu novo sócio, Frank Capra Jr. (que substituiu Mort Abrahams como o segundo homem em comando na produtora), um problema de difícil solução: como dar prosseguimento à trama se todos os seus personagens haviam sido destruídos pela bomba Alfa & Ômega na conclusão do filme anterior?

Na época o conceito de *prequel* (ou "prelúdio") não existia oficialmente. A ideia já fora testada em produções obscuras, como *Davy Crockett and the river pirates*[119] (1956), dos Estúdios Disney, que era uma *prequel* de *Davy Crockett, king of the wild frontier*[120], realizado em 1955. Mas o público ainda não estava acostumado com as "idas" e "voltas" no tempo que mais tarde se tornariam tão comuns em séries como *O poderoso chefão*[121], *Aliens* e *Star Wars*. *Fuga* explorou este conceito em caráter pioneiro: o filme é a primeira de três *prequels* de *O planeta* lançadas entre 1971 e 1973. Tanto a história de *Fuga* quanto as de *Conquista* e *A batalha* se passam em eras muito anteriores às dos primeiros longas, que são ambientados no século XL.

Além de encontrar um enredo que tornasse factível a continuação, a APJAC precisaria ser criativa para realizá-la, já que o *budget* do terceiro filme seria ainda menor que o do segundo: apenas US$ 2 milhões. No início dos anos 1970, a maioria dos estúdios duvidava do potencial lucrativo das sequências. No entender da Fox, se *De volta* custara a metade de *O planeta* e obtivera a metade de seus proventos parecia lógico investir menos no terceiro filme e esperar uma bilheteria proporcionalmente menor. A série dos macacos foi muito afetada por essa filosofia comercial obtusa: com mais dinheiro à mão teria sido possível perpetuar a saga por meio de produções tão ambiciosas quanto o longa original. Por outro lado, este revés estimulou a criatividade dos realizadores: o único modo de manter a franquia ativa era sempre buscar novos enfoques e cenários para a trama.

---

119 *Davy Crockett and the river pirates* (1956, Norman Foster).
120 *Davy Crockett: king of the wild frontier* (1955, Norman Foster).
121 Os títulos da série *O poderoso chefão* estão listados no início do Índice de Filmes.

"OS MACACOS VIVEM!"

Semanas após a estreia de *De volta*, o roteirista Paul Dehn recebeu um telegrama de Arthur Jacobs: "Os macacos vivem! Sequência requisitada", dizia a mensagem. O ponto de partida para a intriga (a viagem dos chimpanzés ao passado) foi uma ideia conjunta de Dehn e de seu companheiro afetivo, o compositor James Bernard (1925–2001).

A princípio batizado como *Secret of the planet of the apes* (*O segredo do planeta dos macacos*), o novo script permitiu ao autor aproveitar dois trechos da novela de Boulle que haviam sido ignorados na primeira adaptação do texto para as telas: a breve vivência de Ulysse Mérou na sociedade dos macacos (um privilégio concedido ao astronauta quando Zira e Cornelius provam aos orangotangos que o personagem é um ser racional) e o nascimento do bebê Sirius, cuja inteligência é uma ameaça à soberania dos símios. Além de engenhoso, o roteiro era funcional do ponto de vista financeiro: ambientada em 1973, a trama dispensaria a elaboração de cenários extravagantes e requereria apenas três atores caracterizados em cena.

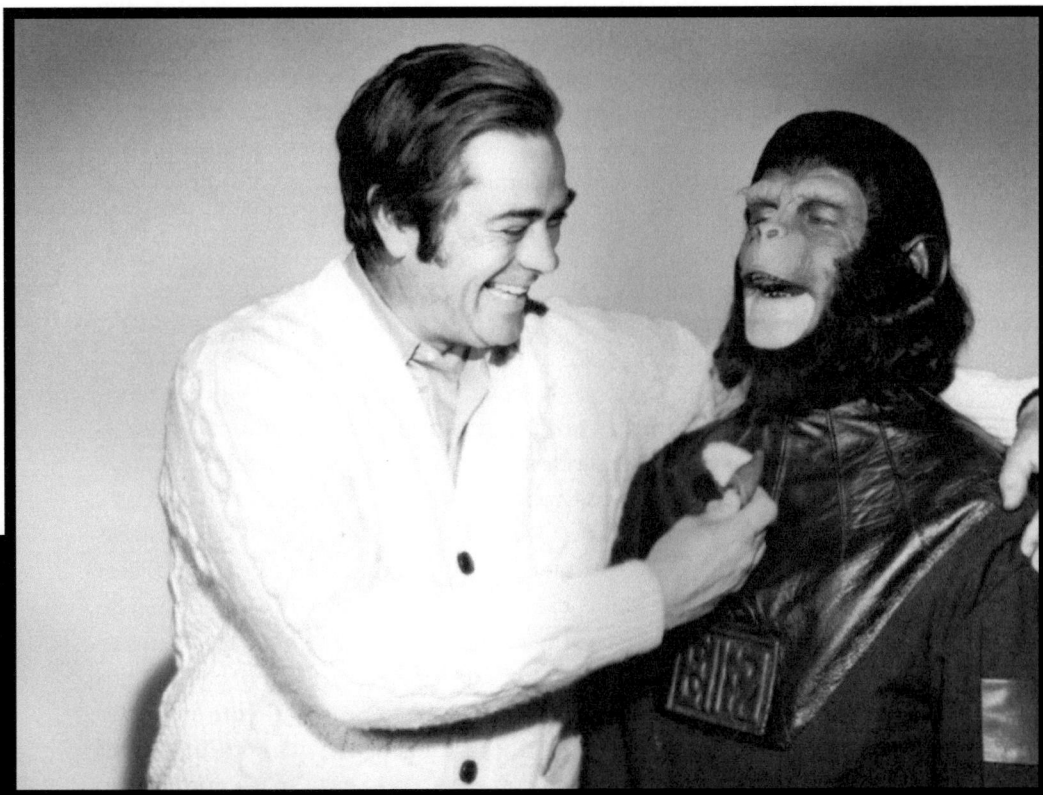

»» O diretor Don Taylor e Roddy McDowall nos bastidores de *Fuga do planeta dos macacos*.

Com a agenda livre para reprisar o papel de Cornelius, Roddy McDowall voltou a atuar ao lado de Kim Hunter, sua colega de elenco em *O planeta*. O *cast* foi reforçado com excelentes atores oriundos do cinema e da TV, como Eric Braeden, Bradford Dillman (1930-2018), Ricardo Montalbán (1920-2009) e Sal Mineo (1939-1976), que deram ao filme a consistência dramática que faltava a *De volta*. Já a realização ficou a cargo de Don Taylor (1920-1998), que se preparou para a sua estreia na franquia assistindo aos dois primeiros filmes da série na casa de Arthur Jacobs.

Com *De volta* (que ele considerou "abominável"), Taylor aprendeu que seria um erro tentar imitar a obra original. Sua estratégia foi se distanciar o máximo possível da grandiloquência estética das produções anteriores e dedicar bastante tempo à construção dos personagens (o script final é tanto um trabalho de Taylor quanto de Dehn, que arredondaram juntos as situações e diálogos da trama), oferecendo ao espectador um enredo com o qual fosse possível se conectar emocionalmente .

Exceto por um ligeiro contratempo no primeiro dia de filmagem, quando alguns *takes* foram captados com a câmera rodando na velocidade errada, a produção de *Fuga* não deu dores de cabeça à equipe: Taylor era um cineasta que sabia lidar com o elenco e a equipe técnica e dessa vez não havia um produtor egocêntrico tentando afirmar a própria autoridade no set (um clima mais relaxado que o dos bastidores de *De volta*). A chegada dos macacos à Terra foi filmada na praia de Zuma Beach. Outras sequências tiveram por locações paisagens conhecidas de Los Angeles, como a loja Georgio's Dress Shop, o Beverly-Wilshire Hotel e a refinaria de petróleo Signal Hill Oil Fields.

GUITARRA ELÉTRICA

Em comparação ao excesso de *matte shots*, pinturas em vidro e composições fotográficas utilizadas nos longas anteriores, os efeitos especiais empregados em *Fuga* foram discretos: a equipe recorreu apenas a algumas cargas explosivas para simular os tiros trocados por Cornelius, Hasslein e os fuzileiros na cena do cemitério de navios. De fato, a pouca atenção dispensada a este quesito chega a ser problemática em algumas passagens do filme: na tomada que mostra Cornelius caindo do alto do navio, após ser baleado por um *marine*, Roddy McDowall é substituído por um manequim muito pouco convincente vestido com as roupas de seu personagem (e não por um dublê, o que teria um resultado mais efetivo). Nem o orçamento reduzido da produção justifica este desleixo, já que os longas subsequentes, realizados com verbas ainda menores, contaram com efeitos especiais mais caprichados.

Após definir a extravagante musicalidade da série em sua partitura para *O planeta*, o maestro Jerry Goldsmith fez outra contribuição inspirada à franquia ao assinar a trilha de *Fuga*. É um trabalho com a mesma verve "primitivista" da obra que a precedeu, mas com oportunas concessões à modernidade, já que a história se passa no mundo contemporâneo e não em uma Terra futurista dominada por macacos. A guitarra elétrica, por exemplo, é utilizada com muita propriedade no tema de abertura, que tem um apelo de *surf music*[122].

Nas bilheterias, *Fuga* teve um desempenho inferior aos de outros títulos comerciais lançados em 1971, como *Laranja mecânica*, *O enigma de Andrômeda* e *007: os diamantes são eternos*[123]. Mesmo assim a produção rendeu três vezes o que custou. Críticos como B. F. Leedom, de *Films in Review*, também exaltaram seus méritos artísticos:

> "Incomparavelmente melhor que *De volta ao planeta dos macacos* ('70) e quase tão bom quanto *O planeta dos macacos* ('68), este terceiro filme de uma série não planejada continua a explorar a noção masoquista de que a Humanidade pode não ser a raça dominante da Terra para sempre. (...) Paul Dehn escreveu o roteiro de *Fuga do planeta dos macacos* e, exceto por haver chimpanzés falantes no filme e por algumas alusões a um 'futuro' em que os macacos dominam a Terra, as similaridades com a novela de Pierre Boulle são mínimas. Mas o filme é igualmente cheio de sátiras, inclusive políticas."
>
> "Escape from the planet of the apes" - *Films in Review*

Arthur Jacobs e Frank Capra Jr. atribuíram os lucros insatisfatórios de *Fuga,* à sua ambientação trivial (os EUA da década de 1970), à pouca ficção científica do enredo e ao número reduzido de macacos vistos na tela. A série retornaria às suas bases originais em *Conquista*, o quarto longa da franquia, lançado um ano depois.

---

122 As trilhas sonoras de *O planeta* e *De volta* foram lançadas em vinil nos anos 1970, um privilégio não estendido aos filmes seguintes; só em anos recentes as trilhas de *Fuga*, *Conquista* e *A batalha* foram disponibilizadas aos fãs, em CDs dos selos Varese Sarabande e Film Score Monthly.

123 *Laranja mecânica* (*A clock-work orange*, 1971, Stanley Kubrick); *O enigma de Andrômeda* (*Andromeda's strain*,1971, Robert Wise); *007: os diamantes são eternos* (*Diamonds are forever*, 1971, Guy Hamilton).

"QUE DESTINO DEUS, SE EXISTE DEUS, ESCOLHEU PARA O FUTURO DO HOMEM?"

Nem sempre as plateias avaliam um filme com justiça: que o diga *Blade Runner: o caçador de androides*[124], que amargou um retumbante fracasso comercial na época do lançamento (a produção só conquistou o seu status de filme *cult* mais tarde, quando foi redescoberta por uma nova geração de espectadores). Da mesma forma, o fato de *Fuga* ter ficado aquém das expectativas de faturamento da APJAC em 1971 não desqualifica o longa como obra de entretenimento: o mais discreto capítulo da saga dos macacos também é a continuação mais ousada e inteligente do clássico de 1968.

Já em sua espirituosa cena de abertura – o desembarque dos símios na colorida e psicodélica Los Angeles de 1973 –, *Fuga* rompe com a atmosfera sombria dos longas anteriores e adere ao humor *camp* (uma decisão arriscada, mas certeira, já que a série pedia uma mudança de clima após o pessimismo extremo de *De volta*). O tom de comédia se mantém durante toda a primeira meia-hora do filme, o que provoca no espectador uma sensação de aparente tranquilidade: após vermos Zira e Cornelius se tornarem celebridades, temos a impressão de que os simpáticos chimpanzés encontraram um novo lar neste mundo de humanos falantes e "empoderados". Mas o fatalismo da série retorna com força total quando o governo americano descobre o que eles sabem sobre o futuro. A história se conclui de forma trágica, com Zira e Cornelius mortos a tiros em uma cena que lembra o desfecho de *Bonnie e Clyde: uma rajada de balas*[125] – aliás, outro filme sobre um casal de forasteiros convenientemente executados para a manutenção do *status quo*.

O MACACO QUE DISSE "NÃO"

Trazer os últimos remanescentes de *O planeta* e *De volta* para o tempo presente foi uma estratégia que gerou perdas e lucros à franquia: por um lado, *Fuga* alienou uma parcela do público ao abdicar dos efeitos especiais e sets pitorescos que tornaram os capítulos anteriores tão populares. Mas, por outro, provou que a série tinha um tecido narrativo mais elástico do que se imaginava: além de retomar os tópicos políticos e sociais discutidos

---

124 *Blade Runner: o caçador de androides* (*Blade Runner*, 1982, Ridley Scott).
125 *Bonnie e Clyde: uma rajada de balas* (*Bonnie and Clyde*, 1967, Arthur Penn).

nos primeiros longas (intolerância, racismo e belicismo), o roteiro de Paul Dehn se debruçou em questões que não costumam ser abordadas em filmes de ficção científica, como a predestinação e o livre-arbítrio. É um enfoque original para o gênero, que tende a adotar um viés mais empirista até em histórias com algum conteúdo metafísico, como as de *Contato*[126] e *O homem bicentenário*[127].

Todo o episódio envolvendo a gravidez de Zira foi inspirado na liturgia cristã, já que o filhote dos cientistas chimpanzés (que será o herói dos próximos filmes, *César*) é o "messias" predestinado a liderar seus semelhantes em uma futura revolta contra os humanos. O governo tenta neutralizar esta ameaça interrompendo a gestação do bebê, mas não consegue impedir que o "Salvador" símio nasça em uma manjedoura moderna (a tenda de animais de um circo itinerante). Enquanto *O planeta* e *De volta* tinham uma visão agnóstica do futuro, *Fuga* admite que o destino poderá desempenhar um papel importante na sucessão de eventos que, a partir de *Conquista*, dará aos macacos o controle da Terra.

O Herodes desta releitura contemporânea da história de Cristo é o consultor científico da Casa Branca, o Dr. Hasslein – que, assim como o Dr. Zaius de *O planeta*, não é um vilão caricato: Hasslein tem a convicção de que o futuro pode ser mudado e acredita que é seu dever moral impedir a anunciada queda da Humanidade. Nisto se baseia sua perseguição aos chimpanzés e à sua cria. Porém, o personagem não se orgulha das arbitrariedades que comete para defender a raça humana. "Que destino Deus, se existe Deus, escolheu para o futuro do Homem?", pergunta o vilão ao presidente dos EUA em uma cena do filme. "Se eu destruir esses macacos estarei desafiando a vontade de Deus ou a cumprindo?"

O script também fornece um background para os primeiros longas (ambientados em um mundo futuro no qual os símios dominam o Homem, mas que não explicavam "como" se dera a troca de papéis entre as espécies). Em seu depoimento aos oficiais do governo americano, Zira e Cornelius apresentam um relato pormenorizado da ascensão dos macacos, iniciada com a extinção de todos os cães e gatos da Terra por uma epidemia viral (o que levou os humanos a adotarem primatas como pets e, depois, como servos) e culminada com uma revolta global de chimpanzés, orangotangos e gorilas contra o homo sapiens.

É um cenário semelhante ao que descreve a tomada de poder dos símios em Soror na novela de Pierre Boulle, mas com um diferencial

---

126 *Contato* (*Contact*, 1997, Robert Zemeckis).
127 *O homem bicentenário* (*Bicentennial man*, 1999, Chris Columbus).

importante: nos filmes, os macacos se insurgem contra o Homem por meio de um movimento "militante e organizado":

> **CORNELIUS:** *"Eles se tornaram alertas ao conceito de escravidão. E à medida que sua população crescia, se conscientizaram do antídoto contra a escravidão, o qual, é claro, é a união. A princípio se reuniam em pequenos grupos. Aprenderam a arte da ação militante e organizada. Aprenderam a recusar. Inicialmente, eles apenas grunhiam suas recusas. Mas, então, em um dia histórico comemorado por minha espécie e bem documentado nos Pergaminhos Sagrados, surgiu Aldo. Ele não grunhiu. Ele articulou. Ele disse uma palavra, uma palavra que lhe fora dita incontáveis vezes pelos humanos. Ele disse: 'Não'."*

Como sugere a narrativa de Cornelius, a origem cinematográfica do Planeta dos macacos foi inspirada na luta por emancipação dos negros na América, que atingiu o clímax na década de 1960. As reivindicações das lideranças afro-americanas eram muitas e incluíam o fim da segregação, melhores condições de trabalho e uma participação mais efetiva deste nicho da população na vida social e política do país. Os ativistas Martin Luther King Jr. (1929-1968) e Malcolm X (1925-1965) foram grandes expoentes do movimento, embora não exercessem o mesmo tipo de militância: o primeiro acreditava em coexistência racial e condenava o uso da violência no combate às injustiças, enquanto o segundo tinha ideais nacionalistas (que incluíam a criação de um Estado autônomo para os negros) e um discurso radical.

Em 1964, o Presidente Lyndon B. Johnson (1908-1973) assinou a Lei dos Direitos Civis, que proibiu a discriminação racial nos EUA. Entretanto, a tensão entre brancos e negros aumentou nos próximos anos, já que nichos mais conservadores da sociedade estadunidense não viam com simpatia o avanço dos afroamericanos no país. Isto motivou conflitos de raça como os Tumultos de Watts (ocorridos em 1965, em Los Angeles) e outros distúrbios semelhantes registrados em cidades como Nova Jersey e Detroit. Temendo o surgimento de um "messias negro" *(sic)* ainda mais influente que Martin Luther King Jr. e Malcolm X, o ex-diretor do FBI, J. Edgar Hoover (1895-1972), chegou a usar táticas de contraespionagem para monitorar as ações de grupos militantes radicais, como os Panteras Negras. Em plena era do Vietnã, os EUA lidavam com um conflito interno que parecia a ponto de evoluir para uma guerra civil.

A questão racial se tornou o carro-chefe das alegorias da série quando a trama dos filmes se transferiu do mundo futuro para a Terra do século XX, na qual os símios não são a classe dominante, mas uma minoria sem direitos tiranizada por humanos intolerantes (uma inversão da situação vivida por Taylor e Brent nos primeiros longas). Desse modo, o racismo – um tema abordado de maneira sutil em *O planeta* e *De volta* – passou a ser alegorizado de forma mais explícita nos próximos longas, nos quais os preconceitos entre humanos e macacos (e também entre as diferentes castas de macacos) são a força motriz dos enredos. Como observa Eric Greene em *Planet of the apes as american myth*, isto também permitiu à série reciclar seus discursos sociopolíticos:

> "Depois de apresentar a falência das ambições imperialistas dos EUA por meio das desventuras do Coronel Taylor e mostrar a 'guerra estrangeira' dos gorilas resultar em aniquilação nuclear, a série dos macacos esgotara os temas do colonialismo ocidental, da Guerra Fria, da Guerra do Vietnã e da destruição nuclear. O que mais poderia ser dito sobre tensões políticas após a completa destruição da Terra? Portanto, para dar continuidade à série, foi conveniente substituir o foco político pelo foco racial, que já integrava a constelação de temas discutidos nos primeiros filmes."
>
> "Return to the planet of the apes" - *Planet of the apes as american myth*

DUAS BREVES HISTÓRIAS DO TEMPO

Além de suas implicações metafísicas e comentários pontuais sobre os conflitos de raça na América, *Fuga* abordou a ficção científica sob um prisma mais filosófico que os dos filmes anteriores. Em *O planeta* e *De volta* (assim como no romance de Pierre Boulle), a viagem no tempo era uma "nota de rodapé" nos enredos – um simples precedente para o desenvolvimento de sátiras sociais ambientadas no futuro. Este tópico ganhou um viés mais especulativo no terceiro capítulo da série, já que a presença do casal de chimpanzés Zira e Cornelius em sua própria pré-história constitui o que a física teórica define como um "paradoxo temporal" (um choque de realidades inevitável quando se conjectura sobre viagens no tempo do futuro para o passado)[128].

---

128 Nos enredos de ficção científica, o paradoxo temporal só ocorre quando um personagem se desloca do futuro para o passado, o que lhe permitiria mudar o curso da História e alterar a realidade a que ele próprio pertence. Esta contradição é perfeitamente ilustrada pelo "Paradoxo do Avô": se um hipotético "temponauta" viajasse ao passado e matasse seus ancestrais, acabaria por anular a própria existência. Para driblar essa incongruência, filmes como *O exterminador do futuro* sugerem que existem diversas linhas temporais, cada uma atrelada a uma realidade diferente; assim, ao "mudar" a História, o viajante do tempo não estaria subvertendo as leis que regem o Universo, mas criando uma realidade alternativa àquela de onde ele veio.

Qual será o impacto da chegada dos macacos a 1973? Sua interação com os humanos do presente (e o conhecimento sobre o futuro que eles compartilham com a comissão presidencial) poderá mudar a História conhecida? Ou o futuro já está escrito e a História não pode ser mudada? A partir de *Fuga*, essas perguntas passam a ser relevantes para a saga, uma vez que os filmes se tornam cronologicamente ambíguos: a história começa com a chegada de Zira e Cornelius a 1973 e termina com a explosão da bomba Alfa & Ômega no século XL? Ou os três últimos filmes se passam em uma linha do tempo alternativa, criada a partir do desembarque dos chimpanzés em nossa era?

Os realizadores nunca responderam a essa questão. Portanto, cabe ao próprio espectador decidir se os eventos dos cinco primeiros filmes ocorrem em uma mesma linha do tempo (nesse caso, uma linha do tempo *circular*, já que a vinda dos macacos para o passado é o fator que dá origem ao mundo futuro que conhecemos em *O planeta* e *De volta*) ou se *Fuga*, *Conquista* e *A batalha* se passam em uma realidade paralela à dos dois primeiros longas. A segunda hipótese é a mais aceita pelos fãs, já que há grandes discrepâncias cronológicas entre os filmes.

Por exemplo: em *Fuga*, Cornelius afirma que os macacos foram escravos do Homem durante 500 anos antes de se rebelarem contra seus mestres. Mas não é isso o que ocorre em *Conquista*, que situa a revolução dos símios em um período de apenas 20 anos após a chegada de Zira e Cornelius à Terra. Na linha do tempo circular, o único meio de conciliar essas inconsistências é assumir que a História *conhecida* não corresponde à História *factual*: omissões nos registros históricos da civilização dos macacos (ou interpretações equivocadas das evidências arqueológicas encontradas na Zona Proibida) poderiam ter levado Cornelius a fornecer ao Dr. Hasslein informações cronologicamente imprecisas sobre o futuro. Isto também explicaria outras contradições entre os filmes, como o fato da rebelião símia (no relato de Cornelius, liderada por um macaco chamado "Aldo") ser orquestrada por César em *Conquista*.

Já no cenário que admite a existência de realidades alternativas, essas inconsistências se tornam irrelevantes: o futuro de onde vieram Zira e Cornelius não é o mesmo que decorrerá de sua chegada a 1973. A presença paradoxal dos chimpanzés em nossa era dá origem a uma linha do tempo paralela, que conduzirá a um futuro alternativo. Nesta nova realidade, a revolução dos macacos ocorrerá em circunstâncias e em um *timing* diferentes. E uma vez que a História desta realidade paralela ainda não está escrita, é possível mudá-la por meio de ações profiláticas empreendidas no presente.

172

Enquanto a linha do tempo circular só comporta os cinco primeiros longas e, talvez, a série de TV realizada em 1974 (ambientada em 3085 e que, apesar de algumas inconsistências, encaixa-se relativamente bem entre os eventos de *A batalha* e *O planeta*), o cenário das realidades alternativas é mais flexível em termos cronológicos e poderia abranger, além dos filmes originais, as duas séries de TV, o *remake* de Tim Burton, os novos longas--metragens e até as dezenas de histórias em quadrinhos sobre o *Planeta dos macacos* publicadas nos últimos 50 anos. As contradições entre essas tramas não seriam mais um problema, já que cada uma delas se passaria em uma das pistas da grande e complexa "rodovia" que é o tempo (para empregar uma metáfora proposta pelo Dr. Hasslein em *Fuga*).

O terceiro capítulo da saga dos macacos pode não ter a exuberância visual dos longas que o precederam, mas sua simplicidade é apenas aparente: o roteiro de Paul Dehn compensa a ausência de espetacularidade com ótimas ideias. *Fuga* é um filme modesto, mas engenhoso, e nos lembra que a boa ficção científica não depende de efeitos especiais milionários para ser interessante – às vezes, um bom conceito já é suficiente para cativar o espectador. O filme também forneceu uma nova ambientação para a série e a repovoou com personagens curiosos quando parecia ser impossível continuá-la. Por meio de *Fuga*, um planeta oficialmente "extinto" renasceu das cinzas.

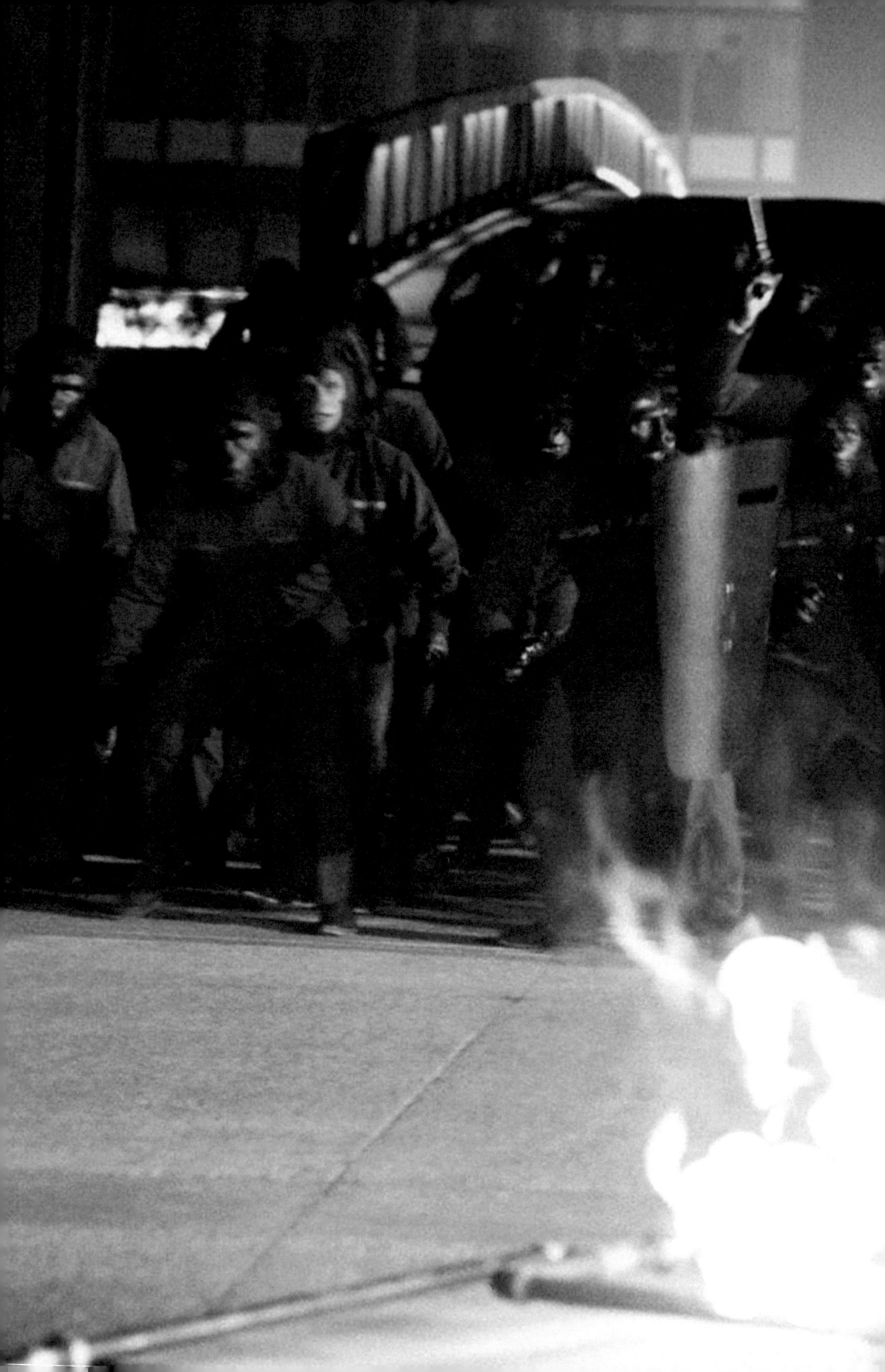

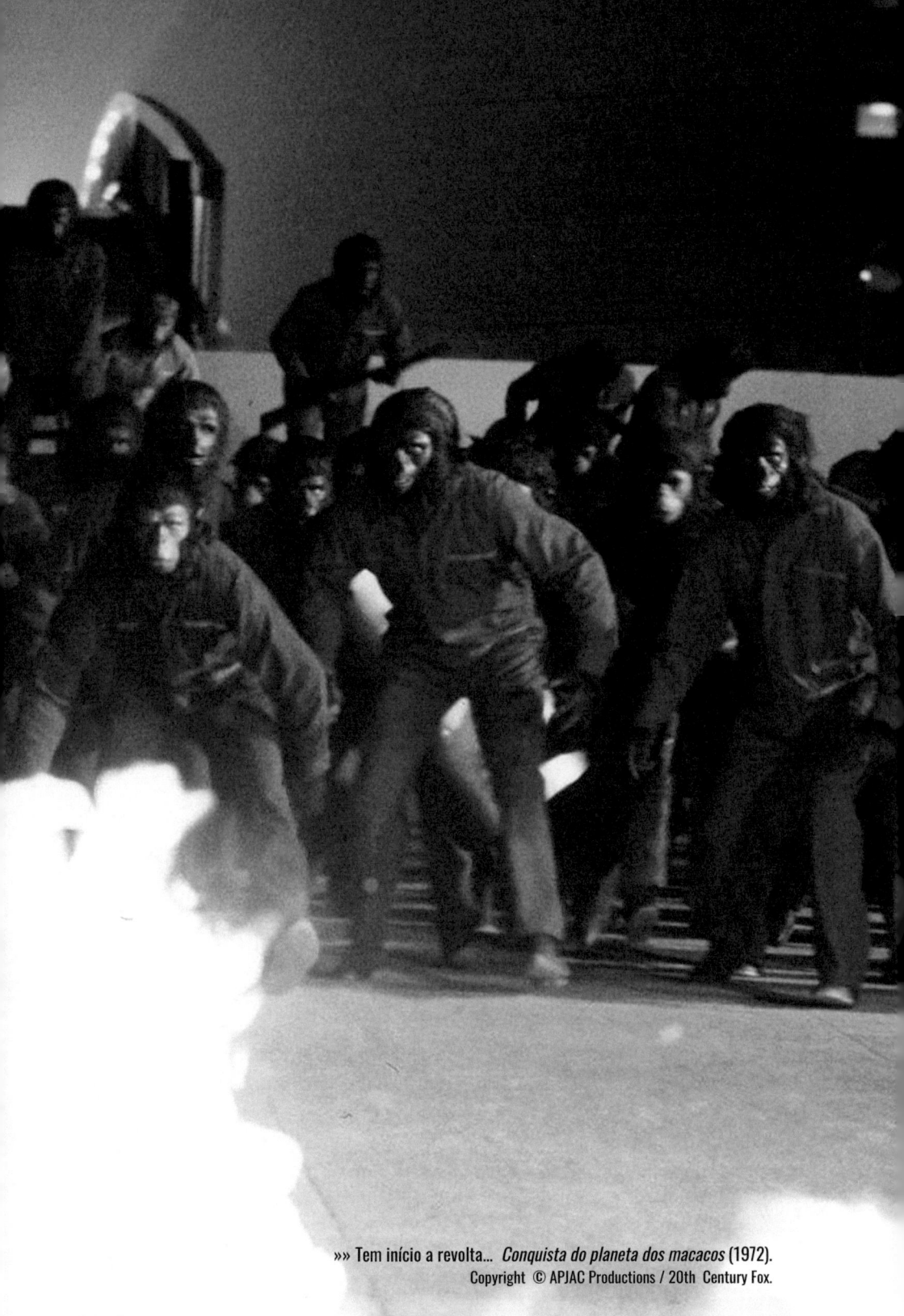

»» Tem início a revolta... *Conquista do planeta dos macacos* (1972).
Copyright © APJAC Productions / 20th Century Fox.

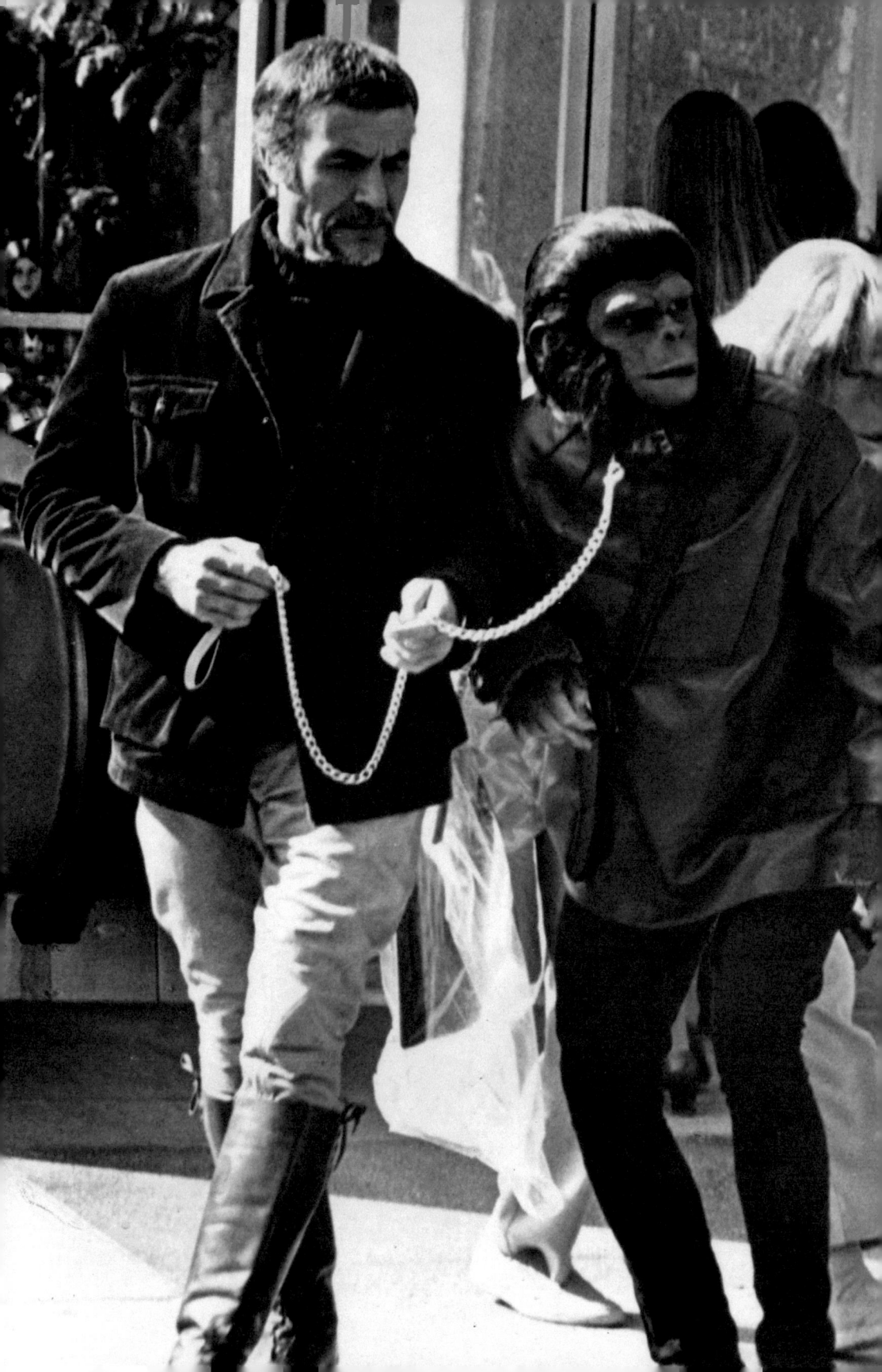

CONQUISTA DO PLANETA DOS MACACOS (1972)

CAPÍTULO 6

América do Norte, 1991. Oito anos atrás, um vírus alienígena exterminou os cães e gatos, o que fez os humanos adotarem macacos como animais de estimação e depois os adestrarem como escravos. Protegido por Armando (Ricardo Montalbán), o chimpanzé César (Roddy McDowall), filho de Zira e Cornelius, não está a par desta realidade, já que passou a maior parte da vida no circo do pai adotivo. Mas Armando decide que é hora de César conhecer a verdade e o leva a uma das grandes cidades do continente[129].

Embora previna César quanto ao que ele irá ver (além de recomendar que o macaco nunca demonstre sua inteligência em público), Armando é incapaz de evitar que a visão de chimpanzés, gorilas e orangotangos atuando como serviçais dos humanos seja um choque para o seu protegido. Enquanto perambulam pelas ruas distribuindo panfletos do circo, eles testemunham a brutalidade com que os escravos são tratados: em um restaurante, um chimpanzé é punido por se assustar com o fogo; e em uma livraria, uma fêmea orangotango é repreendida por não conseguir cumprir uma ordem.

Às portas do Centro Cívico, César e Armando veem um mensageiro chimpanzé ser espancado por quatro policiais. A violência contra o animal é interrompida pela chegada de MacDonald (Hari Rhodes), assessor do Governador Breck (Don Murray), que repreende os guardas e ordena que eles tranquilizem o macaco. Porém, quando MacDonald se afasta, os patrulheiros voltam a brutalizar o mensageiro. César não consegue mais ficar em silêncio. "Humanos miseráveis!", grita o chimpanzé, para a perplexidade dos soldados e da multidão que assiste ao espancamento.

Os guardas abordam Armando e seu protegido. O dono de circo afirma que a injúria partiu dele, não de César, mas os patrulheiros concluem que é melhor levar o suspeito e seu "macaco falante" para o quartel general e interrogá-los. Armando e César conseguem fugir e se escondem em um túnel. César sugere que os dois voltem para o circo, onde estarão

---

129 Não há explicação para a mudança de nome do filho de Zira e Cornelius (no filme anterior, batizado como "Milo") em *Conquista*; os fãs costumam justificar essa incongruência como uma estratégia de Armando para proteger o chimpanzé falante das autoridades.

a salvo, mas Armando decide se entregar à polícia. O dono de circo diz a César que, caso ele não retorne até a noite, o chimpanzé deve colocar em prática um plano alternativo: livrar-se de suas roupas e misturar-se com os macacos escravos da cidade. "O único lugar seguro para você, agora, é entre os da sua espécie", explica Armando.

Horas depois, Armando é interrogado pelo Governador Breck e pelos investigadores Kolp (Severn Darden) e Hoskyns (H. M. Wynant). Breck diz a Armando que a acusação contra ele é grave, já que os símios têm se rebelado contra seus mestres em cidades de todo o país e o surgimento de um chimpanzé pensante e falante poderá desencadear uma revolução em larga escala. Uma vez que há a possibilidade do macaco circense ser o filho crescido de Zira e Cornelius, dado como morto em 1973, Armando deve colaborar com o Estado e ajudar Kolp e Hoskyns a capturá-lo. O dono de circo insiste que seu chimpanzé não é capaz de falar e reafirma desconhecer o seu paradeiro. Breck determina que Armando fique sob custódia até que o macaco seja encontrado.

À noite, ao perceber que Armando não voltará, César se dirige às docas e se esconde na jaula de três orangotangos recém-chegados de Bornéu que estão prestes a ser despachados para o Controle de Macacos (a organização governamental incumbida de domesticar e adestrar os símios). Recebidos pelos tratadores, César e os orangotangos são vestidos com uniformes de trabalho e têm suas impressões digitais escaneadas para os arquivos do Estado. Em seguida, são conduzidos a um grande salão, onde adestradores ensinam os primatas a desempenhar tarefas domésticas e os condicionam a temer a palavra "não" aplicando-lhes choques elétricos. Intrigados com o comportamento de César, que parece habituado à voz humana, os tratadores o recompensam com uma banana e o acomodam em uma cela ocupada por outros três chimpanzés. César assume a liderança do grupo ao dividir a fruta com seus novos companheiros.

Nos próximos dias, César participa de várias atividades previstas no programa de condicionamento. Observados por policiais e adestradores, chimpanzés, gorilas e orangotangos aprendem a arrumar camas e a varrer as ruas. Quando o treinamento é concluído, César é levado a um centro de reprodução, onde se acasala com a chimpanzé Lisa (Natalie Trundy). Enquanto isso, Armando continua a ser interrogado por Kolp e Hoskyns, que estão certos de que o suspeito sabe mais do que contou às autoridades.

Por seu notável desempenho no programa de condicionamento, César é posto à venda em um leilão. Executivos e membros do governo disputam a posse do valioso chimpanzé, que é arrematado pelo Governador Breck.

Levado para o Centro Cívico, o macaco fica sob a guarda de MacDonald, que tenta ensiná-lo a preparar um drinque. Sabendo-se sob a vigilância do paranoico governador, César finge ter dificuldade para concluir a tarefa e derrama água sobre o aparador de bebidas. Aliviado por constatar que o macaco não é tão inteligente quanto parecia, Breck decide se divertir às suas custas: ele entrega a César um livro com os significados dos nomes e o incentiva a escolher um para si. Sem hesitação, o chimpanzé aponta o verbete "César", encarando o governador de forma desafiadora. Em seguida, o escravo é levado para o Posto de Comando, no subsolo da cidade, onde se junta às turmas de trabalho locais.

No escritório de Kolp e Hoskyns, Armando recebe a notícia de que será libertado. Aparentemente os investigadores se convenceram de que o macaco do circo não é o filho de Zira e Cornelius. Eles pedem a Armando que assine uma declaração juramentada, atestando as declarações que fez ao Estado, e que se submeta ao "autenticador" (uma espécie de "sonda mental" utilizada em interrogatórios de presos políticos). Sob o efeito do aparelho, Armando começa a cair em contradições ao repassar seu testemunho às autoridades. Percebendo que não conseguirá mais enganar Kolp e Hoskyns, o dono de circo investe contra uma janela e se atira do alto do Centro Cívico. Ao invés de encerrar o caso, o suicídio de Armando dá ao governador a certeza de que o suspeito mentia: o filho de Zira e Cornelius ainda vive, o que torna imperativa a sua captura. Ao saber que seu protetor morreu, César começa a tramar uma vingança contra a Humanidade.

Por meio de sinais telepáticos, o chimpanzé propaga o ideal da revolução entre seus companheiros. Os índices de desobediência sobem de forma alarmante e o Controle de Macacos fica superlotado, com hordas de primatas encarcerados à espera de recondicionamento intensivo. Temendo que o Estado não dê conta de uma revolta, Breck decide exterminar os símios que mais causaram tumultos nos últimos meses, uma medida que MacDonald considera excessiva. O governador ignora a opinião de seu assessor e o lembra de que sua única função, a partir de agora, é encontrar o macaco falante.

Roubando facas, revólveres e até utensílios de cozinha de seus mestres humanos, os macacos obtêm um arsenal considerável, o qual esperam usar no momento certo. O plano de César progride bem, até o momento em que Kolp e Hoskyns conseguem rastreá-lo a partir de um erro detectado pelo computador central: o servo do Governador Breck chegou à cidade em um carregamento vindo de Bornéu, onde não existem chimpanzés. Exultante, Breck liga para o Posto de Comando e pede a MacDonald que traga César a seu gabinete. MacDonald o obedece — mas, enquanto percorre os túneis da cidade ao lado de César, confessa ao macaco o seu desgosto em cumprir a ordem, apesar de imaginar que o chimpanzé não é capaz de entendê-lo.

Ao notar as boas intenções do humano, César revela sua inteligência a MacDonald. O assessor de Breck fica atônito ao saber que o filho de Zira e Cornelius não é um mito, como ele imaginava. O chimpanzé também conta a MacDonald o seu plano de liderar os escravos em uma guerra contra o Homem, justificando a ação de forma lógica: ele e sua espécie só serão livres quando obtiverem o poder. Sensibilizado com a causa de César, MacDonald permite que ele escape. Mas o fugitivo logo é encontrado pela polícia e levado ao Controle de Macacos, onde é entregue a Breck e Kolp.

Preso a uma mesa de choques, César é torturado até implorar por piedade. Ao ouvir o macaco falar, Breck obtém a prova de que precisava para executá-lo. Sem ser notado, MacDonald se dirige à central de força do Controle de Macacos e desativa a mesa de choques. Quando Breck e Kolp ordenam a um tratador que eletrocute César, o chimpanzé percebe que o ponteiro de voltagem da mesa não se move e simula a própria morte. Satisfeitos, o governador e Kolp deixam o "corpo" de César aos cuidados do tratador e voltam às suas atividades regulares, certos de que cumpriram sua missão.

Depois de matar o tratador, César vai ao encontro de seus seguidores, que estão reunidos no arsenal. Portanto revólveres e facas, os macacos iniciam a revolta invadindo o Controle de Macacos, onde atacam e ferem adestradores e policiais e libertam os escravos que estavam no programa de recondicionamento. O tumulto chega ao conhecimento das autoridades e da mídia, que prepara um boletim televisivo informando aos cidadãos que uma rebelião símia está em curso, provavelmente sob a liderança do filho de Zira e Cornelius. Breck fica furioso e exige que a notícia seja desmentida, já que o macaco falante foi preso e executado. Entretanto, por precaução, o governador ordena que pelotões de soldados bloqueiem os principais acessos ao Posto de Comando (onde ele e MacDonald assistem ao tumulto por meio de monitores de TV). Deixando um rastro de morte e destruição, os macacos avançam pela cidade e chegam à praça central. Ali, os símios confrontam uma divisão policial maior e mais bem armada.

O capitão da guarda usa um megafone para tentar desencorajar os rebeldes: "Não!", grita ele, esperando que o condicionamento ainda tenha alguma influência sobre o comportamento dos macacos. Mas os símios não respondem mais à voz de comando dos humanos — agora, eles obedecem a César. A um sinal do líder, uma tocha é jogada no chão da praça, embebido em querosene. Uma cortina de fogo se ergue entre os macacos e os humanos e, aproveitando a desorientação dos soldados, os primatas atacam seus antigos mestres com fúria. César e seus seguidores, então, se dirigem ao Posto de Comando, em busca do governador. À beira da histeria, Breck diz a seus assessores que, se eles perderem esta batalha, a profetizada queda da Humanidade estará a um passo de acontecer. Usando um maçarico, César derruba as portas de aço do Posto de Comando e Breck e MacDonald são feitos reféns.

Na frente do Centro Cívico, César assiste à cidade arder em chamas. Ignorando o alerta de MacDonald de que "a violência prolonga o ódio e o ódio prolonga a violência", o chimpanzé antecipa a seus seguidores e oponentes os próximos passos da revolução:

> **CÉSAR:** *"Onde há fogo, há fumaça! E nesta fumaça, a partir de hoje, meu povo irá conspirar e planejar, até chegar o dia inevitável da queda do Homem! O dia em que ele finalmente voltará suas armas contra si mesmo! O dia, já profetizado, em que suas cidades estarão enterradas sob o entulho radioativo! Quando o mar estiver morto e a terra desolada, eu guiarei meu povo para fora de seu cativeiro. E construiremos nossas próprias cidades, onde nunca haverá lugar para humanos, exceto para os que nos servirem! E teremos nossos próprios exércitos, nossa própria religião, nossa própria dinastia! E este dia está chegando para vocês... agora!"*

Encorajados pelas palavras de César, os gorilas ameaçam matar o governador. Porém, antes que o façam, a voz da chimpanzé Lisa é ouvida em meio ao caos: "Não... Não!", diz Lisa, articulando suas primeiras palavras. Em resposta a este apelo, César conclui seu discurso em um tom mais conciliador:

> **CÉSAR:** *"Mas, agora... agora, deixaremos de lado o nosso ódio... Agora, colocaremos de lado as nossas armas... Já atravessamos a noite do fogo... E aqueles que eram nossos mestres, agora são nossos servos. E nós, que não somos humanos, podemos nos dar ao luxo de sermos 'humanitários'. O destino é a vontade de Deus... E se o destino do Homem é ser dominado, é a vontade de Deus que ele seja dominado com compaixão... e compreensão. Portanto, abandonem o desejo de vingança... Esta noite, assistimos ao nascimento do Planeta dos macacos!"*

OS MACACOS NA MIRA DA CENSURA

Em 1971, o crítico Frederick S. Clarke observou que Paul Dehn não estava repetindo as ideias apresentadas em *O planeta* em seus roteiros para as continuações do filme, mas expandindo o conceito da produção original. "Não consigo pensar em nenhuma outra série de fantasia que tenha evoluído de forma tão dinâmica e criativa quanto estes três longas-metragens", afirmou Clarke em sua resenha sobre *Fuga*. "O que temos aqui não são três filmes independentes, mas um trabalho mais amplo, que promete ser o primeiro épico de ficção científica já filmado"[130].

Este era o objetivo do roteirista, que vinha construindo toda uma "mitologia" ao redor da premissa do clássico de 1968 desde que concebera o argumento de *De volta*. Sete anos antes de *Star wars*, Dehn imaginou uma trama de ficção científica povoada por personagens que viviam em eras diferentes, mas que se conectavam dentro de uma mesma cadeia cronológica de eventos. Dado o conturbado processo de realização dos filmes (via de regra submetidos a cortes de orçamentos e a pré-produções apressadas), a cronologia da série não é perfeita, o que suscitou as "teorias" da linha do tempo circular e das realidades alternativas. Mesmo assim, os cinco primeiros capítulos da saga possuem um indiscutível senso de continuidade e, reunidos, contam uma história épica.

 O autor deu prosseguimento à sua epopeia apocalíptica em *Conquista*, o filme que mostra como os símios assumiram o controle da Terra. Mais uma vez o tópico social que inspirou o enredo foi a tensão inter-racial na América, uma questão que o diretor do longa, J. Lee Thompson, acompanhava com interesse desde os anos 1960. Como disse o cineasta em entrevista concedida a Eric Greene durante a preparação de *Planet of the apes as american myth*: "*Conquista* foi totalmente inspirado nos Tumultos de Watts". O foco político da trama (elaborada em conjunto por Thompson e Dehn) era tão evidente que a produção sofreu uma espécie de "autocensura" imposta pelo estúdio, algo que nunca acontecera na série.

Em uma primeira versão do script, o chimpanzé César, após ser adotado por Armando, fazia-se passar por uma aberração circense ("O Garoto com Cara de Macaco") para enganar o governo americano, que ainda procurava pelo filho de Zira e Cornelius. Anos depois, um vírus alienígena trazido à Terra por astronautas exterminava os cães e os gatos e

---

130 "Film Reviews / Escape from the planet of the apes" - Revista *Cinefantastique*.

levava a Humanidade a adotar símios como pets. Confirmando a previsão de Cornelius em *Fuga*, os macacos eram adestrados para a escravidão e se tornavam uma subclasse tiranizada. César, enfim, era localizado e preso pelo Estado, que se apressava a endossar sua execução temendo que ele liderasse uma revolta contra a Humanidade. Mas o protagonista conseguia escapar das autoridades e organizava uma resistência símia com o auxílio de Wayne (um dos astronautas que haviam trazido a praga extraterrestre à Terra), que se julgava responsável pelo martírio dos macacos.

Por razões logísticas (o orçamento de *Conquista* foi ainda menor que o de *Fuga*), o enredo chegou às telas simplificado: todo o episódio envolvendo a adolescência de César no circo foi eliminado da trama, que começa em 1991, quando a escravidão dos macacos já está em curso. Wayne também foi substituído por um personagem mais adequado ao subtexto político do filme: o afrodescendente MacDonald, assessor do Governador Breck e um apoiador secreto da causa de César.

ESTÉTICA *AVANT-GUARDE*

A princípio, o viés futurista do enredo foi um problema: contando com uma verba de apenas US$ 1.8 milhão, os realizadores precisariam criar uma cidade fictícia cuja tecnologia estaria 20 anos à frente de qualquer metrópole da Terra. Por sorte, bem perto do estúdio, o diretor de arte Philip M. Jefferies (1925-1987) encontrou um cenário ideal para as filmagens: o complexo empresarial Century City, um conjunto de prédios, passarelas e praças com traços vanguardistas que fora construído em um terreno vizinho à Fox em meados da década de 1960.

Algumas externas também foram rodadas no *campus* da Universidade da Califórnia, cujos edifícios tinham um estilo arquitetônico semelhante aos de Century City. Com a adição de ótimas pinturas de fundo elaboradas por Matthew Yurichi (1923-2012), inseridas na fotografia durante a pós-produção, o longa ganhou sua atmosfera futurista. As cenas internas foram filmadas em belos cenários idealizados por Jefferies, os quais incluíam o Controle de Macacos — na verdade, a "revampirização" de um set construído para *Cidade sob o mar*[131] —, o Posto de Comando e o gabinete do Governador Breck.

Tanto quanto os sets, que possuem um apelo *avant-guarde*, os figurinos desenhados por Wally Harton, Albert Frankel, Ron Wind e Barbara Siebert conferem uma curiosa atemporalidade a *Conquista*, cuja estética é totalmente desconectada dos anos 1970: os trajes dos humanos, em tons

---

131 *Cidade sob o mar* (*City beneath the sea*, 1971, Irwin Allen).

negros ou cinzas, antecipam os paletós e vestidos com influência gótica que se tornariam moda na década de 1980. Já os símios vestem uniformes coloridos, que os separam por castas, e ostentam braçadeiras inspiradas nas insígnias que os judeus da Alemanha eram obrigados a usar durante a Segunda Guerra[132].

A produção começou em Century City (onde foram filmadas cenas como as que mostram a chegada de César e Armando à cidade e o brutal espancamento de um chimpanzé por dois policiais) e mais tarde se transferiu para Irvine, que serviu de palco para as sequências do leilão e do condicionamento dos macacos. Ambientadas ao ar livre, estas cenas envolviam dezenas de extras caracterizados como gorilas e chimpanzés e se tornaram uma atração para os professores e alunos da Universidade da Califórnia, que passavam boa parte do tempo livre entre as aulas assistindo às filmagens.

De volta a Century City, Thompson e a equipe técnica se concentraram na sequência mais trabalhosa do longa: a batalha final entre os macacos e as forças de segurança do governador. As tomadas foram registradas ao longo de sete dias e sete noites no Century City Shopping Mall. Mais de 20 dublês participaram das filmagens, incluindo veteranos como Dave Sharp (que trabalhara em muitos seriados de ação da Republic Pictures nos anos 1940) e Hubie Kerns (o substituto de Adam West nas cenas perigosas da série de TV *Batman*[133]). A equipe de *Conquista* literalmente ateou fogo em Century City usando um arsenal de compressores de gás e óleo diesel para criar os incêndios provocados por César e seus seguidores em sua marcha pela cidade sitiada.

Apesar de ser uma escolha inusitada para o papel, já que interpretara Cornelius em dois longas anteriores da franquia, Roddy McDowall é um César tão cativante que é difícil imaginar outro ator na pele do protagonista. Em entrevista concedida à *Cinefantastique*, Roddy garantiu que sua caracterização em *Conquista* era a mesma de *O planeta* — ou seja, os maquiadores não criaram feições diferentes para César, cujos apliques de espuma de látex eram obtidos a partir da escultura de Cornelius. Mesmo assim não há qualquer semelhança entre os dois personagens, o que se deve apenas a um minucioso trabalho de atuação. Como disse o ator ao repórter Dale Winogura em 1972:

---

132 Assim como Boulle, Paul Dehn se juntou à resistência contra os nazistas durante a Segunda Guerra, um tópico que permeia todos os enredos que ele escreveu para a saga dos macacos; em seu script para *De volta*, por exemplo, Dehn sublinha que os "campos de experimentação" onde o Dr. Zaius mantém os humanos devem se parecer com os campos de concentração alemães; o autor estabelece o mesmo paralelo ao descrever a cena em que os súditos humanos de César são confinados em um curral no clímax de *A batalha*: "O curral, de alguma forma, deve fazer o espectador se lembrar dos campos de concentração... Tropas de elite em guarda, empunhando armas automáticas e usando uniformes e botas negras, com as pernas separadas. Por trás deles, vemos humanos espiando por trás das grades, seus olhares desesperançados".

133 *Batman e Robin* (*Batman*, 1966-1968, criação de Lorenzo Semple Jr. e William Dozier).

"Pensamentos diferentes criam rostos diferentes. Isto é atuar. Cornelius não é um personagem tão dimensional no primeiro filme como o é no terceiro, e não é um personagem tão interessante quanto César. Isto não significa que Cornelius seja um papel ruim. Ele tinha um senso de humor acadêmico e gentil e era um pacifista, mas não possuía a natureza complexa do meu papel em *Conquista*. César evolui de alguém com uma mentalidade muito jovem para um tipo de déspota."

"Dialogues on apes, apes, and more apes" - *Cinefantastique*.

Don Murray, o par romântico de Marilyn Monroe em *Nunca fui santa*[134], também se empenhou na criação de seu personagem. Antes de entrar no set, Murray ensaiava os diálogos do Governador Breck em alemão, inspirando-se nos discursos de Hitler. "Foi divertido interpretar alguém tão desagradável quanto Breck", disse o ator em entrevista à revista *Starlog* em 2008. "O filme teve uma concepção original e contou com as excelentes interpretações do meu velho amigo, Roddy, de Ricardo Montalbán, Hari Rhodes e Severn Darden. O único revés era a produção modesta"[135].

- -
134 *Nunca fui santa* (*Bus stop*, 1956, Joshua Logan).
135 "Secrets of the planet of the apes" - Revista *Starlog*..

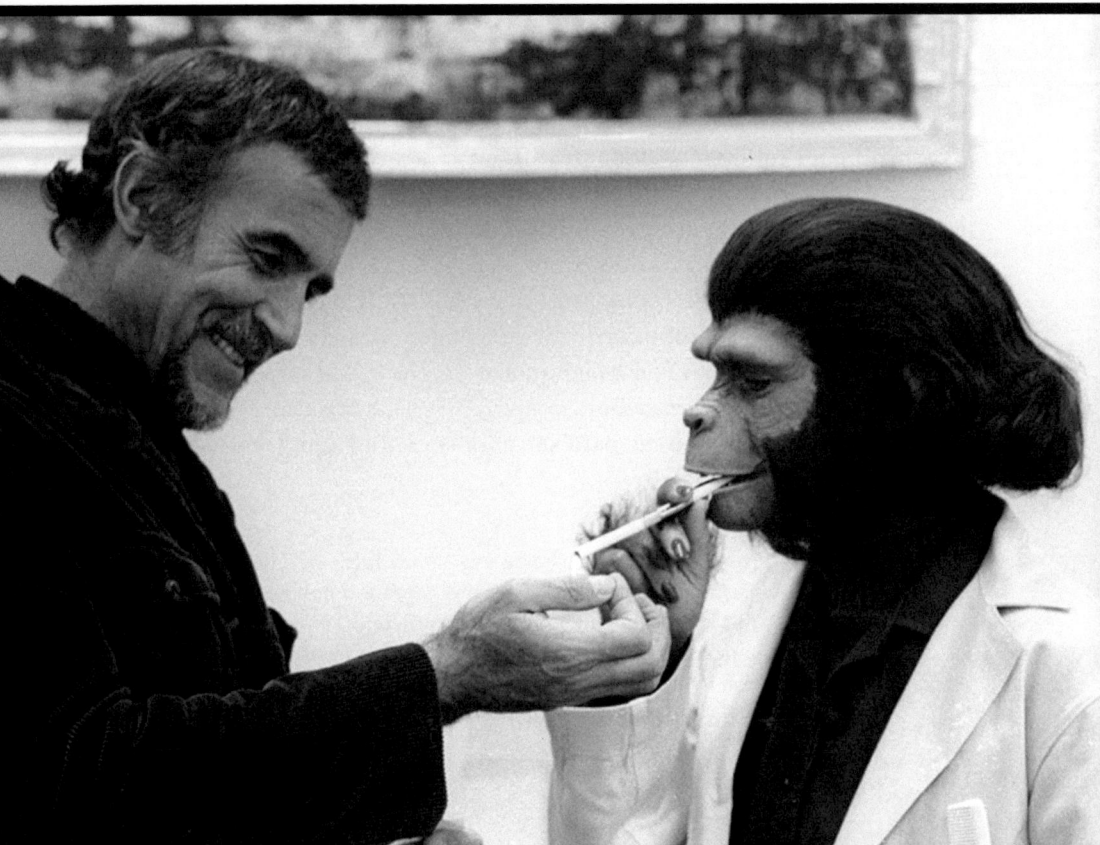

SANGUE EM EXCESSO

A diretoria da Fox ficou impressionada com o resultado das cenas filmadas por Thompson, que deram à produção uma imponência maior que o orçamento permitia (meses depois, o diretor seria recrutado pela APJAC para orquestrar o quinto episódio da série sob a incumbência de repetir o "milagre" que fizera em *Conquista*). Entretanto, em resposta à reação negativa do público convidado a assistir a uma exibição-teste do filme em um cinema de Phoenix, no Arizona, os executivos optaram por remontá-lo antes da estreia. O objetivo era tornar o longa-metragem mais "palatável" para uma plateia familiar.

Takes considerados muito violentos (como os que mostravam o governador atirando à queima-roupa no rosto de um gorila e um adestrador do Controle de Macacos sendo queimado vivo pelos símios) foram excluídos da montagem final. Mas a mudança mais significativa ocorreu na última cena: originalmente, após fazer o seu "discurso da vitória", César assistia impassível ao linchamento do governador (os gorilas o matavam golpeando-o com as coronhas de seus rifles). Na versão liberada para os cinemas, o discurso do revolucionário chimpanzé foi mantido, mas ganhou uma espécie de "posfácio": César impede a execução de Breck e lembra a seus seguidores que "o Homem deve ser dominado com compaixão e compreensão, segundo a vontade de Deus".

O diálogo adicional foi gravado em "off" por Roddy McDowall e encaixado sobre *out-takes* da cena do discurso, já que não havia verba disponível para refilmar a sequência. É uma reedição "passável", mas que torna a preleção do protagonista contraditória: em segundos – e sem nenhuma motivação aparente, exceto um apelo da chimpanzé Lisa, que protesta contra a execução do governador –, César deixa de ser um revolucionário radical e se torna um líder pacifista. J. Lee Thompson não aprovou as mudanças, embora não tivesse poder para contestá-las. Como disse o realizador a Brian Pendreigh (autor de *The legend of the Planet of the apes: or how Hollywood turned Darwin upside down*), a temática inter-racial do filme era explícita demais para ser endossada por um grande estúdio no início da década de 1970:

> "Fizemos uma sessão-teste em algum lugar de Los Angeles para uma plateia predominantemente negra e o público vibrou. Mas a exibição em Phoenix gerou muita polêmica. Foi após aquela sessão que decidiram fazer as mudanças. (...) Na época havia muita resistência quanto ao fato de a trama ser obviamente sobre os Tumultos

de Watts. (…) Havia uma resistência contra o filme, tanto por parte da censura como de outros setores. (…) Particularmente, prefiro o desfecho mais sombrio."

"The last picture shows" - *The legend of the Planet of the apes*

Durante décadas a versão sem cortes de *Conquista* permaneceu escondida do público. A Fox só decidiu mostrá-la há alguns anos, quando o filme foi lançado em Blu-ray. Comparadas, as duas versões não são tão diferentes quanto se pensava e, francamente, o que era "chocante" em 1972 se tornou risível na atualidade. O excesso de sangue artificial em alguns *takes* confere à produção um aspecto de "filme B". Algumas sequências eram mesmo impactantes, mas a verdade é que a violência banida de *Conquista* não acrescentava nada de muito relevante à história. O único trunfo da versão estendida é um melhor aproveitamento da trilha sonora de Tom Scott, uma curiosa simbiose das ideias de Jerry Goldsmith para a partitura de *O planeta* com experimentações eletrônicas sinistras, que providenciam um clima claustrofóbico e opressivo para o filme.

Na época em que *Conquista* era produzido, Arthur Jacobs começou a considerar a hipótese de levar os macacos para a TV, já que a franquia parecia ter esgotado todo o seu potencial cinematográfico. De fato, a televisão (tanto quanto as histórias em quadrinhos) logo se mostraria um ambiente favorável à perpetuação do universo ficcional que Pierre Boulle criara dez anos antes. Porém, a migração dos símios falantes para outras mídias só ocorreria em 1974. Antes eles viveriam mais uma aventura na tela grande.

ANÁLISE CRÍTICA

"NÃO SEREMOS LIVRES SE NÃO TIVERMOS PODER"

Após proporcionar ao público uma incursão mais intimista ao universo da série no subestimado *Fuga*, a APJAC retomou o estilo dos primeiros longas em *Conquista*, uma ficção científica exuberante e com forte apelo visual. Em colaboração com o diretor J. Lee Thompson (que opinou em vários setores da produção), o fotógrafo de cena Bruce Surtess (1937-2012) concebeu a atmosfera *sui generis* do filme, que faz pleno uso das possibilidades oferecidas pela bitola de 70mm e possui uma estética arrebatadora.

O clima despótico da sociedade rigidamente controlada em que se desenrola a trama é comunicado já nas primeiras cenas por meio de um simples truque de perspectiva: posicionadas bem perto da câmera, as botas de dois policiais parecem ser muito maiores do que as insignificantes figuras de César e Armando, minimizadas ao fundo do enquadramento. Em cinco minutos de filme, o espectador percebe que, duas décadas após a chegada de Zira e Cornelius à Terra, a América se tornou um Estado totalitário.

Os recursos de produção modestos quase não se fazem notar (exceto nas tomadas diárias de multidão, nas quais as máscaras inteiriças usadas pelos "extras" macacos se tornam um pouco evidentes), o que se deve à inteligência da realização. A ilusão de que estamos em uma cidade do futuro é criada com o auxílio de objetos de cena curiosos (os telefones têm um design muito pitoresco) e cenários tão arrojados quanto impessoais, que sugerem o tecnicismo e a apatia desta sociedade humana pré-apocalíptica.

Não há carros ou armas mirabolantes à vista — os elementos que mais tornam datados os filmes de ficção científica — e os edifícios envidraçados de Century City, com seu estilo arquitetônico contemporâneo, ainda parecem vanguardistas. Tudo isto mantém o "futurismo" de *Conquista* esteticamente relevante, mesmo passados quase 50 anos desde sua realização.

"HÁ UM MACACO NO ÍNTIMO DE CADA HOMEM"

Paul Dehn se inspirou em uma mescla de fontes ao elaborar o roteiro, inclusive na lenda de Espártaco (o gladiador trácio que comandou uma célebre revolta de escravos no ano 73 a.C). Como Espártaco, César é um líder ético e preferiria obter a liberdade para seu povo por meios pacíficos. Mas esta possibilidade é anulada pelas circunstâncias: quando Armando morre nas mãos do Estado tentando protegê-lo da ira do governador, o personagem se torna um revolucionário alinhado ao discurso beligerante de Malcolm X (a quem é atribuída uma frase que poderia ser o slogan de *Conquista*: "Não é possível separar paz de liberdade, pois ninguém está em paz, a menos que tenha liberdade").

Em um diálogo com o seu único simpatizante entre os humanos — o solidário MacDonald —, o protagonista expressa ideias parecidas com as de Malcolm X, o que comprova que, apesar de ter sido moldado em Espártaco, César é mais uma metáfora dos militantes radicais negros da década de 1960 do que uma versão símia do herói que liderou a "A Guerra dos Escravos" no século I:

MacDONALD: *"Eu pensei que você fosse um mito."*

CÉSAR: *"Não, não sou... Mas vou lhe dizer o que é um mito: a crença de que os humanos são bons."*

MacDONALD: *"Não, César! Há alguns que..."*

CÉSAR: *"Alguns, talvez... Mas não todos. Os humanos só serão bons se os forçarmos a isso. E não poderemos fazê-lo se não formos livres..."*

MacDONALD: *"E como pretendem ganhar a liberdade?"*

CÉSAR: *"Pelo único meio que nos resta: a revolução."*

MACDONALD: *"Mas é certo que fracassarão!"*

CÉSAR: *"Talvez..."*

MacDONALD: *"Mesmo assim, vocês continuarão a tentar?"*

CÉSAR: *"Você, mais do que ninguém, deveria entender... Não seremos livres se não tivermos poder. De que outra forma o conseguiríamos?"*

A empatia entre MacDonald e César é um dos aspectos mais interessantes do filme, por sugerir que os personagens estão conectados por um elo histórico. Como revela o diálogo transcrito acima ("Você, mais do que ninguém, deveria entender... Não seremos livres se não tivermos poder"), César sabe que os negros já se encontraram na mesma posição dos símios na atualidade: em outros tempos, eles também eram capturados em sua terra natal, trazidos para a América em navios de carga e submetidos a um regime escravista (a correlação entre os dois períodos históricos é sublinhada por cenas que mostram os macacos usando pesados grilhões ou sendo comercializados como mercadorias em praça pública), uma injustiça que só erradicaram quando passaram a se unir contra a opressão.

MacDonald também é consciente deste paralelo e, apesar de seu status privilegiado no *establishment*, sente-se compelido a apoiar o revolucionário chimpanzé. Isto apresenta ao personagem um dilema crítico: proteger os próprios interesses, colaborando com o Estado na captura do temido "macaco falante", ou arriscar-se à prisão e à desonra para encobrir suas ações. O fato do assistente número um do Governador Breck se manter fiel a César é um indicativo da compaixão e integridade que movem o personagem, comunicadas de forma eloquente por meio da sensível interpretação do ator Hari Rhodes.

A mesma complexidade não é notada nos outros personagens humanos da história (em especial, nos vilões, tão superlativos quanto os da série *James Bond*). Mais do que uma deficiência do roteiro, esta foi uma estratégia consciente dos realizadores para induzir o público a se identificar apenas com os macacos. Em entrevista concedida à revista *Cinefantastique* em 1972, J. Lee Thompson afirmou que a estética do filme foi concebida de modo a reproduzir o clima de uma autêntica ditadura, o que se estendeu à elaboração dos figurinos. "O povo, a população civil, é incolor", observou o cineasta. "Os únicos personagens coloridos são os macacos, que usam roupas vermelhas, verdes e amarelas. Você se sente em um Estado policial, onde, de fato, não há cor nas vidas das pessoas".

Em uma fábula repleta de metáforas elementares, o monstruoso Governador Breck cumpre um papel essencial: ele é a personificação máxima do racismo e da xenofobia que a série dos macacos começara a denunciar já em seu episódio inicial e que se tornaram a tônica dos enredos a partir de *Fuga*. Breck não tem as nuances que davam um arremedo de legitimidade às vilanias do Dr. Zaius e do Dr. Hasslein (respaldadas nas convicções daqueles personagens de que agiam em benefício de suas respectivas espécies). O governador é apenas um fascista – ou antes, um nazista, já que o filme o compara a Hitler em mais de uma ocasião: a polícia e os adestradores a serviço do Estado usam quepes e fardas inspiradas nos uniformes da Gestapo e o personagem se refugia em um *bunker* subterrâneo (o Posto de Comando) quando a revolução dos macacos sai do controle.

Os discursos de ódio de Breck também ecoam a doutrina nazista, baseada na crença de que raças "superiores" têm o direito de escravizar raças "inferiores" (e de que o Estado vitorioso é aquele que rejeita a "contaminação racial"). O governador expressa ideias parecidas quando justifica a César o tratamento cruel que os humanos dispensam aos símios:

> **BRECK**: *"O Homem veio do Macaco. E ainda há um macaco no íntimo de cada homem. A besta que deve ser chicoteada e domada. O selvagem que deve ser acorrentado. Você é a besta, César! Você nos tenta! Envenena as nossas entranhas! Eu odeio você... Eu odeio o lado obscuro do meu íntimo!"*

ÓDIO MÚTUO

Ao associar o Estado ditatorial de *Conquista* ao Terceiro Reich, o roteiro de Paul Dehn explica o revanchismo dos símios para com o Homem em *O planeta* e *De volta* (aquela civilização que caçava humanos por esporte e os utilizava como cobaias de experiências científicas era uma "reversão" da sociedade hitleriana do quarto filme, que escraviza e brutaliza os símios em benefício próprio) e antecipa a temática do próximo longa, *A batalha*, que encerrará a trajetória de César deixando uma pergunta no ar: no futuro, humanos e macacos serão capazes de conciliar suas diferenças e interromper a espiral de ódio mútuo que pode conduzi-los ao desfecho apocalíptico de *De volta*? Ou o ressentimento entre as espécies é maior que o desejo de construir um amanhã menos letal e mais esperançoso para todos?

A mesma pergunta ocorreu a J. Lee Thompson em agosto de 1965, quando o diretor acompanhava pela TV a progressão dos Tumultos de Watts (a cobertura midiática do evento teve um impacto tão grande no realizador que muitas das últimas cenas de *Conquista* foram captadas com a câmera na mão ou a partir de uma perspectiva subjetiva, para que a revolução símia tivesse um aspecto quase "documental" quando fosse vista na tela). O incidente acirrou a animosidade entre negros e brancos no país, sugerindo que os EUA estavam à beira de um apocalipse racial.

A confusão começou em 11 de agosto, com a prisão do jovem afro-descendente Marquette Frye (1944-1986) e de dois de seus familiares (a mãe e o irmão do suspeito também foram detidos quando intercederam a seu favor). A população negra de Watts tomou partido da situação e atacou a polícia com paus e pedras. O confronto evoluiu para uma batalha campal que se estendeu por cinco dias – a Lei Marcial teve que ser decretada e a polícia local pediu ajuda à Guarda Nacional para conter a revolta, que deixou um saldo de dezenas de mortos e centenas de feridos. Os Tumultos de Watts só tiveram um lado positivo: mostraram que o problema racial na América era mais sério do que se pensava.

O apocalipse que Thompson temia não aconteceu, embora outros episódios de tensão inter-racial tenham sido registrados na América desde então (incluindo os saques e depredações que se seguiram à absolvição dos quatro policiais brancos que espancaram o taxista negro Rodney King em 1991, na mesma Los Angeles onde ocorreram os Tumultos de Watts). Apreensivo com a escalada dos conflitos étnicos nos EUA, o diretor aproveitou a realização de *Conquista* para revisitar aquele momento turbulento da História americana a partir de uma óptica alegórica, em busca de respostas para a explosão de violência que chocara o país em 1965[136].

O resultado é um filme que não apenas analisa as relações entre dominadores e dominados, mas propõe uma revisão da mentalidade por trás de todos os regimes autocráticos que inspiraram a distópica sociedade humana apresentada no quarto capítulo da série: a de que a ascensão de um grupo social deve implicar na subjugação de outros. A conclusão do longa também sugere que os macacos repetirão o erro de seus mestres quando herdarem a Terra, já que o discurso de César, na cena final, é imbuído do

---

136 "Monkey Business: The Selling of the Planet of the Apes" - Revista *Sci-Fi Universe*.

mesmo totalitarismo professado pelo Governador Breck. Desse modo, a saga dos macacos reafirma um de seus mantras mais insistentes – o de que a História se repete – e mostra que os oprimidos de hoje podem se tornar os opressores de amanhã.

Em termos artísticos, *Conquista* foi um projeto bem-sucedido: o longa foi recomendado por publicações como *Los Angeles Times* ("O melhor filme da série depois do original"), *Time* ("O mais belo título do pacote; tem o sabor de conto de fadas e a pompa bizarra de *O planeta dos macacos*") e *Variety* ("Belamente produzido, habilmente dirigido e muito bem escrito"), que enalteceram seus valores de entretenimento e seu explosivo conteúdo alegórico. Mas a franquia pagou um preço por tornar tão explícito o seu discurso antirracista: a certificação "PG" reduziu a margem de lucro da produção, o que desagradou a 20th Century Fox.

A opção do estúdio e da APJAC em adotar um tom mais brando no próximo longa comprova que, apesar de sua consciência sociopolítica, a saga dos macacos nunca colocou os aspectos ideológicos acima dos interesses financeiros. Lançado um ano depois, *A batalha* preferiu se concentrar em questões apresentadas em *Fuga* que foram esquecidas em *Conquista*, como o paradoxo temporal e a ambição de mudar a História. A alegoria racial continuaria em cena – agora denunciando o racismo reverso de grupos separatistas como os Panteras Negras –, mas em um cauteloso segundo plano.

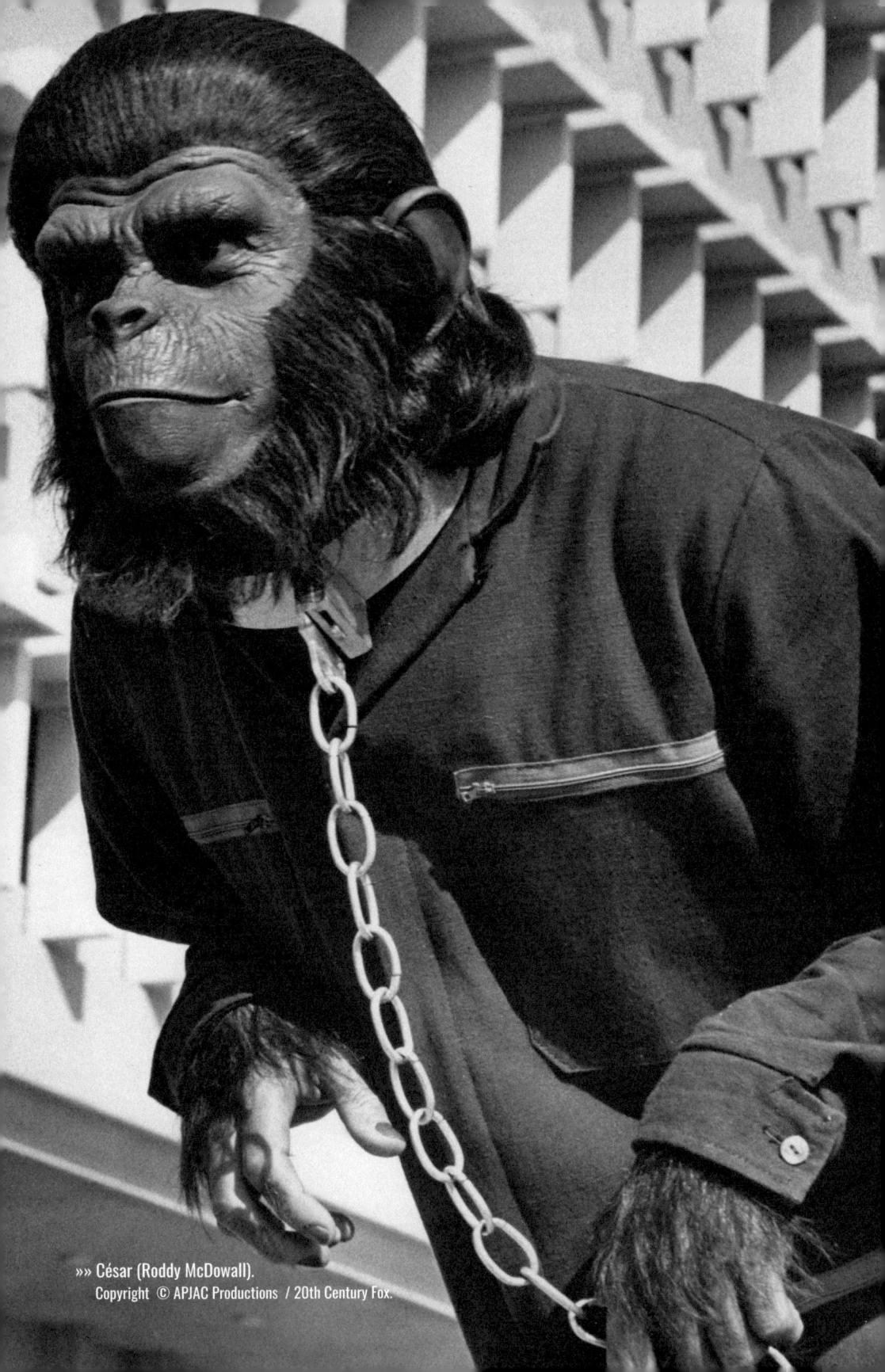

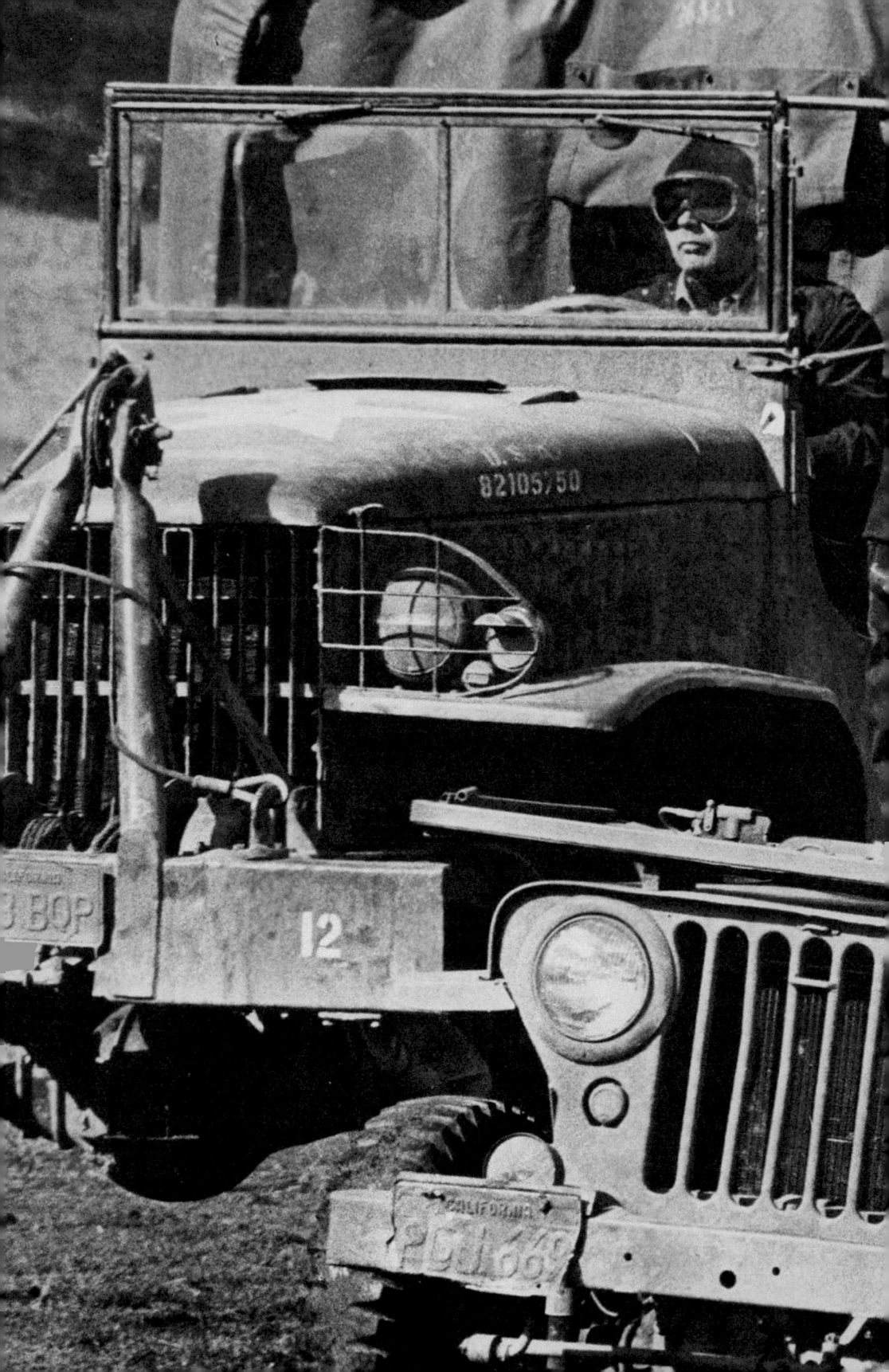

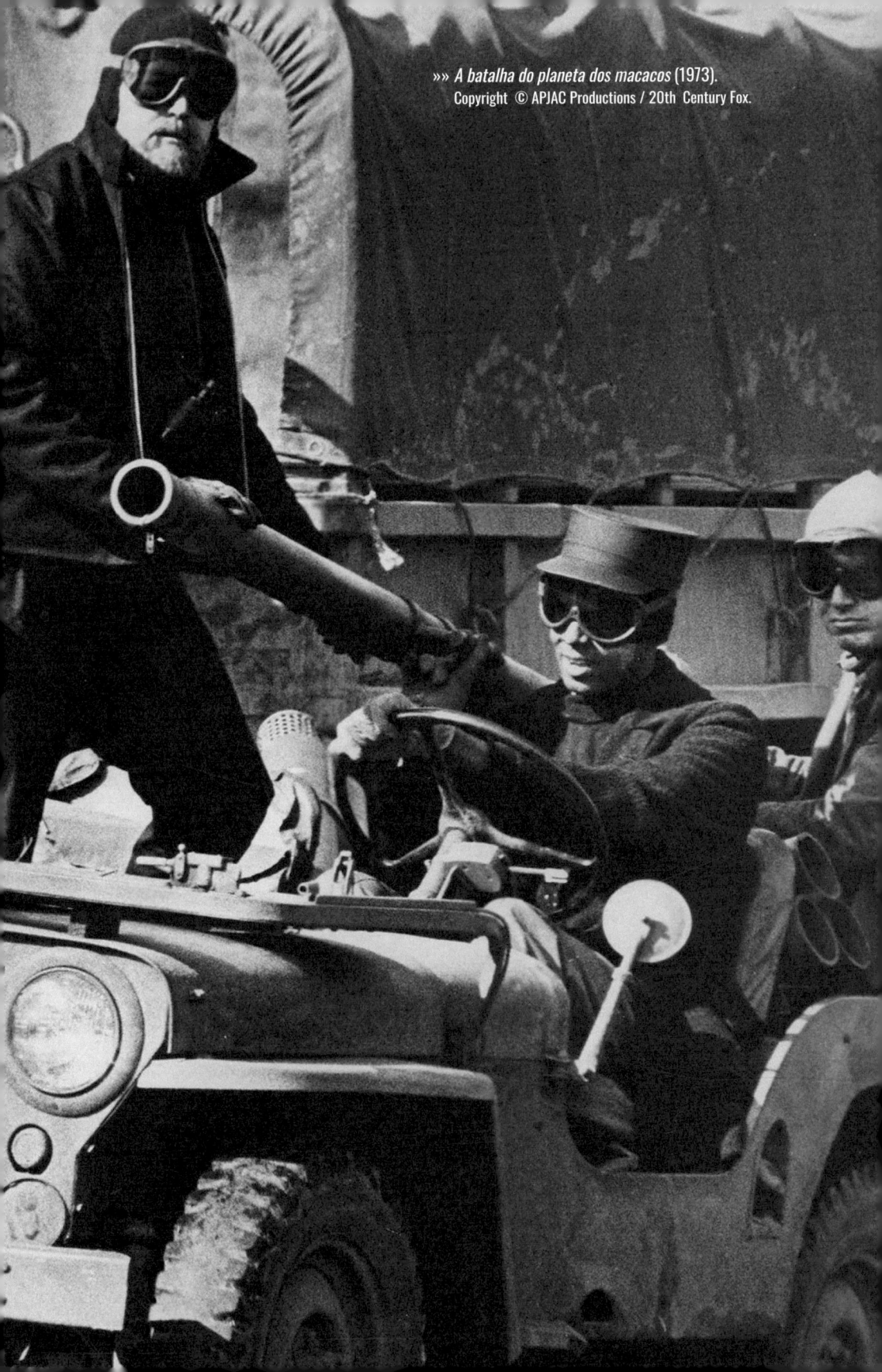

»» *A batalha do planeta dos macacos* (1973).
Copyright © APJAC Productions / 20th Century Fox.

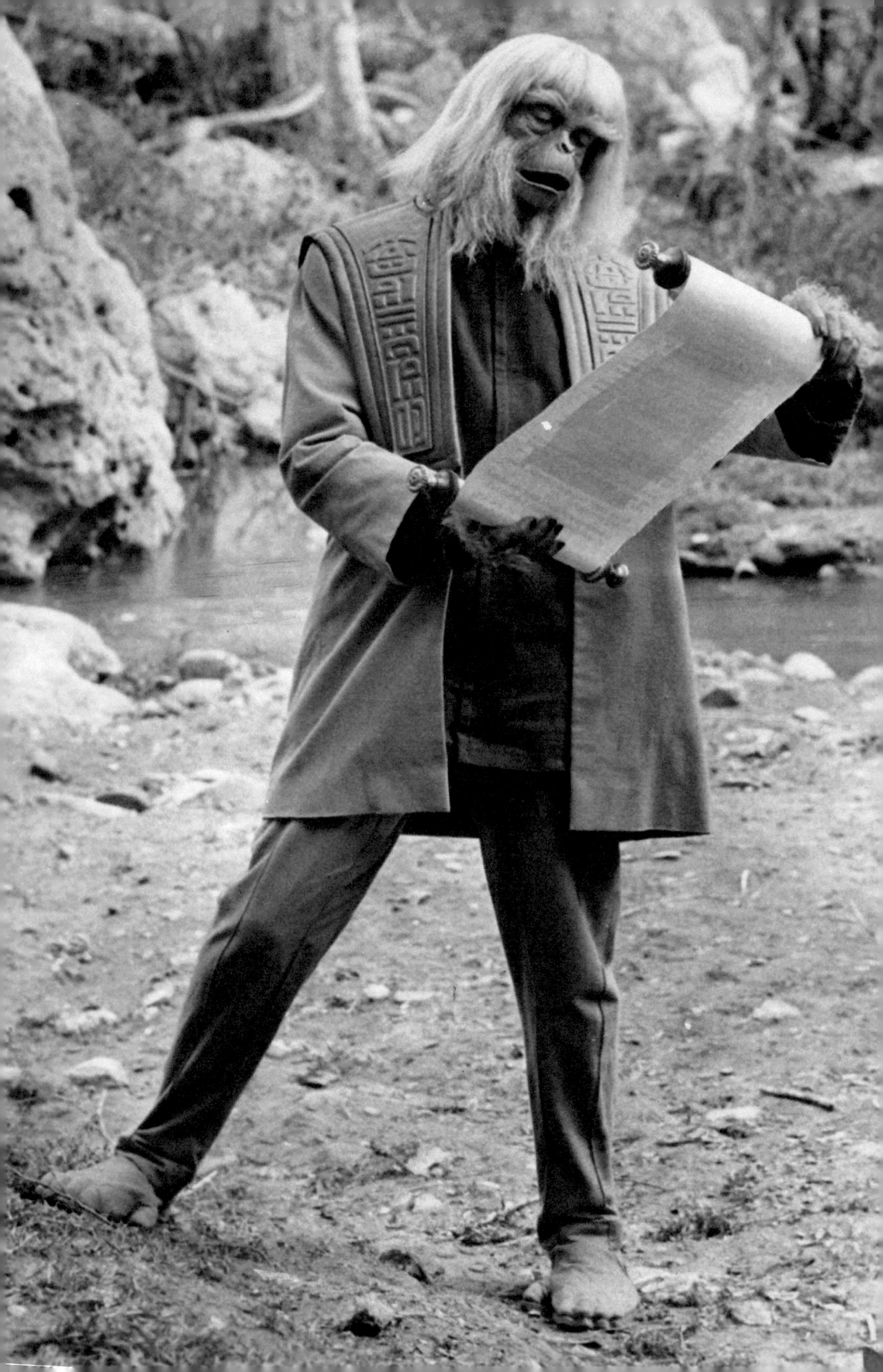

A BATALHA DO PLANETA DOS MACACOS (1973)

CAPÍTULO 7

América do Norte, 2670. Rodeado por crianças símias e humanas, o Legislador (John Huston) relembra os dias em que os macacos, liderados por César (Roddy McDowall), se rebelaram contra a tirania do Homem. O patriarca orangotango diz às crianças que, após a revolução, o mundo foi varrido pela guerra mais violenta da História, o que deixou em ruínas as grandes cidades do planeta. César, então, reunira os sobreviventes da catástrofe e fundara uma colônia onde todas as espécies pudessem viver em paz e harmonia, segundo a vontade de Deus.

A ação se transfere para um período histórico situado 20 anos[137] após o levante dos macacos contra as forças de segurança do Governador Breck. Determinado a não repetir os erros dos humanos, César institui um sistema sociopolítico no qual, em tese, não há distinção entre homens e símios. Mas os primeiros não têm poder real na sociedade, onde cumprem um papel secundário. Os orangotangos são os conselheiros e filósofos; os chimpanzés, os administradores; e os gorilas, liderados pelo General Aldo (Claude Akins), os militares. Homens como MacDonald (Austin Stoker) – irmão do ex-assessor número um do Governador Breck –, ou Abe, o "Professor" (Noah Keen), gozam de algum prestígio junto à classe dominante, mas não têm voz ativa nas decisões da comunidade.

Sob a tutela de Abe, os macacos aprendem a ler e escrever em uma escola local. Os chimpanzés – em especial, Cornelius (Bobby Porter), o filho de César – demonstram grande habilidade no aprendizado, diferentemente dos gorilas (que se interessam mais por equitação e exercícios bélicos). Insatisfeito com o desempenho de Aldo, Abe pede ao general que reescreva a frase *macaco não matará macaco* (a principal norma de conduta do povoado). Furioso, Aldo se nega a fazê-lo e ainda destrói os escritos de Cornelius. "Não, Aldo! Não!", grita Abe, para afirmar a própria autoridade. Mas César proibiu os humanos de usarem a palavra "não". Embora um macaco possa dizer "não" a um humano, a situação contrária constitui um grave crime na nova ordem mundial.

---

137 Embora seja um consenso entre os fãs que a trama principal de *A batalha* se passa por volta de 2001 (ou seja: dez anos após os eventos de *Conquista*), isto é improvável: em uma das últimas cenas do filme, o orangotango Mandemus afirma que o arsenal de armas da vila dos macacos "foi o seu lar durante 27 anos", o que situaria o enredo em 2017.

Ao perceber que o professor está em apuros, o orangotango Virgil (Paul Williams) sugere que Abe fuja da escola antes que os gorilas o matem. O humano acata o conselho, mas Aldo e suas tropas o perseguem. De sua cabana no alto de uma árvore, César assiste à confusão e decide intervir antes que a situação se agrave. Virgil explica a César que Abe só usou a palavra proibida sob pressão, após ser provocado por Aldo. César perdoa o professor, o que deixa Aldo apoplético: o gorila não acredita que o chimpanzé tenha "pulso" para comandar. Aldo está cada vez mais convencido de que César simpatiza mais com os humanos do que com os macacos.

MacDonald, o principal lugar-tenente de César, comenta que o ódio de Aldo não se restringe aos humanos. Confirmando esta afirmação, o general quase atropela César com seu cavalo ao deixar a aldeia em um rompante, contrariado com a indulgência do monarca símio. O assunto volta à baila mais tarde, quando MacDonald e César inventariam o estoque de provisões do vilarejo: MacDonald menciona a crescente tensão entre as espécies na aldeia e confessa que não está feliz com o status subalterno da Humanidade. Ele gostaria que os humanos tivessem mais autonomia, ao invés de serem tratados de forma paternalista pelos macacos. César, porém, acha que os humanos devem ser "protegidos" da própria estupidez – afinal, eles destruíram o mundo com armas nucleares.

"Agora que os macacos estão no leme, a Terra navegará tranquila pelo espaço até o fim dos tempos", observa o chimpanzé. MacDonald discorda do amigo e afirma ter provas de que o mundo não durará muito tempo. Ele conta a César que, nos escombros da cidade uma vez comandada por Breck, existem *videotapes* com as gravações dos depoimentos de Zira e Cornelius ao governo americano e que tais filmes contém uma mensagem alarmante sobre o futuro da Terra. César fica ansioso para assistir às gravações, mas MacDonald lembra-o de que a cidade é radioativa e ainda pode ser habitada por humanos hostis.

Acompanhados por Virgil, César e MacDonald empreendem uma viagem à cidade arruinada. Antes, os três fazem uma parada no arsenal de armas da aldeia, administrado pelo orangotango Mandemus (Lew Ayers). César nomeou Mandemus não apenas o supervisor do arsenal, mas o "guardião de sua consciência". Mandemus só entrega as metralhadoras e pistolas solicitadas pelo grupo após submeter César a uma série de perguntas, cujo intuito é avaliar se a situação realmente requer o uso de armas de fogo. Os viajantes também levam consigo um contador Geiger, que será útil para medir os níveis de radiação da cidade.

César, MacDonald e Virgil atravessam o deserto e, após uma caminhada de três dias, chegam aos escombros do antigo império de Breck – agora, um amontoado de aço e concreto retorcidos. O grupo percorre os túneis da cidade morta até atingir a antiga Seção de Arquivos do governo. Mas sua movimentação é observada por mutantes que vivem no subsolo, liderados pelo Governador Kolp (Severn Darden). Ao lado de seus lugares-tenentes Alma (France Nuyen) e Mendez (Paul Stevens), Kolp vê os intrusos por um monitor de TV e saboreia uma perspectiva de vingança: ele tem contas a acertar com César.

Mendez pensa de forma diferente e diz ao governador que não há razão para insistir em velhos ressentimentos: se eles abrirem fogo contra os símios, quebrarão 12 anos de paz entre as espécies. Kolp o ignora e ordena a seus soldados que interceptem os intrusos. Sem saber que estão em perigo, os macacos e MacDonald assistem aos *videotapes* na Seção de Arquivos. Por meio dos filmes, César é informado de que, por volta de 3950, os gorilas provocarão uma guerra que transformará o planeta em cinzas. Virgil tranquiliza o seu líder lembrando-o da teoria proposta pelo Dr. Hasslein: a de que existem vários futuros. Talvez seja possível evitar a destruição da Terra se César tomar algumas medidas preventivas na atualidade. De repente, os três notam a súbita movimentação de uma câmera de segurança instalada no teto da Seção de Arquivos e percebem que estão sendo observados. Kolp ordena às suas tropas que os detenham, mas o trio consegue fugir para o deserto.

O governador fica furioso e responsabiliza o capitão da guarda (Richard Eastham) pelo fracasso da operação. Kolp mobiliza um destacamento de soldados para seguir os fugitivos e descobrir sua localização, ignorando os apelos de Mendez para deixar o grupo de César em paz. De volta à aldeia, preocupado com a possibilidade dos mutantes os rastrearem, César reúne seus súditos em uma clareira e os avisa de que a cidade morta é habitada por humanos perigosos. O chimpanzé diz que é preciso fazer planos defensivos para o caso de um eventual ataque. Convocados por César, MacDonald, Abe e outros humanos comparecem à reunião, mas Aldo não admite que eles opinem em questões relacionadas ao futuro da aldeia. Indignados, os gorilas se retiram da conferência sem notar que três batedores mutantes observam a reunião com binóculos, escondidos na mata perto da vila. Os espiões concluem que César e seus seguidores estão em um conselho de guerra e voltam às pressas para a cidade, com o intuito de reportarem o que viram ao governador.

À noite, César e sua esposa, Lisa (Natalie Trundy), discutem a possibilidade de um confronto com os mutantes. César diz a Lisa que os humanos da cidade morta são deformados e loucos – e a julgar pelo modo como abriram fogo contra eles, inclinados para a guerra e não para a paz. Lisa lembra o marido que eles invadiram o território dos mutantes e que a deformidade em si não é sinônimo de "loucura". Enquanto isso – perseguindo o seu esquilo de estimação, que escapara da gaiola –, Cornelius deixa a casa dos pais sem ser notado e se embrenha na floresta.

Do alto de uma árvore, Cornelius vê Aldo e seus gorilas reunidos em uma conferência secreta. Aldo incita os demais a se apoderarem das armas do arsenal e a deporem César. Antes que possa avisar o pai sobre a conspiração em curso, Cornelius é visto por um dos gorilas. Com uma espada, Aldo ameaça o chimpanzé e ordena que ele desça da árvore. Cornelius se recusa a obedecê-lo e o general escala o tronco até chegar ao galho onde está empoleirado o filho de César. Aldo corta o galho e Cornelius cai do alto da árvore. Pouco depois, Lisa encontra o filho gravemente ferido.

De manhã, uma caravana de jipes, motos e carros deixa a cidade morta e ruma para a aldeia dos macacos. Kolp e o capitão da guarda lideram o grupo. Quando chegam ao território inimigo, eles são vistos por duas sentinelas gorilas que matam um mutante a golpes de espada. O exército do governador contra-ataca disparando bombas incendiárias contra os macacos. Um dos soldados morre, mas o outro consegue fugir e retorna ao vilarejo para alertar a população sobre o ataque.

Na vila dos macacos, Cornelius é assistido pela médica Tania (Heather Lowe), que tenta preparar Lisa e César para o pior, dada a seriedade dos ferimentos sofridos pelo chimpanzé. Explorando o entorno da cidade, MacDonald encontra vestígios da fogueira acesa pelo grupo de Aldo na noite anterior, assim como um galho que parece ter sido cortado por uma lâmina. Ele conta a Virgil que Aldo é o responsável pelo infortúnio de Cornelius – mas, antes que possam fazer algo a respeito, o gorila que sobreviveu ao confronto com os mutantes retorna à vila e informa que a cidade está sob ataque.

Aldo aproveita o precedente para tomar o poder e aprisionar os humanos no curral, já que César se ausentou para ficar ao lado do filho. Virgil vai à cabana de César e o informa sobre o Golpe de Estado iminente, mas o monarca macaco se recusa a deixar Cornelius. O jovem chimpanzé morre algumas horas depois, quando já é tarde demais para impedir Aldo: o general gorila invade o arsenal e arma seus soldados com rifles, metralhadoras e granadas de mão, alegando "razões de segurança". Furioso, César ordena que Aldo devolva as armas ao arsenal e liberte os humanos. Os dois estão em vias de se confrontar quando um projétil é disparado contra o vilarejo, anunciando a chegada dos mutantes.

Os homens de Kolp destroem as barricadas que protegem a aldeia e avançam sobre o território dos macacos. César e Virgil pegam em armas e se juntam à resistência símia, respondendo ao fogo, mas os mutantes estão mais bem armados e não têm dificuldades para chegarem ao centro da vila, onde César fica sob a mira de Kolp. "Você e sua espécie nos enfraqueceram quando se revoltaram contra seus mestres", diz o governador. "Mas nós, que sobrevivemos, criaremos uma nova raça. E vocês voltarão a aprender o que é ter um senhor." Quando tudo parece perdido, Lisa grita o nome de Kolp e, aproveitando a distração do inimigo, o chimpanzé escapa de seu algoz e conclama o povo a revidar contra os invasores: "Lutem como macacos!"

Encorajados, os símios viram o jogo e afugentam os mutantes. Alguns são feitos reféns e outros escapam do vilarejo. Kolp e seus homens de confiança conseguem embarcar em um ônibus escolar e partem a toda velocidade para a cidade morta. Antes que cheguem aos limites do vale, porém, eles são atacados por Aldo e suas tropas, que metralham o veículo. Empunhando suas metralhadoras, os gorilas voltam à vila dos macacos a tempo de impedirem que César e Virgil libertem os humanos do curral. "É Aldo quem dá as ordens agora", sentencia o general, apontando sua arma para César.

Virgil acusa Aldo de ter matado Cornelius, o que provoca uma onda de indignação no vilarejo. Os gorilas liderados por Aldo baixam suas armas, envergonhados, e Lisa diz que o general violou a lei mais sagrada dos símios: *macaco não matará macaco*. Assustado e sem o apoio de seus soldados, Aldo se refugia no alto de uma árvore. César o segue e os dois lutam, enquanto a população encoraja o chimpanzé a vingar a morte do filho. "Macaco matou macaco!", gritam os súditos de César. Vencido, Aldo cai do alto da árvore e morre. Mas César não se orgulha de sua vitória. "Um assassinato pode ser vingado com outro?", pergunta o monarca símio a MacDonald. Para evitar que a história futura seja uma sucessão de revanches sangrentas, César devolve as armas ao arsenal e proclama uma nova era de coexistência entre humanos e macacos, na qual não haverá distinção entre as espécies.

Seiscentos anos depois, o Legislador termina de contar a história de César a seus pupilos símios e humanos. O orangotango diz às crianças que não há certezas quanto ao amanhã — mas que, graças à sabedoria de César, homens e macacos podem acalentar o sonho de um futuro pacífico. O enquadramento se fecha em uma estátua de César e uma lágrima escorre por seu rosto de pedra.

PRODUÇÃO

O FIM DE UMA ERA

Tão logo se comprovou o êxito de *Conquista* (mesmo com a certificação "PG" o longa conseguiu arrecadar mais de US$ 9 milhões, uma receita excelente para a época), a Fox solicitou uma quarta sequência de *O planeta* à APJAC. Jacobs e Dehn já tinham algumas ideias para um quinto capítulo da saga e começaram a amadurecer o conceito da nova produção, mas anunciaram que aquele seria o "canto do cisne" da franquia. A verdade é que a política de investimento da Fox tornara o prosseguimento da série inviável. Como explicou o produtor associado Frank Capra Jr. aos realizadores do documentário *Behind the planet of the apes*:

> "Em termos de produção, chegamos a um ponto em que praticamente nos encurralamos. Se avançássemos mais no futuro, dando prosseguimento à história, precisaríamos fazer um filme muito mais caro. A coisa tornou-se contraproducente."
>
> *Behind the Planet of the Apes*, 1998

Apesar de saber que o *budget* do próximo filme seria igual ou inferior ao de *Conquista*, Paul Dehn tentou dar um fecho elegante à saga: suas ideias para o projeto eram ambiciosas. O primeiro tratamento situava a trama em 2021 e mostrava César no comando de uma rígida ditadura instaurada após a guerra atômica. Indignados com a crueldade dos símios, revolucionários humanos liderados por um certo "General Mendez" tentavam destituí-los do poder usando um avião de guerra ainda operacional, com o qual bombardeavam a vila dos macacos. César contra-atacava e Mendez recorria a um artifício ainda mais devastador do que a bomba atômica para intimidar seus oponentes: uma arma química capaz de torná-los estéreis. Apavorados, os macacos batiam em retirada e batizavam como "Zona Proibida" a região onde se dera o conflito. Era um enredo sombrio, moldado no cenário pessimista do filme anterior, mas a Fox não queria lidar com outra certificação "PG" e rejeitou o script. Jacobs foi incumbido de realizar "um filme para crianças", sem climas pesados ou uma agenda política muito evidente.

CIDADE NAS ÁRVORES

Paul Dehn se afastou do projeto logo em seguida, por razões de saúde (ele viria a falecer três anos depois, em decorrência de um câncer de pulmão). Dois novos roteiristas foram contratados para substituí-lo: John William Corrington e Joyce Hooper Corrington. Antes de conceber o argumento da nova produção, o casal assistiu aos quatro primeiros filmes da série e concluiu que a saga tinha um discurso repetitivo e calcado na ideia de que os humanos eram "maus" e os macacos eram "bons". Sua proposta foi subverter esta regra e mostrar os símios abdicando da própria inocência.

O primeiro tratamento dos Corrington, intitulado *Epic of the planet of the apes* ("O épico do planeta dos macacos"), foi concluído em setembro de 1972. Muitos elementos do roteiro de Dehn foram aproveitados na nova história, mas a principal inspiração para a trama foi a odisseia dos irmãos bíblicos Abel e Cain. Os Corrington queriam enfatizar que, uma vez no controle da Terra, os símios teriam que encarar a possibilidade de se tornarem tão vis e corruptos quanto o Homem. Em seu script (mais tarde rebatizado como *A batalha do planeta dos macacos*), a guerra entre símios e contrarrevolucionários humanos era menos importante do que o "choque de realidade" que César experimentaria ao descobrir que seus semelhantes também eram capazes de se autodestruir.

Além de Roddy McDowall, convocado para reprisar o papel de César, o elenco contou com outros dois ex-integrantes de *Conquista*: Severn Darden e Natalie Trundy, que voltaram a interpretar o Inspetor Kolp e a chimpanzé Lisa. De mero coadjuvante em *Conquista*, Darden ascendeu ao status de astro do novo filme, já que Don Murray (que interpretara o Governador Breck no longa anterior) não se interessou em participar de *A batalha*. O *cast* foi completado com Austin Stoker (vivendo MacDonald, o irmão mais novo do personagem defendido por Hari Rhodes em *Conquista*), Claude Akins (1926-1994) – uma excelente escolha para o papel do General Aldo – e o compositor e ator Paul Williams (que rouba várias cenas do filme como o "adido cultural" e melhor amigo de César, Virgil).

O lendário cineasta John Huston (1906-1987) – realizador de obras-primas como *Relíquia macabra*, *O tesouro de Sierra Madre* e *O homem que queria ser rei*[138] –, também fez uma ponta em *A batalha*, interpretando ninguém menos que o Legislador, o patriarca símio que escreveu os "Pergaminhos Sagrados" (personagem mencionado pela primeira vez em *O planeta*).

---

138 *Relíquia macabra* (*The maltese falcon*, 1941); *O tesouro de Sierra Madre* (*The treasure of Sierra Madre*, 1948); *O homem que queria ser rei* (*The man who would be king*, 1975)..

Sua participação no filme se resume ao prólogo e ao epílogo e, ao que se diz, Huston aceitou o papel apenas para quitar algumas dívidas de jogo acumuladas.

O orçamento de *A batalha* foi o mesmo de *Conquista*: US$ 1.8 milhão. Ainda assim o dinheiro à disposição era pouco e não permitia voos muito ambiciosos em termos de direção de arte. Já que a trama se passava em um período imediatamente posterior ao do quarto filme (e quase dois milênios antes do longa original), a cidade troglodita construída para *O planeta*, que ainda estava em pé no Fox Ranch, não poderia ser usada como locação. A alternativa lógica foi criar uma civilização símia mais "embrionária", cujos membros ainda viviam em árvores. Ao invés de habitarem abóbodas e edifícios de pedra e argila, os chimpanzés, gorilas e orangotangos de *A batalha* morariam em rústicas casas nas árvores interligadas por pontes de madeira. O set, muito modesto, foi construído no Fox Ranch e contava com algumas poucas cabanas.

As sequências ambientadas na Zona Proibida, o lar dos mutantes liderados por Kolp, tiveram como locações os corredores e escadarias de uma estação de tratamento de água próxima a Plaza del Rey Beach, em Los Angeles. A temperatura local era baixíssima e as condições de filmagem, péssimas: a estação ficava perto do Aeroporto Internacional de Los Angeles e a captação de áudio era frequentemente comprometida pelos sons de aviões pousando ou decolando (o que exigiu a redublagem de vários diálogos na pós-produção). Outras cenas com os mutantes foram rodadas nos estúdios da Fox, em cenários de *Conquista* "revampirizados" com doses generosas de espuma de poliuretano (o que lhes deu um *look* decadente e pós-apocalíptico).

A BOMBA OBLITERADA

Também foram filmadas várias sequências que faziam menção à bomba Alfa & Ômega, a arma com a qual Taylor incinera a Terra em *De volta*. No roteiro dos Corrington, a bomba era um elemento importante da trama – antes de partir para a ofensiva contra os macacos, Kolp ordenava a Alma que usasse a ogiva contra os símios no caso de o exército mutante ser derrotado ("Ou enjaulamos as feras ou destruímos todo o zoológico"). O script estabelecia de forma clara que Kolp e os mutantes de *A batalha* eram ancestrais diretos dos mutantes de *De volta* e explicava por que eles haviam começado a adorar a bomba como uma divindade. "Esta é a bomba Alfa & Ômega", dizia Mendez em uma das últimas cenas do filme. "Ela pode destruir não apenas a Cidade dos Macacos, mas toda a Terra. Se a ativarmos, nos reduziremos a nada; se a deixarmos em paz, sua mera presença irá assegurar que ainda somos alguma coisa. Ela deve ser respeitada, venerada, já que uma de suas ancestrais fez de nós o que somos."

Mas a versão do filme que chegou aos cinemas em 1973 não continha nenhuma destas cenas. Elas só foram vistas pela primeira vez nos anos 1990, quando *A batalha* foi lançado em LD (*laser disc*) no Japão. Com a estreia do título em Blu-ray, em 2008, a Fox finalmente disponibilizou ao resto do mundo a versão completa de *A batalha*. Hoje, portanto, existem duas versões do filme: a tradicional (sem a bomba) e uma outra estendida (com a bomba). No Brasil, a distribuidora optou por transformar estas cenas em um "extra" do Blu-ray, ao invés de proporcionar aos fãs o prazer de assistirem à versão estendida na íntegra.

Leonard Rosenman, autor da trilha sonora de *De volta*, compôs a música do filme – a rigor, uma variação de sua partitura para o segundo episódio da série, mas sem as mesmas orquestrações pesadas e sombrias (em resposta ao clima mais ameno de *A batalha*). Apesar de seus valores de produção modestos, a quinta aventura dos macacos arrecadou US$ 8,844,595, mais do que outros longas de entretenimento famosos que estrearam naquele ano, como *Westworld: onde ninguém tem alma*, *O dia do golfinho* e *Horizonte perdido*.[139].

Assim encerrou-se o primeiro ciclo de produções cinematográficas baseadas na obra de Pierre Boulle. Com a morte de Arthur Jacobs, logo após o lançamento de *A batalha*, a saga dos macacos se transferiu para a televisão, na forma de dois seriados de curta duração. Em seguida o tema se desdobrou em um universo de produtos licenciados, HQs e novos filmes que comprovaram o duradouro apelo do tema.

Oficialmente a APJAC continuou a existir até 1976, comandada pela viúva de Jacobs, Natalie Trundy. Mas o último filme realizado pela produtora foi *Huckleberry Finn*[140], musical inspirado no romance homônimo de Mark Twain lançado em 1974. Hoje, todo o arquivo da companhia se encontra na biblioteca da Loyola Marymount University, em Los Angeles, disponível para pesquisas. O acervo reúne artes conceituais, registros de bastidores e as muitas versões de roteiros elaboradas para os cinco primeiros filmes da saga *Planeta dos macacos*.

---

139 *Westworld: onde ninguém tem alma* (*Westworld*, 1973, Michael Crichton); *O dia do golfinho* (*The day of the dolphin*, 1973, Mike Nichols); *Horizonte perdido* (*lost horizon*, 1973, Frank Capra).
140 *Huckleberry Finn* (1974, J. Lee Thompson).

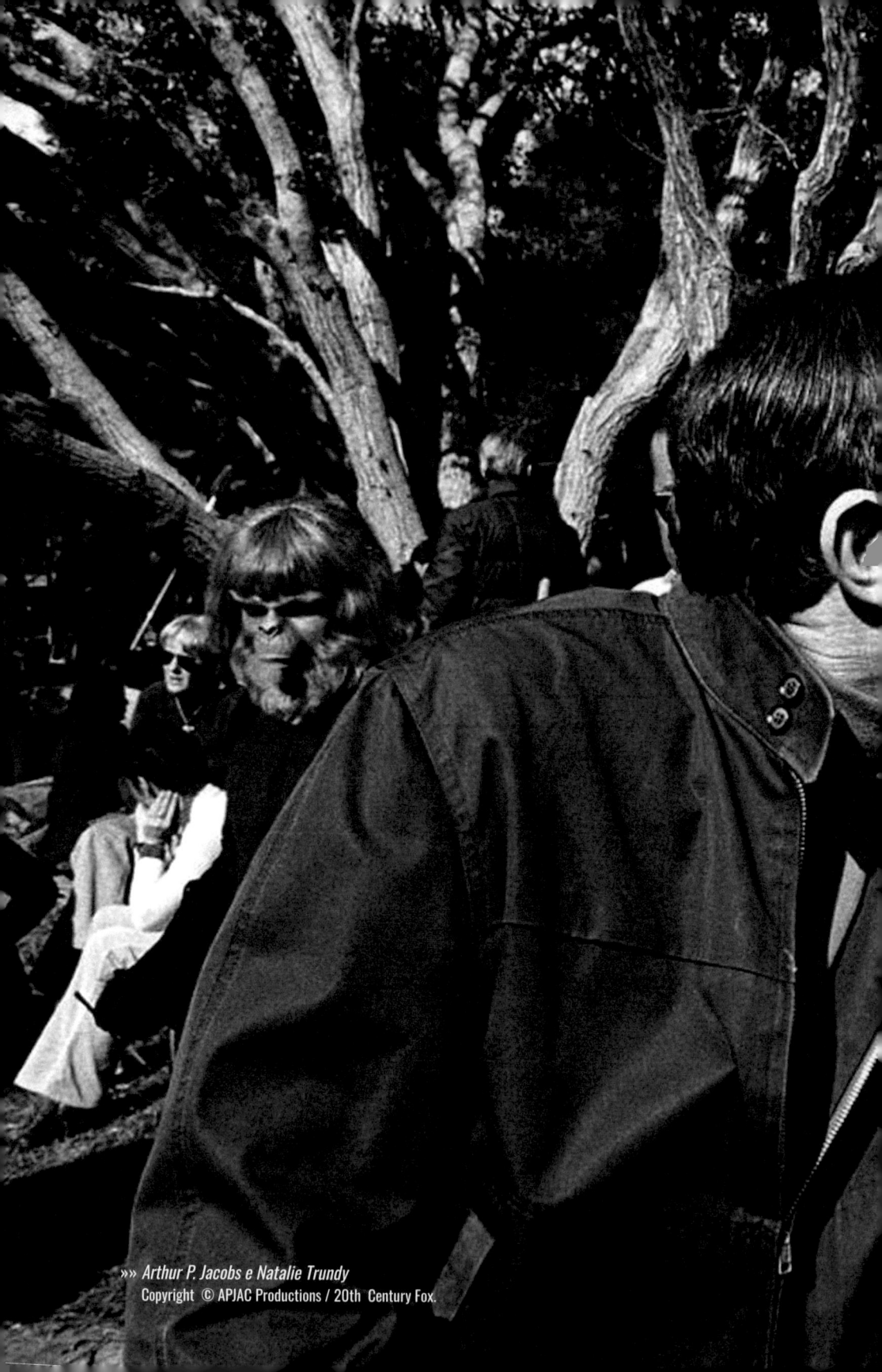

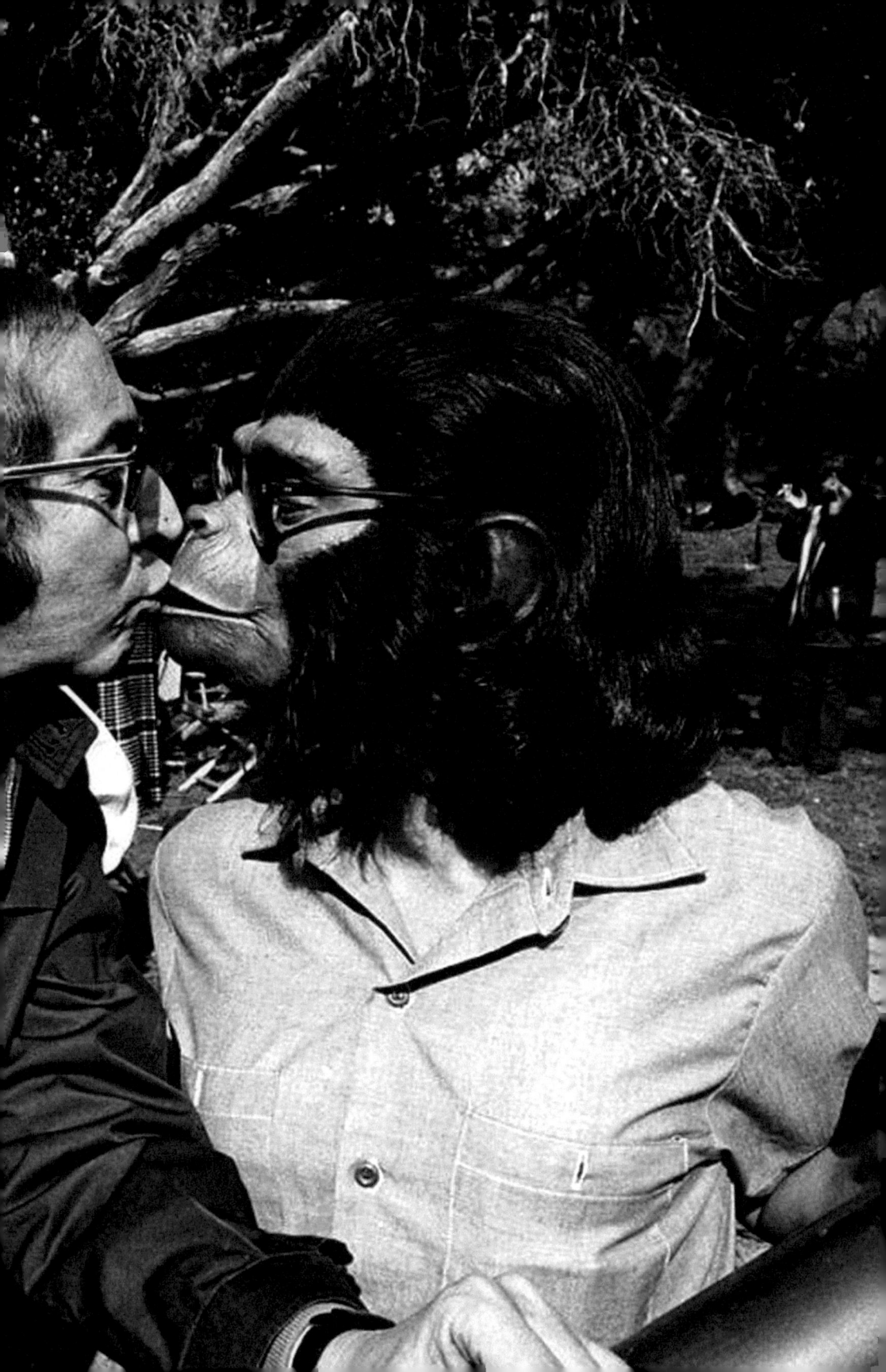

"ACHO QUE ELES ACABAM DE SE JUNTAR À RAÇA HUMANA"

Na conclusão de *Conquista*, César anunciava a aurora de uma nova sociedade que substituiria o corrupto império do Homem. No início de *A batalha*, a "simiocracia" do revolucionário chimpanzé já está em vigor — mas, desde as primeiras cenas, nota-se que há mais espinhos do que rosas no suposto Jardim do Éden habitado pelos macacos. O predador Homem (levado à beira da extinção em uma guerra atômica ocorrida entre este longa e o anterior) foi substituído pelo predador símio. Em *A batalha*, César descobre que ele e seus semelhantes, afinal, não são criaturas tão diferentes dos humanos.

A premissa interessante é o maior trunfo do quinto capítulo da saga, já que a produção é bem inferior às dos outros filmes. O *budget* limitado afetou até a maquiagem símia, o que fica evidente na cena da escola, na qual alguns figurantes caracterizados como chimpanzés parecem estar usando máscaras. Porém, apesar do acabamento irregular, o longa tem um ritmo ágil — uma artimanha do diretor J. Lee Thompson, que recorreu a uma montagem fragmentada e a planos de câmera mais fechados para disfarçar as restrições da realização — e uma história moralmente mais intrigante que a do segundo filme da série, *De volta*.

Os diretores de arte levam boa parte dos créditos pelo êxito de *A batalha* como aventura de ficção científica, já que a verba de produção modesta não os impediu de criar uma visão eficaz do mundo pós-apocalíptico: as cenas ambientadas na cidade dos mutantes têm uma plástica atraente, apesar de terem sido filmadas em uma estação de tratamento de água "customizada" para parecer um complexo subterrâneo arrasado pela bomba atômica. Alguns figurinos também são notáveis: os mutantes usam roupas pretas e óculos de sol com lentes avermelhadas que lhes dão um aspecto excêntrico, especialmente quando surgem na tela contrastados com os panoramas monocromáticos do deserto. Pilotando suas motos, jipes e carros decrépitos, eles parecem antecessores dos nômades motorizados de *Mad Max*[141]. Em termos técnicos, *A batalha* encerra o ciclo original de filmes sobre o Planeta dos macacos com alguma exuberância visual, embora lhe falte o escopo mais ambicioso das produções anteriores. O longa possui as credenciais estéticas da série, mas é um *pocket show*.

---

141 *Mad Max* (1979, George Miller).

"SOMOS UMA ELITE! UMA SUPER-RAÇA"!

A alegoria racial de *Conquista* é retomada em *A batalha*, mas não com a mesma veemência. Em termos de tensão e violência, o filme se equipara às aventuras *live action* da Disney lançadas no período: é um programa inofensivo e "familiar" (como que reforçando este ponto, os macacos vivem em lúdicas "casas nas árvores" que poderiam estar no quintal de qualquer lar americano da década de 1970). Ainda assim o roteiro entrega sub-repticiamente alguns comentários sobre os conflitos étnicos nos EUA – desta vez, abordando a problemática do racismo reverso professado por organizações como os Panteras Negras (que rejeitavam a coexistência com os brancos e usavam armas de fogo para exercer sua militância), os quais, em parte, inspiraram a controversa figura do General Aldo.

A exemplo dos Panteras Negras, Aldo e seus correligionários se opõem à política de coexistência pacífica com os humanos defendida por César e têm ambições separatistas. O problema, como observa MacDonald em uma cena do filme, é que "o ódio de Aldo não se restringe aos humanos". Quando expressa suas ideias, o gorila soa como um nazista ("Somos uma elite! Uma super-raça"!). E ao assumir o controle da vila, suas primeiras medidas são aprisionar os humanos no curral (manifestando o desejo de restaurar as práticas escravistas do passado) e depor César pelas armas. A luta de Aldo, portanto, não é por justiça ou emancipação, mas por poder.

Em *Planet of the apes as american myth*, Eric Greene afirma que a conduta dos gorilas em *A batalha* é uma caricatura do "Black Power" inspirada no viés tendencioso do movimento divulgado pela mídia do período. Para o autor, a cena em que Aldo e seus companheiros se reúnem ao redor de uma fogueira e tramam a invasão ao arsenal reflete a ideia estereotipada que muitos espectadores da época tinham de uma reunião dos Panteras Negras. Porém, Aldo não tem apenas *uma* função alegórica em *A batalha*: o personagem certamente é uma caricatura do racismo reverso, mas também desempenha um papel importante na entrega da principal mensagem comunicada pelo filme, que não é política, mas moral.

Em entrevista concedida a Greene, Joyce Hooper Corrington admitiu que existia um medo generalizado na América quanto às ações dos Panteras Negras quando o roteiro foi escrito (e que isto pode ter tido uma influência na caracterização dos gorilas como nacionalistas ultrarradicais). Mas a autora enfatizou que *A batalha* não era um "tratado racial":

"Aldo representava a figura de Cain. Aquele predestinado à violência, que não consegue viver em um estado de natureza e é intrinsecamente inclinado para a violência e o poder."

"Ape has killed ape" - *Planet of the apes as american myth*

O PARAÍSO PERDIDO

De fato, há uma ressonância "bíblica" na história, tão perceptível que, em uma análise superficial, *A batalha* pode parecer um filme perfunctório que narra uma luta maniqueísta entre o "Bem" e o "Mal". Com seus pomares e pastagens abundantes, a vila dos macacos é uma perfeita retratação do Paraíso, assim como as catacumbas radioativas dos mutantes são uma versão *hi-tech* do inferno judaico-cristão. Porém, a moral do filme não é tão dualista quanto propõe sua iconografia: o maior dilema enfrentado por César não é frustrar a guerrilha dos mutantes, mas impedir que seu povo degenere no mesmo belicismo que levou a Humanidade à destruição.

O grande sonho do monarca chimpanzé – transformar a Terra devastada em um novo Jardim do Éden, no qual não existam o ódio e a violência (os quais ele julga serem característicos do Homem) – é posto em xeque quando César abre a proverbial "caixa de pandora": as latas de filmes contendo os depoimentos de Zira e Cornelius à comissão presidencial que os investigou em 1973. Ao descobrir que as ambições guerreiras dos gorilas levarão o planeta à destruição no século XL, o protagonista é obrigado a rever suas noções sobre "Bem" e "Mal".

Acatando uma ideia de Virgil, seu sábio lugar-tenente, César se dispõe a mudar a História tomando algumas atitudes no presente (como o fizera o Dr. Hasslein em *Fuga*, ao tentar impedir o seu nascimento). O que ele não percebe é que a sociedade dos macacos já nasceu fundamentada em rancor e intolerância: embora proclamem viver em paz e igualdade com os humanos, os símios negam-lhes qualquer autonomia. Os macacos estão no controle e é com indisfarçável revanchismo que exercem o poder. O surgimento de um líder fascista como Aldo no seio desta civilização não é uma aberração social, como pressupõe César. Aldo é apenas um catalizador do sentimento sobre o qual a nação símia foi erigida.

Apesar de seu caráter torpe, Aldo (como seu antecessor bíblico, Cain) ensina uma importante lição a seu povo: a de que todas as criaturas capazes de ascender à cúspide da evolução podem ser corrompidas pelo poder. É em nome do poder que Aldo mente, trapaceia, conspira e mata o filho de César, Cornelius. O crime é um divisor de águas na recém-nascida sociedade dos macacos, já que contraria a principal noção em que se baseia a alegada superioridade moral dos símios sobre o Homem: o mito de que "macaco não mata macaco". Quando este mantra é subvertido coletivamente (na cena em que a população do vilarejo incita César a perseguir e matar Aldo, vingando o assassinato de Cornelius), o comentário mais sábio é proferido por um dos homens presos no curral: "Acho que eles acabam de se juntar à raça humana."

A batalha não oferece uma conclusão muito satisfatória para a série. Em seus últimos segundos, a narrativa se desloca para um futuro distante, quando o Legislador conta a história de César a um grupo de crianças. O profeta orangotango afirma que, graças às reformas feitas por César naquela primeira sociedade pós-apocalíptica, macacos e humanos têm convivido em harmonia durante 600 anos. Ao término do relato, uma criança pergunta: "Legislador, quem sabe sobre o futuro?" O ancião responde: "Talvez, apenas os mortos". A última imagem do filme é o close-up de uma estátua de César vertendo uma lágrima enigmática.

O que esta imagem nos diz? Concretamente, nada. Os Corrington queriam que *A batalha* tivesse um desfecho mais otimista que os dos filmes anteriores e abraçaram a ideia defendida pelo Dr. Hasslein em *Fuga*: a de que a História pode ser mudada. Sob a óptica dos roteiristas, portanto, César conseguiu evitar aquele futuro catastrófico apresentado em *O planeta* e *De volta* ao refrear a animosidade dos gorilas e garantir à Humanidade os mesmos direitos concedidos aos símios (de fato, os últimos atos do personagem são libertar os humanos do curral e devolver as armas roubadas por Aldo ao arsenal). Mas Arthur Jacobs não entendia "como" a linha do tempo da série poderia se bifurcar em uma direção alternativa que não levasse à explosão da bomba Alfa & Ômega em *De volta*. A lágrima vertida pela estátua de César, assim, não foi uma ideia dos roteiristas, mas uma imposição do produtor[142].

Resta ao espectador interpretá-la como uma manifestação de júbilo ou de tristeza — e desta interpretação dependerá a compreensão de cada um sobre a cronologia dos filmes e a moral da série. Se for uma lágrima de júbilo, César foi bem bem-sucedido em seu plano de mudar a História: daqui para frente macacos e humanos viverão em harmonia em uma realidade "paralela" à dos dois primeiros longas; as espécies nunca chegarão a um conflito extremo e o mundo não será pulverizado pela bomba Alfa

---

142 Os diferentes pontos de vista dos roteiristas e do produtor Arthur Jacobs sobre o desfecho do filme foram revelados por Joyce Hooper Corrington em entrevista concedida a Eric Greene durante a preparação do livro *Planet of the apes as american myth*.

& Ômega. Por outro lado, se for uma lágrima de tristeza, não há salvação possível para o planeta: uma guerra apocalíptica entre gorilas e mutantes inevitavelmente ocorrerá no século XL, já que só existe *uma* realidade e qualquer tentativa de mudar o futuro não terá efeito prático na progressão da História.

A última interpretação é muito pessimista, pois sugere que as futuras gerações de símios não só apagarão dos registros históricos a lembrança de César como atribuirão a rebelião que ele liderou em *Conquista* a seu torpe inimigo em *A batalha*, Aldo (identificado por Cornelius como "o primeiro macaco que disse não" em uma cena de *Fuga*). Um "revisionismo" sombrio, que combina com a arbitrária sociedade de primatas dos primeiros filmes (dominada por orangotangos e gorilas que pareciam mais alinhados às ideias de Aldo que ao discurso democrático de César).

Mas não será o pessimismo um traço característico da série dos macacos? No documentário *Behind the planet of the apes*, Ricardo Montalbán observa que as conclusões dos primeiros filmes da franquia "não são felizes, embora o público as aceite, por serem verdadeiras". É um comentário perspicaz: em 1968, ao abraçar a premissa de *O planeta* e transformar a produção dirigida por Franklin Schaffner em um grande sucesso comercial, a plateia também abraçou o seu intrínseco pessimismo. E continuou a fazê-lo ao longo de quatro sequências progressivamente mais sombrias.

O espectador entendeu que a mensagem da série não era de esperança, mas de alerta: os filmes realizados entre 1968 e 1973 nos mostram que, se insistirmos em basear nossas escolhas em intolerância e preconceito, não estaremos construindo um futuro para nós. Estaremos cavando as nossas próprias sepulturas.

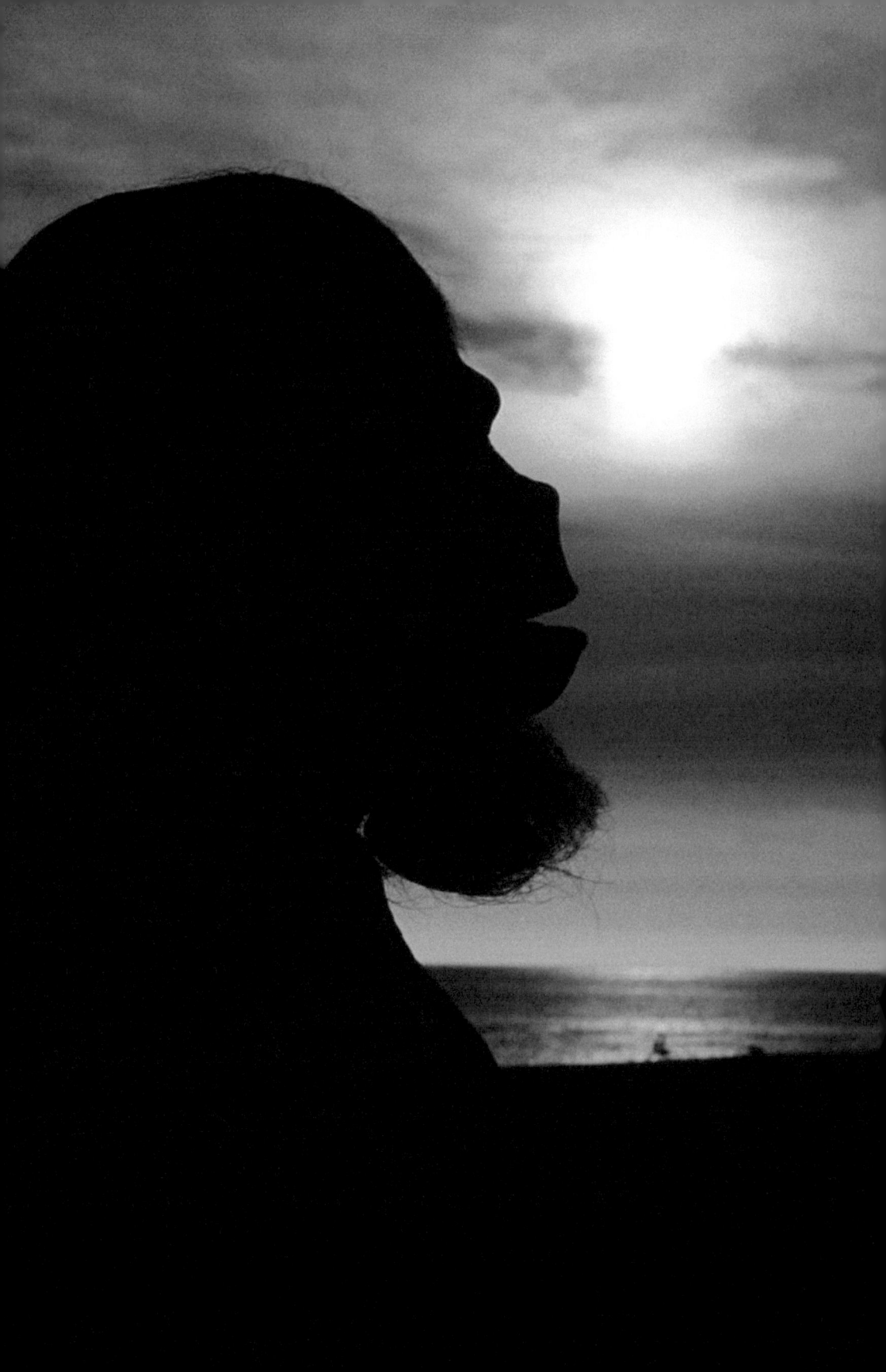

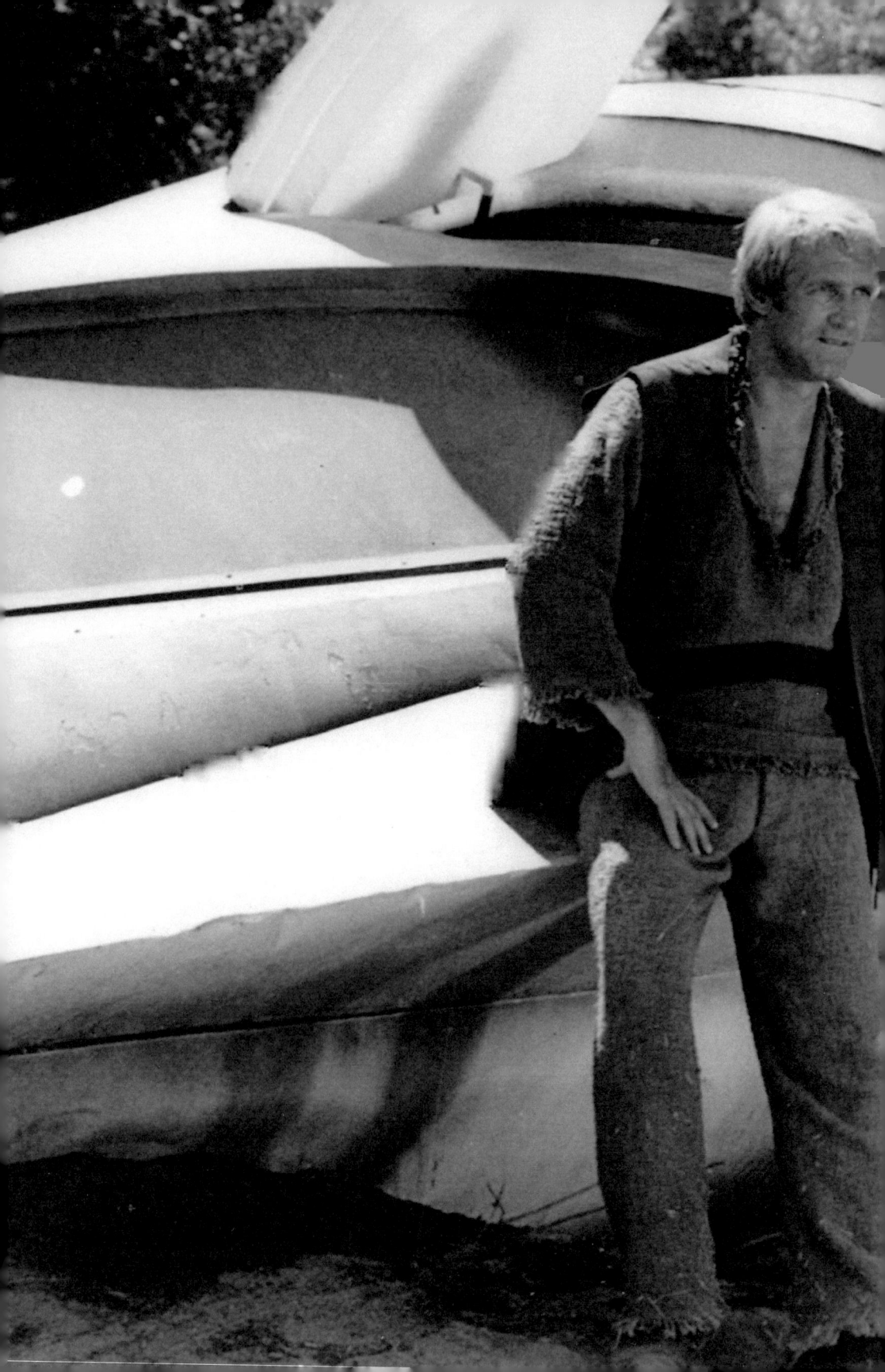

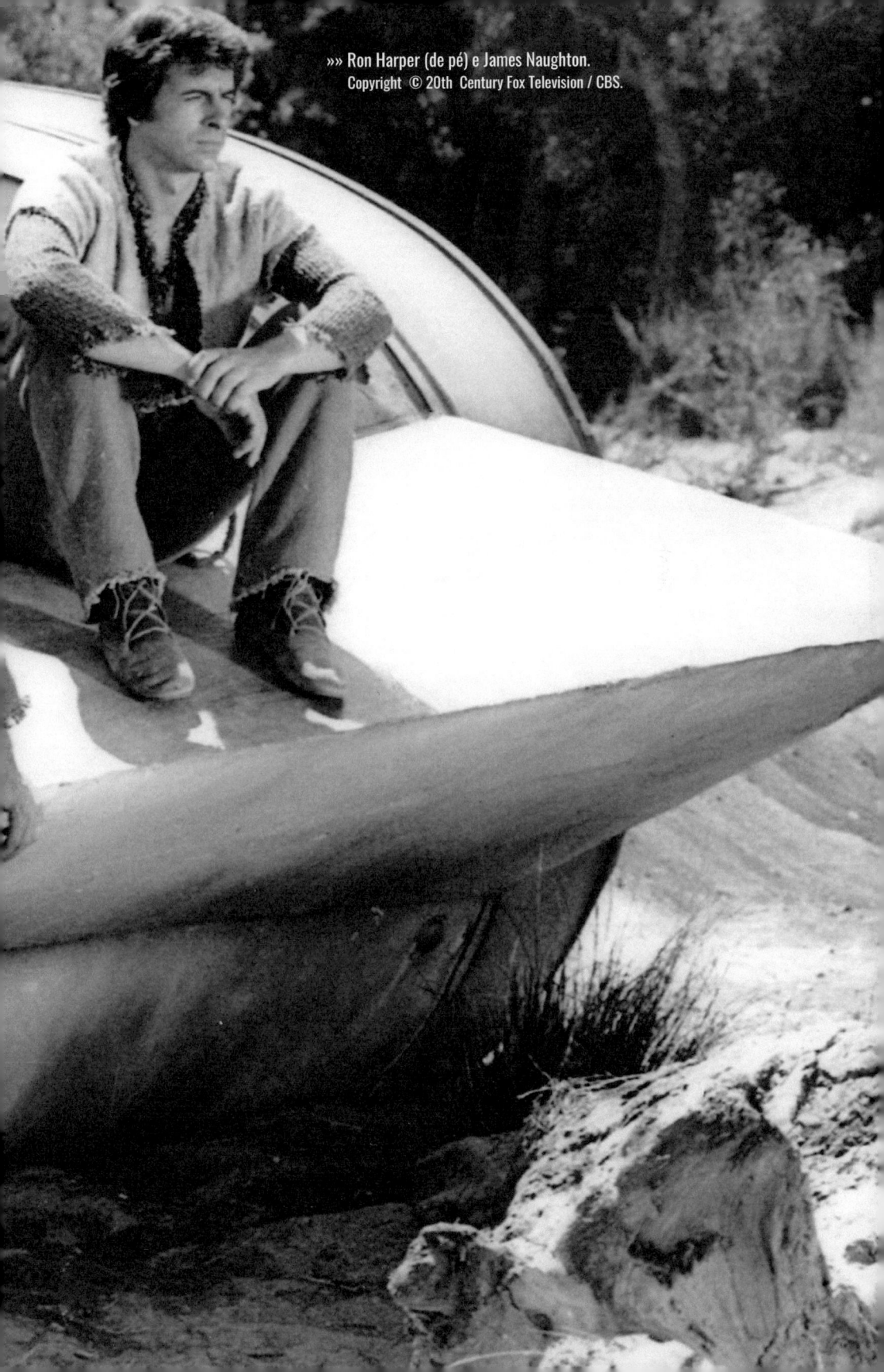

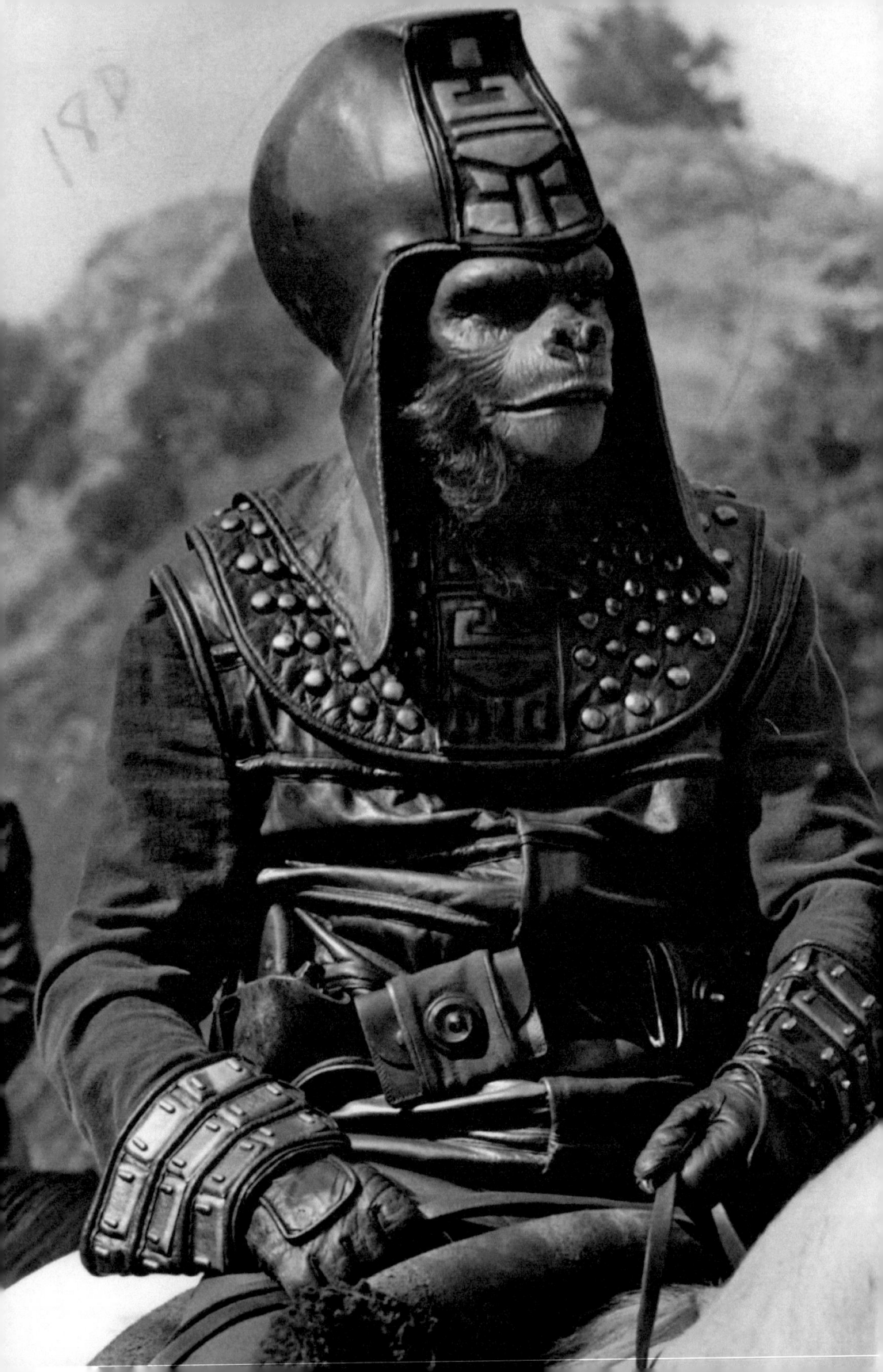

PLANETA DOS MACACOS (1974)

A série live action

GUIA DE EPISÓDIOS

FUGA DO AMANHÃ (ESCAPE FROM TOMORROW)

Após uma viagem exploratória ao sistema de Alfa Centauri, a nave *Probe Six*[143], pilotada pelos astronautas Alan Virdon (Ron Harper), Peter Burke (James Naughton) e Jones (ator não creditado), regressa à Terra. A queda do veículo é testemunhada pelo humano Farrow (Royal Dano) e por um jovem chimpanzé, Arno (Bobby Porter), que se apressa a reportar o fato ao pai, Veska (Woodrow Parfrey), prefeito da aldeia de Chalo. Intrigado, Farrow se aproxima da nave e abre a escotilha do veículo. Após constatar que Jones está morto, o humano resgata os astronautas sobreviventes e os esconde em um abrigo subterrâneo na floresta.

Alertados por Arno, o prefeito de Chalo e alguns soldados gorilas cavalgam até a nave. O prefeito aconselha Arno a manter segredo sobre o ocorrido. Ele diz ao filho que, se os humanos souberem que outros homens construíram e operaram aquela máquina, começarão a pensar que são superiores aos chimpanzés, orangotangos e gorilas que dominam o planeta. A mando de Veska, um dos patrulheiros vai à Cidade Central (a capital do poder símio) avisar o Conselheiro Chefe Zaius (Booth Colman) e o Chefe de Segurança Urko (Mark Lenard) sobre o pouso da nave.

No abrigo de Farrow, Virdon e Burke recobram a consciência. Farrow chega ao local pouco depois, trazendo roupas e alimentos para seus hóspedes, e os informa sobre a morte de Jones. Ignorando o apelo de Farrow para que permaneçam na segurança do abrigo, os recém-chegados decidem explorar a área circunvizinha. Após constatarem que a fauna e a flora locais são muito parecidas com as da Terra, Virdon e Burke quase são alvejados por um tiro. Atônitos, eles são perseguidos por patrulheiros gorilas armados

---

[143] Embora seja chamada de *Probe Six* na "bíblia" do seriado, o nome da espaçonave de Virdon e Burke nunca é mencionado nos episódios.

com rifles e montados em cavalos. Os dois conseguem despistar os macacos e voltam ao abrigo em busca de mais informações sobre o inusitado planeta onde se encontram.

Na Cidade Central, Zaius, Urko e o jovem chimpanzé Galen (Roddy McDowall) – que pleiteia o cargo de assistente de Zaius – discutem o perigo que a chegada da espaçonave de Virdon e Burke representa. Urko é a favor de localizar e executar os astronautas o mais rápido possível, antes que eles "contaminem" os humanos locais com suas ideias. Mas Zaius quer interrogar os viajantes antes de matá-los, alegando que isto lhes dará embasamento para combater outras ameaças parecidas que possam surgir no futuro. Zaius conta a Galen que, dez anos antes, outra nave pilotada por humanos aterrissou no planeta. A tripulação fora morta por Urko antes que o Alto Conselho a interrogasse. Para que o episódio não se repita, Zaius pede a Galen que acompanhe Urko em uma viagem à Chalo e o incumbe de trazer os astronautas com vida à Cidade Central.

Longe dali, Farrow explica a Virdon e Burke a hierarquia vigente no planeta: os macacos controlam a civilização e os homens são servos ou escravos dos símios. No esconderijo de seu anfitrião, os astronautas encontram um livro que aparenta ter centenas de anos, no qual veem uma foto de Nova York em 2503: de algum modo, a nave rompera a barreira do tempo enquanto eles viajavam no espaço. Virdon e Burke voltaram à Terra, mas em um futuro longínquo.

Na manhã seguinte, guiados por Farrow, os astronautas vão até a nave com o objetivo de consultar os relógios de bordo e descobrir em que época estão. Mas não conseguem se aproximar do veículo, que é vigiado por um gorila armado. Enquanto Farrow distrai o macaco, Virdon e Burke entram na nave e constatam que os controles foram depredados. Os relógios, porém, ainda funcionam e indicam que o ano corrente é 3085. A atenção de ambos é desviada pelo som de um tiro. Fora da nave, eles acham o corpo de Farrow, que fora executado pela sentinela. Em seguida, um pelotão chefiado por Urko e Galen cerca os viajantes e os prende. Antes que o grupo se ponha a caminho da Cidade Central, Galen avista o livro que estava em poder de Farrow e o esconde entre seus pertences. À noite, quando Urko e seus soldados acampam na floresta, o chimpanzé estuda o livro e fica fascinado com seu conteúdo. Ele questiona Virdon e Burke sobre o passado da Terra e os dois lhe confirmam que os humanos já tiveram uma civilização avançada.

Quando chegam à Cidade Central, os prisioneiros são levados à presença do Alto Conselho. Urko proclama que os astronautas são "inimigos do

Estado" e exige que sejam executados. Mas os outros conselheiros decidem poupá-los para futuros interrogatórios. Virdon e Burke são transferidos para a prisão local. Alimentando a esperança de voltar à sua época e ao seu lar, Virdon diz a Burke que talvez exista um computador funcional em alguma parte do planeta, o que lhes permitiria processar as informações de voo da *Probe Six* (armazenadas em um disco magnético) e reverter o "desvio do tempo" que os trouxe ao ano 3085. Burke, porém, acha que a ideia do amigo é impraticável.

À noite, Urko ordena a um guarda da prisão que facilite a fuga dos astronautas, o que lhes dará um precedente para matá-los. Horas depois, os prisioneiros percebem que a porta da cela está destrancada e fogem para a mata. Escondida atrás de um arbusto, a sentinela tenta alvejar os astronautas, mas é impedida por Galen. O chimpanzé e o gorila lutam e o soldado de Urko é morto com um tiro disparado pela própria arma. Virdon e Burke desaparecem na floresta, enquanto Galen é preso por Urko e acusado de traição.

Mais tarde, Zaius recebe duas visitas inesperadas: Virdon e Burke. Pesaroso, o orangotango lhes diz que será obrigado a executar Galen, já que eles o "infectaram" com suas ideias perigosas. O orangotango conta aos astronautas que, no passado, os humanos destruíram a Terra com armas nucleares. Por representarem um tempo em que a Humanidade era a espécie dominante e possuía uma tecnologia capaz de devastar o planeta, Burke e Virdon são uma ameaça à própria sobrevivência dos macacos. Tomando o conselheiro chefe como refém, os heróis retornam à prisão e libertam Galen.

Uma semana depois, os astronautas e Galen vão à espaçonave avariada e resgatam o disco magnético da *Probe Six*. Em seguida, os sons de cascos de cavalos anunciam a chegada iminente dos macacos. Zaius e um destacamento de soldados abordam a nave enquanto os fugitivos se escondem em um bosque. Uma explosão ecoa na mata, o que sugere que o veículo espacial foi destruído. O trio de heróis caminha em direção ao horizonte rumo a uma série de aventuras.

OS GLADIADORES (THE GLADIATORS)

Determinado a recapturar os astronautas, Urko envia um de seus soldados, Jasão (Pat Renella), ao vilarejo de Kammack, onde os fugitivos podem estar escondidos. Enquanto isso, nas cercanias de Kammack, Virdon e Burke testemunham uma briga entre dois aldeões, Tolar (William Smith) e Dalton (Marc Singer). Os heróis tentam ajudar Dalton, que leva a pior no combate, sem saber que Tolar e Dalton são pai e filho e que a luta é parte de seu treinamento para os "Jogos Humanos de Kammack" (uma versão futurista das lutas greco-romanas). Tolar e Dalton atacam os astronautas, que batem em retirada. Durante a fuga, Virdon deixa cair o disco magnético da nave, que é encontrado pelo prefeito da vila, o chimpanzé Barlow (John Hoyt).

Burke e Galen se opõem à ideia de resgatar o disco, mas Virdon se recusa a deixá-lo para trás – o objeto é sua única esperança de regressar ao século XX. Quando a noite cai, Galen bate à porta de Barlow e se apresenta como um arqueólogo da Cidade Central, o que desperta a curiosidade do prefeito. Antes que Galen consiga recuperar o disco, Virdon e Burke são localizados e presos pelas sentinelas do vilarejo. Na manhã seguinte, Galen descobre qual será o destino de seus amigos: ambos terão que lutar nos Jogos Humanos de Kammack (criados por Barlow para canalizar de forma positiva a agressividade do Homem).

Burke é levado a uma arena, onde é forçado a enfrentar Tolar. Quando o gladiador está prestes a vencer a luta, Burke vira o jogo e derrota o campeão do vilarejo. A plateia pede o sangue de Tolar e uma espada é atirada aos pés de Burke. Contrariando as expectativas do público, porém, o astronauta recusa-se a matar seu oponente, o que deixa os espectadores enfurecidos. Quando estes invadem a arena, determinados a linchar Burke, Jasão chega ao vilarejo. Galen o reconhece e, junto com Burke, aproveita a confusão para fugir da cidade. Os dois se escondem em um bosque próximo à aldeia.

Jasão repreende Barlow, cuja negligência facilitou a fuga de dois inimigos do Estado. Adepto de métodos mais contundentes para lidar com humanos, o gorila vai à cela de Virdon e ameaça usar a força para fazê-lo revelar o paradeiro de seus amigos. Barlow intercede a favor do astronauta e impede que o soldado o agrida. Enfurecido, Jasão promete contar a Urko os absurdos que presenciou em Kammack, o que fará Barlow perder seu título. Porém, após refletir melhor, o militar decide usar a política de Barlow a seu favor: ele sugere ao prefeito que Virdon seja o próximo desafiante a lutar na arena, uma manobra que deixará a população de Kammack satisfeita e, ao mesmo tempo, dará cabo da vida do astronauta.

Perto dali, Tolar lamenta a própria sorte com o filho. Ele está envergonhado por ter sido poupado pelo adversário, ao invés de morrer como um herói. O gladiador fica furioso quando Burke e Galen lhe pedem ajuda para libertar Virdon. Tolar não dá ouvidos aos fugitivos, mas Dalton (um partidário do Pacifismo) concorda em ajudá-los. Porém, antes que possam pôr em prática uma ação de resgate, o prefeito comunica Dalton que ele enfrentará Virdon na arena dentro de algumas horas. Quando Dalton se recusa a lutar, Barlow ordena que o rapaz seja preso.

220

Tolar, Burke e Galen vão à prisão e libertam Virdon e Dalton. O grupo está prestes a deixar a cidade quando é avistado por Jasão. Tolar e o soldado gorila se atracam e ambos morrem durante o combate. Horas depois, Barlow vai ao encontro dos fugitivos e devolve a Virdon o disco magnético da *Probe Six*. O prefeito admite que os Jogos Humanos de Kammack são um erro e lhes deseja boa sorte. Virdon, Burke e Galen convidam Dalton a se juntar a eles em suas viagens, mas o rapaz decide permanecer em Kammack, onde propagará o ideal do Pacifismo.

A ARMADILHA (THE TRAP)

Urko viaja por províncias distantes à procura de Virdon, Burke e Galen. Os fugitivos foram vistos perto da aldeia de Newmai e nem os violentos terremotos que assolam a região o convencem a desistir da busca. Encurralados entre a polícia local e as tropas de Urko, os astronautas e Galen se refugiam em Newmai, onde são acolhidos pela família de Miller (John Milford). Seu anfitrião os informa sobre a existência de uma antiga cidade humana nas proximidades do vilarejo. Virdon convence Burke e Galen a explorar o lugar, no qual talvez encontrem alguma tecnologia funcional do século XX que lhes permita processar as informações contidas no disco magnético.

Urko e seus soldados se dirigem para Newmai, onde interrogam Miller e descobrem o paradeiro dos fugitivos. Mais tarde, enquanto percorrem as ruas da cidade em ruínas, os astronautas e Galen são atacados pelos gorilas. Urko usa uma corda para laçar Burke, mas a região é abalada por um tremor de terra e o chefe de segurança e o humano desaparecem em uma cratera no solo, caindo desacordados nos escombros de uma estação de metrô. Em seguida, a lateral de um prédio desaba e ambos são soterrados. Galen conta a Virdon o que houve com Burke e, esperançosos, os fugitivos propõem uma trégua aos guardas de Urko, argumentando que, se trabalharem juntos, poderão salvar seus respectivos companheiros. A contragosto, o gorila Zako (Norman Alden) concorda em fazer uma aliança temporária com o astronauta e seu amigo chimpanzé. Enquanto isso, no subsolo, Burke investiga os destroços da estação metroviária e descobre que a cidade onde se encontra é a antiga São Francisco, arrasada por uma guerra nuclear ocorrida há mil anos.

Urko desperta e tenta agredir seu oponente, mas Burke convence o gorila de que ambos precisam unir forças para sobreviver: se não encontrarem um meio de voltar à superfície, eles ficarão sem ar em poucas horas.

Por precaução, o astronauta tenta manter seu temperamental adversário longe de um velho cartaz do Zoológico de São Francisco, ainda colado em uma parede da estação, no qual se vê a imagem de um gorila enjaulado. Utilizando o Código Morse, Virdon se comunica com Burke para avisar ao amigo que o socorro está a caminho. Com relutância, Zako promete a Virdon que eles serão libertados se Urko for resgatado.

Enquanto seus companheiros trabalham na superfície, construindo uma estrutura para içar o bloco de concreto que obstruiu a cratera, Burke e Urko fabricam uma precária plataforma com vigas de aço encontradas nas ruínas. Ao procurar por fios de cobre para amarrá-las, Urko vê o cartaz do zoológico na parede da estação. Humilhado, o gorila se apodera do cartaz e decide matar Burke com um pedaço de metal pontiagudo antes que os dois retornem ao mundo exterior. Virdon, Zako e Galen finalmente removem o entulho acumulado sobre a cratera e jogam uma corda para Burke e Urko.

Brandindo o seu punhal improvisado, Urko investe contra Burke. Ao perceber que a fúria do gorila foi despertada pela visão do cartaz, o astronauta zomba da condição inferior dos macacos no século XX e instiga o outro a atacá-lo. Ao fazê-lo, Urko finca sua arma no soquete de uma bateria solar empunhada por Burke e leva um choque. O gorila perde os sentidos e Burke aproveita para amarrá-lo à corda, pedindo a Virdon que o ice à superfície. Em seguida, o astronauta também escapa da câmara subterrânea. Ao recobrar a consciência, o chefe de segurança ordena a Zako que mate os fugitivos. Mas Zako fez um acordo com Virdon e Galen e pretende cumpri-lo.

Urko volta a desmaiar e Zako incumbe os outros patrulheiros de levá-lo a um hospital. Quando o grupo se afasta, o gorila dispara três vezes para o alto com o intuito de convencer os colegas de que executou os fugitivos. Quando Virdon, Burke e Galen deixam a cidade, Zako avista o cartaz que Urko trouxe do subsolo. Ao desdobrá-lo, sente a mesma indignação de seu comandante e o destrói. No dia seguinte, Burke pondera sobre as razões que levaram Zako a desobedecer a uma ordem direta de Urko. Galen lhe pergunta se ele cumpriria uma ordem que soubesse ser errada e, diante da negativa do amigo, retruca, bem-humorado: "Você não acha que é melhor do que um gorila, acha?"

AS BOAS SEMENTES (THE GOOD SEEDS)

Às margens de um rio, patrulheiros gorilas encontram vestígios da passagem de Virdon, Burke e Galen. Os soldados tentam seguir o rastro dos fugitivos, mas nuvens cobrem a lua ao cair da noite e dificultam a perseguição. Convencidos de que os "espíritos da floresta" os impedem de cavalgar, os gorilas levantam acampamento e decidem esperar por uma melhora no tempo. Milhas à frente, Virdon, Burke e Galen continuam a avançar pelo território guiando-se por uma bússola artesanal. Mas Galen sofre uma queda e fratura a perna, o que obriga os astronautas a construí-rem uma maca para carregar o amigo.

Na manhã seguinte, os três chegam à fazenda de um agricultor chim-panzé, Polar (Lonny Chapman). Virdon e Burke pedem ajuda ao fazendeiro e à sua esposa, Zantes (Jacqueline Scott). Os filhos mais novos do casal, Jillia (Eileen Dietz) e Remus (Bobby Porter), ficam empolgados por terem hós-pedes na casa. Mas o primogênito, Anto (Geoffrey Duel), não partilha desse entusiasmo. Anto espera pelo nascimento de um bezerro, o que lhe permitirá ter a própria granja, e sabe que os humanos são um "mau agouro" para as vacas (além de serem carnívoros, o que põe em risco os animais da fazenda).

Galen é acomodado em um dos quartos da propriedade, e Virdon e Burke, no celeiro. Polar diz aos astronautas que eles precisarão trabalhar em troca de estadia. Os heróis aceitam a proposta, especialmente após um patrulheiro local visitar a granja e notificar a família de Polar de que há humanos foragidos no território — eles deverão alertar a polícia, se os avistarem. Para conquistar a simpatia de seus anfitriões, Virdon (um ex-fazendeiro) usa seus conhecimentos sobre agricultura para promover melhorias no sítio. Com a ajuda de Burke, ele constrói um elevador manual para o transporte de feno, um moinho de vento e até um chuveiro para a família de Polar.

Incomodado com as presenças de Virdon e Burke na granja, Anto decide delatá-los à polícia. Certa noite, enquanto Virdon convence Remus a utilizar as melhores espigas para o plantio, ao invés de comê-las ou usá-las para fabricar farinha, o chimpanzé vai à guarnição militar mais próxima e pergunta se há recompensa pela entrega de humanos foragidos. Os soldados lhe dizem que denunciar fugitivos é dever de qualquer cidadão e o mandam voltar para casa. Na manhã seguinte, enquanto se banham no chuveiro da fazenda, Virdon e Burke são avistados por um patrulheiro, que se apressa a reportar o fato a seus colegas de guarnição. Ao saber que os astronautas foram localizados, Urko e um de seus guardas de confiança cavalgam para o distrito onde vive a família de Polar.

Nesse meio-tempo, a vaca de Anto entra em trabalho de parto. O bezerro está "virado" no ventre da mãe, o que dificulta o nascimento da cria, mas Virdon já lidou com esta situação e se oferece para realizar o parto. Anto fica exultante quando a vaca dá à luz dois bezerros machos. Porém, antes que a família possa celebrar o nascimento das crias, Urko e três cavaleiros gorilas chegam à granja. Virdon, Burke e Galen se escondem no celeiro, enquanto Polar, Zantes e seus filhos vão falar com as autoridades.

Um dos patrulheiros diz a Urko que viu humanos se banhando no chuveiro da fazenda. Anto afirma que a sentinela o confundiu com um humano, já que seu passatempo é divertir a família com suas "imitações" de homem. Para convencê-los, Anto cobre a face com farinha e passeia diante dos gorilas, ereto, imitando o andar de um humano. Em seguida, no chuveiro, o chimpanzé enxágua o rosto e explica que aquele é o método pelo qual ele remove o seu "disfarce". Desconfiado, Urko ordena a um dos soldados que reviste o celeiro. Ao avistar os bezerros recém-nascidos, o patrulheiro diz a Urko que, se houvesse humanos na granja, as crias já teriam sido devoradas. À noite, Virdon, Burke e Galen deixam a fazenda sob as bênçãos da família de Polar.

A HERANÇA (THE LEGACY)

Perseguidos pelos soldados de Urko, Virdon, Burke e Galen chegam às ruínas de Oakland — agora, uma cidade fantasma habitada por humanos que vivem em condições de extrema pobreza. Para manter a população local sob controle, cavaleiros gorilas fazem rondas periódicas pelas ruas. Evitando um desses pelotões, os fugitivos se escondem em um edifício que, no passado, foi um instituto de ciências, onde encontram um projetor holográfico do século XX. Virdon pressiona um botão da máquina e a imagem de um ancião (Jon Lormer) surge diante deles. A gravação foi feita séculos atrás, quando os humanos ainda dominavam o planeta.

A imagem holográfica informa que, em vista do iminente fim da civilização, os cientistas decidiram preservar a Cultura humana por meio de bancos de conhecimento instalados em todas as grandes metrópoles da Terra, o que inclui Oakland. Antes que Virdon e Burke possam descobrir onde fica o banco de conhecimento local, a gravação oscila e é interrompida. A bateria do aparelho se esgotou, mas os astronautas acham que podem fabricar uma nova se encontrarem os materiais necessários no entulho da cidade.

Enquanto juntam pedaços de cobre e outros ingredientes para construir a bateria, os heróis são localizados por uma patrulha gorila. Galen e Burke conseguem fugir, mas Virdon fratura a perna e se refugia no abrigo de uma mulher maltrapilha, Amy (Zina Bethune). O astronauta é delatado aos gorilas pelo garoto Kraik (Jackie Earl Haley), que informa sua localização em troca de rações de comida. Urko e Zaius são notificados sobre a captura de Virdon e partem rumo à cidade para interrogar o prisioneiro.

Embora Urko seja contrário à ideia, Zaius insiste que Virdon deve ser mantido vivo até revelar a localização de Burke e Galen. Sabendo que os humanos são suscetíveis ao conceito de família, Zaius ordena que o astronauta seja preso junto com Amy e Kraik em um "castelo medieval" que, no passado, pertenceu a um excêntrico magnata da indústria petrolífera. Kraik é persuadido a agir como informante dos macacos quando estes lhe prometem mais rações de comida. O orangotango está certo de que, com o tempo, Virdon começará a enxergar a mulher e o garoto como sua família e lhes contará coisas que nenhuma tortura de Urko poderia extrair. Enquanto isso, no instituto de ciências, Burke e Galen reúnem os materiais encontrados nas ruínas e começam a construir a bateria.

A teoria de Zaius logo se mostra correta: na prisão, Virdon se afeiçoa a Amy e Kraik e lhes conta sobre o projetor que ele e seus amigos encontraram no instituto de ciências. Kraik passa a informação aos gorilas, mas se arrepende do que fez assim que concretiza a traição. O garoto diz a Virdon que Burke e Galen estão em apuros e ajuda o astronauta e Amy a escaparem do castelo. Em seguida os três vão ao instituto de ciências, onde constatam que Burke e Galen cumpriram a missão: alimentada por uma nova bateria, a máquina é posta em funcionamento e volta a reproduzir sua mensagem. Antes que a projeção revele a localização do banco de conhecimento local, Urko, Zaius e um destacamento de gorilas chegam ao edifício guiados pelas informações de Kraik. Virdon desliga a máquina e se esconde atrás de uma coluna junto com Amy e Kraik.

Zaius aciona o projetor e a gravação é reproduzida até o fim. De seu esconderijo, Virdon ouve a voz do ancião anunciar que o banco de conhecimento de Oakland está oculto no subsolo da estação ferroviária da cidade. Zaius e Urko cavalgam para lá, mas Virdon e seus amigos conseguem chegar à estação antes dos macacos por meio de um atalho subterrâneo. Virdon reencontra Burke e Galen, que acabam de colocar em funcionamento uma sofisticada rede de computadores, e lhes diz que todos precisam abandonar o lugar às pressas, já que Urko e Zaius estão a caminho.

Os macacos chegam ao local pouco depois e ficam perplexos com a visão dos computadores operantes. Urko pede a Zaius que o deixe usar aquela tecnologia, mas o orangotango o convence de que o conhecimento humano pode ser perigoso quando escapa ao controle. Os computadores, assim, são queimados pelos gorilas. Dias depois, Virdon, Burke, Galen e seus novos amigos chegam à fazenda onde vive o cunhado de Amy. A garota decide se fixar ali e acolhe Kraik como a um filho adotivo. Os heróis se despedem da mulher e do garoto e partem rumo a novas aventuras.

A MARÉ DE AMANHÃ (TOMORROW'S TIDE)

Virdon, Burke e Galen resgatam do mar um ancião que foi amarrado a uma jangada de madeira e entregue aos tubarões. Os astronautas libertam Gahto (John McLiam) e o escondem em uma caverna. No pulso do homem, Virdon e Burke veem um bracelete de ferro e concluem que ele fugiu de um campo de trabalhos forçados. Os heróis decidem dar uma volta pelas redondezas e descobrir se Gahto tem parentes à sua procura. Galen fica encarregado de vigiá-lo.

Avançando pela orla, Burke e Galen veem escravos humanos entregues a atividades pesqueiras. Sentinelas gorilas armadas com rifles os vigiam. O mar ao redor é infestado de tubarões e os astronautas notam que todos os prisioneiros usam braceletes idênticos ao de Gahto. Os heróis são vistos por um gorila, que rende a dupla e a leva à cabana do administrador do campo, o chimpanzé Hurton (Roscoe Lee Browne). Temendo que os macacos descubram suas verdadeiras identidades, Virdon e Burke dizem que são exímios pescadores e vieram ao campo oferecer seus serviços. Hurton afirma que ambos terão que provar a própria coragem nadando sob uma faixa de fogo. Se cumprirem o desafio, serão integrados às turmas de trabalho.

Para surpresa de Hurton, os astronautas se saem bem na tarefa e são admitidos como pescadores. Intuindo que seus companheiros estão em apuros, Galen recomenda a Gahto que permaneça na caverna e vai atrás deles. O chimpanzé vê os astronautas entre os trabalhadores da vila e percebe o que está acontecendo. Ele conversa com Hurton e diz que Virdon e Burke são seus servos, mas o administrador do campo não está disposto a abrir mão dos novos pescadores. Hurton informa que ambos participarão de um segundo teste na manhã seguinte, o que deixa Galen apreensivo: agora os astronautas terão que enfrentar e matar um tubarão sem usar lanças ou arpões.

226

Na hora do teste, Galen se aproxima dos prisioneiros e lhes entrega uma faca. Vigiados por Hurton, Virdon e Burke entram no mar e, usando a lâmina de Galen, conseguem desempenhar a proeza, emergindo do oceano com um tubarão branco como troféu. Recebidos como heróis, eles são informados de que em breve participarão da "cerimônia de marcação", quando ganharão braceletes iguais ao de Gahto.

Galen volta a reclamar a posse de seus servos e Hurton o aconselha a discutir a questão com o seu superior, que chegará ao campo nos próximos dias: o orangotango Bandor (Jay Robinson), encarregado de supervisionar as áreas de produção. Enquanto isso Virdon e Burke participam das atividades no campo e roubam as cordas das carroças utilizadas no transporte do pescado. O objetivo da manobra é construir uma rede de pesca que aliviará a rotina de trabalho dos escravos e permitirá aos pescadores idosos permanecerem vivos quando deixarem de ser produtivos (ao invés de serem entregues aos tubarões, como Gahto).

Dias depois, Bandor chega ao campo e solicita a Hurton um relatório de produção. O chimpanzé se queixa da falta de recursos para administrar a instalação e confessa que não houve tempo para treinar novos pescadores antes que os velhos fossem descartados — mas, para melhorar sua situação aos olhos do chefe, diz que uma dupla de excelentes pescadores se juntou às turmas de trabalho locais "como se tivesse sido enviada pelos deuses". No momento da cerimônia de marcação, os guardas não encontram Virdon e Burke entre os prisioneiros. Os símios se dirigem à praia e veem os astronautas à beira-mar. Ambos acabam de concluir uma grande pescaria utilizando sua nova rede de pesca, um macete desconhecido pelos macacos.

Galen se apresenta a Bandor e diz que a rede é uma invenção de Gahto. De agora em diante nenhum humano idoso terá que ser sacrificado e os índices de produção aumentarão bastante, já que os homens pescarão toneladas de peixes em poucas semanas. Hurton propõe uma celebração, mas Galen e os astronautas dizem que antes querem mostrar a Bandor um novo truque. Eles pedem que o orangotango segure a ponta de uma corda atada a uma roldana que carregam consigo e, a bordo de uma jangada, afastam-se da praia até desaparecerem atrás de um recife. Percebendo que foi enganado, Bandor ordena que os gorilas atirem nos fugitivos. Mas Virdon, Burke e Galen já reconquistaram sua liberdade.

O CIRURGIÃO (THE SURGEON)

Virdon é baleado por um patrulheiro gorila, o que obriga Galen a voltar à Cidade Central e pedir ajuda à médica Kira (Jacqueline Scott), com ele quem teve um romance no passado. Kira nunca perdoou Galen por tê-la abandonado quando estavam prestes a se casar e, no momento, está comprometida com um colega de profissão, o Dr. Leandrus (Martin E. Brooks). Mas a chimpanzé ainda é apaixonada por Galen e concorda em operar Virdon, apesar do risco de ser presa e acusada de traição.

Para levar o astronauta ferido ao hospital, Galen e Burke atacam um soldado gorila e roubam sua carroça. Fazendo-se passar por um amigo de Kira, Galen chega ao centro médico acompanhado por Burke e Virdon, os quais apresenta como seus servos. Os astronautas são levados para o dormitório dos humanos e Virdon é acomodado na única cama do lugar. O chefe do dormitório é o humano Travin (Michael Strong), cuja filha, Arina (Jaime Smith Jackson), tem a reputação de ser "maligna". Anos atrás, Arina doou sangue ao próprio irmão na primeira tentativa de transfusão realizada pelos macacos. A experiência fora um fracasso e o rapaz morrera. Desde então, com a anuência de Travin, Arina passou a ser hostilizada pelos outros humanos. Ninguém se dirige a ela pelo nome – no hospital, ela é conhecida apenas como "a garota".

Kira diz à Galen que as diferenças entre as fisiologias do Homem e do Macaco poderão ser um problema na hora de operar – ela só realizou este procedimento em símios. Assim, Galen e Burke vão atrás de um antigo livro sobre anatomia humana que o chimpanzé se lembra de ter visto na biblioteca de Zaius. Passando-se por médico e alegando que o conselheiro chefe sofreu um ataque cardíaco, Galen engana as sentinelas que vigiam a casa de Zaius e se apodera do livro. Nesse meio tempo, Urko começa a desconfiar que seus inimigos mais procurados estejam por perto, já que um de seus soldados afirma ter sido atacado por um homem e um chimpanzé.

Kira, Galen e Burke concluem que Virdon precisará de uma transfusão de sangue durante a cirurgia, por estar muito debilitado. Mas a técnica passou a ser considerada "antinatural" pelos macacos desde a malsucedida experiência com os filhos de Travin. Mesmo assim Burke faz testes em todos os humanos do hospital e descobre que Arina tem um tipo de sangue compatível com o de Virdon. Burke convence Arina a cooperar, explicando à garota que a transfusão anterior falhou porque seu sangue era quimicamente incompatível com o do irmão.

Horas depois, Kira inicia operação. Ao longo do processo ela se orienta pelas informações contidas no livro de Medicina roubado do gabinete de Zaius, o qual Burke consulta de tempos em tempos. A súbita chegada do Dr. Leandrus ao centro cirúrgico deixa o grupo apreensivo. O médico fica surpreso ao constatar que eles estão fazendo uma transfusão de sangue e estranha o fato do paciente ser um humano. Temendo que Leandrus os denuncie às autoridades, Galen o ameaça com um bisturi e o impede de deixar o centro cirúrgico. A operação é retomada e Leandrus fica fascinando ao constatar que a transfusão de sangue está dando certo.

No gabinete de Zaius, o conselheiro chefe e Urko discutem o roubo do livro. Para o orangotango, este é um "delito menor", mas Urko pensa diferente: o gorila repreende Zaius por guardar livros proibidos em casa e o adverte de que, se os humanos tiverem acesso a esses volumes, poderão se revoltar contra seus mestres e até escravizá-los. O chefe de segurança pergunta se o ladrão levou um livro de política humana ou um manual de guerra. Zaius o tranquiliza dizendo que a obra roubada era um volume de Medicina. Urko, então, decide investigar o hospital.

A operação em Virdon é concluída com sucesso. Porém, assim que a bala é extraída, Leandrus ouve os sons de cascos de cavalos trotando no pátio do hospital. Urko e seus gorilas invadem o prédio em busca de Galen e dos astronautas, mas Leandrus os convence a protelar a revista ao centro médico afirmando que suas dependências estão infectadas por uma "peste" mortal. Na manhã seguinte, após se despedirem de Kira e Arina, Virdon, Burke e Galen partem em viagem.

O LOGRO (THE DECEPTION)

À beira-mar, um grupo de macacos conforta a chimpanzé Fauna (Jane Actman), que chora a morte do pai, Luciano, supostamente assassinado por humanos. Entre os símios solidários está o gorila Perdix (Baynes Barron), o chefe de polícia local. Preocupado com as ações violentas dos Dragões — um bando de macacos mascarados que perseguem e matam humanos —, Perdix adverte os presentes de que os assassinos de Luciano, quando capturados, serão julgados e punidos de acordo com a Lei.

Perto dali, Virdon, Burke e Galen desfrutam da hospitalidade de Jasko (Hal Baylor), um dos agricultores humanos locais. Jasko conta aos recém-chegados sobre os Dragões, explicando que Perdix e a polícia do distrito não têm obtido sucesso em sua luta contra os justiceiros. Mais tarde, enquanto os astronautas e Galen pescam em um riacho, Jasko é morto pelos Dragões. Um dos integrantes do bando é Sestus (John Milford), o tio de Fauna. Ao encontrarem o corpo de Jasko, Virdon, Burke e Galen decidem desmascarar os Dragões e entregá-los à Justiça.

Os três conhecem Fauna, que é cega e não se dá conta de que Virdon e Burke são humanos. Fauna oferece estadia aos estranhos e os acomoda na fazenda onde vive com o tio. Entretanto, eles deixam o lugar às pressas quando ouvem o som da carroça de Sestus entrar na fazenda. Para justificar a partida prematura, Burke diz a Fauna que ele e seus amigos são procurados pela polícia por terem lido livros censurados, o que os colocou em apuros com o Ministério do Conhecimento. Fauna insiste que eles fiquem por mais tempo e os convence a se esconderem em uma caverna próxima ao sítio. Impressionada com a voz de Burke — muito parecida com a de alguém que ela amou no passado —, a chimpanzé pede ao astronauta que a deixe "vê-lo" com as mãos. Por saber que Fauna teme os humanos, Galen se interpõe entre eles e oferece a própria face ao seu toque.

Mais tarde, Galen faz amizade com Sestus e descobre que ele é um dos Dragões. Vendo uma oportunidade de se infiltrar na organização, Galen diz ter sido assaltado por humanos quando chegou ao distrito. O chimpanzé observa que o lugar precisa de lei e ordem e afirma já ter pertencido a um grupo de justiceiros com os mesmos objetivos dos Dragões. Isto o faz ganhar a simpatia de Sestus, que promete indicá-lo como membro na próxima reunião do bando. Horas depois, de volta à fazenda, Galen conversa com Fauna, que lhe confessa estar apaixonada por Burke. Para poupá-la de uma decepção, o chimpanzé vai à caverna e exige que Burke encontre um meio de contar à sua anfitriã que ele não é um macaco.

O astronauta não quer magoar Fauna, mas tampouco pode correr o risco de lhe dizer toda a verdade a seu respeito. Ele tenta explicar à chimpanzé a impossibilidade de um relacionamento entre ambos contando-lhe a história bíblica dos irmãos Esaú e Jacó: para conseguir a bênção do pai, Isaac (que era cego e tinha uma grande admiração por Esaú, um caçador forte e peludo), Jacó cobrira a mão com um pedaço de pele de cabra e se fizera passar pelo irmão. Fauna diz estar confusa quanto ao sentido da história e Burke confessa que ela foi enganada — não com más intenções, mas por "necessidade desesperada". O astronauta diz a Fauna que ele e seus amigos deixarão o distrito em breve e a aconselha a esquecê-lo.

Burke e Virdon vão à guarnição de polícia local e procuram por Perdix, com o objetivo de levá-lo ao ponto de encontro dos Dragões. Mas são presos pelo chefe de polícia, que não acredita que humanos possam saber mais sobre os assassinos mascarados do que ele. Enquanto isso, Galen é nomeado Dragão em uma cerimônia presidida pelo líder da organização. O chimpanzé afirma ter visto os humanos que o assaltaram perto da fazenda de Sestus e sugere que o grupo os cace antes que fujam do distrito. O chefe do bando diz que será impossível encontrar os humanos à noite e convoca uma reunião extraordinária dos Dragões para a manhã seguinte, à beira-mar. Em seguida, Galen vai à guarnição de polícia e avisa Perdix que os justiceiros poderão ser presos em flagrante dentro de algumas horas.

Perdix e Virdon cavalgam até a praia e surpreendem os Dragões em plena atividade. Perdix dá voz de prisão ao bando, liderado por Zon (Pat Renella) – ninguém menos que seu assistente na guarnição de polícia. Zon ameaça matar Perdix, mas Sestus se opõe a esta ideia, afirmando que eles já foram longe demais. Zon diz que matará qualquer um – humano ou macaco – que se intrometa nos assuntos da organização. De repente, um grito soa na praia: enquanto passeava pela orla, Fauna caíra de um rochedo e se precipitara no oceano.

Burke e Virdon resgatam Fauna e a levam até a praia. Ao tocar o rosto de Burke e constatar que ele é um humano, a chimpanzé fica horrorizada. Sestus diz à sobrinha que não há razão para temer os forasteiros, já que eles arriscaram as próprias vidas para salvá-la. Envergonhado, ele também confessa que o verdadeiro assassino de Luciano é Zon, que desaprovava a amizade do pai de Fauna com os humanos do distrito. Com a prisão do líder dos Dragões, a organização é dissolvida. No dia seguinte, Virdon, Burke e Galen se despedem de Fauna. Burke se desculpa por tê-la enganado, beijando-a no rosto.

A CORRIDA DE CAVALOS (THE HORSE RACE)

O passatempo de Urko é organizar corridas de cavalos contra prefeitos de pequenos distritos, sempre recorrendo a trapaças para assegurar a própria vitória. O Prefeito Barlow (John Hoyt) – ex-administrador de Kammack, agora responsável pela vila de Venta – é a próxima vítima do chefe de segurança. Alheios ao que acontece nos altos escalões da política símia, os astronautas e Galen chegam a Venta e se tornam hóspedes do humano Martin (Morgan Woodward), o ferreiro local, e de seu filho, Gregor (Meegan King), um exímio cavaleiro.

Certa manhã, enquanto Virdon e Burke trabalham na oficina de Martin, soldados de Urko vão à casa do ferreiro avisá-lo de que o chefe de segurança participará de uma corrida no vilarejo. Martin é incumbido de selar o cavalo de Urko. Os soldados também perguntam a Martin se ele está a par de rumores sobre um jovem humano que tem praticado equitação no distrito, um delito punível com a morte (a Lei dos macacos estabelece que apenas símios podem montar em cavalos). Quando os gorilas partem, Martin adverte Gregor sobre o perigo de insistir em um crime tão grave e pede ao filho que não volte a montar. A conversa é interrompida por um grito de Galen, que fora ferroado por um escorpião-tigre.

O macaco corre risco de morte e Gregor se oferece para ir buscar um antídoto na enfermaria da cidade. Dada a urgência da situação, Martin permite que o filho use um cavalo para cumprir a missão. O rapaz consegue o antídoto – mas, na volta para casa, é visto pelos soldados de Urko, que atiram no flanco do cavalo. Gregor chega a tempo de salvar Galen, mas é preso pelos gorilas e sentenciado à morte. Os astronautas prometem a Martin que darão um jeito de salvar o garoto.

Na manhã seguinte, Virdon, Burke e Galen vão ao escritório de Barlow, a quem conheceram em Kammack. O prefeito simpatiza com humanos e diz que tentará obter perdão para Gregor apelando a Zaius. Em troca, ele pede aos fugitivos que o ajudem a ganhar a corrida de cavalos contra Urko, na qual apostou metade de sua fortuna. Virdon diz ao prefeito que é um excelente cavaleiro e enfrentará o jóquei de Urko. Satisfeito, o prefeito obtém uma permissão especial para usar um competidor humano na corrida. Ao saber disso, Urko adverte Barlow de que nenhum homem é capaz de competir contra seus gorilas. Já que isto não parece preocupar o prefeito, Urko propõe que eles dobrem a aposta: se Barlow perder, o chefe de segurança ficará com toda a sua fortuna; se ganhar, poderá realizar o sonho de voltar à sua querida Kammack, de onde foi transferido há alguns meses.

Antes da corrida, Virdon treina equitação nos arredores do vilarejo. Mas Martin teme que ele não seja bom o bastante para vencer o jóquei de Urko. No que imagina ser uma estratégia mais favorável a Gregor, Martin decide fazer um acordo com Urko: ele promete usar suas habilidades como ferreiro para assegurar a vitória do chefe de segurança se o gorila poupar a vida de seu filho. Urko finge aceitar a proposta do ferreiro, mas instrui seus soldados a executarem Gregor e o jóquei de Barlow ao término da corrida.

No dia da competição, Virdon nota que há algo de errado com o seu cavalo. Ele e Burke inspecionam a montaria e encontram calços fincados em suas ferraduras (um artifício engendrado por Martin para tornar mais lento o cavalo do prefeito). Virdon retira os calços e leva o cavalo até a linha de largada. Barlow e Urko assistem à corrida do alto de uma tribuna, a uma distância que não permite ao gorila reconhecer a identidade do jóquei de Barlow.

O cavalo de Virdon é mais veloz, mas o jóquei de Urko se mantém em vantagem durante a prova porque os gorilas espalharam diversas armadilhas ao longo do percurso – inclusive um buraco coberto por gravetos e folhagem, no qual a montaria de Virdon tropeça. Na reta final, porém, Virdon assume a liderança e vence a corrida. Quando um patrulheiro de Urko tenta balear o herói, Burke coloca o escorpião-tigre que ferroara Galen na oficina de Martin sobre o ombro do macaco, o que o deixa paralisado de terror.

Virdon é reconhecido por Urko quando cavalga em frente à tribuna. Furioso, o gorila diz ao prefeito que seu jóquei é um criminoso procurado e ordena a seus soldados que detenham o humano. Após libertarem Gregor, que assistiu à corrida trancado em uma jaula, os astronautas e Galen fogem com o rapaz para o campo, despistando os guardas de Urko. Mais tarde, Martin e Gregor se juntam a Barlow quando o prefeito parte em viagem para Kammack.

O INTERROGATÓRIO (THE INTERROGATION)

Burke é capturado e levado como prisioneiro à Cidade Central, onde fica sob a custódia de Zaius. Para obter informações do astronauta, o conselheiro chefe autoriza a cientista chimpanzé Wanda (Beverly Garland) a pôr em prática uma técnica conhecida como "lavagem cerebral", descrita em um livro humano publicado em 1986. Urko contesta o orangotango e propõe que Burke seja lobotomizado, uma estratégia mais eficaz para neutralizar inimigos perigosos. Mas Zaius diz que a cirurgia será o seu último recurso: antes ele quer testar a eficácia do método apresentado no livro.

Determinados a regatar o companheiro, Virdon e Galen viajam à Cidade Central e se refugiam na casa dos pais do chimpanzé: o Conselheiro Yalu (Norman Burton) e sua esposa, Ann (Anne Seymour). Ann fica eufórica ao rever o filho, mas Yalu nunca perdoou Galen por ter se tornado um proscrito. Os dois estão discutindo essa questão quando guardas de Urko batem à porta do conselheiro. Desconfiados de que Yalu possa ter dado abrigo ao filho, os gorilas vasculham a casa, mas não encontram os fugitivos. Galen e Virdon estão escondidos em um compartimento secreto embaixo da casa, o qual Yalu construiu por razões de segurança.

Enquanto isso, em uma caverna próxima à Cidade Central, Burke é submetido a um inquérito rigoroso conduzido por Wanda. Os macacos o torturam psicologicamente com os sons de sinos e projeções de luz direcionadas contra seu rosto. Virdon e Galen invadem a prisão local em busca de Burke, mas não o encontram em nenhuma das celas. Eles apelam a Yalu por ajuda, mas o pai de Galen lhes diz que apenas Urko e Zaius sabem onde está o prisioneiro, já que o interrogatório está sendo conduzido de forma sigilosa. Virdon e Galen concluem que talvez possam obter alguma pista se investigarem o gabinete de Urko. A dupla se infiltra nos aposentos do chefe de segurança e encontra documentos que sugerem uma caverna fora da cidade como o local do interrogatório.

Aproveitando-se da profunda exaustão do prisioneiro, que já não consegue diferenciar delírio de realidade, Wanda tenta conquistar sua confiança fazendo-se passar por uma mulher a quem ele amou no passado. Burke quase é enganado, mas desperta de seu estado semi-inconsciente e repele Wanda com repugnância. Derrotada, a cientista diz aos guardas de Urko que o prisioneiro agora pertence ao chefe de segurança. Virdon e Galen chegam à caverna no momento em que os soldados estão transferindo Burke para o hospital, onde ele será submetido a uma lobotomia realizada pelo Dr. Malthus (Harry Townes).

Com a ajuda de Ann, Galen e Virdon entram no centro médico minutos antes da cirurgia ser realizada. Armados com bisturis, o astronauta e o chimpanzé enfrentam os gorilas de Urko e resgatam Burke. Mais tarde, Urko vai à casa de Yalu e o acusa de ter facilitado a fuga de Galen e seus companheiros. O conselheiro desafia Urko a encontrar provas que o incriminem. Após a partida do chefe de segurança, Galen abraça o pai e o agradece por tê-lo ajudado.

O TIRANO (THE TYRANT)

Os fazendeiros humanos do vilarejo de Hathor são explorados pelo chefe de distrito local, o gorila Aboro (Percy Rodriguez), que se apodera de suas colheitas para comprar ouro e subornar membros do governo. Virdon, Burke e Galen veem o braço-direito de Aboro, Dako (Joseph Ruskin), extorquir os sitiantes Janor e Mikal e decidem ajudá-los. O plano é roubar a carroça com os cereais confiscados por Dako e devolver a mercadoria a seus verdadeiros donos.

Mikal insiste em participar da ação, que é executada com sucesso. Mas o fazendeiro é identificado como um dos humanos mascarados que se apoderaram do carregamento de cereais. Como punição pelo crime, Mikal é morto por Aboro e Daku. Janor diz a Galen que não há justiça em Hathor, apesar da benevolência do prefeito local, o chimpanzé Augustus (Tom Troupe). Por coincidência, Augustus é primo de Galen, que promete usar sua influência para colocar um fim nos desmandos de Aboro. Ao ser informado sobre as ações do gorila, Augustus promete exonerá-lo do cargo. Mas Aboro subornou autoridades do governo e logo é empossado como o novo prefeito de Hathor.

Urko, um velho amigo de Aboro, vai à aldeia parabenizar o gorila por sua "promoção". O que Urko não sabe é que o cargo de Aboro foi comprado. Os gorilas decidem jantar juntos no dia seguinte para relembrarem os tempos em que eram cadetes da Academia Militar. Horas depois, fazendo-se passar por "Otávio" (o assistente pessoal de Zaius), Galen faz uma visita "não-oficial" ao novo prefeito. O chimpanzé diz a Aboro que o Alto Conselho quer eliminar Urko para neutralizar sua influência no governo. Aboro se oferece para matar o amigo em troca de seu cargo e Dako sugere a contratação de um matador de aluguel humano, Almar, para executar o plano. O braço-direito de Aboro cavalga para a aldeia de Loban, onde vive Almar, mas é atacado e amarrado por Virdon e Burke antes que consiga chegar ao destino. O trio de heróis, então, encontra-se com Urko e o informa sobre o plano de Aboro para assassiná-lo.

O chefe de segurança se recusa a acreditar nos fugitivos, mas Galen o lembra de que eles correram um grande risco para avisá-lo, o que não fariam se não tivessem certeza das intenções do tirano. Contrariado, Urko concorda em participar de um plano para desmascarar Aboro: ele acompanhará os três até o escritório do prefeito e poderá ouvir o próprio Aboro admitir que encomendou o seu assassinato quando Burke se apresentar a ele como Almar.

Dako consegue se libertar e avisa Aboro que a contratação de Almar não foi efetuada. O prefeito sugere que Dako faça o trabalho de Almar, colocando uma bomba na janela de seu escritório quando ele estiver reunido com Urko. Em seguida, Dako deverá avisá-lo de que ele precisa ir resolver uma briga no alojamento. Durante a ausência de Aboro, o chefe de segurança será eliminado.

Ainda fingindo ser Otávio, Galen chega ao gabinete do prefeito acompanhado por Urko. Aboro os recebe em seu escritório e logo é informado por um servo de que um humano o espera na recepção. O prefeito pede licença e vai atender o recém-chegado. Por uma fresta na porta do escritório, Urko e Galen veem Aboro conversar com Burke, que se identifica como Almar, o "assassino contratado para matar um gorila importante". Ciente de que Dako não contratou Almar, Aboro ordena que Burke seja preso. Urko parabeniza o amigo e aproveita a oportunidade para algemar Galen.

Urko diz a Aboro que Galen e os astronautas queriam convencê-lo de que ele, seu amigo leal, tramava a sua morte. Aboro vê uma fumaça se projetar pela janela do escritório e se dá conta de que a bomba preparada por Dako está prestes a explodir. O prefeito tenta deixar o aposento, mas a porta foi trancada pelo lado de fora. Aboro admite que pretendia matar Urko e implora ao chefe de segurança que atire na tranca da porta. Virdon entra no escritório com a bomba de Dako nas mãos e ordena que seus amigos sejam libertados. Os astronautas e Galen escapam e Urko dá voz de prisão a Aboro.

A CURA (THE CURE)

Uma praga desconhecida se abate sobre os humanos da vila de Trion, logo após Virdon, Burke e Galen deixarem o distrito. Durante sua estadia no local, Virdon se envolvera com Amy (Sondra Locke), a quem revelara sua verdadeira identidade. Quando já estão longe de Trion, Galen repreende Virdon por sua imprudência: ao contar à moça quem ele era, o astronauta também colocara as vidas de Galen e Burke em perigo. Virdon se desculpa com Galen, lembrando o chimpanzé de que os humanos costumam se deixar levar por suas emoções.

Com o alastramento da praga em Trion, o Alto Conselho se reúne na Cidade Central em busca de uma solução para o problema. O Conselheiro Chefe Zaius determina que uma autoridade científica seja enviada ao local e incumbe o Médico Chefe Zorano (David Sheiner) da missão. Zorano acredita que a "doença do sono" que está matando a população de Trion é transmitida por contato corporal entre homens e mulheres e propõe que uma sangria seja feita em todos os humanos. Os conselheiros endossam sua teoria, embora Urko prefira erradicar a praga queimando a aldeia e seus habitantes.

Alertados sobre a praga por um dos moradores da vila, os astronautas e Galen retornam a Trion com o objetivo de tentar ajudar a população. Um oficial gorila os impede de entrar na cidade, que está em quarentena, mas eles encontram um acesso alternativo à vila. Quando veem um foco de água parada infestada de mosquitos, os heróis se dão conta de que a "doença do sono" é apenas um surto de malária. Os astronautas se reúnem com os aldeões e os orientam sobre o que deve ser feito para conter a enfermidade.

Zorano chega a Trion e Virdon o informa de que a malária é transmitida por picadas de mosquitos, o que soa ridículo aos ouvidos do médico chefe. O chimpanzé ordena que os intrusos sejam fuzilados por insolência.

Antes que possa cumprir a ordem, o gorila encarregado da execução cai do cavalo acometido por tremores de febre. Convencido de que a praga não é transmitida por "contato corporal" entre homens e mulheres, Zorano passa a dar ouvidos aos astronautas. Virdon, Burke e Galen drenam o foco de água estagnada e fabricam luvas e máscaras de pano para proteger a população dos mosquitos, além de elaborarem uma medicação para a doença, feita à base de quino.

A malária faz outras duas vítimas: Amy e Kava (Ron Soble), um dos soldados de Urko. Em estado febril, Amy conta a Zorano o que Virdon lhe disse alguns dias antes — ele e Burke vieram de uma época anterior à atual, na qual os humanos dominavam a Terra — e o oficial médico chefe passa a suspeitar que eles são os "astronautas" procurados por Urko e Zaius. Tendo em mãos a medicação preparada por Virdon e Burke, Zorano tenta tratar de Kava, mas Urko o impede afirmando que ele não fará experiências com seus soldados. O chefe de segurança sugere que a vila seja queimada, mas Zaius concede a Zorano algumas horas para provar a eficácia de sua medicação. À noite, comovido com o sofrimento de Kava, Virdon ministra o remédio no gorila.

No dia seguinte, desafiando a decisão do Alto Conselho, Urko e seus gorilas marcham para a aldeia empunhando tochas. Mas são impedidos por Zaius e os outros conselheiros, que acusam o chefe de segurança de traição. Para provar a Zaius que a medicação é eficaz, os astronautas pedem que os humanos convalescentes deixem a enfermaria. Urko fica incrédulo ao vê-los andando pelas ruas da vila. Logo, Kava se junta à população do vilarejo, dizendo que um remédio de gosto amargo o salvou. Zaius sugere que Urko se retire com suas tropas enquanto ainda tem poder para liderá-las.

Com a situação controlada, os heróis se preparam para deixar Trion. Zorano diz que é seu dever denunciá-los a Zaius, mas Galen o convence do contrário afirmando que revelará ao Alto Conselho que o médico chefe foi orientado por Virdon e Burke em todas as suas ações. Contrariado, Zorano permite que eles partam.

O LIBERTADOR (THE LIBERATOR)

Em busca de escravos, um grupo de cavaleiros gorilas chega ao vilarejo de Borak, administrado pelo humano Brun (John Ireland). Periodicamente Brun fornece homens e mulheres aos símios, que precisam de servos para trabalhar em suas minas. Em retribuição os macacos permitem que Brun chefie a vila sem interferência do governo central. Quando os gorilas estão prestes a partir com os escravos, um dos prisioneiros, Clim (Peter G. Skinner), escapa para a floresta. Dois cavaleiros o perseguem, mas o rapaz é salvo por Virdon, Burke e Galen. Clim convida os três forasteiros a pernoitarem na aldeia.

Antes que o grupo chegue a Borak, Virdon e Burke são capturados por Miro (Ben Andrews), o filho de Brun. Clim – que pretendia "comprar" a própria liberdade entregando os astronautas a Brun – também é aprisionado. Galen intercede em favor dos amigos e exige sua pronta libertação. Mas Miro se recusa a obedecê-lo, alegando que suas ações têm respaldo nas leis do vilarejo. Os astronautas sugerem que Galen converse com o líder do clã – aquele a quem Miro chama de "Senhor de Borak". Clim é levado para um templo nos limites da vila e sacrificado aos "deuses". Brun preside o ritual usando uma ameaçadora máscara teatral. Galen assiste à execução e fica impressionado ao constatar que a morte de Clim ocorre de forma "mágica": a vida se esvai de seu corpo sem que Brun chegue a tocá-lo.

Galen tenta convencer Brun a libertar os astronautas, mas o chefe do vilarejo se recusa a obedecê-lo. O "Senhor de Borak" explica que os próprios gorilas lhe deram o poder de escravizar forasteiros que passem pelo território. A população de Borak caça e escraviza outros humanos porque o acordo com os gorilas prevê a entrega de dez prisioneiros a cada mês do verão. Quando a cota não é preenchida, é preciso completá-la com habitantes da vila.

À noite, Galen agride a sentinela que vigia a jaula onde estão Virdon e Burke com o propósito de resgatá-los, mas é impedido por Miro e trancado em uma cabana do vilarejo. Galen diz a Brun que os gorilas destruirão Borak se souberem que ele prendeu um macaco, o que é "antinatural". O humano retruca que também é "antinatural" um macaco se preocupar tanto com dois humanos e afirma que Galen continuará preso até o retorno dos gorilas à aldeia, dentro de alguns dias.

No cativeiro, Virdon e Burke são alimentados por Talya (Jennifer Ashley), a namorada de Miro, a quem Burke tenta conquistar. Mas ela é devotada a Miro e às leis da vila e nem o fato de estar na lista de humanos que serão levados para as minas nos próximos dias abala sua fé em Brun. Miro, por sua vez, não consegue aceitar a ideia de que perderá a mulher amada para os macacos. O filho de Brun começa a contestar as ideias do pai quando é socorrido por Virdon e Burke após se ferir em uma luta com um dos outros prisioneiros. Os astronautas lhe dizem que os humanos da aldeia deveriam lutar contra os gorilas, não a seu favor.

Miro pede ao pai que poupe Talya da escravidão. Mas Brun diz não poder atendê-lo, já que isto quebraria as leis do povoado. O rapaz decide soltar os astronautas e Galen e pede-lhes que levem Talya com eles. Perseguidos pelos caçadores da vila, Virdon, Burke, Talya e Galen se escondem no templo, onde Burke sente uma forte tontura. Virdon detecta a existência de gás venenoso na entrada do templo, o que explica a morte "sobrenatural" de Clim. Usando improvisadas máscaras contra gás (feitas com tiras de pano e pedaços de carvão), os heróis entram no templo e confrontam Brun.

A imunidade do "Senhor de Borak" ao gás venenoso se deve ao fato dele possuir uma antiga máscara contra gás, fabricada em uma época na qual a Humanidade se autodestruía em guerras atômicas e bacteriológicas. Brun quer reviver aqueles tempos: armazenando o gás mortal em uma série de recipientes de barro, ele dispõe de bombas caseiras suficientes para aniquilar um vilarejo. Mas seu plano não é destruir apenas os macacos do distrito: ele pretende estender a matança a outros territórios.

Virdon e Burke censuram o plano, lembrando-o de que o uso de bombas de gás poderá ser o início de outro extermínio em massa. Galen golpeia Brun na cabeça e tenta sabotar sua fábrica de bombas caseiras, o que provoca um incêndio no templo. Levando Brun com eles, os heróis fogem por um túnel que conduz ao mundo exterior. Mas Brun não quer abrir mão de seu arsenal: para defendê-lo, o humano se desvencilha de Burke e Virdon e retorna ao templo, que é destruído por uma explosão. Horas depois, Galen e os astronautas assistem ao funeral de Brun ao lado dos humanos da vila. Miro diz aos forasteiros que, de agora em diante, o povo de Borak unirá forças com os humanos dos vilarejos vizinhos ao invés de escravizá-los. Juntos, eles combaterão o escravismo e construirão uma vida mais digna para todos.

O ETERNO HOMEM VOADOR (UP ABOVE THE WORLD SO HIGH)

Virdon, Burke e Galen descansam em uma praia quando avistam uma espécie de "planador" cruzar o céu. O inventor da geringonça é Leuric (Frank Aletter), um humano obcecado com a ideia de voar. Dois gorilas avistam o objeto alado no momento em que Leuric perde o controle da engenhoca e aterrissa em um bosque. Os soldados cavalgam naquela direção, mas os astronautas e Galen encontram o humano antes dos macacos e o ajudam a escapar. Os gorilas se apoderam do planador danificado e o levam à Cidade Central para mostrá-lo ao Alto Conselho.

A descoberta do planador provoca uma discussão entre os conselheiros. Urko é a favor de destruir o objeto e matar Leuric, mas Zaius acata o argumento da chimpanzé Carsia (Joanna Barnes) de que Leuric deve ser interrogado, já que a habilidade de voar talvez sirva aos interesses dos macacos. Com a aprovação do conselho, Carsia viaja à província onde vive Leuric para investigar o caso. Enquanto isso, Virdon e Burke ajudam o inventor a construir um novo planador. Alguns dias depois, porém, Leuric é preso pela polícia local, que o identifica como o criador da engenhoca.

Detido na guarnição chefiada pelo Capitão Konag (Martin E. Brooks), Leuric é interrogado por Carsia. A chimpanzé é gentil com o prisioneiro e o encoraja a reconstruir o planador dentro da guarnição. Enquanto os macacos providenciam os materiais necessários para sua fabricação, Galen, fazendo-se passar por arqueólogo, vai até o posto policial e faz perguntas sobre um suposto "réptil voador" que teria sido avistado na região. Carsia é chamada para conversar com ele e esclarece que não se trata de um "réptil", mas de uma "máquina voadora" concebida por um humano. Carsia simpatiza com Galen e o convida a observar de perto os progressos de Leuric. Os macacos testarão o planador em um voo experimental nos próximos dias.

Cientes de que o projeto de Leuric tinha falhas estruturais, Virdon e Burke fabricam um planador funcional para o humano, tencionando passá-lo ao prisioneiro mais tarde por intermédio de Galen. Para garantir que o planador usado no teste seja o deles, Virdon e Burke incumbem o chimpanzé de sabotar a obra de Leuric. O inventor fica furioso quando Galen destrói o seu planador, mas aceita a ajuda dos astronautas ao perceber que eles estão apenas zelando por sua segurança.

Com o tempo, Galen descobre que as intenções de Carsia são as piores possíveis: a chimpanzé pretende usar o planador para sobrevoar a Cidade Central e atirar bombas sobre a Câmara do Conselho, eliminando todos os orangotangos e gorilas do governo – símios que, na opinião da cientista, possuem um intelecto inferior ao de sua espécie, embora estejam em posição de lhe dar ordens. Horrorizados, Galen e os astronautas decidem fugir com Leuric da guarnição. Virdon e Burke escapam, mas o chimpanzé e Leuric são capturados antes que consigam deixar o posto policial.

Pela janela da cela onde estão os prisioneiros, os astronautas passam uma mensagem a Galen com instruções sobre o que ele e Leuric devem fazer na manhã seguinte, quando o planador será testado pelos macacos. Horas depois, uma comitiva formada por Carsia, Konag e alguns soldados leva o inventor e o chimpanzé até a beira de um penhasco, onde a "máquina voadora" que Carsia tanto cobiça será usada pela primeira vez. Leuric diz não ter condições de realizar o teste, já que sua mão foi ferida durante a tentativa de fuga da prisão. Konag ordena que Galen o substitua, mas o chimpanzé afirma não saber como operar o planador.

Isto dá a Carsia um precedente para verificar se a invenção de Leuric pode suportar um "peso extra": as bombas que ela pretende jogar sobre a Câmara do Conselho. Carsia propõe a Konag que Galen participe do teste como "copiloto". Leuric o instruirá sobre as manobras necessárias para operar o planador. Observados pelos macacos, os prisioneiros voam sobre o mar e inesperadamente se lançam em direção ao oceano. O planador é destruído ao se chocar contra um rochedo, mas Virdon e Burke, a bordo de uma jangada de madeira, resgatam Galen e Leuric e os levam para longe da costa sem serem notados. Frustrada, Carsia diz a Konag que o segredo de voar morreu junto com os prisioneiros.

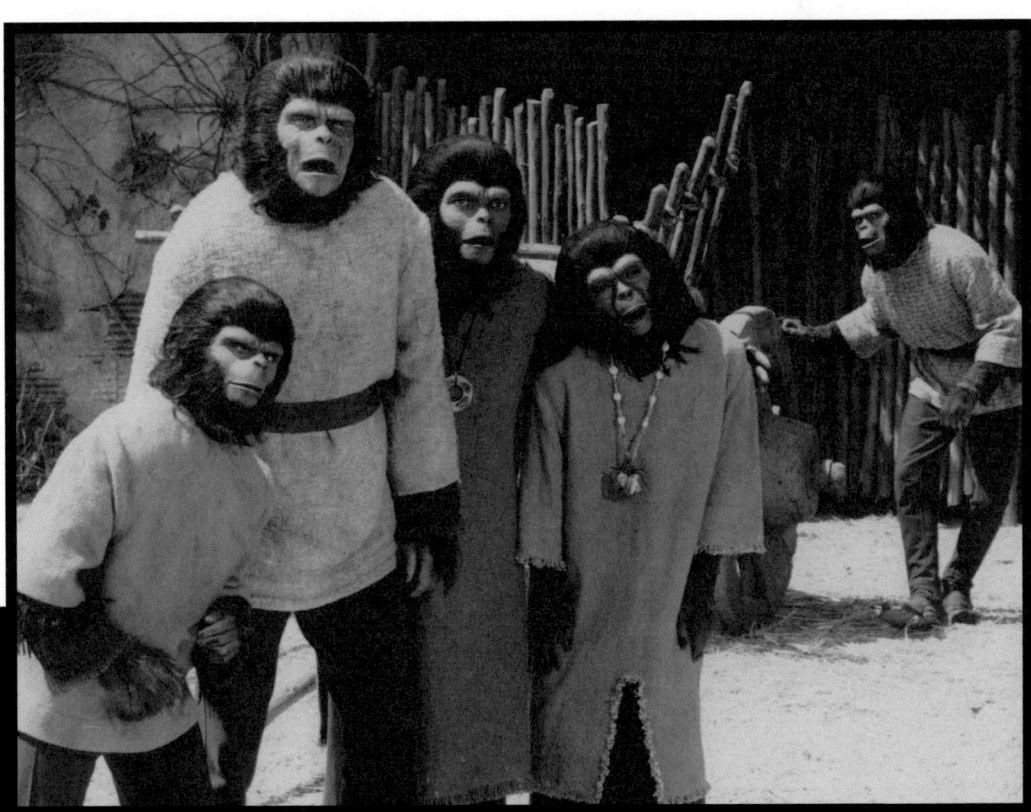

»» Cena do episódio *As boas sementes.*

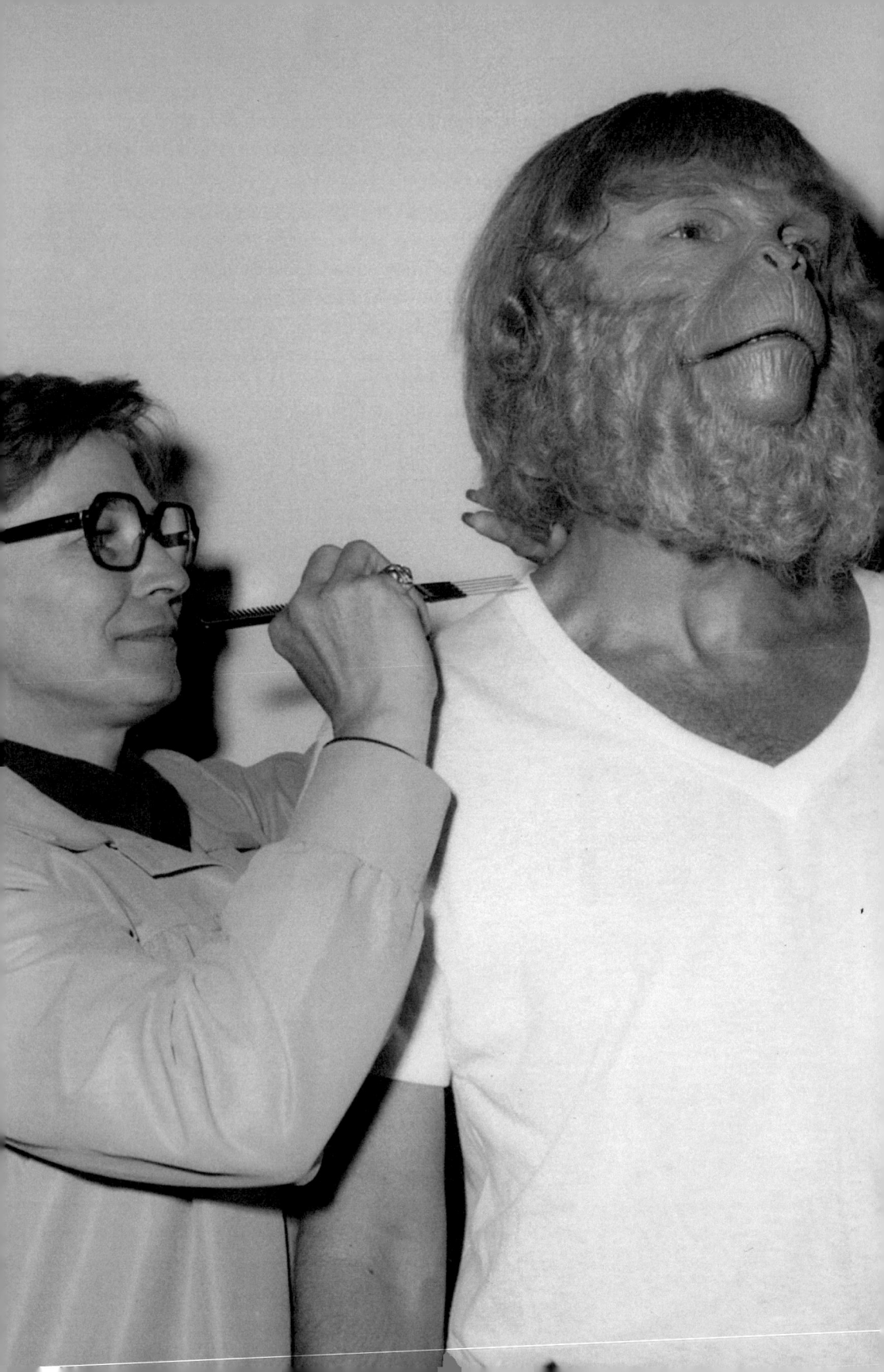

PRODUÇÃO

DO "TELÃO" PARA A "TELINHA"

A trajetória da franquia *Planeta dos macacos* na televisão começou em setembro de 1973, quando a Rede CBS exibiu os três primeiros longas da saga cinematográfica produzida pela APJAC na sessão *The CBS Friday Night Movies*. Animada com a audiência obtida, a emissora, em parceria com a 20th Century Fox, decidiu realizar uma série de TV inspirada nos filmes. A ideia não era nova: em 1971, Arthur Jacobs e Rod Serling já haviam elaborado o conceito de um programa semanal baseado nos enredos e personagens de *O planeta* e *De volta*. O criador de *Além da imaginação* chegou a escrever dois scripts para a atração, laconicamente intitulados como *Planet of the apes: episode one* e *Planet of the apes: episode two*. O projeto nunca viu a luz do dia, mas foi o embrião da telessérie *Planeta dos macacos*, que estrearia na CBS em 1974.

Nos roteiros de Serling, dois astronautas – o Coronel Alan Virdon e o Dr. Stan Kovak – eram enviados ao espaço em uma missão de resgate à tripulação de Taylor. Meses depois, a dupla pousava em um planeta semelhante à Terra, mas governado por macacos falantes que escravizavam humanos primitivos. Após se tornarem amigos do simpático chimpanzé Galen, os viajantes eram informados que Taylor (assim como sua benfeitora símia, a Dra. Zira) havia sido executado pelo chefe do exército, o General Ursus. Em uma incursão à Cidade Central, Virdon e Kovak eram presos e interrogados pelo Alto Conselho, presidido pelo Dr. Zaius. No fim do primeiro episódio, ao consultarem uma antiga compilação de exemplares do *The New York Times*, os heróis descobriam que estavam na Terra do futuro, destruída por uma guerra nuclear ocorrida em 1990.

Como disse Serling na época em que desenvolvia o programa, a atração seria um misto de western e ficção científica e teria um espectro temático mais amplo que os dos filmes: os episódios poderiam mostrar Virdon, Kovak e Galen ensinando os humanos a se defenderem de ataques dos gorilas, a exemplo dos heróis de *Sete homens e um destino*[144], ou enfrentando as corredeiras de um rio não-cartografado, como os personagens de *Amargo pesadelo*[145]. "Posso até imaginar um momento parecido com o de *Butch Cassidy*[146], no qual Virdon e Galen pulam juntos de um penhasco para escaparem de patrulheiros gorilas", explicou Serling. "Nosso programa,

---

144 *Sete homens e um destino* (*The magnificent seven*, 1960, John Sturges).
145 *Amargo pesadelo* (*Deliverance*, 1972, John Boorman).
146 *Butch Cassidy* (*Butch Cassidy and the Sundance Kid*, 1969, George Roy Hill).

diferentemente dos filmes, não terá apenas humanos animalescos e macacos sofisticados. Na infinita variedade de 'submundos' que existem aqui, encontraremos humanos nos mais diversos estágios de desenvolvimento: desde os seres primitivos do primeiro filme aos telepatas pacifistas do segundo. Mas, reinando sobre todos esses 'submundos', teremos a figura dominante do Macaco".

Na concepção original de Serling, a série se passaria no mesmo universo dos filmes: além das referências a Taylor e Zira e das presenças de Zaius e Ursus, a "bíblia" do programa (uma espécie de sinopse estendida da atração) mencionava a existência da Zona Proibida e sugeria que Virdon e Kovak estavam a par das teorias do Dr. Hasslein sobre as viagens no espaço-tempo. O cenário se tornou mais indefinido quando outros colaboradores, como o produtor executivo Stan Hough, o produtor associado Herbert Hirschman (1914-1985) e os roteiristas Anthony Wilson (1926-1978) e Art Wallace, acrescentaram suas próprias ideias ao projeto.

O que o público viu em *Fuga do amanhã* – o primeiro episódio da série, levado ao ar em 13 de setembro de 1974 – foi um Planeta dos macacos muito diferente daquele apresentado no cinema. A trama era ambientada em uma era anterior à de *O planeta* e *De volta* (o ano 3085) e os humanos não eram mais selvagens inarticulados, mas indivíduos falantes e civilizados. Exceto pelo trio de protagonistas – Virdon, Galen e Kovak (rebatizado como "Peter Burke" nos últimos estágios da pré-produção) –, os protagonistas também não eram os mesmos dos roteiros de Serling: o Dr. Zaius e o General Ursus foram substituídos pelo "Conselheiro Chefe" Zaius e o "Chefe de Segurança" Urko, vilões que lembravam suas contrapartes cinematográficas, mas que obviamente não eram os personagens vividos por Maurice Evans e James Gregory em *O planeta* e *De volta*. De olho no público infantil, a emissora e o estúdio também decidiram priorizar a ação nos enredos, o que diminuiu o espaço para a crítica social.

CONTENÇÃO DE GASTOS

Na "telinha" a franquia continuou a lidar com o mesmo percalço enfrentado pelas continuações do filme original: uma verba de produção escassa. O espectador atento notará que muitos adereços de cena dos longas foram reaproveitados nos 14 episódios do programa, incluindo a espaçonave de Virdon e Burke – o mesmo *mockup* construído para o clássico de 1968 – e a miniatura da estátua do Legislador vista no gabinete de Zaius. A contenção de gastos só não afetou a maquiagem, que ainda exigia um time de artistas qualificados e sempre de prontidão no set: enquanto a atração era produzida, uma equipe de 12 maquiadores, chefiados por Dan Striepeke (um veterano dos longas-metragens), criava e aplicava faces, queixos e orelhas simiescas de espuma de látex em um ritmo frenético, já que, na série, o número de atores caracterizados por cena superava o dos filmes[147].

O departamento de direção de arte se encarregou de construir algumas moradias símias no Fox Ranch – habitações abobadadas ou com formatos geométricos com o mesmo *look* troglodita das casas dos primatas em *O planeta* e *De volta* –, já que a Cidade dos Macacos elaborada por William Crebber para o primeiro filme estava quase arruinada quando as filmagens da série começaram. A rigor, apenas o anfiteatro continuava em pé, por ter sido construído em concreto. Isto explica porque todos os planos gerais da Cidade Central que aparecem na série são imagens de arquivo que já tinham sido vistas pelo público nos longas de 1968 e 1970.

Os cenários internos da Câmara do Conselho e dos gabinetes de Zaius e Urko eram montados, desmontados e remontados nos estúdios da Fox de acordo com as demandas de cada roteiro (para que pudessem ser rapidamente preparados para as filmagens, suas seções foram etiquetadas pelos carpinteiros, de modo que as peças de um set não se confundissem com as de outros). Cenários "exclusivos" chegaram a ser elaborados para alguns episódios – como a estação de metrô vista em *A armadilha* –, mas esta não era uma norma do programa. Por conta do orçamento restrito, a logística de produção era muito funcional: tanto *A armadilha* como *A herança* foram rodados em uma seção em ruínas dos estúdios da MGM, e não no Fox Ranch, porque suas tramas eram ambientadas em cidades humanas arrasadas pela guerra nuclear (era mais fácil procurar por cenários prontos do que projetá-los e construí-los). Graças à inventividade dos realizadores, *Planeta dos macacos* é uma série que parece ser mais cara do que custou.

Ao saber que o programa seria realizado, Roddy McDowall apressou-se em oferecer seus serviços à Fox, que não hesitou em contratar o astro dos filmes para interpretar o chimpanzé Galen. Dessa vez, porém, McDowall exigiu por contrato que a produção desse um descanso ao seu rosto, poupando-o das agruras da maquiagem. O ator nunca usava os apliques de espuma de látex por mais de dez horas diárias e tinha direito a folgas de quatro dias entre as filmagens de um episódio e outro. Uma

---

147 Em *Homem não entende nada! Arquivos secretos do Planeta dos macacos* (Editora Estronho, 2015), Saulo Adami revela que também houve um problema técnico com a maquiagem durante a produção do seriado: o látex natural usado na fabricação das "máscaras" criadas para os filmes foi substituído por um produto similar sintético e de qualidade inferior.

história muito divulgada na época foi a de que Roddy fez um seguro milionário para o próprio rosto no Lloyd's de Londres (o valor da apólice seria de US$100,000), o que pode mesmo ter acontecido, mas também parece uma esperta jogada de marketing para promover a série.

Com sua ampla experiência na franquia, McDowall se tornou um *coach* não-oficial dos outros atores que interpretaram macacos no seriado. Roddy não apenas ensinou seus colegas de elenco a darem "vida" à máscara símia (movimentando com frequência os músculos do rosto, para que as emoções aflorassem sob os apliques), mas a caminharem como primatas evoluídos (o segredo era abrir bem os pés e flexionar um pouco os joelhos, ao mesmo tempo em que se projetava o tronco à frente para que a espinha parecesse ser curva como a de um macaco). O resto do "treinamento" era providenciado pelo diretor de elenco do programa, Marvin Paige (1927-2013), encarregado de selecionar e preparar os atores que representavam os chimpanzés, orangotangos e gorilas de cada episódio. Como Paige explicou à reportagem da revista *Planet of the apes* em 1974:

> "Há um tipo de movimentação específica. Tecnicamente os personagens não mexem os quadris. Eles se movimentam de baixo para cima — quando se viram para um lado, todo o corpo se move junto. Há um jeito específico de mexer a cabeça e franzir o nariz. As pessoas acham que é fácil escalar atores para este programa, que não há nada com o que se preocupar, já que ninguém sabe como se interpreta um macaco. Mas é mais difícil escalar atores para o programa, pois você só pode contar com o que eles conseguem fazer por meio dos olhos e da voz. (...) Se o ator não conseguir injetar vida naquela máscara, toda a caracterização irá por água abaixo."
>
> "Exclusive Interview with Marvin Paige" - *Planet of the apes*

Além da contratação de McDowall, os realizadores tiveram o cuidado de escalar alguém que lembrasse Charlton Heston para interpretar o principal protagonista da série, Alan Virdon (segundo Paige, mais de 50 atores foram testados para os papéis dos astronautas). Ron Harper foi o escolhido e precisou interromper sua lua de mel com a esposa, Sally Stark, para participar das últimas audições para o papel. O aborrecimento foi compensado alguns dias depois, quando os produtores o notificaram de que ele era oficialmente o astro de *Planeta dos macacos*.

Já o Major Peter J. Burke foi interpretado por James Naughton, um ator jovem, mas com ampla experiência em montagens teatrais da Broadway. Também egresso dos palcos — coincidentemente , ele contracenou com

Maurice Evans no teatro, muito antes de ambos representarem icônicos vilões da saga dos macacos –, o veterano Booth Colman (1923-2014) deu vida ao sábio e ardiloso Conselheiro Zaius. Mas o *cast* não estaria completo sem a mais inspirada das contratações: Mark Lenard (1924-1996), que defendeu o papel de Urko, o militar gorila empenhado em perseguir os astronautas e restaurar a "normalidade" do planeta.

Como sabe qualquer autêntico admirador do gênero ficção científica, Lenard também interpretou o pai do Senhor Spock em *Jornada nas estrelas*: o vulcano Sarek. Embora estivesse acostumado a atuar caracterizado, sua participação em *Planeta dos macacos* exigiu mais do que simples orelhas pontudas feitas de espuma de látex. Como afirmou o ator à revista *Planet of the apes* em 1974:

> "Não é fácil. A maquiagem é desconfortável e os figurinos são quentes. (…) No começo, demorava todo um fim de semana para eu me sentir normal outra vez. Apenas um dia de folga não bastava. (…) Alguns atores simplesmente não conseguem trabalhar na série porque são claustrofóbicos e têm um problema com a caracterização. Você realmente fica confinado dentro dessa coisa, com os apliques, a maquiagem, os pelos, a peruca, o capacete e Deus sabe mais o quê. Isto pode deixar uma pessoa maluca. (…) No fim do dia, essa coisa te desgasta e você se sente muito cansado."
>
> "Urko Unleashed" - *Planet of the apes*

As divergências criativas entre o elenco, a equipe e os produtores começaram ainda na fase de pré-produção. Em entrevista concedida à reportagem da revista *TV Zone*, anos após o cancelamento da série, Harper lembrou que sua sugestão de interpretar Virdon como um herói sensível e vulnerável para criar uma empatia entre o personagem e o público foi rechaçada pelos executivos do programa – eles queriam que o astronauta fosse um tipo "durão" e o aconselharam a deixar essas sutilezas de lado, concentrando-se em fazer o melhor uso possível de seu porte atlético e de sua voz grave. Além disso, os scripts sutis dos primeiros episódios – como os de *As boas sementes*, *A herança* e *O logro* – logo foram substituídos por outros mais superficiais, que não davam muita margem para o drama (segundo Harper, Stan Hough e Herbert Hirshman subiam pelas paredes quando algum roteirista lhes apresentava um argumento que não contivesse cenas de luta ou de perseguição já nas cinco primeiras páginas).

CANCELAMENTO PREMATURO

A princípio, a receptividade do público à série foi boa. Mas os índices de audiência começaram a cair após a exibição de *As boas sementes*. Sem atender às expectativas da CBS, o programa não demorou a ser cancelado, o que talvez tenha sido uma atitude precipitada: com total apoio do público infantojuvenil, a atração só não conquistou os adultos, um revés que poderia ter sido contornado com uma simples mudança no horário de exibição (*Planeta dos macacos* ia ao ar à noite, competindo com programas de humor como *Chico and the man* e *Sanford and son*[148], que tinham a preferência dos espectadores com mais de 18 anos de idade).

Quando se discute o "fracasso" da série, outra questão a ser considerada é a noção que os executivos de TV da época tinham de "audiência". Nos anos 1960 e 1970, uma atração de sucesso era aquela que atraía a todos os públicos, sem distinção etária, econômica ou social. A audiência era medida em números absolutos e o potencial da segmentação era quase desconhecido (a mesma mentalidade obtusa condenou *Jornada nas estrelas*, um clássico da televisão, a um fim prematuro em 1969). Uma prova da grande popularidade dos macacos falantes no período em que a série lutava contra a ameaça do cancelamento é que a HQ *Planet of the apes*, totalmente dedicada ao assunto, era um dos títulos mais rentáveis da Marvel em 1974. Havia sim, um público interessado no programa – mas, em tempos anteriores à TV por cabo e ao *streaming*, esses espectadores não tinham voz ativa.

Por *Planeta dos macacos* passaram atores que já haviam participado dos longas-metragens – como Eldon Burke, Woodrow Parfrey (1922-1984) e Norman Burton (1923-2003) –, além de uma legião de novos intérpretes que contribuíram com seus talentos para a continuidade da saga: Marc Singer, William Smith, Robert Phillips, Jackie Earl Haley, David Sheiner, Jacqueline Scott, Lonny Chapman (1920-2007), Beverly Garland (1926-2008), Pat Renella (1929-2012), Norman Alden (1924-2012), John Milford (1929-2000), Zina Bethune (1945-2012), Percy Rodrigues (1918-2007), entre outros.

Cabe menção especial ao trabalho do músico argentino Lalo Schifrin – que, em colaboração com Earle Hagen (1919-2008) e Richard LaSalle (1918-2015), criou uma partitura eletrizante para a série, capitaneada por um tema principal vigoroso, que bebe inspiração no estilo experimental e percussivo das trilhas sonoras de Jerry Goldsmith e Leonard Rosenman para *O planeta* e *De volta*[149].

---

148 *Chico and the man* (1974-1978, criação de James Komack); *Sanford and son* (1972-1977, criação de Norman Lear).

149 A trilha completa da série de TV foi lançada em 2005, em um CD duplo do selo La-La Records.

ANÁLISE CRÍTICA

"VOCÊ CONHECE ALGUM CHIMPANZÉ QUE TENHA UM CARGO DE ALTA AUTORIDADE?"

Entre os fãs da saga *Planeta dos macacos*, o tópico mais debatido não é a simbologia sociopolítica dos filmes ou as inevitáveis comparações entre os longas originais, o *remake* de Tim Burton e a trilogia estrelada por Andy Serkis. Nos fóruns de discussão dedicados à série, a *cronologia* é o assunto mais lembrado, já que nenhum universo ficcional é mais controverso em termos de continuidade. A possibilidade de interpretar o tempo sob duas ópticas nos longas e seriados de TV (a linha do tempo circular *versus* o cenário das realidades alternativas) acirra ainda mais a discussão, que volta e meia levanta algumas perguntas sem respostas. Por exemplo: onde a série de TV realizada em 1974 se encaixa na *timeline* da franquia?

Um misto das ideias de Rod Serling e de outros colaboradores sem o mesmo pedigree do criador de *Além da imaginação*, a série é bastante apreciável, desde que não se espere dela comentários sociopolíticos tão incisivos quanto os do clássico de 1968 e os de suas sequências. Porém, nunca fica claro até que ponto seus eventos dialogam com os dos filmes: ambientado em 3085 (400 anos após *A batalha* e 900 anos antes de *O planeta*), o seriado pode ser uma "ponte" entre o quinto e o primeiro longas-metragens ou uma exploração autônoma e original do tema.

DESVIO NO TEMPO

Em *Fuga do amanhã*, os astronautas Virdon e Burke pousam em uma Terra futurista semelhante à de *A batalha*, na qual macacos e humanos falantes coexistem em uma sociedade primitiva. Porém, não há igualdade entre as espécies: os humanos são uma classe servil, explorada ou escravizada, e os símios desempenham os mesmos papéis que exerciam em *O planeta*: os orangotangos são os políticos; os chimpanzés, os acadêmicos (embora, na série, também ocupem postos administrativos); e os gorilas, uma força militar ostensiva, sempre a um passo de tomar o poder pelas armas.

A atmosfera da série também deriva dos dois primeiros longas-metragens, não só no que diz respeito à arquitetura dos vilarejos símios (que têm o mesmo traço "gaudiesco" das habitações dos macacos em *O planeta* e *De volta*), mas a seus panoramas de devastação nuclear: nos filmes, os astronautas avistavam as ruínas da Estátua da Liberdade e da Estação de Queensboro Plaza; no seriado (ambientado na costa oeste dos EUA e não na região de Nova York), os heróis encontram os destroços de São Francisco e de Oakland. Um mapa pintado na parede do escritório de Urko ainda sugere que há uma "Zona Proibida" no planeta (nunca citada de forma explícita, mas representada por desenhos de espantalhos que assinalam uma região devastada e potencialmente perigosa).

Mas a acoplagem da série à *timeline* dos filmes não se dá sem alguns "trancos": certos episódios apresentam sérias inconsistências em relação aos longas, o que abre o precedente para a interpretação de *Planeta dos macacos* como *um* entre muitos outros futuros possíveis no cenário das realidades alternativas (e não como um dos eventos da cronologia circular). Por exemplo: humanos e símios são vistos na companhia de cães em *Fuga do amanhã* e *A herança* (quando *Conquista* afirmava que a espécie fora extinta antes da domesticação dos macacos); César e o Legislador não são mencionados em nenhum dos 14 capítulos (ainda que uma estátua do segundo decore o gabinete do Conselheiro Zaius); há macacos politeístas em alguns povoados rurais visitados por Galen e pelos astronautas em suas viagens (enquanto os chimpanzés, orangotangos e gorilas dos filmes eram monoteístas); e na mais grave das contradições, Virdon e Burke veem uma foto de Nova York datada de 2503 em um dos raros livros humanos que sobreviveram ao apocalipse atômico (o que sugere que a Terra não foi destruída no fim do século XX, como afirmavam os longas-metragens).

Obviamente é possível ignorar essas incongruências e aceitar a série de TV como uma legítima ramificação dos filmes, já que só a foto de Nova York em 2503 não pode ser justificada com uma dose de "suspensão de descrença": apenas dois cães aparecem no seriado (o que, portanto, não exclui a noção de que estejam "extintos") e o politeísmo de alguns vilarejos isolados pode ser explicado pelo distanciamento entre essas culturas e a Cidade Central (na série, a Meca da Cultura e do Saber símios). Além disso, os episódios *A armadilha* e *A herança* indicam que São Francisco e Oakland foram destruídas no século XX, logo após os astronautas deixarem a Terra (Burke e Virdon identificam tecnologias de sua época nos destroços dessas cidades, como roupas descartáveis e pílulas de nutrição). O seriado, portanto, não contradiz apenas os longas-metragens, mas a si próprio. Em vista desta ambiguidade, cabe ao espectador interpretá-lo como uma corruptela dos cinco primeiros filmes da franquia ou como algo à parte.

Fuga do amanhã e *Os gladiadores* chegam a esboçar um arco narrativo para a história: Virdon e Burke resgatam da nave um disco magnético contendo as informações de voo referentes à sua viagem à Alfa Centauri e esperam processá-lo em um computador, o que talvez lhes permita reverter o "desvio no tempo" que os fez saltar da era presente para o ano 3085. Porém, o precedente do disco é esquecido logo após o terceiro capítulo, *A armadilha*, e os enredos enveredam por uma trilha mais esquemática: em vários dos onze episódios seguintes, um dos protagonistas é ferido ou capturado, o que obriga os demais a traçarem um plano de ação para socorrer a vítima.

Outra situação recorrente é a intervenção dos astronautas em questões que afligem as comunidades símias e humanas do futuro, cujos conhecimentos sobre Medicina e Engenharia são medievais. Em *A cura*, Virdon e Burke desenvolvem uma medicação à base de quino para combater um surto de malária; em *As boas sementes*, ensinam novas técnicas de cultivo a uma família de chimpanzés agricultores; em *A maré de amanhã*, confeccionam redes de pesca para humanos que trabalham em regime escravista; e em *O eterno homem voador* (o último e inconclusivo episódio da série), fabricam um planador para um camponês que sonha "voar como os pássaros"[150].

"SOCIOLOGIA" PRIMATA

Ainda que os enredos se inclinem mais para a ação, há espaço para comentários sociais e políticos em algumas histórias. O tema do racismo, tal como nos filmes, se manifesta em muitos dos diálogos que explicam o funcionamento da sociedade símia, fortemente estratificada e com papéis definidos por espécie. Em *O tirano*, quando um primo de Galen é afastado do cargo de prefeito graças às maquinações de um gorila corrupto, o amável e ponderado chimpanzé não consegue evitar um laivo de xenofobia ao expressar a sua indignação: "Por que Aboro se tornou prefeito? Nossa espécie sempre ocupou os cargos administrativos." Da mesma forma, os gorilas se ressentem com a vida confortável dos chimpanzés, muito diferente do regime espartano imposto aos militares. "Aproveite o seu cargo, Barlow", diz o gorila Jasão, com um prazer não dissimulado, ao descobrir que a negligência do prefeito de Kammack facilitou a fuga de Burke e Galen em *Os gladiadores*. "Você irá perdê-lo assim que eu fizer o meu relatório."

Na série, a tensão entre as espécies é tamanha que, em *O eterno homem voador*, a chimpanzé Carsia tenta cooptar Galen para um plano terrorista

---

150 Em *Planet of the apes as american myth*, Eric Greene observa que os astronautas da série de TV "agem como policiais itinerantes a serviço da paz em um futuro que, iconográfica e metaforicamente, é uma representação do Terceiro Mundo".

que pressupõe a destruição do Alto Conselho com bombas de fragmentação, um maquiavelismo impensável nos chimpanzés dos filmes, que eram pacifistas fervorosos. As palavras com que Carsia justifica essa atrocidade espelham os discursos de grupos supremacistas do mundo real, baseados na noção de que certas etnias são superiores a outras (e que, portanto, têm o "direito" de assumir o controle da sociedade, seja por quais meios forem):

> **CARSIA:** *"Você conhece algum chimpanzé que tenha um cargo de alta autoridade? (…) Por que os chimpanzés, os macacos mais inteligentes e preparados, não estão no comando do Conselho e do governo? (…) Agora, pense: se Urko, suas tropas e o governo forem eliminados, quem controlará o planeta?"*

Ações genocidas baseadas em crenças supremacistas também são o tema de *O logro*, um dos melhores episódios da série. Uma alegoria sobre o racismo na América, o enredo versa sobre uma "Ku Klux Klan símia" autodenominada "Os Dragões". A organização é liderada por um policial gorila, Zon, que prega o ódio e a eliminação sistemática dos humanos (os quais, segundo Galen, têm direitos civis assegurados por Lei, apesar de sua posição inferior na hierarquia social). Como a Ku Klux Klan real, essa confraria de chimpanzés e gorilas reacionários é adepta de um nacionalismo ultrarradical e defende uma política antiimigratória (um de seus lemas é: "Todos os humanos para fora de nossas terras").

Usando máscaras de couro, os Dragões promovem linchamentos e cavalgam pelos campos empunhando tochas, com as quais queimam as choupanas dos humanos. Virdon, Burke e Galen enfrentam o grupo e descobrem que um dos Dragões é o tio de uma chimpanzé cega, Fauna, que lhes deu abrigo durante sua permanência no vilarejo. O roteiro é sutil na abordagem do tema – em especial, por mostrar que racistas contumazes podem ser indivíduos adoráveis quando não estão discriminando ou perseguindo aqueles que não pertencem ao seu grupo social. Embora não faça parte da organização de Zon e seja sensível e solidária com outros símios, Fauna também odeia os humanos, razão pela qual Virdon e Burke temem revelar suas verdadeiras identidades à sua anfitriã.

Já em *O libertador*, o nacionalista ultrarradical é um humano, Brun, que descobre um meio de fabricar bombas de gás venenoso, com as quais pretende exterminar os macacos. Dessa vez, os astronautas tomam o partido dos símios, já que não concordam com as táticas de guerrilha de Brun (embora apoiem sua causa). "Nós já vimos isso", diz Virdon, tentando convencer o revolucionário a reavaliar seu modelo de luta. "Passamos por gases venenosos, guerra bacteriológica e bombas atômicas. Quando são usados, ninguém sai vencedor." Mas Brun está determinado a levar à frente o seu plano genocida e ironicamente morre tentando salvar o próprio arsenal de bombas, antes que consiga libertar os humanos. Na conclusão do episódio, o filho de Brun, Miro, decide dar continuidade à luta do pai, mas sem o mesmo radicalismo. Os astronautas se oferecem para ajudá-lo, mas a proposta é recusada por Miro no que parece ser um comentário velado sobre a intervenção americana no Vietnã:

> **MIRO:** *"Os homens devem lutar onde têm suas raízes. Por esse motivo essa luta não é sua."*

Apesar de serem menos incisivos do que nos filmes, portanto, os comentários sociais continuam em cena na série de TV. Na falta de um discurso alegórico mais evidente, os roteiros tentam cativar o público adulto investindo na caracterização dos personagens, o que é um trunfo do seriado até em episódios francamente inconsequentes, como *A maré de amanhã* e *A corrida de cavalos* (quase esvaziados de metáforas sociopolíticas). Esta é uma norma geral em *Planeta dos macacos*: ainda que as histórias nem sempre sejam boas, os protagonistas, via de regra, são substanciais e bem-construídos.

Nos papéis dos astronautas, Ron Harper e James Naughton são uma dupla de heróis críveis e cativantes. O mesmo vale para Roddy McDowall (muito carismático na pele de seu terceiro protagonista símio na franquia) e para os ótimos vilões: Mark Lenard criou uma *persona* marcante para Urko ao explorar com profundidade o paralelo entre seu personagem e os superditadores militares do século XX (como Hitler, Stálin e Mussolini, aos quais Burke o compara em uma cena de *Fuga do amanhã*). A psicologia de Urko fica clara para o espectador em episódios como *A armadilha* e *A herança*: o ódio do general gorila pelos humanos é tão visceral porque deriva de seu óbvio complexo de inferioridade em relação a eles. Booth Colman não levou tão a sério o seu Conselheiro Zaius, mas imprimiu uma aura de reverência e diplomacia ao personagem que o faz contrastar vivamente com as maneiras exasperadas e truculentas de Urko.

O político orangotango e o militar gorila representam os dois pilares do poder: Zaius é a estratégia e Urko, a força; embora discordem em muitas questões, ambos precisam trabalhar juntos para manter azeitada a máquina ditatorial que controla a civilização símia e condena os humanos a um estado permanente de ignorância e apatia.

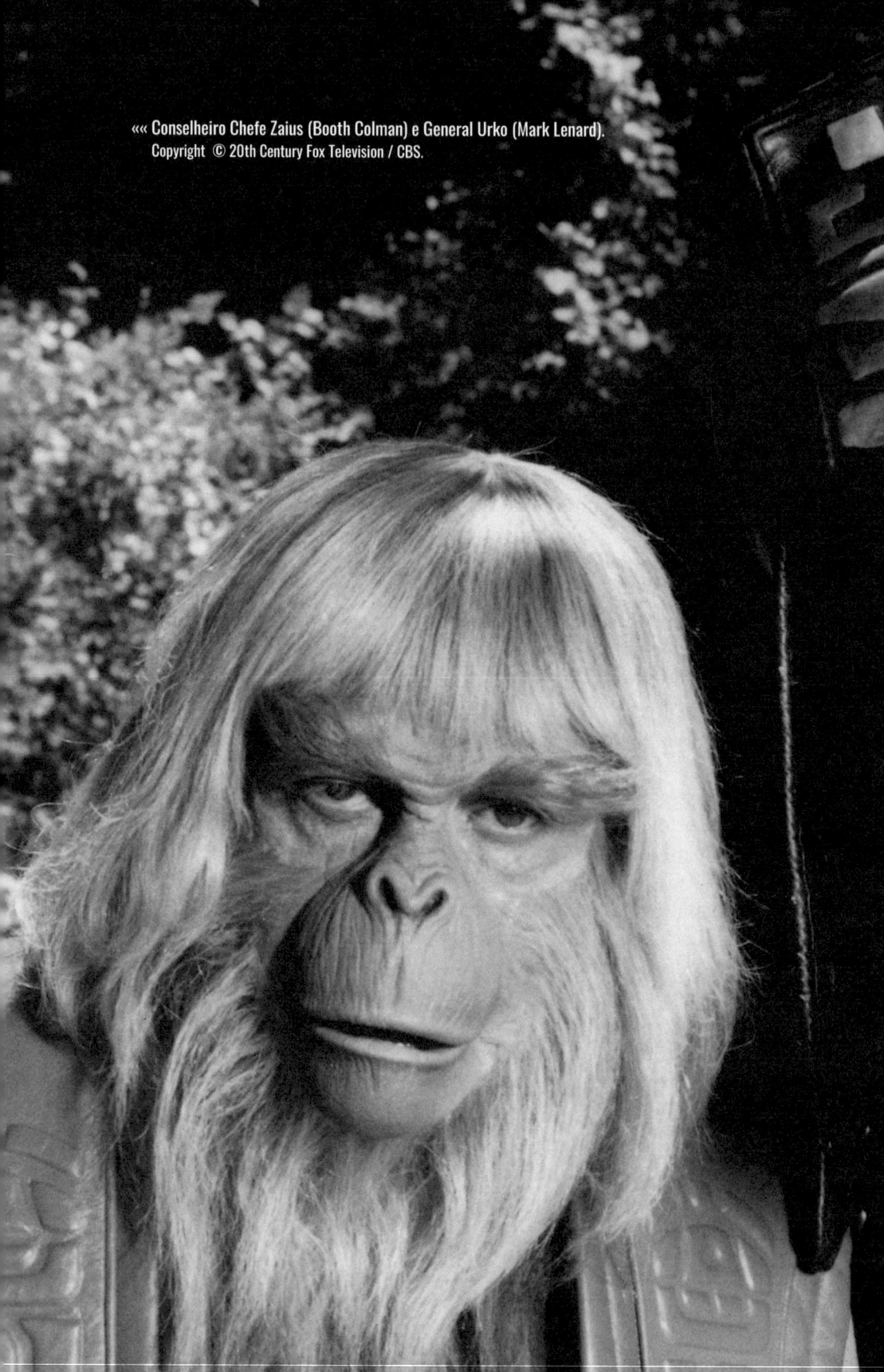

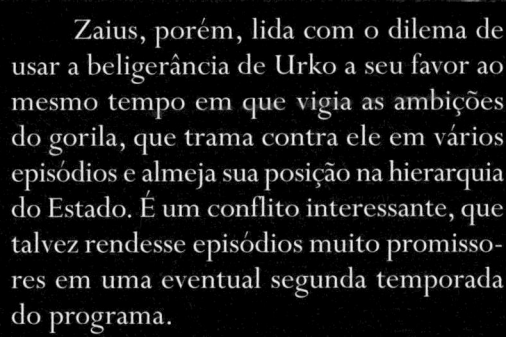

Zaius, porém, lida com o dilema de usar a beligerância de Urko a seu favor ao mesmo tempo em que vigia as ambições do gorila, que trama contra ele em vários episódios e almeja sua posição na hierarquia do Estado. É um conflito interessante, que talvez rendesse episódios muito promissores em uma eventual segunda temporada do programa.

Com as filmagens ocorrendo em toque de caixa, alguns aspectos técnicos tiveram que ser sacrificados: a maquiagem símia é a mesma dos longas-metragens, mas nem sempre parece tão realista na tela. Os coadjuvantes macacos do seriado usavam apliques de látex elaborados a partir de moldes faciais pré-existentes criados para os atores dos filmes, os quais nem sempre se encaixavam às suas feições. A caracterização é particularmente falha em *As boas sementes*, episódio no qual os atores Geoffrey Deuel e Lonny Chapman utilizam apliques que não combinam com suas estruturas faciais.

Apesar desses deslizes, *Planeta dos macacos* foi bem-sucedido em adaptar para a "telinha" o universo ficcional apresentado nos filmes, além de ter contribuído para a perpetuação do culto aos macacos naquele período: 1974 foi o ápice da *macacomania*, registrando um número recorde em vendas de artigos de consumo inspirados na franquia. Não há dúvida que a boa repercussão da série junto ao público interessado teve um papel decisivo na consolidação deste fenômeno.

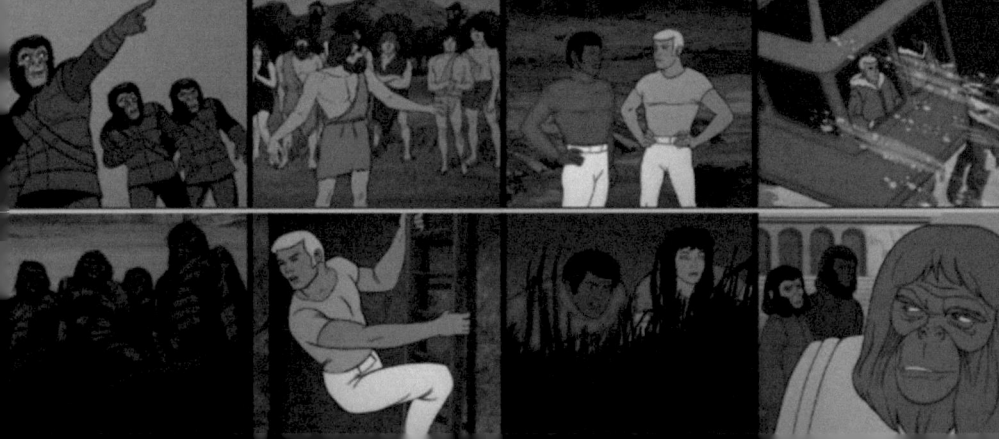

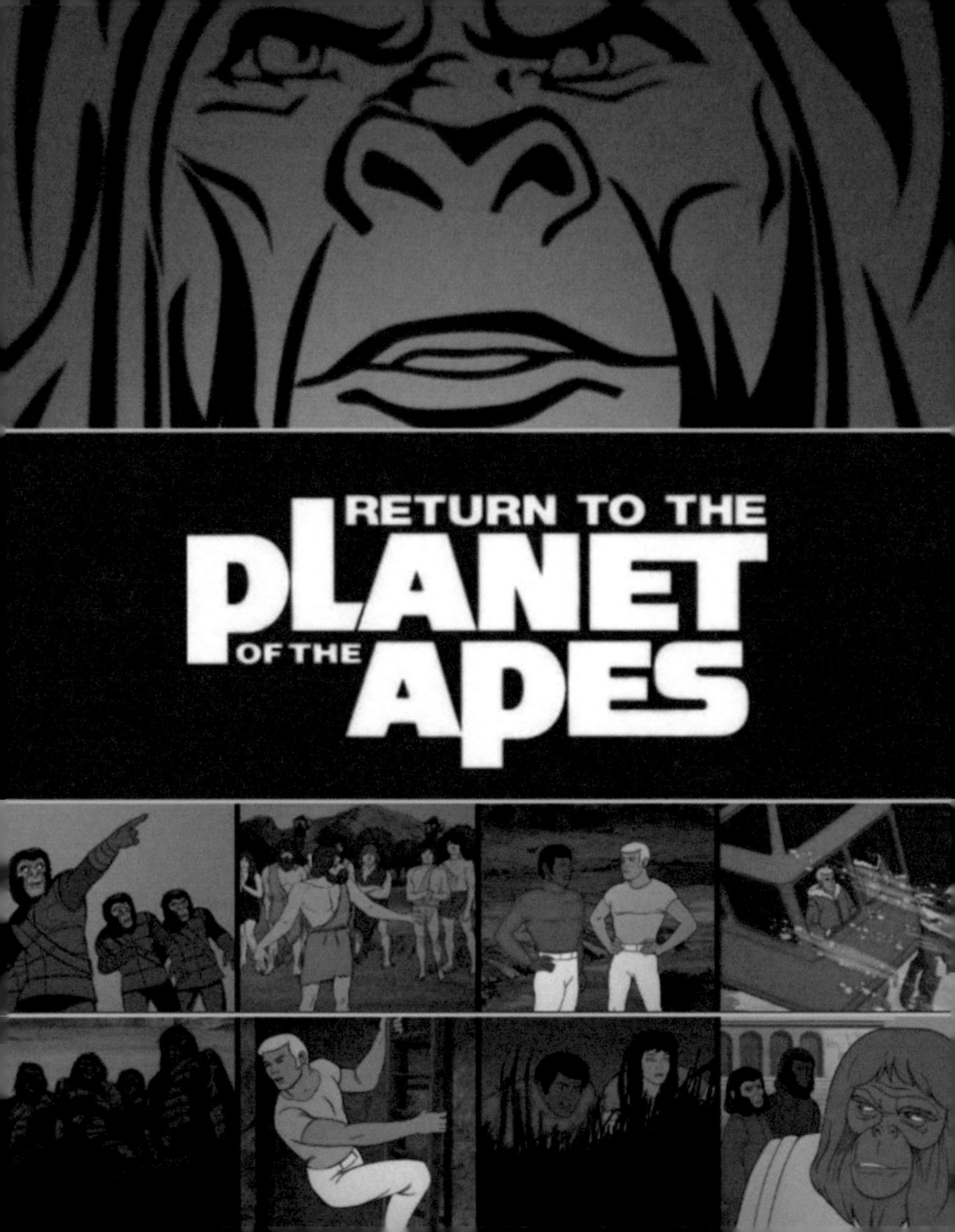

RETURN TO THE
PLANET
OF THE
APES

DE VOLTA AO PLANETA DOS MACACOS (1975)

CAPÍTULO 9

A série animada

GUIA DE EPISÓDIOS

CHAMAS DO DESTINO (FLAMES OF DOOM)

A bordo da espaçonave *Venture*, os astronautas norte-americanos Bill Hudson (voz de Tom Williams), Judy Franklin (Claudette Nevins) e Jeff Carter (Austin Stoker) transmitem à Terra um relatório sobre suas atividades. Hudson afirma que a teoria sobre o espaço-tempo proposta pelo cientista Dr. Stanton está certa: em condições propícias o Homem pode se deslocar do presente para o futuro. Prova disso é que o marcador de tempo da *Venture* já se adiantou um século em relação ao tempo da Terra. De repente, a nave é atraída pelo campo gravitacional de um planeta desconhecido. Durante a queda do veículo, o marcador de tempo move-se freneticamente, indicando que Bill e seus colegas continuam a avançar em direção ao futuro. Desgovernada, a nave sobrevoa uma região deserta e mergulha nas águas de um lago.

Longe dali, em uma metrópole habitada por macacos, o General Urko (Henry Cordin) expõe aos membros do Conselho Supremo o seu plano para exterminar os "humanoides" do planeta[151]. O militar é contestado pelo cientista Dr. Cornelius (Edwin Mills), que defende a preservação dessas criaturas para estudos. Os políticos símios, liderados pelo Dr. Zaius (Richard Blackburn), apoiam a opinião de Cornelius: enquanto forem feras incapazes de pensar e falar, os humanoides poderão continuar a viver.

Nas proximidades do lago, Bill Hudson e seus amigos iniciam a exploração do planeta. Bill faz uma leitura do tempo em seu relógio de pulso e

---

151 Na série animada, os homens e mulheres primitivos escravizados pelos macacos são chamados de "humanoides", e não de "humanos"; é uma definição mais apropriada, considerando que, apesar de serem fisicamente aparentados conosco, eles não possuem as características que nos distinguem dos outros animais: inteligência, consciência e a capacidade de executar tarefas complexas; esta talvez tenha sido a única contribuição feita pelo Ph.D MacDonald Stearns, da Universidade da Califórnia (nos créditos da atração, identificado como "pesquisador de diálogos antropológicos") a *De volta ao planeta dos macacos*.

constata que o ano corrente é 3979[152]. Enquanto caminham pelo deserto, os astronautas testemunham estranhas manifestações da natureza, como tempestades magnéticas e paredões de chamas. Ao passarem por um campo de dunas, Bill, Jeff e Judy também veem ruínas de pontes e edifícios em meio à devastação. Aparentemente o planeta foi habitado por uma civilização avançada em um passado distante.

Durante um abalo sísmico, Judy desaparece em uma fenda no solo. Exaustos, Bill e Jeff prosseguem a jornada e mais à frente se deparam com algo surpreendente: enormes rostos de chimpanzés, orangotangos e gorilas esculpidos em uma montanha. Ao atingirem uma região arborizada, eles são socorridos por humanos mudos e selvagens. Uma das mulheres da tribo, a quem Bill apelida como "Nova", afeiçoa-se aos astronautas.

Dias depois, os heróis tentam ensinar os humanoides a falar. Surpreso, Bill nota que Nova usa uma placa de identificação igual à sua e à de Jeff. O objeto pertenceu a um certo Ronald Brent[153], um astronauta americano nascido em 2079. A atenção do grupo é desviada pelo som de uma trombeta de caça que ecoa no deserto. Para espanto dos astronautas, gorilas armados e encarapitados em jipes surgem no horizonte. Com bombas de gás lacrimogêneo, os macacos encurralam os humanoides e os aprisionam. Jeff escapa, mas Bill é capturado.

FUGA DA CIDADE DOS MACACOS (ESCAPE FROM APE CITY)

Aprisionado pelos gorilas, Bill é levado para a Cidade dos Macacos. No caminho Urko diz a um de seus soldados que os prisioneiros serão usados pelo exército em práticas de tiro ao alvo. Ao perceber que Bill está prestes a contestar o general, um dos humanoides põe a mão sobre os lábios do astronauta e o impede de falar. Horas depois os soldados entram nas ruas da capital símia. Os cidadãos saúdam Urko e suas tropas.

Zaius promete à Dra. Zira (Phillipa Harris) que alguns humanoides serão destinados às suas pesquisas. Para descontentamento de Urko, o orangotango permite que a cientista selecione Bill (a quem Zira apelida como "Olhos Azuis") como uma de suas cobaias. Antes de ser levado para

---

152 A trama do desenho animado se passa em 3979, ou seja: um ano após a detonação da Bomba Alfa & Ômega no filme *De volta ao planeta dos macacos*; somado ao alto desenvolvimento tecnológico da civilização símia, isto sugere que a animação não tem qualquer conexão com os longas-metragens originais ou com a série live-action.

153 Apesar de ter o mesmo nome do personagem interpretado por James Franciscus no filme *De volta ao planeta dos macacos*, este é obviamente um "outro" Brent; a placa de identificação do astronauta informa que ele deixou a Terra no fim do século XXI.

o laboratório, o astronauta ouve Zaius dizer que, no dia em que os humanoides desenvolverem uma linguagem, serão exterminados. Zaius é um dos poucos macacos que conhecem a verdadeira origem da civilização símia, surgida após os humanoides destruírem o planeta em uma guerra nuclear. Segundo os dogmas religiosos vigentes, se eles reconquistarem a capacidade de falar, voltarão a governar o mundo e mais uma vez o destruirão.

No instituto de pesquisas da Cidade dos Macacos, Bill revela sua inteligência a Zira e Cornelius. Uma sentinela gorila ouve a conversa entre o astronauta e os chimpanzés e notifica o Dr. Zaius sobre o ocorrido. Os cientistas símios se dão conta de que, se a inteligência de Bill for comprovada, Urko e o Conselho Supremo terão uma prerrogativa para eliminá-lo, o que contraria seus princípios éticos e científicos. Os chimpanzés libertam o prisioneiro e, para ludibriar Zaius e Urko, fingem terem sido agredidos e amarrados por "Olhos Azuis". Ao abandonar a cidade, Bill reencontra Jeff. Juntos, eles roubam um caminhão dos gorilas e incendeiam suas carroças de caça.

Após despistarem os macacos, os heróis concluem que é seu dever ajudar os humanoides. Eles decidem voltar à espaçonave nos próximos dias e resgatar seus equipamentos de bordo, que incluem uma pistola laser. Com este dispositivo Bill e Jeff poderão construir uma fortaleza rochosa para os humanoides e protegê-los dos ataques dos gorilas.

A MISTERIOSA PROFECIA (THE UNEARTHLY PROPHECY)

Explorando a Zona Proibida, Bill e Jeff encontram uma passagem no solo que os conduz ao subterrâneo. Os astronautas descobrem que uma avançada civilização humana vive embaixo do planeta, operando máquinas futuristas que se mantêm em funcionamento graças a um enorme gerador de força. Investigando o local, Bill e Jeff veem as ruínas da Biblioteca Pública de Nova York e da Times Square e se dão conta de que o Planeta dos macacos é a Terra do ano 3979.

Os astronautas são capturados pelos subterrâneos, que vestem túnicas medievais e possuem superpoderes físicos e mentais: eles conseguem projetar raios de calor pelos olhos, controlar pensamentos e criar ilusões de terremotos e incêndios. Quando são levados à presença de seu líder, Krador, Bill e Jeff descobrem que Judy também é prisioneira dos mutantes: eles a idolatram como uma divindade e acreditam que a astronauta é uma figura messiânica mencionada em seus textos sagrados, "USA", que um dia os ajudará a voltar à superfície e a reconquistar o planeta.

Krador aprisiona os astronautas em um campo de força, mas Judy os liberta e os três escapam do complexo dos mutantes seguindo os trilhos de uma antiga linha ferroviária. Quando estão prestes a deixar o subterrâneo, Krador usa seus poderes mentais para transportar Judy de volta à sua presença. Bill e Jeff decidem retornar aos domínios dos subterrâneos em outra ocasião para libertar Judy.

O TÚNEL DO MEDO (TUNNEL OF FEAR)

Enquanto Urko planeja um ataque à Zona Proibida, Bill e Jeff voltam à Cidade dos Macacos. Eles querem perguntar a Zira e Cornelius se há algum lugar no planeta onde os humanoides possam estar a salvo da perseguição dos gorilas. Na metrópole símia, os astronautas são localizados por uma patrulha e se escondem nos esgotos, onde quase são mortos por uma aranha gigante. Eles chegam ao escritório de Zira e Cornelius no momento em que o casal discute a possibilidade de o Dr. Zaius desconfiar que ambos protegem "Olhos Azuis".

Cornelius diz aos astronautas que uma região desabitada ao sul (o "Vale Novo") seria um bom esconderijo para os humanoides. A conversa é interrompida pela chegada do Dr. Zaius, que viera pedir a ajuda de Zira e Cornelius para recapturar "Olhos Azuis". Escondidos atrás de uma bancada, Bill e Jeff ouvem o orangotango solicitar aos chimpanzés um relatório sobre a psicologia e os hábitos do fugitivo.

Na manhã seguinte, Cornelius fornece a Bill e Jeff uma cópia do mapa do Vale Novo e os leva até um rio subterrâneo que dá acesso à região. Os astronautas percorrem o rio a bordo de uma jangada e enfrentam uma série de percalços. Desviados do curso original e arrastados pela correnteza, eles acabam retornando ao território dos humanoides.

A LAGOA DO PERIGO (LAGOON OF PERIL)

Um dos soldados de Urko informa o Senado e a imprensa que uma nave tripulada por humanos pousou no planeta. Os "alienígenas" a que se refere a testemunha são Bill, Jeff e Judy. Para acalmar a opinião pública, Zaius e Urko decidem explorar a região e convidam alguns jornalistas a acompanhá-los. Temendo pela segurança de Bill, Cornelius e Zira alertam o astronauta sobre a iminente expedição dos gorilas à Zona Proibida. Os chimpanzés dizem ao herói que, se a espaçonave for localizada, Urko terá

260

um precedente para exterminar todos os humanoides do planeta. Bill e Jeff decidem destruir a nave logo após recuperem sua pistola laser.

Dias depois, a comitiva de Urko e Zaius entra na Zona Proibida. Para horror dos recém-chegados, paredões de fogo e tempestades magnéticas irrompem no deserto. O grupo levanta acampamento e os estranhos fenômenos se intensificam durante a noite. Zaius tranquiliza os soldados afirmando que aquelas são apenas miragens criadas pelos subterrâneos. De manhã, Bill e Jeff chegam à margem do lago com alguma dianteira em relação ao exército símio. Eles veem a *Venture* boiando na superfície e Bill alcança o veículo a nado, recuperando a pistola laser e acionando o mecanismo de autodestruição da nave. O astronauta é atacado por um monstro subaquático quando tenta retornar à margem, mas consegue despistar a criatura com a ajuda de Jeff.

A *Venture* explode segundos antes do exército símio chega ao lago. Ao invés da espaçonave, os macacos avistam apenas o monstro submarino nadando em suas águas e concluem que a sentinela de Urko confundiu a criatura com uma nave espacial.

TERROR NA MONTANHA (TERROR ON ICE MONTAIN)

Cornelius encontra um antigo livro humano (intitulado *Um dia no zoológico*) em uma de suas escavações arqueológicas. O chimpanzé espera que a relíquia convença o Dr. Zaius e o Conselho Supremo de que os humanoides dominaram a Terra em um passado distante. Utilizando um balão, Bill e Cornelius empreendem uma viagem à montanha mais alta da região, onde pretendem ocultar o legado arqueológico. O balão aterrissa no topo da montanha e o astronauta e o chimpanzé quase morrem congelados. Os dois são resgatados por uma ordem de monges símios que se dispõem a proteger o livro de Cornelius. O líder confia a relíquia à estranha divindade que eles cultuam: uma estátua de gelo conhecida como "O Poderoso Kigor".

Em companhia dos monges, Bill e Cornelius embarcam em um bondinho que os levará até o altar de Kigor. Durante o percurso o grupo é ameaçado por um esquadrão de gorilas que tentam partir o cabo do bondinho com um machado. De repente o gelo que reveste a figura de Kigor se despedaça: a "estátua" é um gorila de proporções gigantescas que afugenta os soldados e assegura a chegada dos monges e dos forasteiros ao topo da montanha. De agora em diante, *Um dia no zoológico* permanecerá sob a guarda de Kigor até o dia em que o Conselho Supremo esteja pronto para reconhecer a verdade sobre o passado da Terra.

RIO DE CHAMAS (RIVER OF FLAMES)

Em uma caverna da Zona Proibida, Bill e Jeff fazem planos para proteger os humanoides das tropas de Urko. Uma projeção mental de Judy surge diante deles pedindo que desçam ao mundo subterrâneo. Pouco depois, no refúgio dos telepatas, Krador e Judy contam aos astronautas que a lava de um vulcão em erupção está invadindo os túneis do complexo dos mutantes. Com sua pistola laser, Bill e Jeff poderão abrir um buraco na montanha e desviar a lava para o mundo exterior.

Bill e Jeff concordam em ajudar, desde que Krador liberte Judy. Porém, quando retornam ao deserto para buscar a pistola laser, eles descobrem que as tropas de Urko se apoderaram do dispositivo. O general gorila diz a seus subordinados que uma arma com aquelas características não pode ter sido construída nem por humanoides e nem por subterrâneos – portanto, deve pertencer a "Olhos Azuis". Após distraírem a atenção dos macacos, Bill e Jeff recuperam a arma e regressam ao subterrâneo, onde começam a perfurar uma parede para o escoamento da lava.

Urko vê uma cortina de fumaça se elevar acima de um penhasco e conclui que "Olhos Azuis" está lá em cima fazendo uma fogueira. O gorila ordena que a montanha seja bombardeada e abre uma cratera no penhasco. A lava se precipita montanha abaixo e reduz a escombros todo o aparato bélico dos macacos. Como punição por sua incompetência, Urko é humilhado publicamente por Zaius.

O GRITO DAS ASAS (SCREAMING WINGS)

Do alto de uma colina, Bill, Jeff e Judy observam as manobras táticas do exército: os soldados de Urko posicionam manequins nas areias do deserto e ordenam que um aviador símio, pilotando uma aeronave da Segunda Guerra Mundial, mergulhe em direção aos bonecos. Urko conseguiu restaurar um avião P-40 do século XX, o que lhe dará uma inquestionável vantagem sobre os humanoides.

Os astronautas decidem roubar o avião, que se tornou a "menina dos olhos" de Urko e é guardado a sete chaves por suas tropas. Urko pede ao Dr. Likis (o cientista que reparou a aeronave) que realize uma revisão no P-40, já que ele pretende fazer uma demonstração pública de sua nova "arma secreta". Ao descobrir as intenções de Urko, Zaius diz que esta tecnologia poderá precipitar o mundo em uma nova era de caos, uma vez que o general pretende construir uma frota de aeronaves usando o P-40 como modelo.

262

No dia seguinte, a população da cidade se reúne para assistir à demonstração. Os astronautas agridem e amarram o piloto do avião, Lago, para que Judy possa tomar o seu lugar. Fazendo-se passar por Lago, Judy realiza perigosas manobras com o veículo, aterrorizando os espectadores. Furioso, Zaius censura a arma secreta de Urko e questiona sua capacidade para liderar o exército. Enquanto isso, Bill e Jeff destroem os protótipos de aeronaves fabricados pelo Dr. Likis e Judy foge com o P-40 para o deserto.

RUMO AO DESCONHECIDO (TRAIL TO THE UNKNOWN)

Colocando em prática o plano de levar os humanoides para o Vale Novo, Bill, Jeff e Judy constroem uma frota de canoas de madeira. Enquanto isso, na Cidade dos Macacos, Zaius faz uma visita a Zira e Cornelius e agradece aos dois por terem roubado o avião de Urko. Os chimpanzés negam terem participado do furto da aeronave, mas o orangotango insiste em lhes atribuir este "feito heroico". Para apagar a vergonhosa lembrança do episódio, Urko concentra seus esforços na captura de "Olhos Azuis".

Os astronautas e os humanoides navegam por um rio que cruza uma densa floresta. Horas depois, a expedição atinge uma área deserta assolada por fortes ventos. No encalço dos selvagens, as tropas de Urko são forçadas a recuar quando o general se dá conta de que os fugitivos escaparam pelo rio e seu pelotão não dispõe de veículos apropriados para persegui-los. Neste meio tempo, os heróis encontram os destroços de outra nave espacial americana no deserto. O dono do veículo é Ronald Brent, o astronauta do século XXI que aterrissou no planeta antes de Bill, Jeff e Judy.

Brent diz aos astronautas que, durante meses, viveu em companhia de Nova e sua tribo. Mas um dia se desgarrou dos humanoides e retornou aos destroços da nave, onde passou os últimos 20 anos. Ao saber que Bill planeja levar a tribo para o Vale Novo, Brent se une à expedição. Uma vez no local, o grupo começa a construir uma fortaleza à base de rochas cortadas com a pistola laser. Quando o abrigo é construído, as tropas de Urko chegam ao Vale Novo e atacam os humanoides com bombas de gás lacrimogêneo, mas os paredões rochosos da fortaleza são sólidos o bastante para neutralizá-las. O general aceita a derrota, mas promete regressar ao Vale Novo.

O ATAQUE DAS NUVÊNS (ATTACK FROM THE CLOUDS)

Uma gigantesca criatura alada sobrevoa a Cidade dos Macacos e coloca seus habitantes em pânico. A seguir, o monstro se dirige para o Vale Novo, o lar dos humanoides. Assustados, os astronautas elaboram um plano para combater a criatura. Eles sabem que, para derrotá-la, precisarão usar o avião que roubaram de Urko.

Durante a noite, evitando os destacamentos de soldados espalhados pela região, Bill e Judy chegam à aeronave. Enquanto tentam trazer o veículo para o Vale Novo, Brent e Jeff fazem o que podem para afugentar o monstro das cercanias da fortaleza. A bordo do avião, Judy e Bill regressam ao território dos humanoides e derrotam a criatura em uma batalha aérea.

MISSÃO DE MISERICÓRDIA (MISSION OF MERCY)

Bill e Jeff decidem empreender uma viagem além das fronteiras do Vale Novo em busca de reservas de combustível para o avião. Assim que os dois homens deixam o acampamento, Nova começa a manifestar sintomas de uma doença rara e contagiosa. Quando frequentou a academia de astronautas, Brent aprendeu a combater a enfermidade, que se torna fatal após 72 horas. Para produzir a medicação adequada ele precisará de um combinado de produtos químicos que poderão ser obtidos junto a Zira e Cornelius.

A bordo do avião, Judy vai ao encontro de Bill e Jeff e informa os colegas sobre o estado de saúde de Nova. Mais tarde, a astronauta consegue chegar ao laboratório de Zira e Cornelius, que preparam um soro contra a doença seguindo as orientações de Brent. Horas depois, já com a medicação, Judy é levada por seus benfeitores símios ao local onde deixou o avião. Ela regressa ao Vale Novo a tempo de curar Nova.

A INVASÃO SUBTERRÂNEA (INVASION OF THE UNDERWELLERS)

Uma onda de invasões domiciliares põe em alerta os habitantes da Cidade dos Macacos. De acordo com a polícia, os criminosos são seres encapuzados que lembram os subterrâneos da Zona Proibida. Entre os itens roubados pelos intrusos está um raríssimo livro do escritor "William Apespeare" que pertenceu a Cornelius e Zira. Ansioso para comandar um ataque contra Kador e seu povo, Urko tenta convencer o Conselho Supremo e a opinião pública de que os subterrâneos são os autores dos crimes. Porém, as invasões e furtos têm sido praticados pelo próprio Urko e seus soldados.

Krador usa seus poderes mentais para se comunicar com Bill, Jeff, Judy, Zira e Cornelius. O líder dos subterrâneos afirma que seu povo não é responsável pelas invasões e revela a Bill e Jeff a localização dos objetos roubados, atribuindo ao comandante do exército símio a autoria dos crimes. Para desmascarar o general, Cornelius leva o Dr. Zaius ao local onde estão as peças roubadas. O orangotango se comunica com Urko por meio de um rádio e ordena que ele suspenda o ataque que está planejando contra o povo mutante. Mas Urko o ignora e decide fechar para sempre um túnel que conecta a cidade dos telepatas com a superfície.

Os gorilas acomodam uma carga de explosivos sobre uma jangada e a colocam em um rio subterrâneo que leva aos domínios de Krador. Mas Bill e Jeff conseguem mudar o curso da balsa, que retorna para os gorilas. Na explosão que se segue a Cidade dos Macacos quase é destruída. Como punição, Urko é afastado do comando do exército durante três meses.

DUELO DE TITÃS (BATTLE OF TITANS)

Com o afastamento temporário de Urko de suas funções, o exército gorila passa a ser comandado interinamente pelo Coronel Rotok. O novo líder não tem a personalidade forte de seu antecessor, o que serve aos propósitos de Urko: o general convence Rotok a comandar um ataque surpresa aos humanoides no Vale Novo. Inseguro, Rotok atende ao pedido de Urko.

Zira e Cornelius concluem que a suspensão de Urko é uma excelente oportunidade para eles convencerem o Senado de que os humanoides já governaram o planeta. O livro "Um Dia no Zoológico" lhes permitirá comprovar essa teoria. A obra está escondida no pico de uma montanha gelada e é guardada pela divindade primitiva Kigor. Bill e Cornelius voltam à montanha a bordo do mesmo balão que usaram em sua primeira jornada ao local.

Ao longo do trajeto, porém, eles são atacados pelo monstro alado que Judy combatera há alguns dias. Bill despista a criatura e o astronauta e o chimpanzé chegam ao seu destino, onde recuperam o valioso livro. Quando estão prestes a partir, a criatura volta a persegui-los, mas é afugentada por Kigor. Bill e Cornelius retornam à civilização com "Um Dia no Zoológico" em seu poder. Eles esperam que esta evidência finalmente convença o Conselho Supremo de que os humanoides não são apenas animais – e que, portanto, devem ser integrados à sociedade.

PRODUÇÃO

O PLANETA DOS MACACOS ANIMADOS

Um ano após o cancelamento da série *Planeta dos macacos*, os animadores David De Patie e Friz Freleng uniram esforços com a 20th Century Fox e lançaram o desenho animado *De volta ao planeta dos macacos*, que estreou em 6 de setembro de 1975 na Rede NBC. O desenvolvimento, a direção geral e a coprodução da série, bem como a supervisão de *storyboards*, ficaram a cargo de Doug Wildey, o criador de *Jonny Quest*[154].

Na época em que *De volta ao planeta dos macacos* foi produzido, Wildey só assistira aos dois primeiros longas da franquia, razão pela qual a série tem uma ambientação muito parecida com as dos filmes estrelados por Charlton Heston. A maior inovação do programa foi mostrar os macacos habitando uma cidade moderna (nesta versão, eles dirigem carros, pilotam lanchas e até possuem uma emissora de TV, a "Ape Broadcasting System"), o que os aproxima dos símios da novela de Pierre Boulle.

Um amálgama de ideias pinçadas do cinema e da TV, o programa reúne personagens dos filmes (Zira, Cornelius e o Dr. Zaius) e da série *live action* (o General Urko) em um mesmo universo, adicionando à mistura monstros alados e marinhos, uma sociedade de chimpanzés budistas e mutantes subterrâneos que soltam raios de calor pelos olhos. Com 13 episódios, a série animada foi cancelada em setembro de 1976.

ANÁLISE CRÍTICA

"OS HUMANOIDES TÊM O MESMO DIREITO À VIDA QUE NÓS"

O espírito progressista dos anos 1960-1970 deixou sua marca na produção cultural do período, o que inclui os desenhos animados. Ironicamente, embora tenham sido realizadas com lápis, tintas e folhas de acetato, atrações como *Jonny Quest* e *A princesa e o cavaleiro*[155] contavam com tramas e protagonistas mais densos que os de muitas séries *live action* realizadas na mesma época.

Isso também vale para *De volta ao planeta dos macacos*, cuja estrutura narrativa é mais sofisticada que a da série estrelada por Roddy McDowall,

---

154 *Jonny Quest* (1964-1965, Doug Wildey).
155 *A princesa e o cavaleiro* (*Ribon no Kishi*, 1967-1968, criação de Osamu Tezuka).

Ron Harper e James Naughton em 1974: seus 13 episódios contam uma única história e a compreensão da trama depende de o espectador assisti-los em ordem cronológica. A versão animada também honrou a reputação dos filmes aventurando-se no campo da sátira social: o objetivo dos astronautas Bill, Jeff e Judy é levar os humanoides para uma espécie de "Terra Prometida", o Vale Novo, onde eles poderão desenvolver uma Cultura própria e prosperar como raça longe da opressão dos macacos. O desenho animado, portanto, conta uma história sobre "libertação".

Este ponto de partida permitiu que alguns temas recorrentes nos filmes reaparecessem no programa, ainda que um pouco "diluídos" para o consumo da plateia infantojuvenil[156]: belicismo, intolerância ideológica, racismo e abuso de poder. No episódio *A invasão subterrânea*, por exemplo, Urko e seus gorilas roubam itens valiosos do Museu de Arte da Cidade dos Macacos e forjam agressões a seus cidadãos, atribuindo a autoria dos crimes aos telepatas da Zona Proibida. O propósito do plano é alimentar a paranoia "antimutante" do mesmo modo que políticos e militares estadunidenses da década de 1950 alimentaram a paranoia "anticomunista". O que Urko realmente quer é apoio popular para obter mais recursos para o exército, assim como o aval do Conselho Supremo para declarar guerra aos subterrâneos.

Já a Guerra do Vietnã é lembrada em episódios como *A lagoa do perigo*, *Rumo ao desconhecido* e *Rio de chamas*, que mostram as desastradas campanhas bélicas dos gorilas na Zona Proibida. Urko é um estrategista incompetente e, em mais de uma ocasião, compromete as manobras dos macacos em território inimigo por meio de ordens estapafúrdias. Na mais calamitosa de todas, o general autoriza o bombardeio de uma montanha com obuses, sem se dar conta de que se trata de um vulcão ativo. Apesar de fortemente armados, os gorilas sempre são derrotados por seus inimigos (em alguns episódios, os subterrâneos; em outros, os humanoides), que não dispõem de grandes arsenais para se defenderem (uma situação que espelha a do exército americano no Vietnã, muitas vezes, subjugado pelas táticas de guerrilha antiquadas dos vietcongues).

Como ressalta Eric Greene em *Planet of the apes as american myth*, boa parte da crítica que *De volta ao planeta dos macacos* faz à Guerra do Vietnã se concentra no próprio Urko, o qual o autor identifica como uma caricatura do ex-presidente Richard Nixon (1913-1994), que renunciara ao cargo no ano anterior, após o escândalo de Watergate:

---

156 Uma ironia sobre o desenho animado é que, apesar da atração ter o mesmo clima sombrio dos primeiros filmes e dos gorilas possuírem uma artilharia mais letal que a de seus equivalentes no cinema, ninguém morre ou fica gravemente ferido em *De volta ao planeta dos macacos*; no início dos anos 1970, a censura monitorava rigidamente a violência em programas infantojuvenis.

A exemplo dos longas e da série *live action*, *De volta ao planeta dos macacos* tem uma mensagem pacifista: o programa sugere que, juntos, indivíduos bem-intencionados e sem preconceitos podem fazer a diferença, mesmo que sejam numericamente sobrepujados por hordas de fanáticos belicistas. Os astronautas e os chimpanzés Zira e Cornelius (mais uma vez, os únicos "advogados de defesa" da Humanidade em um futuro dominado por orangotangos e gorilas reacionários) formam uma aliança poderosa. "Matar por matar é errado", diz Cornelius a Zira, em uma cena de *Fuga da cidade dos macacos*, quando a esposa lhe pergunta se vale a pena se indispor com o *status quo* símio para proteger "Olhos Azuis" de Zaius e Urko. "Os humanoides têm o mesmo direito à vida que nós."

Os cientistas macacos e seus aliados humanos compartilham os ideais de democracia e igualdade e lutam por um futuro em que todas as espécies convivam em harmonia. Para ilustrar a importância dessa aliança, os episódios mostram os chimpanzés e os astronautas combinando seus conhecimentos e habilidades para impedirem situações catastróficas: em *Missão de misericórdia*, eles evitam o alastramento de uma doença contagiosa que ameaça humanoides e macacos. E em *A invasão subterrânea*, frustram uma manobra tática que quase manda pelos ares a Cidade dos Macacos.

Por obra do realizador Doug Wildey, o espectador pôde ver um Planeta dos macacos diferente de tudo o que já fora mostrado no cinema e na TV. A ambientação da série animada lembra muito a novela de Pierre Boulle, com os símios habitando uma cidade moderna e dominando tecnologias contemporâneas. Mas não há uma ruptura completa com a estética dos filmes: os macacos se vestem como seus equivalentes nos longas-metragens e possuem um aspecto que remete à maquiagem elaborada por John Chambers para o clássico de 1968. Também há monstros gerados pela radiação em alguns episódios (inclusive um gorila gigante inspirado em King Kong), o que legitima a proposta cartunesca da atração.

A série animada marcou o fim do primeiro ciclo de produções sobre o planeta dos macacos. Depois disso, a franquia entrou em seu próprio "sono criogênico", no qual permaneceu por longos 28 anos. Neste período, os símios falantes sobreviveram de louváveis iniciativas empreendidas por autores de histórias em quadrinhos, que merecem todo o crédito pela perpetuação desse universo ficcional após o surgimento da saga *Star wars*. A saga, porém, voltaria a ter destaque na mídia em 2001, quando um dos cineastas mais prestigiados dos anos 1990 dividiu opiniões ao "reimaginá-la" para as novas gerações.

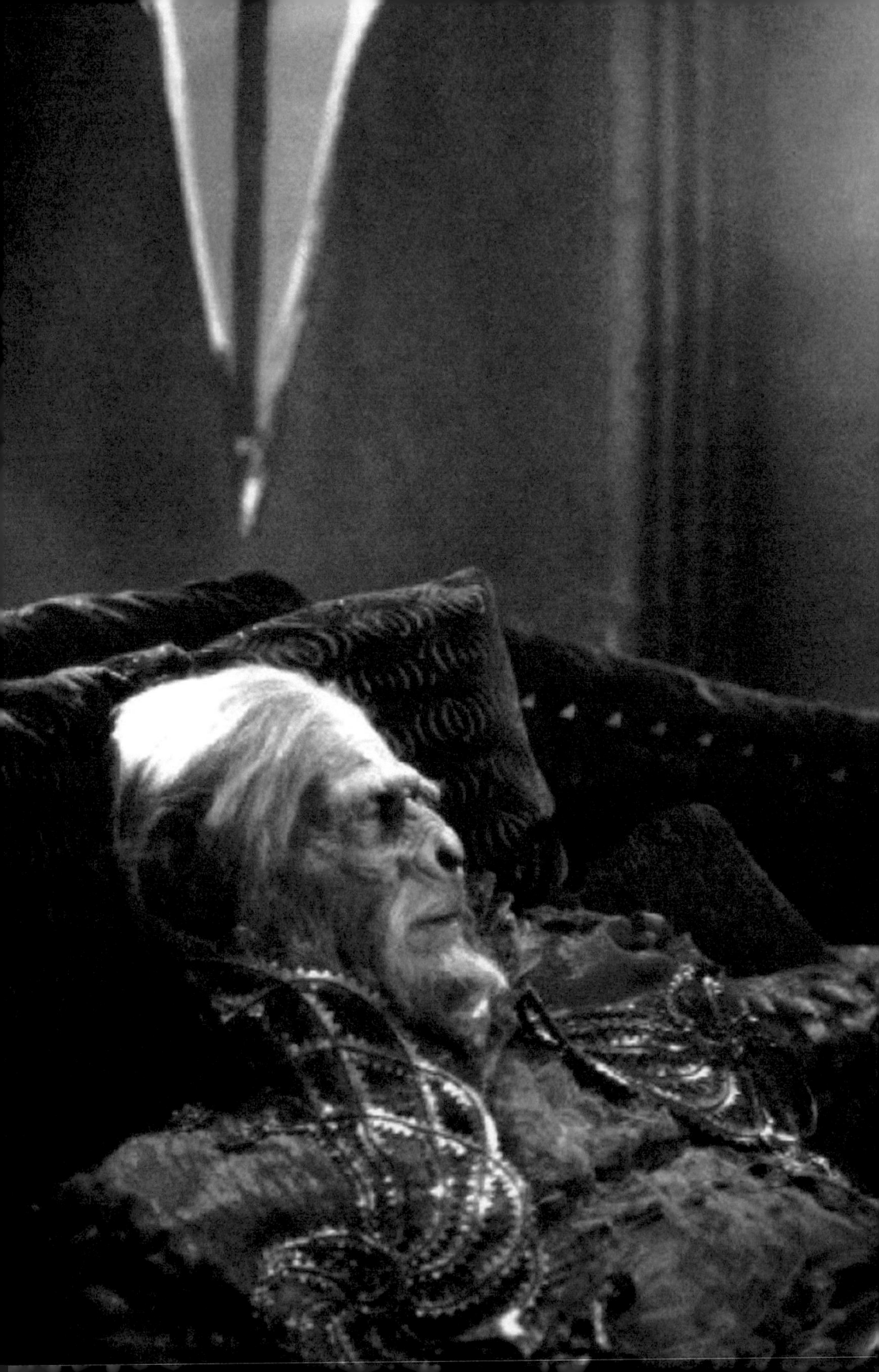

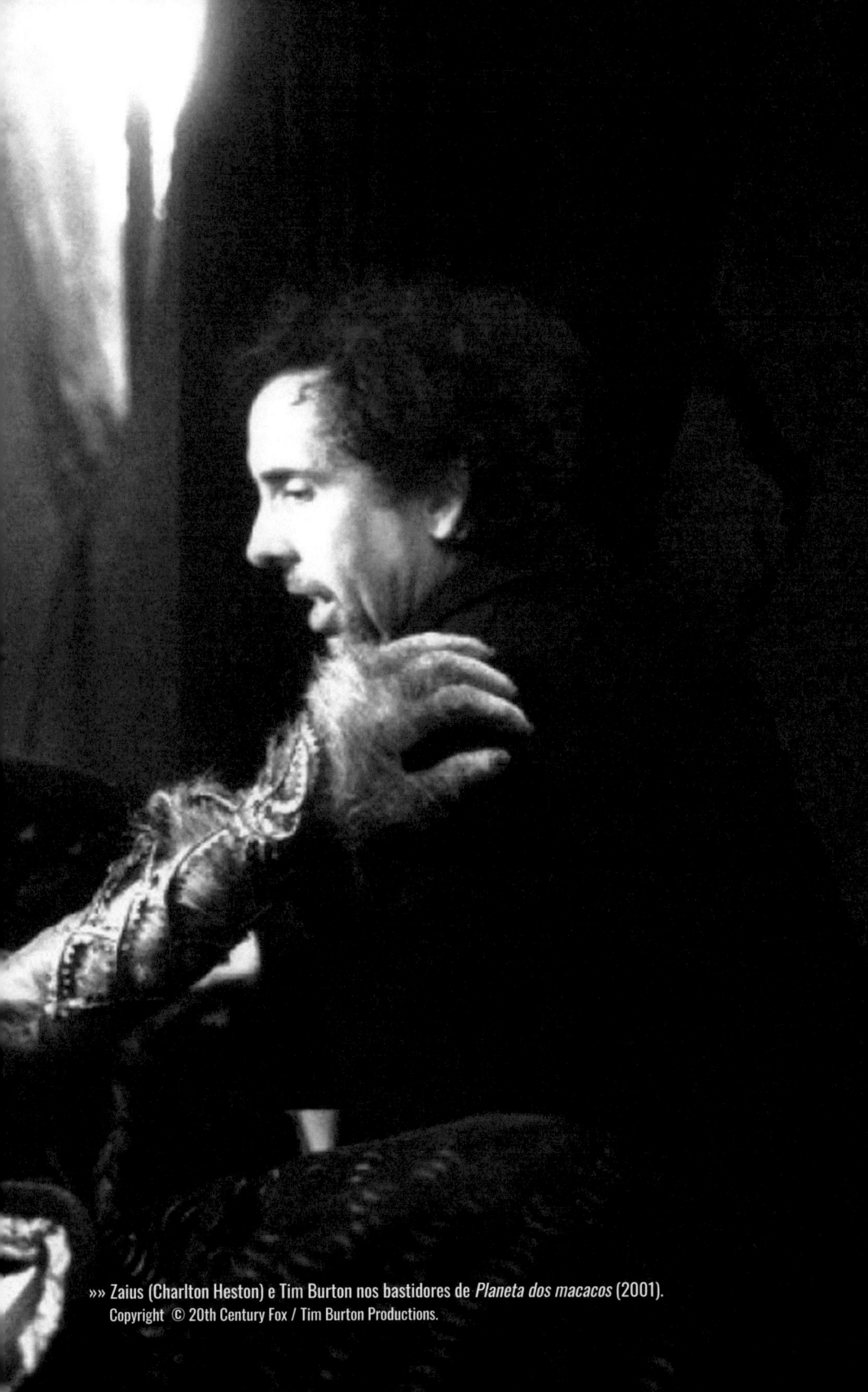

»» Zaius (Charlton Heston) e Tim Burton nos bastidores de *Planeta dos macacos* (2001).
Copyright © 20th Century Fox / Tim Burton Productions.

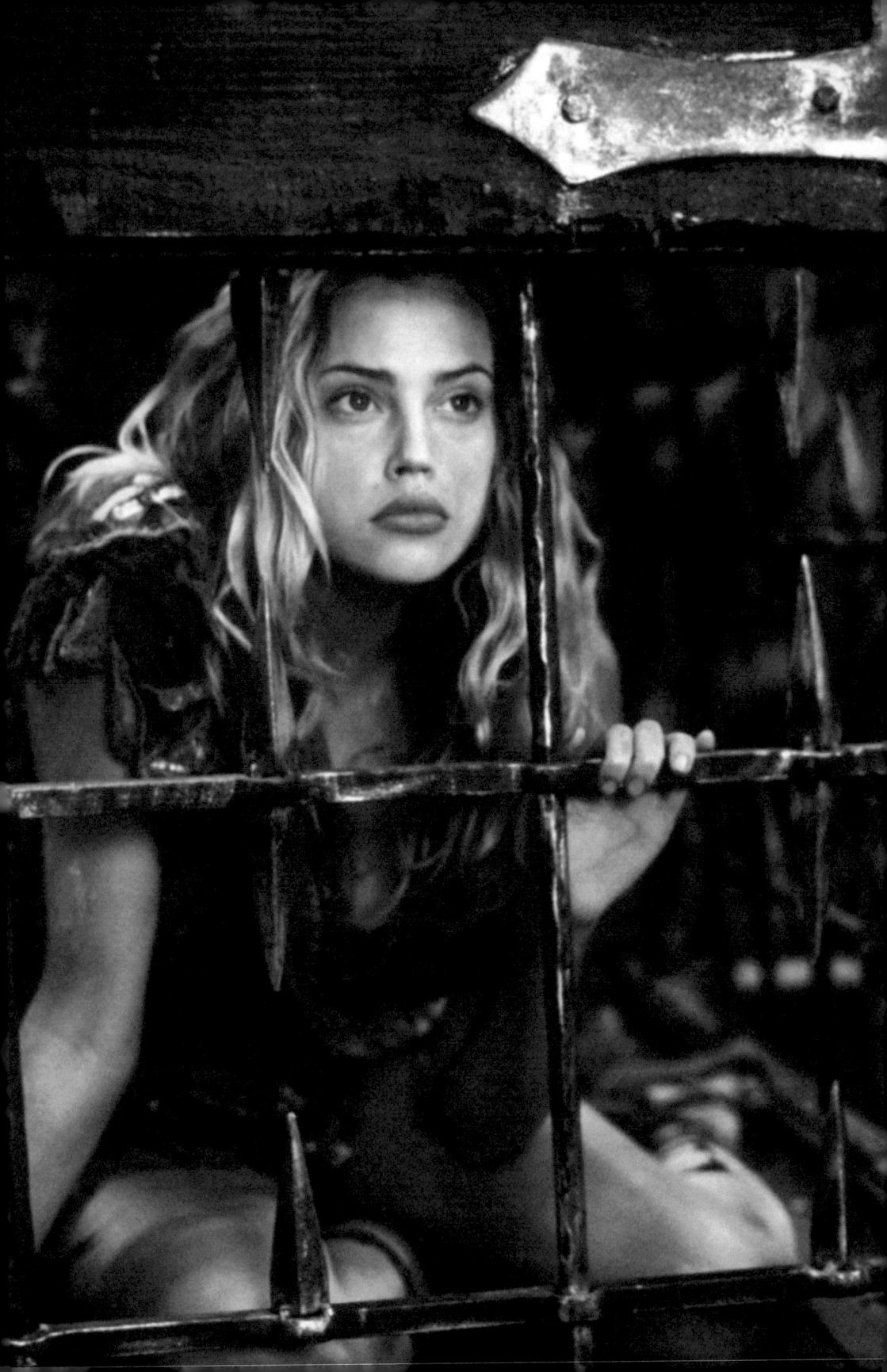

PLANETA DOS MACACOS (2001)

CAPÍTULO 10

O *remake* de Tim Burton

No ano 2029, a bordo da estação espacial Oberon, cientistas e militares norte-americanos treinam símios geneticamente modificados para pilotarem naves de reconhecimento. O Major Leo Davidson (Mark Wahlberg) é encarregado de supervisionar o adestramento do chimpanzé "Péricles". Quando a estação se aproxima de uma tempestade magnética, Davidson se oferece para explorá-la, mas o pedido é negado pelo Comandante Karl Vasich (Chris Ellis), que prefere delegar a tarefa a um macaco. Péricles é embarcado em uma nave de reconhecimento e enviado em direção à tempestade, onde desaparece.

Determinado a resgatar sua mascote, Davidson vai atrás de Péricles em outra nave. Ele perde o contato com a Oberon ao penetrar na tempestade e repara que o marcador de tempo do veículo avança de forma frenética, chegando ao ano 5021. Incapaz de manter o controle da nave, Davidson faz um pouso forçado em um planeta desconhecido. A nave afunda em uma lagoa e o piloto nada até a margem, onde vê humanos selvagens fugindo de macacos armados com espadas e clavas. Davidson é capturado com os demais e levado para a cidade rochosa onde vivem os símios, que falam e possuem uma civilização.

Os cativos são entregues ao orangotango Limbo (Paul Giamatti), um próspero comerciante de escravos local. A chimpanzé Ari (Helena Bonham Carter), filha do Senador Sandar (David Warner), faz parte de um grupo que milita pela libertação dos humanos e vai à loja protestar contra o tratamento brutal imposto aos prisioneiros, os quais são trancados em jaulas e marcados a ferro. Incapaz de sensibilizar o orangotango, Ari decide comprar dois humanos – Davidson e Daena (Estella Warren) – para livrá-los de um destino pior nas mãos de senhores de escravos menos complacentes.

Mais tarde, Sandar recebe alguns amigos para um jantar. Entre eles estão o comandante do exército, o General Thade (Tim Roth), e o Senador Nado (Glenn Shadix). Davidson e Daena são incumbidos de servir os convidados sob as ordens de Krull (Cary-Hiroyuki Tagawa), um servo de confiança de Sandar. Ari e Thade discutem quando a filha do senador acusa o general de ações extremistas contra os humanos, que possuem uma linguagem e uma Cultura e deveriam ser integrados à sociedade dos macacos. Para provocar Ari, Thade derruba Davidson e escancara sua boca, perguntando "se existe uma alma dentro dele". Furiosa, Ari se retira para seus aposentos. Horas depois, duas sentinelas procuram Thade e pedem ao militar que as acompanhe até a floresta, onde lhe mostram os rastros da nave de Davidson. Thade decide manter a descoberta em segredo e, por precaução, mata os gorilas e atira seus cadáveres na lagoa.

De madrugada, Davidson e Daena fogem da casa de Sandar e se dirigem para a loja de Limbo, onde libertam o pai de Daena, Karubi (Kris Kristofferson), e os outros humanos capturados na caçada. Attar (Michael Clarke Duncan), o braço-direito de Thade, põe suas tropas no encalço dos fugitivos, mas Davidson e seu grupo escapam da cidade com a ajuda de Ari e Krull. Karubi enfrenta Attar enquanto os demais correm para a floresta e é morto por Thade. Apesar de saber que Ari facilitou a fuga dos prisioneiros, o general diz a Sandar que a chimpanzé foi sequestrada pelos humanos. Assim, Thade espera conseguir a aprovação do Senado para iniciar a uma ambiciosa campanha militar.

Os fugitivos chegam à lagoa onde está a nave de Davidson, que recupera alguns de seus equipamentos de bordo, incluindo uma pistola laser e um *Messenger* (dispositivo direcional que lhe permitirá restabelecer contato com a Oberon). Ao acioná-lo, o piloto descobre que a estação espacial já se encontra pousada em algum lugar do planeta. Por meio das coordenadas fornecidas pelo equipamento ele e os demais poderão chegar à Oberon, onde estarão a salvo dos macacos.

De repente, Limbo emerge da floresta e ordena que os humanos retornem com ele à cidade. Davidson domina o orangotango com a pistola que resgatou da nave e dá aos macacos uma demonstração de seu poder destrutivo ao disparar contra uma árvore. Horrorizado com a letalidade da arma, Krull se apodera dela e a destrói. Para que Limbo não os denuncie a Thade, Davidson e seus companheiros o fazem refém e o obrigam a acompanhá-los em sua jornada rumo à Oberon.

Sandar autoriza Thade a organizar uma missão de resgate a Ari. Às vésperas de deixar a cidade, o militar visita o pai moribundo, Zaius (Charlton Heston), que o aconselha a destruir o "homem do espaço" antes que sua presença no planeta coloque em xeque a hegemonia símia. Zaius conta ao filho que, no passado, os humanos escravizavam os macacos. Ele também adverte Thade de que o Homem é a mais letal das espécies. "Nenhuma criatura é tão desprezível ou violenta", afirma Zaius, pouco antes de morrer. "Malditos sejam até no inferno!"

Davidson e seu grupo chegam a uma região árida delimitada por enormes espantalhos. É a "Área Proibida", ou "Calima". De acordo com as sagradas escrituras símias, toda a vida começou ali. "Foi neste lugar que o Todo-Poderoso soprou vida em Semos, o primeiro macaco", diz Ari a Davidson. Mais à frente, os fugitivos avistam um acampamento militar supervisionado por Attar. Quando a noite cai, o piloto põe em prática um plano para se apoderar dos cavalos dos soldados: após distraí-los com um foguete de sinalização, Davidson e seus amigos roubam as montarias e se dirigem a toda velocidade para o deserto. Attar volta à cidade e relata o ocorrido a Thade, que fica furioso ao saber que o piloto enganou suas tropas mais uma vez. O general e seu braço-direito convocam as legiões símias e marcham em direção a Calima.

Seguindo as indicações do *Messenger*, os fugitivos chegam ao local onde a Oberon deveria estar. Mas tudo o que eles veem são ruínas antiquíssimas, parcialmente enterradas na areia do deserto. O dispositivo ainda capta os sinais da Oberon, o que os leva a entrar nas ruínas em busca de respostas. Lá dentro, Davidson reconhece vestígios de portas automáticas e de uma ponte de comando ainda operacional, além de um aviso familiar grafado em uma parede de metal: "Caution: Live Animals" ("Atenção: Animais Vivos"). Coberta pela poeira dos séculos, a mensagem pode ser lida como: "Ca… Li… Ma". O piloto compreende que aquelas ruínas são os destroços da Oberon, que ali aterrissou milênios atrás. Ao penetrar na tempestade magnética, Davidson cruzara uma espécie de "portal do tempo" e avançara cinco mil anos no futuro, o que explica o atual estado de deterioração da estação espacial.

Ao acessar os bancos de memória da Oberon, o piloto descobre que a civilização dos macacos descende dos primatas que ele e seus colegas usavam em missões de reconhecimento. Um diário em vídeo gravado por uma cientista da Oberon revela que, após a queda da estação, seus ocupantes começaram a utilizar os símios como mão de obra em trabalhos braçais, até que uma das cobaias (um macho chamado Semos) organizara as demais em uma rebelião contra seus mestres.

A notícia de que Thade e seu exército marcham para Calima espalha-se pelo território e tribos humanas solidárias se dirigem para os destroços da Oberon determinadas a combater os macacos. Davidson percebe que poderá liderá-las em uma batalha contra os símios se conseguir organizá-las de forma estratégica. Ele ainda contará com uma importante vantagem no combate iminente: o poderio atômico da Oberon. Mesmo que as tropas de Thade os superem numericamente, os motores da estação são capazes de produzir uma monumental carga de energia, um trunfo que será decisivo se for utilizado no momento certo.

Quando o exército símio chega às ruínas, Davidson, Krull e Daena atraem a infantaria para uma armadilha: os macacos os seguem até a Oberon e o piloto aciona os motores da estação no momento em que os soldados estão de frente para as turbinas. Centenas de gorilas e chimpanzés são pulverizados, o que põe as tropas de Thade em pânico. Ao notar que a moral de seus soldados foi minada por essa demonstração de força, o general lidera pessoalmente o ataque ao inimigo. As duas facções se enfrentam em uma batalha sangrenta.

No auge do combate, a nave de reconhecimento pilotada por Péricles, desaparecida na mesma tempestade magnética que trouxera Davidson ao planeta, surge no céu e pousa ao lado das ruínas. Imaginando que Péricles é Semos, o "primeiro macaco", Attar e seus soldados se ajoelham diante da mascote, que desce da nave e vai ao encontro de Davidson. Ao avistar a Oberon, Péricles corre para dentro da estação. Davidson e Thade o seguem e lutam no interior das ruínas, onde o piloto aprisiona seu oponente em uma câmara selada por uma porta automática.

Enquanto isso, macacos e humanos põem fim à guerra e decretam uma era de paz entre as espécies. Davidson deixa Péricles aos cuidados de Ari e diz à chimpanzé que o *Messenger* encontrou as coordenadas da tempestade magnética. Ele aproveitará a oportunidade para retornar à sua época e ao seu lar. Ari pede a Davidson que fique, mas o piloto não acha que esta luta seja sua. Ele se despede de Ari e desaparece no espaço a bordo da nave de Péricles.

Com as coordenadas de seu planeta natal registradas no computador de bordo, Davidson cruza a tempestade magnética no sentido inverso e vê o marcador de tempo retroceder até ao ano 2155. O veículo entra na atmosfera da Terra e sobrevoa uma Washington D.C. ligeiramente anacrônica para a era atual. A nave aterrissa em frente ao Memorial Lincoln e o piloto caminha para dentro do edifício, onde tem uma visão aterradora: há uma efígie do General Thade no lugar da estátua de Abraham Lincoln. Sobre o monumento, uma inscrição exalta o legado do tirano:

"Neste templo, assim como nos corações de todos os macacos para os quais ele salvou o planeta, a memória do General Thade está preservada para sempre."

Davidson ouve os sons de carros de polícia se aproximando. Atônito, ele ergue as mãos em um sinal de rendição quando dois soldados gorilas saltam de uma viatura com revólveres em punho. Uma multidão de bombeiros, repórteres e curiosos se reúne em frente ao memorial, olhando para o recém-chegado com espanto. Todos eles são macacos.

PRODUÇÃO

A "REIMAGINAÇÃO" DO PLANETA

O *Planeta* original teve uma das pré-produções mais atribuladas da história do cinema, mas nada se compara ao traumático desenvolvimento da versão de 2001: foram necessários 13 anos para que a refilmagem se materializasse na tela – e ao longo desse tempo o conceito do filme mudou inúmeras vezes, à medida que realizadores com perfis muito diferentes se envolviam com o projeto.

O primeiro a sugerir um novo longa-metragem da série foi o cineasta independente Adam Rifkin, um fã incondicional da saga. Em novembro de 1988, Rifkin submeteu à Fox o roteiro de *Return to the planet of the apes* (*Retorno ao planeta dos macacos*), uma continuação direta do filme original que ignorava os eventos de *De volta*, *Fuga*, *Conquista* e *A batalha*. A trama se passava alguns anos após os acontecimentos de *O planeta* e era protagonizada pelo filho de Taylor, que liderava os humanos em uma rebelião contra os símios. A produção de *Return* foi seriamente considerada pelo estúdio, a ponto de Rick Baker (a maior referência em maquiagem artística dos anos 1980) ter sido sondado para definir a caracterização dos macacos. Mas uma troca de guarda na diretoria da Fox relegou o projeto de Rifkin ao limbo.

A proposta seguinte partiu de ninguém menos que Peter Jackson, uma década antes do diretor neozelandês se consagrar com a trilogia *O senhor dos anéis*[157]. Em 1992, Jackson concebeu o enredo de um hipotético sexto filme da série original que daria prosseguimento à história de *A batalha* (a trama se passaria alguns séculos no futuro, em um momento da civilização símia equivalente à nossa Renascença). Roddy McDowall interpretaria um "Leonardo da Vinci" chimpanzé e o script versaria sobre a eterna rivalidade entre macacos e humanos. Apesar de Roddy e do maquiador Rick Baker

---

157 *O senhor dos anéis: a sociedade do anel* (*The lord of the rings: the fellowship of the ring*, 2001, Peter Jackson); *O senhor dos anéis: as duas torres* (*The lord of the rings: the two towers*, 2002, Peter Jackson); *O senhor dos anéis: o retorno do rei* (*The lord of the rings: the return of the king*, 2003, Peter Jackson).

terem adorado a ideia, o projeto de Jackson, assim como o de Rifkin, nunca foi além dos primeiros debates criativos.

No ano seguinte, Terry Hayes (roteirista que tinha no currículo dois episódios da série *Mad Max*) escreveu outro argumento para um pretendido sexto filme da franquia: *Return of the apes* (*O retorno dos macacos*), dessa vez apostando em um enfoque inédito e evitando qualquer conexão com os longas anteriores. O ponto de partida era curioso: no futuro próximo, investigando uma epidemia que punha em xeque a sobrevivência da Humanidade, o cientista Will Robinson descobria que uma espécie de "bomba-relógio" genética fora plantada em nosso DNA em algum momento do Período Paleolítico. Robinson viajava no tempo e desembarcava em uma Terra pré-histórica dominada por macacos que usavam humanos primitivos como cobaias de suas experiências[158].

Return of the apes seria produzido por Oliver Stone e teria Arnold Schwarzenegger como astro principal. Stan Winston (1946-2008), responsável pelos efeitos visuais de *O exterminador do futuro 2* e *O parque dos dinossauros*[159], foi incumbido de criar os macacos do *remake*, os quais seriam produto de um combinado de técnicas: maquiagem artística e *animatronics* (dispositivos robóticos acionados por controle remoto). A direção ficaria a cargo de Phillip Noyce, de *Jogos patrióticos* e *Perigo real e imediato*[160]. Porém, em 1995, tanto Noyce quanto Stone se desligaram da produção. A partir daí uma ciranda de diretores passou a flertar com o projeto (de Chris Columbus a James Cameron, passando por Peter Hyams e Michael Bay).

"LUZES NA TELA"

No período em que Columbus se envolveu com a produção, o script de *Return* foi reformulado: um novo roteirista, Sam Hamm, elaborou um conceito diferente para a história mesclando as ideias de Hayes com outras extraídas da novela de Pierre Boulle. No enredo de Hamm, uma infectologista e um cientista militar – a Dra. Susan Landis e o Dr. Alexander Troy – viajavam à

---

158 Na versão de Oliver Stone, a viagem no tempo não seria feita por meio de uma nave espacial locomovendo-se a uma velocidade próxima à da luz ou atravessando um "buraco de minhoca"; a jornada se daria através de um método psicodélico semelhante àquele utilizado pelo cientista de *Viagens alucinantes* (*Altered states*, 1980) para se transformar em australopiteco: um tanque de imersão combinado com drogas poderosas, o que expandiria os limites de sua mente e lhe permitiria se transportar para outra dimensão.

159 *O exterminador do futuro 2: o julgamento final* (*Terminator 2: judgment day*, 1991, James Cameron; *O parque dos dinossauros* (*Jurassic Park*, 1993, Steven Spielberg)..

160 *Jogos patrióticos* (*Patriot games*, 1992, Phillip Noyce); *Perigo real e imediato* (*Clear and present danger*, 1994, Phillip Noyce)..

Constelação de Alfa Centauri em busca da cura para uma doença rara. Após viverem uma série de aventuras em um mundo no qual os macacos eram superiores aos humanos, os heróis regressavam à Terra e a encontravam dominada por chimpanzés, gorilas e orangotangos. O último *take* do filme seria a imagem de uma Estátua da Liberdade com horripilantes feições simiescas.

A Fox ainda não estava satisfeita. Em março de 1999, Bill Mechanic (na época o executivo-chefe do estúdio) anunciou que um novo roteirista, William Broyles, fora contratado para escrever o script definitivo do longa (a princípio orçado em US$ 140 milhões). Broyles decidiu manter a ambientação alienígena da trama de Hamm em seus tratamentos para o filme (sugerindo que esta versão seria mais fiel ao livro de Boulle). Mas o projeto só começou a ganhar contornos mais definidos em 2000, quando o estúdio divulgou que Tim Burton fora contratado para dirigi-lo.

Um dos cineastas mais cultuados da época, Burton parecia ser uma boa escolha para orquestrar o *remake* (o qual ele preferia chamar de "reimaginação"), dada a sua familiaridade com temas exóticos – a filmografia do realizador incluía as comédias *Os fantasmas se divertem* e *Marte ataca!*, pequenas obras-primas do cinema fantástico, além do blockbuster *Batman*[161], um fenomenal sucesso de crítica e de público. Mas seria o seu estilo compatível com o "espírito" da saga dos macacos? O produtor do *remake*, Richard Zanuck (o homem que liderava a Fox na década de 1960 e que teve uma participação fundamental na criação da franquia) não tinha dúvidas que o diretor daria conta da tarefa. "Quando você reúne *Planeta dos macacos* e 'Tim Burton' em uma mesma frase, o resultado é explosivo, como luzes na tela", disse Zanuck em 2001[162].

Além do produtor, outros membros da equipe apostavam que Burton se sairia bem "reimaginando" o longa original – incluindo os principais membros do *cast*, que não tinham qualquer afinidade com o tema e só aceitaram participar do filme em razão do pedigree do diretor. "Conversei com Tim durante cinco minutos e disse que faria tudo o que ele quisesse, menos usar uma tanga de couro – isto era o que mais me preocupava", disse o ator Mark Wahlberg, o intérprete do Major Davidson[163]. Helena Bonham Carter embarcou na refilmagem com o mesmo distanciamento *blasé* de seu colega de elenco. Ela não gostava do *Planeta* de 1968, mas tinha certeza que Burton seria capaz de transformar sua proposta anacrônica em um espetáculo palatável às plateias do Novo Milênio:

---

161 *Os fantasmas se divertem* (*Beetlejuice*, 1988, Tim Burton); *Marte ataca!* (*Mars attacks!*, 1996, Tim Burton); *Batman* (1989, Tim Burton).
162 *Planet of the apes: Re-imagined by Tim Burton* (Newmarket Pictorial Moviebook, 2001).
163 *Planet of the apes: Re-imagined by Tim Burton* (Newmarket Pictorial Moviebook, 2001).

"O filme original é bem feito, mas ficou datado. Agradeço a Deus por isso, já que temos uma justificativa para refazê-lo. Aquele filme é decididamente um produto do seu tempo. Além da maquiagem limitada, Charlton Heston interpreta um tipo tão 'machão' que chega a ser hilário. Tim vê as coisas de uma forma diferente e tem um senso de humor sombrio. Então, acho que este filme será divertido de uma outra maneira."

"Return to the planet" - *Planet of the Apes — Reimagined by Tim Burton*

O argumento de William Broyles forneceu a ambientação para o longa, que se passava em um planeta fictício chamado "Ashlar" (e não em uma Terra pré-histórica ou futurista), assim como seus personagens principais. Porém, para enxugar os custos de produção e adaptá-los ao orçamento final do projeto (US$ 100 milhões), outros dois roteiristas, Lawrence Konner e Mark Rosenthal, foram encarregados de "polir" a trama antes das filmagens. Os serviços de Stan Winston também foram dispensados, já que Burton optou por usar apenas maquiagem artística na elaboração dos personagens símios (contrariando o desejo da Fox, que era a favor de substituir a caracterização convencional por *animatronics* ou efeitos digitais). Assim, Rick Baker — um antigo simpatizante do *remake* — voltou a se envolver com a produção.

A participação de Baker no projeto não se resumiu a desenvolver as novas "máscaras" dos macacos. O maquiador tinha tanta influência no set que chegou a dar palpites no roteiro durante a pré-produção — ele se considerava uma "autoridade" em primatas por ter pesquisado o assunto ao criar as maquiagens símias de filmes como *King Kong* e *Greystoke: a lenda de Tarzan, o rei da selva*[164]. Partiu de Baker, por exemplo, a ideia de que os chimpanzés (e não os gorilas) deveriam ser os tipos mais agressivos e violentos da trama.

"Estive perto de gorilas das montanhas nas florestas da África", disse o maquiador à revista *Cinefex* em 2001. "Eles são criaturas impressionantes e poderiam partir você em dois. Mas nunca me senti ameaçado por eles. Os chimpanzés, por outro lado, são absolutamente malucos." Isto explica porque o vilão da refilmagem, Thade (no script de Broyles, um gorila albino) é um chimpanzé — uma quebra de protocolo na saga dos macacos, que sempre retratara os indivíduos desta espécie como intelectuais ou pacifistas.

---

164 *King Kong* (1976, John Guillermin); *Greystoke: a lenda de Tarzan, o rei da selva* (*Greystoke: the legend of Tarzan, lord of the apes*, 1984, Hugh Hudson).

DIVERSIDADE ESTÉTICA

Na prática, tantos *insights* primatológicos acabaram com a estratificação que caracterizava a civilização dos macacos no romance de Boulle e nos longas originais (e que legitimava a novela e suas versões cinematográficas como metáforas sobre o preconceito). No *Planeta* de 2001 há chimpanzés guerreiros (Thade), gorilas pacifistas (Krull) e orangotangos simplórios (Limbo). Embora a sociedade dos macacos pareça mais verossímil no *remake*, isto diluiu o potencial alegórico da história.

A busca obsessiva por realismo se estendeu ao desenho de maquiagem, cujo estilo é muito peculiar neste filme: Baker elaborou esculturas quase literais para os rostos dos primatas, evitando a estilização do *make-up* criado por John Chambers para o *Planeta* de 1968. Como afirmou o maquiador aos autores de *Planet of the apes — reimagined by Tim Burton* (o livro oficial da produção):

> "Senti uma grande pressão quando aceitei o trabalho, já que *O Planeta dos macacos* foi o filme que mais inspirou pessoas a se tornarem maquiadores artísticos. A maquiagem era incrível para a época, mas basicamente eles tinham uma única escultura para cada espécie de macaco. Eles esculpiram uma mesma face para todos os orangotangos, uma mesma face para todos os chimpanzés e uma mesma face para todos os gorilas. As diferenças (entre os personagens) derivavam mais das variações faciais de cada ator, que ficavam por baixo dos apliques. Gosto de criar personagens e torná-los dramaticamente diferentes uns dos outros. Eu disse a Tim que havia muitas coisas que poderíamos fazer. Eu realmente achava que podia fazer algo melhor do que fora feito no primeiro filme."

> "Apes and humans" - *Planet of the apes — reimagined by Tim Burton*

Apesar da maior variedade de esculturas, a elaboração da maquiagem seguiu o mesmo processo empregado no longa original: bustos dos principais atores eram produzidos em gesso e, sobre esta base, Baker e seus assistentes esculpiam as feições símias de cada personagem. Desse modo, os apliques de espuma de látex podiam ser preparados diariamente a partir de moldes pré-existentes. A despeito da orientação mais realista do *make-up*, algumas máscaras (como a de Helena Bonham Carter) foram concebidas com um *look* humanizado (a chimpanzé Ari até aparecia em cena usando sombra e batom por cima dos apliques, já que Burton queria imprimir uma aura de "sensualidade" à personagem!), o que dá um aspecto bastante heterogêneo aos símios do *remake*[165].

---

[165] A certo ponto da produção, foi noticiado que Burton pensava em incluir no filme uma cena de sexo entre o Major Leo Davidson e sua protetora chimpanzé, Ari; a história repercutiu durante meses na mídia, até que o diretor finalmente desmentiu o boato.

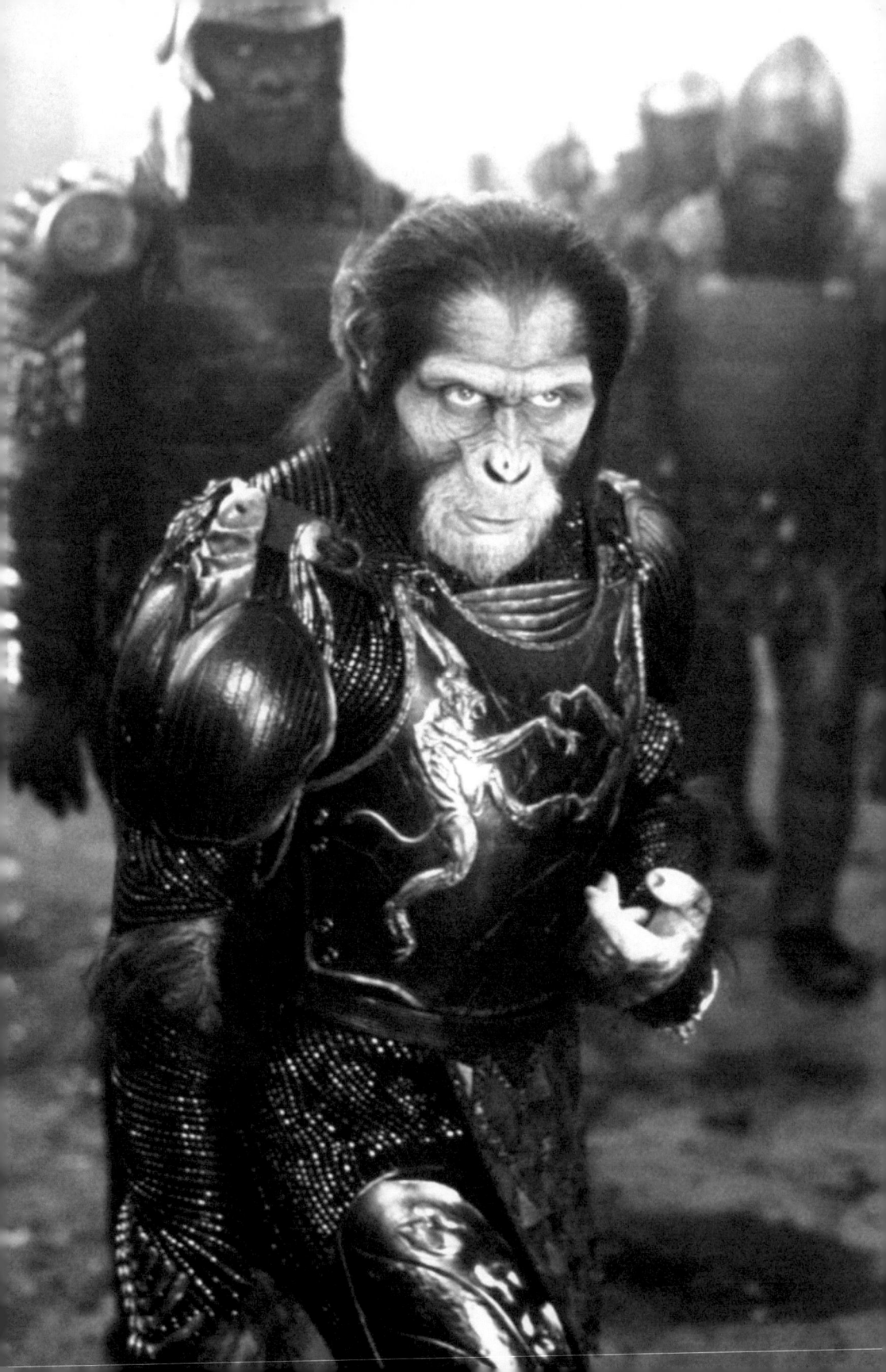

A produção ainda se preocupou em criar uma "escola de macacos" (supervisionada por um coordenador de cenas de ação, Charlie Croughwell) para ensinar os atores e extras a se comportarem como primatas. Durante um mês e meio, Bonham Carter, David Warner, Tim Roth e outros astros do novo *Planeta* se submeteram a um workshop ministrado por um ex-acrobata do *Cirque du Soleil*, Terry Notary, no qual se familiarizaram com os movimentos de chimpanzés, orangotangos e gorilas (Bonham Carter foi reprovada e teve que refazer o curso). Em entrevista concedida aos realizadores do *making of* oficial da produção, Notary afirmou que o *Planeta* de 1968 apresentava uma visão caricata dos símios, inclusive no que se referia à sua postura corporal (uma "deficiência" que o *remake* sanaria por meio da "escola de macacos"). Além de ministrar as oficinas, Notary foi o dublê de Tim Roth nas cenas perigosas protagonizadas pelo General Thade.

Lugares como o Chile e a Islândia foram considerados para as filmagens, mas o longa foi rodado em locações muito familiares, que incluíam o mesmo Lake Powell onde fora captada a cena da queda da espaçonave de Taylor vista no início do filme original. Dessa vez a região deserta foi usada como cenário para a sequência em que o Major Davidson e um grupo de humanos e símios atravessam um acampamento dos gorilas pouco antes de chegarem às ruínas de Calima. Para que se tenha uma ideia da abundância de recursos disponibilizada aos realizadores, técnicos em efeitos especiais foram contratados apenas para elevar a temperatura de um lago em que os heróis nadam para escapar de Attar e suas tropas (o que poupou os atores de uma eventual hipotermia).

Outras cenas ambientadas no deserto foram rodadas em Trona Pinnacles, perto do Vale da Morte, na Califórnia. Com suas planícies sombrias e erodidas, a locação foi uma boa escolha para a filmagem da cena mais dinâmica do longa: aquela em que os humanos confrontam o exército de Thade em uma batalha épica. Algumas externas ainda foram realizadas em um exótico "caminho de lava" em um Parque Nacional de Vulcões no Havaí (que forneceu a paisagem "petrificada" ao redor da Cidade dos Macacos vista em breves *takes* do filme). A maior parte das cenas, porém, foi rodada em estúdio, uma logística comum nos filmes de Burton, famosos por seus sets criativos e milionários.

Os cenários foram elaborados pelo desenhista de produção Rick Heinrichs e homenageavam a direção de arte dos primeiros longas, ao mesmo tempo em que adaptavam seu conceito à cinematografia do diretor, muito influenciada pelo gótico e pelos clássicos de terror da Universal e da

Hammer Films[166]. Alguns sets eram impressionantes, como os do laboratório e da ponte de comando da Oberon, construídos em um estúdio de som do LA Center Studios em um tom predominantemente branco (para que sua ambientação asséptica contrastasse com as habitações e vestimentas multicoloridas dos macacos).

Um terceiro set da Oberon, ainda mais grandioso, foi erigido ao ar livre em Trona Pinnacles: a parte traseira da estação espacial, que se projeta das areias do deserto como uma antiga ruína. Orçado em mais de US$ 1 milhão e forjado em aço e espuma de poliuretano, o cenário foi ancorado em concreto e deixado à mercê das intempéries durante um mês, para que parecesse desgastado e decrépito quando fosse capturado pelas câmeras. Mas a *pièce de résistance* da direção de arte era o set da Cidade dos Macacos, construído no estúdio da Sony Pictures em Culver City, na Califórnia. Segundo Heinrichs, as referências para a arquitetura símia vieram de culturas tão diferentes quanto a egípcia, a maia e a asteca (é uma pena que seus detalhes quase não possam ser notados, já que o *Planeta* de Tim Burton tem uma iluminação escassa e difusa).

CABOS DE SUSTENTAÇÃO

A logística de produção foi dispendiosa, mesmo para os padrões de um longa de grande orçamento realizado nos anos 2000: nas cenas rodadas em Lake Powell, por exemplo, a equipe, o elenco e os equipamentos eram transportados por barco de uma margem a outra em viagens de 20 minutos, já que as locações eram inacessíveis por terra. Já as sequências captadas em Trona Pinnacles contaram com o suporte de um colossal acampamento levantado perto da área de filmagem (guarnecido com 100 veículos e toda a infraestrutura necessária para a preparação das cenas). Os atores que interpretavam os símios chegavam ao acampamento no início da madrugada, submetendo-se a longas sessões de maquiagem e apresentando-se ao diretor pontualmente às 8h.

Atenção especial foi dispensada às cenas de ação, já que uma das propostas do *remake* era mostrar os primatas exibindo força e agilidade com o máximo de verossimilhança. "Tim me pediu que os macacos fizessem coisas que não podiam fazer quando realizaram o primeiro filme", disse

---

166 A admiração de Burton pelos filmes de terror da Universal pode ser notada na cena em que o General Thade, em um acesso de fúria, parte a corrente de um lustre com design gótico usando sua espada; a ideia foi tirada de uma sequência de *O fantasma da ópera* (*The phantom of the opera*, 1925, Rupert Julian e Lon Chaney), no qual Lon Chaney interpretou o infame personagem criado por Gaston Leroux.

o coordenador de cenas de ação Andy Armstrong[167]. Para cumprir este objetivo, a produção recorreu a todo tipo de *stunts*, incluindo os cabos de sustentação utilizados em *O tigre e o dragão*[168], que elevavam os atores caracterizados do chão, dando a impressão de que saltavam por longas distâncias.

Outras trucagens foram adicionadas ao filme na pós-produção, um trabalho realizado por empresas como a IL&M – Industrial Light & Magic e a Rhythm and Hues Studios. O *remake* de 2001 foi o primeiro episódio da franquia dos macacos a ter cenas espaciais tão convincentes quanto as da série *Star wars* – a rigor o único elemento inédito da produção, por empregar uma tecnologia que não existia em 1968. Outras intervenções feitas pelos técnicos da IL&M (como a duplicação do número de extras macacos na cena da batalha em Calima) eram simples variações digitais dos efeitos ópticos utilizados nos primeiros filmes. A diferença é que, dessa vez, as trucagens foram executadas por softwares de finalização e não por uma impressora óptica.

A princípio, a resposta da crítica ao longa foi positiva, o que contribuiu para a excelente bilheteria arrecadada pelo filme (*O planeta* de Tim Burton rendeu US$ 68,532,960 apenas em seu fim de semana de estreia). Os *tie-ins* inspirados na refilmagem também tiveram uma boa saída (os produtos incluíam uma nova série em quadrinhos da Dark Horse e uma linha de bonecos lançada pela Hasbro). Mas assim que o marketing agressivo empregado na divulgação do filme arrefeceu, reavaliações negativas começaram a surgir, o que foi atribuindo à versão de 2001 a má fama que a acompanha até hoje. Indiscutivelmente este é o episódio da série com o pior *recall*. Dez anos se passariam antes que a saga voltasse a ser reativada (agora com primatas 100% digitais e uma atitude surpreendente).

ANÁLISE CRÍTICA

"EXISTE UMA ALMA AÍ DENTRO?"

A ideia era promissora: reunir Tim Burton – um esteta do cinema contemporâneo, famoso por obras que transcendem a realidade com uma pitada de poesia e um toque de humor macabro – e a saga *Planeta dos macacos*. Que olhar o diretor de *Edward Mãos de Tesoura*[169] e *A lenda do cavaleiro sem cabeça*[170] lançaria à mitologia dos primeiros filmes, ainda mais tendo a seu

---

167 *Planet of the apes: re-imagined by Tim Burton* - (Newmarket Pictorial Moviebook, 2001).
168 *O tigre e o dragão* (*Wo hu cang long*, 2000, Ang Lee).
169 *Edward Mãos de Tesoura* (*Edward Scissorhands*, 1990, Tim Burton).
170 *A lenda do cavaleiro sem cabeça* (*Sleepy Hollow*, 1999, Tim Burton).

favor os recursos cinematográficos dos anos 2000? Contrariando todas as expectativas, o resultado deixou muito a desejar.

Como "reimaginação" do *Planeta* original, o filme de Burton é um fiasco: o argumento é pobre, limitando-se a mostrar uma batalha entre macacos e humanos que vivem em outra galáxia (a obra de Boulle também era ambientada em outra galáxia, mas não havia nenhuma batalha na trama). A ficção científica embarcada no enredo é tão cartunesca – no sentido pejorativo do termo – que, apesar do planeta alienígena onde se passa a história ser praticamente deserto e sem vida animal, os macacos montam em cavalos, como no filme de 1968. A certo ponto da narrativa, descobrimos que tanto os símios falantes quanto os humanos que eles escravizam descendem das cobaias e cientistas que viajavam a bordo da estação espacial Oberon, que ali aterrissou milênios atrás. Mas e os cavalos? De onde vieram?

Em vista deste cenário desolador, é lamentável que tratamentos anteriores muito mais imaginativos – como o que Terry Hayes escreveu em 1993 – tenham sido descartados em favor do script formulaico de William Broyles Jr., Lawrence Konner e Mark Rosenthal. Também é discutível a eficácia da nova maquiagem símia, criada por Rick Baker: não há dúvida que o artista fez um excelente trabalho em personagens como Thade e Attar, mas as caracterizações de Ari, Sandar e Zaius são constrangedoras: os chimpanzés vividos por Helena Bonham Carter, David Warner e Charlton Heston não se parecem nem com macacos e nem com humanos, mas com um híbrido das duas coisas. O "calcanhar de Aquiles" do novo design de maquiagem é justamente o elemento que Baker considerava ser o seu maior diferencial: a excessiva diversidade estética dos macacos. Enquanto alguns têm o aspecto de autênticos chimpanzés, gorilas e orangotangos, outros lembram os monstros de *A ilha do Dr. Moreau*[171].

"REIMAGINAÇÃO" OU "DESCONSTRUÇÃO"?

As sutilezas do espetáculo são notadas apenas pelo espectador muito familiarizado com as produções originais. Isto porque, mais do que uma "reimaginação" do clássico de 1968, o *remake* é uma "desconstrução" dos cinco primeiros longas da franquia. Assistir ao *Planeta* de 2001 e compará-lo aos filmes que o precederam é como contemplar uma casa demolida e reconstruída com as mesmas portas, janelas e pisos originais. Trata-se da mesma casa, mas seus elementos foram reorganizados (a janela, agora,

---

171 *A ilha do Dr. Moreau* (*The island of Dr. Moreau*, 1996, John Frankenheimer e Richard Stanley).

está onde costumava ficar a porta, enquanto os pisos estão alinhados em um ângulo diferente), o que lhe dá um novo significado estético.

No filme, esta "desconstrução" ocorre tanto em nível visual como melodramático: o gorila Attar (que usa um elmo muito parecido com o do General Ursus em *De Volta*) é um militar justo e ético, quase a antítese do personagem vivido por James Gregory no filme de 1970; do mesmo modo, Charlton Heston (o herói humano do longa de 1968) retorna à série caracterizado como um macaco: o ancião Zaius, que teme a reascensão do Homem como a raça dominante do planeta. A cena final (em que o personagem de Mark Wahlberg contempla a estátua do General Thade no Memorial Lilncoln) é o auge do desconstrutivismo "burtoniano" e remete ao desfecho do filme clássico (a sequência em que Taylor avista as ruínas da Estátua da Liberdade): embora ocorram em contextos diferentes, as duas cenas comunicam a mesma ideia: não há salvação possível para a Humanidade. Burton conclui o "novo" *Planeta* nos lembrando da mensagem do "antigo" *Planeta*[172].

Enquanto os primeiros episódios da saga tinham agendas sociopolíticas bem definidas, o *remake* é ambíguo em suas alegorias: em alguns momentos o filme parece um manifesto ecológico ("Nossos últimos macacos estão nos zoológicos; os outros morreram depois que destruímos suas florestas", diz Davidson a Ari, explicando porque os símios da Terra não são tão evoluídos quanto sua benfeitora chimpanzé); em outros, soa como um tratado sobre dominadores e dominados ("Não resolveremos o problema dos humanos com dinheiro; já tentamos isso uma vez e tudo o que conseguimos foi uma política assistencialista que quase nos levou à bancarrota", afirma o Senador Nado ao justificar o extremismo do exército no trato com os escravos).

Entretanto, o roteiro não se aprofunda em nenhuma dessas questões. Tais sentenças parecem meras frases de efeito embutidas nos diálogos para convencer o público de que o longa tem algo mais a oferecer do que cenas de ação vertiginosas. Os realizadores parecem conscientes de que não se dirigem às plateias engajadas e politizadas dos anos 1960 e 1970, mas a uma geração obcecada por imediatismo e movimento – e esta noção determina o tipo de sátira apresentada no *remake*. Para um público que não viveu a paranoia da Guerra Fria ou a tensão inter-racial que dividiu os EUA no auge do Movimento pelos Direitos Civis, as observações irreverentes do

---

172 Há muitas outras referências às produções anteriores da franquia no *remake*: a ideia de que os símios não gostam de água, por exemplo, veio do seriado live-action; já a cena em que Davidson mergulha na lagoa para recuperar os equipamentos de bordo da cápsula espacial foi "pinçada" de um episódio da série animada, no qual o astronauta Bill Hudson realiza uma proeza parecida para resgatar uma pistola laser dos destroços da *Venture*.

orangotango Limbo ("Livre-se do seu humano de estimação antes que ele chegue à puberdade; você não vai querer um humano adolescente dentro de casa") funcionam melhor como alegoria social do que os circunspectos discursos do Dr. Zaius.

PERDAS E GANHOS

Há erros e acertos tão gritantes no *Planeta* de 2001 que é difícil chegar a um consenso sobre a validade da produção. Cinema é imagem (quesito em que o filme é muito bem-sucedido; são notáveis a fotografia de Philippe Rousselot, os figurinos de Colleen Atwood e a direção de arte de Rick Heinrichs), mas também é enredo e caracterização. É justo dizer que o roteiro, assim como algumas interpretações (em especial, as de Helena Bonham Carter e Mark Wahlberg, que beiram a caricatura), não corresponde à força visual do espetáculo. E ainda há a questão do desfecho, que talvez seja "aberto" e inconclusivo demais para um projeto que, apesar de seus laivos autorais, não pode ser considerado um "filme de arte".

Gosto da cena final, que deixou o público e a crítica confusos na época do lançamento: de volta à Terra, o Major Davidson pousa em uma Washington D.C. habitada por símios que dirigem carros e portam armas de fogo. A estátua do General Thade no Memorial Lincoln sugere que o vilão encontrou um meio de chegar ao nosso planeta antes do astronauta, liderando os primatas locais em uma rebelião contra os humanos. Mas o filme não explica "como" isto aconteceu, o que justifica a perplexidade de boa parte dos espectadores com o desenlace abrupto e inesperado da história.

O final do *remake* só é compreensível para quem assistiu à *Fuga do planeta dos macacos*: Thade, em uma manobra semelhante à de Zira e Cornelius no terceiro filme da série, usou a nave de reconhecimento de Davidson — aquela em que o piloto chegou ao planeta, convenientemente abandonada no fundo de uma lagoa — para se lançar ao espaço e perseguir seu inimigo em busca de vingança ("Você não conhece Thade", diz Krull a Davidson pouco antes da batalha em Calima. "Ele irá atrás de você, de um jeito ou de outro"). Atravessando a mesma fenda no espaço-tempo que permitiu a Davidson regressar à Terra, o vilão aterrissou em nosso planeta séculos antes do astronauta, o que lhe deu a oportunidade de mudar a História conhecida e se tornar o "Abraham Lincoln" de uma América símia e alternativa.

Sou da opinião de que a má fama do *Planeta* de 2001 não deva ser creditada a Burton. Dado o perfil do realizador, assim como o teor de sua filmografia, creio que o projeto teria um resultado melhor se a Fox lhe permitisse orquestrá-lo ao seu modo, e não como um "diretor de aluguel". O histórico de produção do longa sugere uma constante tensão entre o cineasta e os executivos, que tinham prioridades diferentes: Burton queria "arredondar" todos os aspectos do filme antes de entregá-lo ao público, adaptando-o à sua visão criativa (o roteiro ainda estava sendo reescrito quando os cenários começaram a ser construídos), enquanto o estúdio se preocupava apenas em cumprir o cronograma de lançamento, definido logo após o início das filmagens. Como observou Mark Wahlberg em uma entrevista ao *MTV Movies Blog* em 2011: "Eles o empurraram cada vez mais na direção errada. Você precisa dar tempo ao Tim para que ele faça a sua mágica."

Em seu depoimento ao livro oficial do filme, Burton confirmou que sua intenção nunca foi dirigir uma refilmagem do longa de 1968, e sim algo tão surpreendente quanto a obra original:

> "Quando os produtores me abordaram pela primeira vez, pensei: 'Oh, eles vão fazer uma refilmagem! O que não era uma boa ideia, pois o filme original era muito bom, para início de conversa. Resisti a me envolver porque acredito que filmes bons não devem ser refeitos. Quero dizer, filmes ruins devem ser refeitos! Pessoalmente, quando assisto ao *Planeta* original, eu ainda me divirto. Acho que era um filme muito à frente do seu tempo. (...) Fiquei bastante intrigado com a ideia de reimaginar aquele mundo. (...) Fui muito afetado pela história do primeiro filme e ela continua em minha mente, como um bom mito ou conto de fadas."
>
> "Return to the planet" - *Planet of the Apes — Reimagined by Tim Burton*

O que teria acontecido se a Fox tivesse dado mais liberdade de movimentos ao cineasta? Ao invés de uma versão "anabolizada" e menos inteligente do *Planeta* original, o longa de 2001 talvez se tornasse um meio-irmão *dark* do clássico dirigido por Franklin Schaffner nos anos 1960 — uma ficção científica gótica, vagamente surrealista e dotada de um espírito próprio. Em alguns momentos do *remake* (como a cena do jantar na casa de Sandar, na qual Thade abre a boca do Capitão Davidson e lhe pergunta, com um brilho malévolo nos olhos: "Existe uma alma aí dentro?"), quase é possível vislumbrar uma obra-prima que nunca viu a luz do dia. Ou a luz do luar, já que estamos nos domínios de Tim Burton.

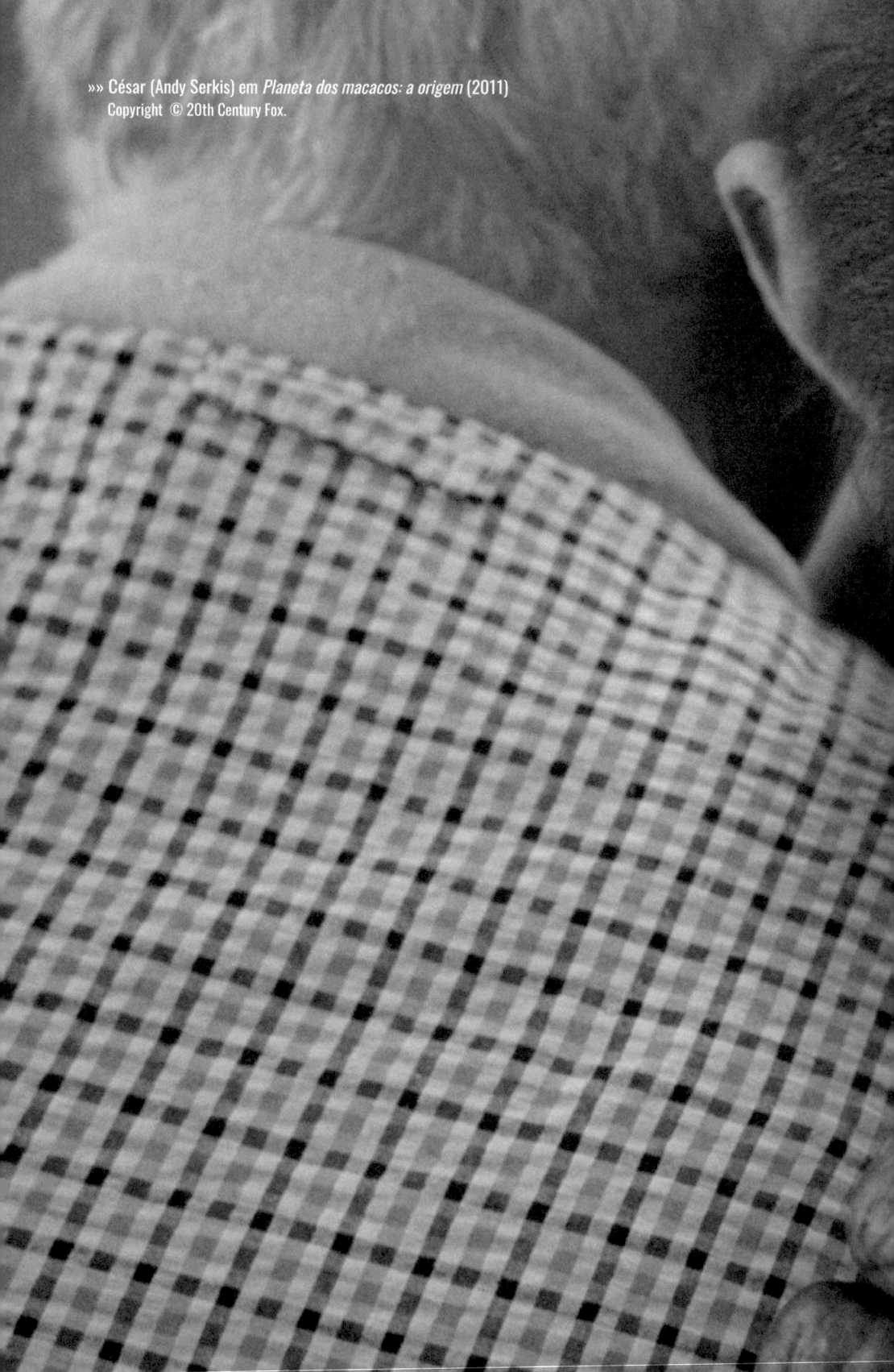

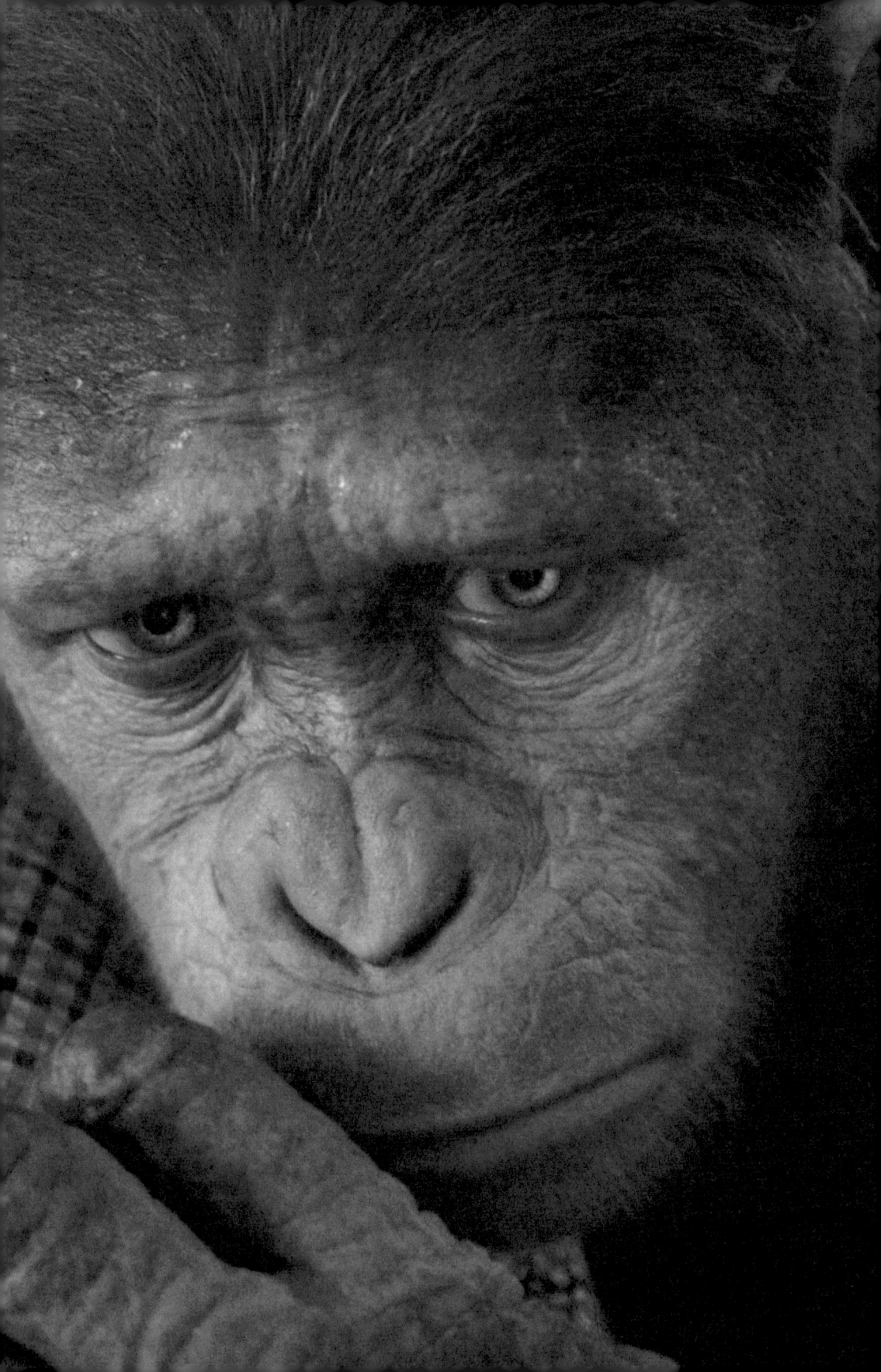

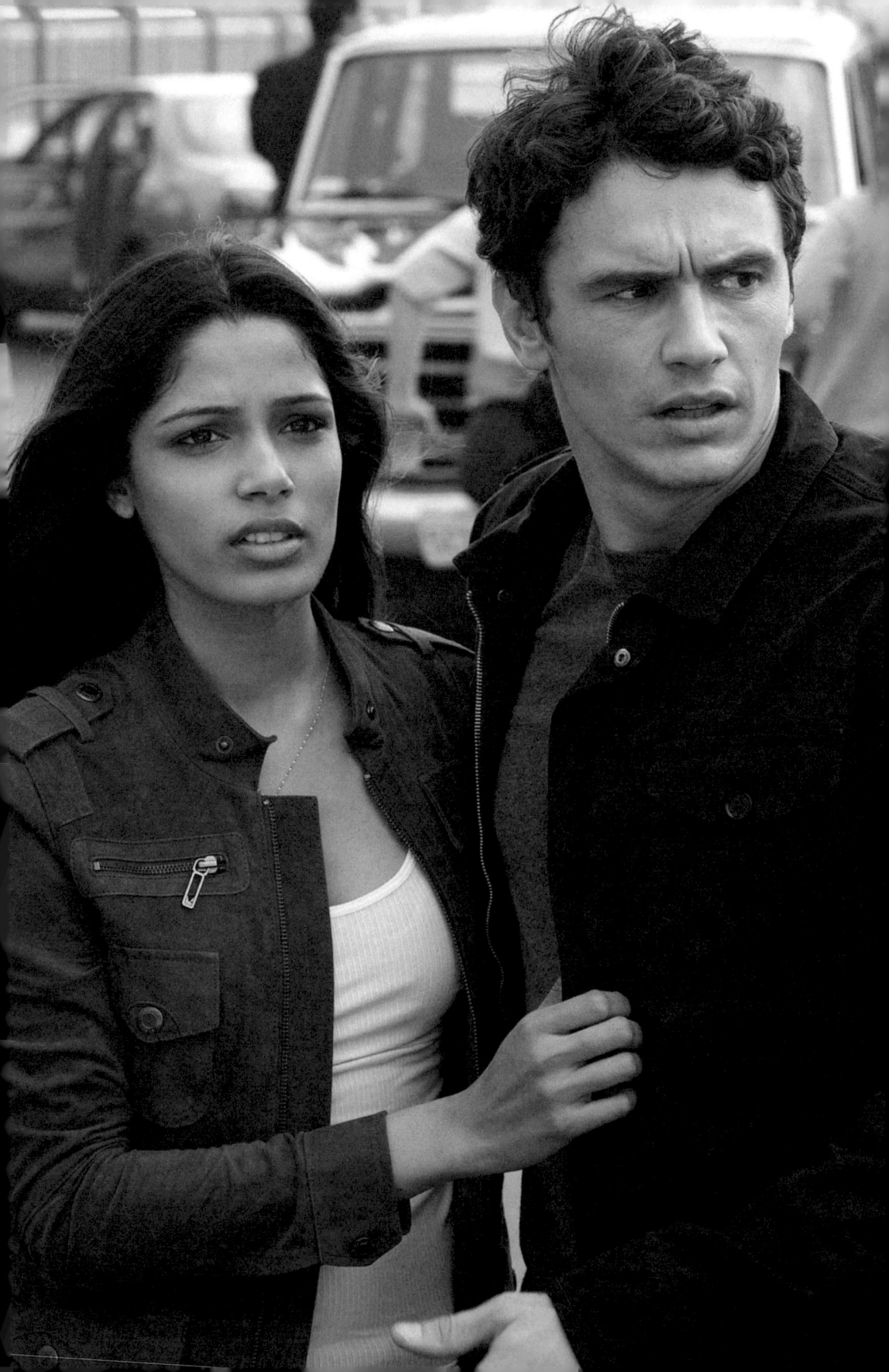

A TRILOGIA *CÉSAR* (2011-2017)

CAPÍTULO 11

PLANETA DOS MACACOS: A ORIGEM

Um grupo de chimpanzés avança pela selva africana sem notar as presenças de caçadores que os seguem entre a vegetação. Os primatas são atacados e se dispersam pela floresta, mas a fêmea mais velha do clã (Terry Notary) é capturada e levada para os EUA, onde se torna cobaia de testes da Gen-Sys (uma empresa de biotecnologia com sede em São Francisco). Batizada como "Olhos Brilhantes", a chimpanzé é submetida a uma droga experimental baseada em vírus, a ALZ-112, que talvez seja a cura para a doença de Alzheimer. Em um efeito colateral da experiência, a inteligência de Olhos Brilhantes aumenta quando ela é exposta ao vírus, projetado para restaurar as capacidades cognitivas de pacientes com Alzheimer. Os testes são conduzidos pelo próprio inventor da ALZ-112, Will Rodman (James Franco), cujo pai, Charles (John Lithgow), é portador da doença.

Para frustração de Rodman e de seu superior na Gen-Sys, Steven Jacobs (David Oyelowo), a primeira demonstração prática dos efeitos da ALZ-112 à diretoria da empresa termina de forma trágica: "Olhos Brilhantes" manifesta um comportamento violento ao ser retirada da jaula, o que obriga um dos seguranças da companhia a abatê-la a tiros. Furioso, Jacobs decide encerrar o projeto e ordena que todos os macacos usados nos testes sejam sacrificados. Um dos assistentes do laboratório, Robert Franklin (Tyler Labine), descobre o motivo da agitação de "Olhos Brilhantes": ela dera à luz uma cria em cativeiro e morrera tentando protegê-la. Will decide levar o bebê chimpanzé para casa e adotá-lo. O filhote é batizado como "César" e se torna, a um só tempo, o bichinho de estimação dos Rodman e um objeto de estudos para o cientista. Will percebe que César não apenas herdou a inteligência incomum da mãe, como tem uma capacidade cognitiva equiparável à de um bebê humano.

Sem que a Gen-Sys o saiba, Will também começa a ministrar a ALZ-112 em Charles, que se recupera miraculosamente: em pouco tempo o pai de Will não demonstra mais sinais do Alzheimer. César, por sua vez, chega à puberdade com um intelecto tão desenvolvido que consegue se comunicar com seus benfeitores por meio da linguagem de sinais. Três anos após adotá-lo, Will, junto com a namorada – a veterinária Caroline Aranha (Freida Pinto) –, leva o chimpanzé conhecer o Parque Nacional Muir Woods, onde César tem a oportunidade de escalar sequoias centenárias e entrar em contato com a Natureza.

A calmaria na casa dos Rodman termina quando César passa a questionar a própria identidade – ele é um humano ou um animal de estimação? – e a doença de Charles retorna com fúria (o organismo do paciente desenvolve uma defesa contra o vírus da ALZ-112, o que inibe seus efeitos). Com a capacidade de discernimento novamente afetada, Charles se envolve em uma confusão com um vizinho, Douglas Hunsiker (David Hewlett), que é piloto de uma grande companhia aérea. César testemunha a discussão e fere Douglas para defender Charles de uma possível agressão. Descoberto pelas autoridades, o chimpanzé é levado para um santuário de primatas em São Francisco, o qual é administrado por John Landon (Brian Cox). No cativeiro, César é atormentado pelo filho adolescente de Landon, Dodge (Tom Felton), que se diverte maltratando os macacos. Ele também é perseguido pelo macho alfa do santuário, o chimpanzé Rocket (Terry Notary).

A princípio, sua única companhia é o orangotango Maurice (Karin Konoval), que aprendeu a linguagem de sinais em um circo e com o qual ele consegue se comunicar. Mas, aos poucos, César conquista a simpatia de outros primatas – inclusive a do gorila Buck (Richard Ridings), que o ajuda a derrotar Rocket e a se tornar o novo macho alfa do santuário. Enquanto isso, na Gen-Sys, ao saber dos resultados da experiência "clandestina" que Rodman fez com o próprio pai, Jacobs autoriza Will a criar uma versão ainda mais poderosa da ALZ-112. Quando a fórmula é desenvolvida, o cientista tenta ministrá-la em Charles, que recusa o tratamento. Os frascos contendo a droga, porém, permanecem na casa dos Rodman.

Na Gen-Sys, novas cobaias são submetidas a testes. Uma delas é o chimpanzé Koba (Christopher Gordon), primata com um longo histórico de abusos físicos em laboratórios de pesquisa, que adquire a capacidade de pensar e escrever. Os efeitos da versão aprimorada da droga parecem ser positivos até Franklin ser exposto a ela e manifestar os sintomas de uma gripe avassaladora. Vertendo sangue pelo nariz, Franklin vai à casa dos Rodman em busca de Will. Inadvertidamente ele infecta o vizinho do cientista, Douglas, com a gripe que adquiriu na GenSys.

294

Após inúmeras tentativas de recuperar a guarda de César por meios legais, Will decide subornar os Landon, que aceitam uma alta quantia em dinheiro para lhe devolver o chimpanzé. Mas César não quer voltar para casa: ele está decidido a permanecer no santuário e libertar seus semelhantes da tirania dos Landon. Certa noite, César escapa e retorna ao seu antigo lar, onde se apodera dos frascos de ALZ-112 que Will mantém em casa. De volta ao santuário, ele expõe os outros macacos à droga e enfrenta Dodge, que tenta intimidá-lo com uma ferramenta de choque. "Não!", exclama o chimpanzé, para espanto do rapaz. César eletrocuta Dodge e lidera os outros símios em uma fuga do santuário.

Logo uma pequena revolução está em curso nas ruas de São Francisco. Enquanto se dirige para as florestas do Parque Nacional Muir Woods, o grupo de César liberta outros chimpanzés, orangotangos e gorilas que são mantidos prisioneiros no zoológico da cidade e na própria Gen-Sys. A polícia não consegue recapturar os primatas, que se reúnem na Ponte Golden Gate. A bordo de um helicóptero, orientando a polícia em sua perseguição aos macacos, está o empresário Steven Jacobs, que se recusa a abrir mão de suas cobaias. A aeronave se desestabiliza e cai quando Buck salta da ponte para a fuselagem do veículo. O helicóptero fica dependurado em uma lateral da Golden Gate e Jacobs quase consegue escapar das ferragens. Mas antes que ele chegue à amurada da ponte, Koba empurra os destroços do helicóptero em direção à baía de São Francisco.

Will segue César e os outros macacos até o Parque Nacional Muir Woods. Atacado por Koba, o cientista é salvo por César, que ignora o apelo de seu antigo benfeitor para que volte com ele para casa. "César… está… em casa", diz o chimpanzé. A seguir, o líder símio e seus companheiros se refugiam nas altas sequoias do parque. Dias depois, Douglas Hunsiker caminha pelo saguão do Aeroporto Internacional de São Francisco, pouco antes de pilotar um voo comercial rumo a Paris. Acometido por uma forte gripe, Hunsiker fica horrorizado ao notar que seu nariz sangra.

PLANETA DOS MACACOS: O CONFRONTO

Quase uma década se passou desde que uma epidemia letal (que ficou conhecida como "a gripe símia") se abateu sobre a Humanidade. Ao longo desse tempo, uma nova sociedade de criaturas inteligentes se estabeleceu nas florestas próximas a São Francisco: a dos macacos modificados pelo vírus ALZ-112, liderados por César (Andy Serkis). Embora habitem a mesma região, os macacos e os poucos humanos imunes à doença vivem separadamente, já que há fortes ressentimentos entre os dois grupos: os símios não esqueceram o tratamento cruel que o Homem lhes dispensava, enquanto os sobreviventes da pandemia culpam os macacos pelo alastramento da praga que dizimou seus familiares e amigos.

Durante uma caçada, os chimpanzés Olhos Azuis (Nick Thurston) – o primogênito de César – e Ash (Doc Shaw) cruzam o caminho de um humano. Assustado, o homem atira em Ash. O episódio quase inicia um conflito entre as espécies, já que companheiros dos macacos e do atirador correm para o local em socorro de seus respectivos amigos. O líder dos humanos é Malcolm (Jason Clarke), que fica estupefato ao descobrir que César não é um mito, como ele imaginava. César fica furioso com os homens que invadiram o território dos símios, mas prefere evitar uma contenda e simplesmente ordena que eles deixem a floresta.

Malcolm e seu grupo retornam para o local onde vivem: uma torre comercial em ruínas no centro de São Francisco, onde subsiste uma comunidade de humanos imunes à gripe símia. Eles contam a seu líder, Dreyfus (Gary Oldman), sobre César e os outros macacos. Malcolm não quer entrar em guerra com os primatas, tanto quanto César prefere não confrontar os humanos, mas Dreyfus pensa diferente: ele culpa César e seus semelhantes pela morte de sua família, infectada pela gripe símia, e vê os primatas como seus rivais na luta pela sobrevivência.

No acampamento de César também há uma divergência de opiniões sobre o episódio ocorrido na floresta: Koba (Toby Kebbell), traumatizado com os abusos físicos que sofreu nas mãos dos humanos, tenta convencer os outros macacos de que César se acovardou – a atitude mais sensata seria perseguir o inimigo e matá-lo antes que Malcolm e seus amigos voltem para exterminá-los. Dias depois, sob a liderança de César, uma comitiva de chimpanzés, gorilas e orangotangos vai à torre parlamentar com os humanos. César diz que os símios não querem a guerra, mas não admitirão outras incursões do inimigo em suas florestas. O chimpanzé exige que cada facção permaneça em seu território, o que irá assegurar uma convivência pacífica entre as espécies.

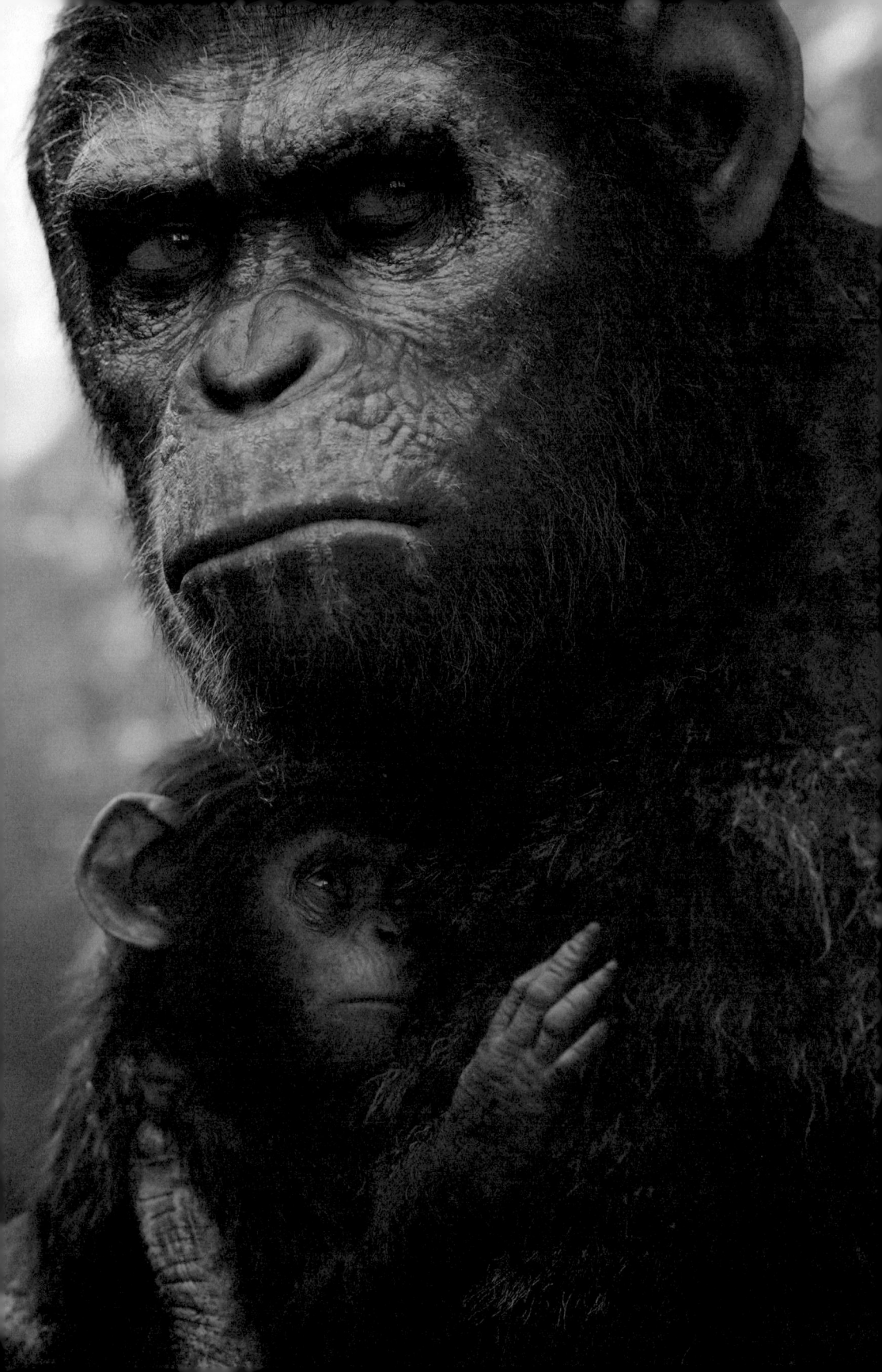

Malcolm, porém, acredita que uma aliança estratégica com os macacos seria proveitosa: com a ajuda de César, ele quer reativar uma hidrelétrica que fica no território dos símios, o que proporcionará uma vida mais digna à comunidade humana de São Francisco. Dreyfus é contrário à ideia, mas permite que Malcolm tente convencer o chimpanzé a fazer esta concessão aos humanos. Embora seja recebido com animosidade, Malcolm ganha o respeito de César quando o chimpanzé percebe que suas intenções são boas.

Prometendo a César que suas regras e seu lar serão respeitados, Malcolm – acompanhado da esposa, Ellie (Keri Russell), do filho, Alexander (Kodi Smit-McPhee), e de um destacamento de trabalhadores humanos – muda-se para a floresta e começa a reparar o gerador da usina. O trabalho progride bem, até César descobrir que um dos homens do grupo, Carver (Kirk Acevedo), tem uma arma de fogo escondida entre seus pertences. O acordo é desfeito e Malcolm e seus amigos são expulsos da floresta. Mas César volta atrás em sua decisão quando Ellie usa seus conhecimentos sobre Medicina para salvar a vida de sua companheira, Cornelia (Judy Greer). Os humanos, assim, conseguem terminar os reparos no gerador.

Sem que Malcolm e os primatas saibam, Dreyfus tem acumulado armas de fogo em um arsenal secreto. A manobra é descoberta por Koba, que se desentende com César e o acusa de ser mais leal aos humanos do que aos macacos. Determinado a assumir a liderança do grupo, Koba vai ao arsenal, mata dois guardas, se apodera de rifles e metralhadoras e ainda provoca um incêndio no acampamento dos símios. Ele também atira em César e convence os outros membros da tribo de que seu líder sofreu um atentado orquestrado pelos humanos. Com César ferido, Koba se torna o novo macho alfa da tribo e conduz os primatas em um ataque à comunidade de Dreyfus. Entre seus seguidores está Olhos Azuis, o filho de César.

Koba e seus guerreiros obtêm uma vitória esmagadora sobre o inimigo. Os sobreviventes humanos são aprisionados, assim como os poucos dissidentes símios que ousam contestar as ordens de Koba – entre eles, Maurice (Karin Konoval) e Rocket (Terry Notary), que se mantêm fiéis a César. Dreyfus consegue escapar e se esconde em uma estação de metrô abandonada. Longe dali, Malcolm e Ellie cuidam de César, que não se conforma com a ideia de ter sido traído por um de seus semelhantes. O chimpanzé é obrigado a aceitar que, diferentemente do que pensava, tanto macacos quanto humanos são corruptíveis. Olhos Azuis reencontra o pai e se dispõe a enfrentar qualquer risco para reparar o erro de ter se aliado a Koba. O filho de César vai à cidade e liberta Rocket, Maurice e os humanos que haviam sido aprisionados pelos símios. Malcolm, por sua vez, guia César e seus amigos em uma incursão pelo subterrâneo e garante o acesso dos macacos aos domínios de Dreyfus.

Enquanto César vai ao encontro de Rocket e Maurice, Malcolm reencontra Dreyfus – que, ignorando a aliança que o amigo fez com os macacos, lhe revela algo que ameaça a sobrevivência dos símios: com o restabelecimento da energia elétrica na cidade, Dreyfus contatou um grupo de militares humanos que, agora, marcham para São Francisco determinados a aniquilarem os primatas. Em uma ação desesperada para salvar César e seus companheiros, Malcolm provoca uma explosão que abala os alicerces da torre. Na confusão que se segue, César confronta Koba e o mata. Alertado por Malcolm sobre a iminente chegada dos militares à cidade, César se conforma com a ideia de que uma nova batalha está a caminho.

PLANETA DOS MACACOS: A GUERRA

Avisado por Dreyfus sobre a existência de uma comunidade de macacos inteligentes que vivem perto de São Francisco, o grupo paramilitar "Alfa--Ômega", liderado pelo insano Coronel McCullough (Woody Harrelson), ataca membros do grupo de César (Andy Serkis) em Muir Woods. Diferentemente dos homens de Dreyfus, estes humanos são soldados bem treinados e carregam armamentos de última geração. Os símios resistem e conseguem capturar alguns membros da facção inimiga. César descobre que, ao lado dos guerreiros humanos da Alfa-Ômega, marcham alguns macacos que, dois anos antes, haviam apoiado Koba em sua tentativa de assumir o controle da tribo.

Decidido a viver em paz com a raça humana, César ordena a soltura dos prisioneiros para que estes informem ao coronel que os símios não querem a guerra. Mas o chimpanzé mantém sob custódia o gorila "Red" (Ty Olsson), capturado junto com os humanos. A exemplo de outros macacos que se juntaram às fileiras da Alfa-Ômega, Red não é mais que um subalterno das tropas de McCullough. Horas depois, Red consegue escapar e deixa ferido um dos lugares-tenentes de César, Winter (Aleks Paunovic).

Rocket (Terry Notary) e Olhos Azuis (Max Lloyd-Jones) retornam de uma expedição por territórios distantes e informam César sobre a existência de uma área paradisíaca além do deserto, na qual a comunidade símia poderá se assentar e viver em paz. É uma notícia pela qual os macacos esperam há tempos – mas, em vista do recente ataque da Alfa-Ômega, César decide que ainda não é hora de deixar o refúgio em Muir Woods. Horas mais tarde, liderados pelo próprio coronel, os humanos se infiltram nos

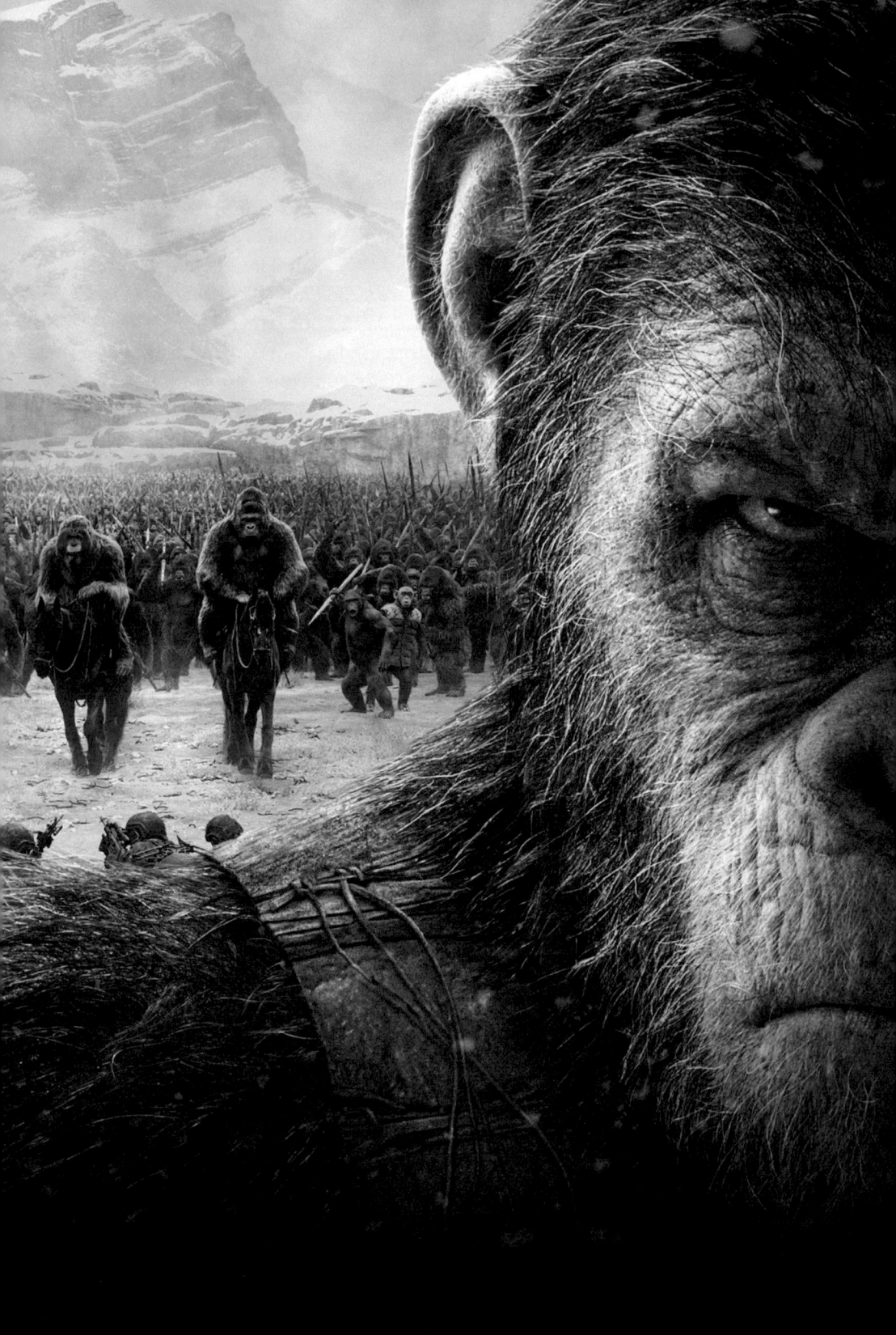

domínios dos macacos e matam a esposa e o filho de César, Cornelia (Judy Greer) e Olhos Azuis. O gorila Winter desaparece após o ataque, o que leva César e um de seus lugares-tenentes, Luca (Michael Adamthwaite), a concluírem que ele se juntou ao exército inimigo.

Buscando vingança contra o coronel, César deixa o filho mais novo, Cornelius (Devyn Dalton), aos cuidados da esposa de Olhos Azuis (Sara Canning) e parte em uma jornada ao lado dos amigos Maurice (Karin Konoval), Luca e Rocket. Montados em cavalos, eles passam por vilarejos decrépitos que, antes da gripe símia, eram prósperos subúrbios humanos. Em uma dessas vizinhanças, os macacos trocam tiros com um homem e o matam. Na casa do inimigo, eles encontram uma garotinha humana incapaz de falar, a quem Maurice apelida como "Nova" (Amiah Miller), e a adotam temporariamente, já que a criança não conseguirá sobreviver sem a proteção do pai.

O grupo segue viagem e chega a um posto avançado da Alfa-Ômega, no qual César e seus amigos reencontram Winter. O gorila, de fato, se aliou aos humanos — mas o fez para salvar a própria vida. Ele conta ao grupo de César que o coronel se encontra em um lugar chamado "A Fronteira". Temendo que seus novos mestres o punam por traição, Winter tenta avisar os soldados sobre a presença de César no acampamento e é morto pelo chimpanzé. César se pergunta se não estará se tornando tão mau quanto Koba, já que infringiu pela segunda vez o principal mandamento da sociedade símia: *macaco não matará macaco*.

A caminho da Fronteira, o grupo de César encontra soldados da Alfa-Ômega que foram baleados e deixados para trás pelos próprios companheiros. Um deles ainda vive — mas, assim como Nova, é incapaz de falar. César o mata para colocar um fim à sua agonia. Pouco depois, eles conhecem um chimpanzé que vive recluso nas ruínas de uma cidade abandonada: o "Macaco Mau" (Steve Zahn), que cresceu no Sierra Zoo e adquiriu o dom da fala sem ter sido exposto ao vírus ALZ-112. "Macaco Mau" se junta ao grupo de César em sua jornada à base da Alfa-Ômega, uma fortaleza quase inexpugnável protegida por altas montanhas nevadas.

César fica horrorizado com o que vê na Fronteira: ali, a Alfa-Ômega mantém um campo de concentração para macacos, que são forçados a trabalhar para os humanos na construção de um muro que isolará o coronel do mundo exterior, dando-lhe plenos poderes para liderar suas tropas sem a interferência do alto comando militar. Privados de comida e água, os primatas são severamente punidos quando se recusam a carregar os pesados blocos de pedra com os quais o muro é erigido. A presença dos invasores é detectada por uma sentinela e, tentando proteger César, Luca é morto pelo soldado. César é capturado por Red e levado à presença do coronel.

Em um breve encontro com o prisioneiro, McCullough revela a César a motivação por trás de suas ações: como indicam os casos de Nova e dos soldados que o grupo de César encontrou a caminho da Fronteira, a gripe símia passou por uma mutação nos últimos meses. Os humanos que sobreviveram à pandemia estão perdendo suas capacidades cognitivas, o que os transformará em uma raça de selvagens. McCullough acredita que é seu dever erradicar os humanos infectados com a nova versão do vírus da face da Terra – do contrário, o mundo se tornará um planeta de macacos. No passado, o coronel pôs esta determinação à prova ao matar o próprio filho, um dos primeiros humanos a apresentarem sinais de "regressão".

César também é forçado a trabalhar na construção do muro, mas se rebela e é colocado no isolamento, onde passa fome e sede. Sem ser notada, Nova se infiltra na base e alimenta o prisioneiro. Mais tarde, com a ajuda de Rocket, César escapa do confinamento e liberta os outros símios, que fogem do campo enquanto ele vai atrás do coronel. De repente uma inusitada batalha eclode na Fronteira: forças militares rivais invadem o refúgio de McCullough determinadas a colocar um fim nas ações da Alfa-Ômega. Ao confrontar o coronel, César descobre que a presença de Nova na base o infectou com a versão modificada da gripe símia: incapaz de falar, McCullough põe fim à própria vida.

César está prestes a deixar o campo quando é visto por um soldado da Alfa-Ômega, que o alveja com uma flecha. Red decide tomar partido de seus semelhantes e impede que César seja morto pelo inimigo. Isto dá ao líder símio a chance de explodir um tanque de combustível, o que provoca um incêndio no acampamento. Em seguida, toda a região é soterrada por uma avalanche, da qual César e seus companheiros escapam por um triz. Nos próximos dias, os símios cruzam o deserto rumo à "Terra Prometida" encontrada por Rocket e Olhos Azuis – um oásis em meio à devastação, com vegetação abundante e plenas condições de vida. Mas César não testemunhará esta nova era de paz e prosperidade para os macacos: sucumbindo aos ferimentos que sofreu na batalha contra o general, ele morre nos braços do amigo Maurice.

PRODUÇÃO

PLANETA DOS MACACOS: A PRIMEIRA GERAÇÃO

Contrariando as previsões otimistas da Fox, a franquia não se reaqueceu com o advento da refilmagem de *O planeta* dirigida por Tim Burton. Porém, o filme e seus derivados (incluindo uma bela HQ em cores publicada pela Dark Horse) tiveram o mérito de apresentar o universo dos símios falantes a uma nova geração de espectadores e leitores. Além disso, a reboque do *remake*, os longas originais foram lançados em DVD, o que restituiu o interesse do público pelos personagens e enredos clássicos da saga. Um provável reflexo deste fenômeno foi o surgimento da HQ *Revolution on the planet of the apes*, em 2005, cuja história se passava no período intermediário entre *Conquista* e *A batalha*. Muito mais interessantes que o *remake* de 2001, iniciativas como *Revolution* levaram a Fox a perceber o óbvio: fazia mais sentido reexplorar o cânone original da série do que tentar "reinventar a roda".

Assim também pensava o casal de roteiristas Rick Jaffa e Amanda Silver, que, em 2006, teve a inspiração para um sétimo longa da franquia. Dessa vez a trama não se baseou no romance de Pierre Boulle, mas em notícias publicadas nos jornais da época e relacionadas a assuntos que a dupla considerava potencialmente "cinematográficos". Como disse Rick Jaffa em entrevista concedida ao site *Film* em abril de 2011:

> "A ideia se materializou a partir de várias fontes e tópicos que eu vinha pesquisando, inclusive o grande número de pessoas que estavam criando chimpanzés e primatas em casa — em alguns casos, como se fossem bichinhos de estimação; em outros, como se fossem crianças. Fiz muita pesquisa sobre engenharia genética para outros projetos e agora estava lendo a respeito de pessoas que haviam sido atacadas por seus próprios chimpanzés depois de criá-los. (...) Eu estava literalmente sentado no chão, olhando para 50 tópicos de pesquisa, e juro que disse: 'Meu Deus! Isto é o Planeta dos macacos!'"
>
> "Film Visits The Set of '*Rise of the planet of the apes*'" (*Film*)

Outras referências para o enredo foram encontradas em *Fuga*, na cena em que Cornelius conta aos oficiais do governo americano as origens do futuro mundo dos símios (que, de cobaias e servos dos humanos, ascendem ao comando da civilização por meio de uma revolta liderada pelo "primeiro macaco que disse 'não'"). Mas a ideia de primatas geneticamente modificados se rebelando contra o Homem era tão óbvia para um filme da série que Jaffa e Silver hesitaram em oferecê-la à Fox: o estúdio já deveria ter recebido dúzias de propostas parecidas. Para surpresa de ambos, este não era o caso: o conceito foi aprovado pelo então presidente da Fox, Hutch Parker, que deu o sinal verde à produção.

Cerca de 30 tratamentos foram escritos para o filme nos três anos seguintes, período em que outros colaboradores de peso se juntaram ao projeto, como o cineasta e roteirista Scott Frank – coautor do script de *Minority report: a nova lei*[173] –, que contribuiu com ideias para o enredo e foi o primeiro nome cogitado para dirigir o longa (Frank se desligou da produção em 2009, após o estúdio concluir que seu *approach* resultaria em um filme muito sombrio)[174]. A recém-criada produtora Chernin Entertainment foi incumbida da realização e, em 2010, Rupert Wyatt assumiu a direção, abraçando a proposta dos roteiristas de oferecerem ao público um espetáculo sintonizado à realidade do Novo Milênio, mas fortemente conectado aos filmes clássicos.

"Em *A origem*, vemos imagens de TV que mostram a *Icarus* deixando a Terra, o que é uma referência à *O planeta*, já que este é o nome da nave em que viajavam Charlton Heston e sua tripulação", disse Wyatt à revista "Sci-Fi Magazine", em 2011. "Também há elementos de *Conquista* no modo pelo qual os macacos dão início à revolução. Porém, em termos gerais, este é um prelúdio do filme de 1968." A princípio, a proposta era que o sétimo longa da franquia fosse a ponta-de-lança de uma nova era de produções ambientadas no mesmo universo dos filmes originais. Mas os rumos tomados pela série após *A origem* contradizem essa noção: *O confronto* e *A guerra* não mencionam a epidemia viral que extingue os cães e gatos em *Conquista* e ignoram o tópico da guerra nuclear (que explicava a imagem da Estátua da Liberdade em ruínas na conclusão de *O planeta*).

Ainda assim há um óbvio paralelo entre os longas das décadas de 1960-1970 e a trilogia *César*, o que fica evidente no roteiro final *de A origem*, no qual há mais de 30 referências diretas à série produzida por Arthur Jacobs – algumas tão herméticas que só podem ser notadas por fãs incondicionais da saga, como o nome da droga desenvolvida pela Gen-Sys para combater a doença de Alzheimer: ALZ-112 (de "112 minutos", o tempo de duração de *O planeta dos macacos!*)[175]. "Tentamos ser leais à mitologia dos filmes, para que os fãs percebessem que fomos cuidadosos ao integrá-la à nossa história", disse Rick Jaffa à reportagem do site *Film* em 2011.

---

173 *Minority report: a nova lei* (*Minority report*, 2002, Steven Spielberg).

174 "Scott Frank escapes *The planet of the apes*" - *Chud*.

175 Os próprios nomes dos personagens de *A origem* são homenagens a atores e personagens dos filmes clássicos: "Will Rodman" (em referência a Michael Wilson e Rod Serling, roteiristas do longa-metragem original); "Dodge Landon" (uma combinação dos nomes dos dois colegas de viagem do astronauta Taylor em *O planeta*); "Steven Jacobs" (uma menção a Arthur Jacobs) etc.

SINALIZADORES E CAPACETES

Em um aspecto essencial *A origem* se diferenciou dos longas-metragens anteriores: pela primeira vez os macacos não foram criados com espuma de látex e cabelos naturais, mas com o uso da última palavra em tecnologia digital voltada à elaboração de personagens: o *motion capture* (ou "captura de movimentos"). Disponível desde o início da década de 1990 – mas inicialmente restrita ao setor de desenvolvimento de *games* –, a ferramenta se tornou a "bola da vez" em Hollywood após ser usada de forma muito eloquente em superproduções como *Matrix*[176], *O senhor dos anéis: a sociedade do anel* e *Avatar*.

A essência do truque é capturar os movimentos e expressões de atores vestidos com trajes equipados com adesivos que refletem a luz e depois transportar essas informações para personagens digitais. A empresa neozelandesa Weta Digital se tornou uma referência em *motion capture* – não apenas por ter criado o Gollum de *O senhor dos anéis*, mas também o gorila gigante da refilmagem de *King Kong* (1933) dirigida por Peter Jackson em 2005 – o que a tornou uma opção lógica para dar vida aos macacos falantes de *A origem*. A Weta elaboraria um número ainda maior de primatas digitais nas duas sequências do filme, também protagonizadas pelo "primeiro macaco que disse não": o revolucionário César.

Na nova trilogia, César não é um descendente de símios vindos do futuro, mas a cria de uma fêmea chimpanzé cujos genes foram modificados por uma droga experimental. No contexto dos longas realizados entre 2011 e 2017, portanto, a substituição da maquiagem artística por softwares de composição de imagem é justificável: física e intelectualmente, esses macacos não são evoluídos como os chimpanzés, gorilas e orangotangos dos primeiros filmes. Para viver o personagem, o departamento de *casting* convidou uma autoridade em *motion capture*: Andy Serkis, que interpretou o Gollum nos filmes da saga *O senhor dos anéis*.

Joe Letteri, o supervisor sênior de efeitos visuais de *A origem*, era um grande fã do *Planeta* de 1968 e encarou com entusiasmo a tarefa de perpetuar o legado da série na era da tecnologia digital. "O primeiro *Planeta* era um filme intrigante", disse Letteri em entrevista concedida a Joe Fordham e Jeff Bond, autores do livro *Planet of the apes: the evolution of the legend*. "Na tradição dos filmes de ficção científica da década de 1960, que espelhavam nossa Cultura, a produção abordou muitos tópicos sociais do período. Foi este espírito que tentamos reproduzir em *A origem* ao explorarmos o modo como os macacos adquirem inteligência. Não era aquela ideia banal

----
176 *Matrix* (*The Matrix*, 1999, Lana Wachowski e Lilly Wachowski).

– 'Oh! Deixamos a tecnologia sair do controle!' –, mas uma história sobre pesquisadores que cometem um engano ao tentar solucionar um grande problema da Humanidade."

Assim como na versão de Tim Burton, os atores que interpretaram os símios frequentaram uma "escola de macacos" antes das filmagens, supervisionada pelo mesmo Terry Notary que ensinara o elenco do *remake* de 2001 a reproduzir os movimentos dos primatas (Notary também integrou o elenco de *A origem* e suas continuações defendendo muito bem os papéis do chimpanzé Rocket e da mãe de César, Olhos Brilhantes). No set, além de roupas com sinalizadores, os atores usavam capacetes conectados a pequenas câmeras que registravam suas expressões faciais e próteses que aumentavam o comprimento de seus braços. O trabalho de interpretação esbarrava em toda essa parafernália, mas o processo mostrava suas compensações quando os dados registrados pelas câmeras eram transferidos para os modelos digitais: as personalidades de Andy Serkis e de seus colegas de elenco eram projetadas de forma realista nos macacos.

Ainda que a maquiagem artística tenha dado lugar à captura de movimentos, uma empresa especializada em truques convencionais (a WTC Productions) foi incumbida de desenvolver algumas próteses para o filme, como braços simiescos movimentados por *animatronics* (utilizados em *takes* que exigiam interações mais literais entre o elenco "humano" e os macacos). Cenários físicos também foram construídos pelo desenhista de produção Claude Paré e incluíam o laboratório da Gen-Sys, o santuário de primatas e toda uma seção da Golden Gate (o palco da vertiginosa batalha que encerra o filme).

Segundo os especialistas da Weta, os símios de *A origem* representaram um marco na evolução do *motion capture* e superaram o realismo do povo alienígena "Navii" de *Avatar* (até então o suprassumo proporcionado pela tecnologia). Isto porque, pela primeira vez, a captura de movimentos foi feita com Serkis e os demais intérpretes dos macacos interagindo diretamente com o restante do elenco (inclusive em sequências ao ar livre, o que expandiu o uso da técnica para além dos ambientes controlados dos estúdios).

A origem arrecadou mais de US$ 176 milhões apenas nos EUA (foi uma das maiores bilheterias de 2011). O filme também agradou à crítica, que enalteceu a direção sensível de Rupert Wyatt, as boas interpretações e a envolvente trilha sonora de Patrick Doyle (que alterna momentos líricos com outros de puro "primitivismo" inspirados nos temas compostos por Jerry Goldsmith e Leonard Rosenman em suas partituras para *O planeta* e *De volta*). O desempenho surpreendente recolocou a saga dos macacos no hall de propriedades mais lucrativas de Hollywood e sinalizou uma nova "era de ouro" para a franquia.

ACROBATAS

As primeiras notícias sobre a realização de um oitavo filme da série surgiram em 2011. A princípio havia alguma controvérsia quanto aos rumos que a história tomaria na continuação. Rick Jaffa e Amanda Silver anunciaram que o script seguinte teria o sugestivo título de *Icarus*, o que dava a entender que o foco estaria nos astronautas que deixam a Terra nas últimas cenas de *A origem* (o episódio é mencionado brevemente em um boletim de TV), que poderiam ser Taylor e seus colegas de missão em *O planeta*. Portanto, durante algum tempo, especulou-se se a continuação não se passaria em um futuro distante no qual os macacos já seriam os senhores da Terra.

Mas os realizadores optaram por manter a ambientação do longa de 2011 na sequência, cuja trama é um combinado das ideias de Jaffa, Silver e de um terceiro roteirista, Mark Bomback, que ingressou no projeto em 2012. Intitulado *Planeta dos macacos: o confronto*, o filme se passaria em um momento imediatamente posterior à quase extinção da Humanidade pela "gripe símia" e mostraria a luta de César para construir uma sociedade de primatas inteligentes baseada em justiça e ética (um ideal que esbarraria no revanchismo de macacos como Koba, que se oporiam à política de coexistência com os humanos professada por seu líder).

Rupert Wyatt abandonou o projeto nos primeiros estágios da pré-produção e foi substituído por Matt Reeves (cocriador da série de TV *Felicity*[177], cuja estrela, Keri Russell, ganhou um papel importante em *O confronto*: a médica Ellie, que salva a vida de César em um momento crucial da história). Os efeitos digitais ainda eram o carro-chefe da realização, mas a equipe elaborou grandes cenários para o filme: partes da São Francisco pós-apocalíptica onde vive a comunidade de Dreyfus e da rústica cidade arbórea dos símios foram projetadas pelo desenhista de produção James Chinlund e construídas em Nova Orleans. Na pós-produção os técnicos da Weta complementaram digitalmente os cenários, além de povoá-los com centenas de macacos virtuais criados a partir dos movimentos de dublês e acrobatas (muitos deles, membros do *Cirque du Soleil*).

---

177 Felicity (1998-2002, J.J. Abrams e Matt Reeves).

Os primeiros croquis concebidos pelo departamento de figurino mostravam os símios usando túnicas primitivas inspiradas nas roupas dos chimpanzés e gorilas de *O planeta* e *De volta*. Mas o diretor Reeves optou por manter os macacos no mesmo "estado natural" em que se encontravam no filme anterior (o que era mais coerente com a ideia de uma civilização que ainda estava em seus primeiros estágios de desenvolvimento). O "guarda-roupa" dos símios se resumiu a algumas pinturas de guerra e a discretos adereços tribais, como grinaldas e colares.

O confronto arrecadou mais de US$ 208 milhões nos EUA e obteve uma bilheteria mundial de US$ 703 milhões[178]. Satisfeita com o trabalho de Reeves na sequência, a Fox contratou o cineasta para realizar o próximo episódio da franquia, anunciado em janeiro de 2014. Dessa vez o diretor pôde se envolver com o projeto desde a pré-produção e ajudou o roteirista Mark Bomback a conceber as bases da trama. Em busca de inspiração, ambos reassistiram aos cinco primeiros filmes da série e a dezenas de clássicos de ação e reuniram todas essas referências no script de *Planeta dos macacos: a guerra*.

APRIMORAMENTO DIGITAL

A produção foi muito influenciada por *Os dez mandamentos* e três longas-metragens famosos dos anos 1950, 1960 e 1970: *A ponte do rio Kwai*, *Fugindo do Inferno*[179] e *Apocalipse now*[180] – este último sobre um militar enlouquecido que, durante a Guerra do Vietnã, funda uma comunidade primitiva nas selvas do Camboja, onde é adorado como a um deus (o personagem foi o modelo para o Coronel McCullough, interpretado por Woody Harrelson).

Em *A guerra*, os símios inteligentes enfrentam o grupo paramilitar Alfa-Ômega (citado na conclusão de *O confronto*), cujo nome é uma referência à bomba nuclear idolatrada pelos mutantes em *De volta*. Mas a produção é mais do que um filme de ação: Reeves e Bomback adicionaram uma boa carga dramática à história e lhe deram um verniz épico. "A Guerra estabelecerá César como uma figura seminal da História dos macacos", disse Reeves em março de 2014. "Ele se tornará uma figura mítica para os símios, como Moisés"[181].

---

178 *O confronto* é o filme recordista em bilheteria da franquia.
179 *Fugindo do Inferno* (*The great escape*, 1963, John Sturges).
180 *Apocalipse now* (1979, Francis Ford Coppola).
181 "Matt Reeves talks about new 'Apes' films eventually reaching the 1968 - 'Planet of the apes' story" - *Slashfilm*.

Embora o filme tenha muitas cenas externas (em sua maioria, rodadas nas florestas do Canadá, que fizeram as vezes do Parque Estadual Muir Woods, em São Francisco), suas locações mais exuberantes eram composições digitais concebidas pela Weta (inclusive a base dos homens da Alfa-Ômega, um elaborado trabalho de CGI criado a partir de algumas porções de cenário físico). Como afirmou o produtor de efeitos visuais Ryan Stafford ao site *Collider*, "as trucagens digitais atingiram um 'estado de arte' em *A guerra*"[182].

Em cenas ambientadas na neve, cada pegada dos intérpretes dos macacos foi retocada na pós-produção, ganhando contornos compatíveis com os pés de primatas. Em alguns momentos também foi preciso criar a ilusão de que os pelos virtuais de César e seus companheiros estavam cobertos de neve – um detalhe na tela, mas um grande desafio para a equipe de efeitos visuais (tanto quanto a água, a neve é um dos elementos da Natureza mais difíceis de serem recriados em CGI). A aparência dos símios ainda foi aprimorada e ganhou um *look* mais orgânico. Os especialistas da Weta fizeram consideráveis avanços em modelagem por meio de visitas periódicas ao Zoológico de Wellington, na Nova Zelândia, o que lhes permitiu observar com atenção a anatomia dos chimpanzés.

A guerra encerrou com dignidade a trilogia *César*, tanto no que se refere ao faturamento como à receptividade por parte da crítica: a bilheteria mundial do longa ultrapassou os US$ 490 milhões (um rendimento menor que o de *O confronto*, mas ainda assim um resultado excelente, que colocou a produção entre os grandes sucessos de 2017). Em sua resenha sobre o filme no site *Coming Soon*, o crítico Alan Cerny aproveitou para trazer à baila uma questão levantada em 2011, com o lançamento de *A origem* nos cinemas: Andy Serkis deveria ganhar um Oscar por sua aclamada atuação como César, ainda que seu personagem só existisse no plano virtual?[183]

Estamos na aurora dos tempos no que se refere à utilização do *motion capture*, razão pela qual a pergunta ainda gera controvérsia. Será que somos capazes de determinar onde termina o talento do intérprete e onde começam as habilidades de um animador talentoso no que se refere a personagens criados por CGI? É uma discussão pertinente e que deverá ganhar mais relevância no futuro, à medida que a magia do cinema tornar ainda mais difusas as fronteiras entre o real e o irreal.

---

182 "First look at 'War for the Planet of the apes' reveals Motion-Capture Mayhem" - *Collider*.
183 "War for the Planet of the apes review" - *Coming Soon*.

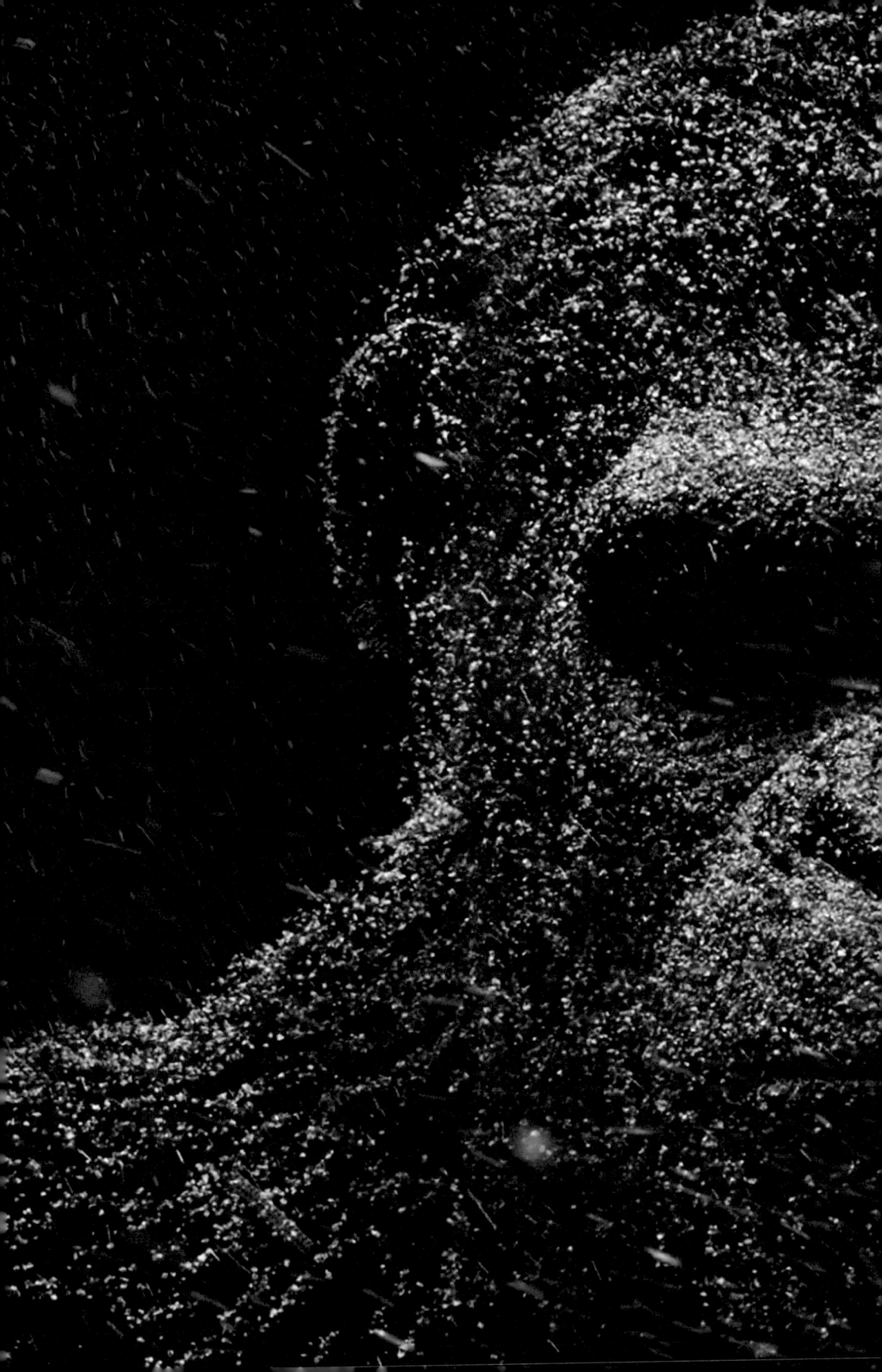

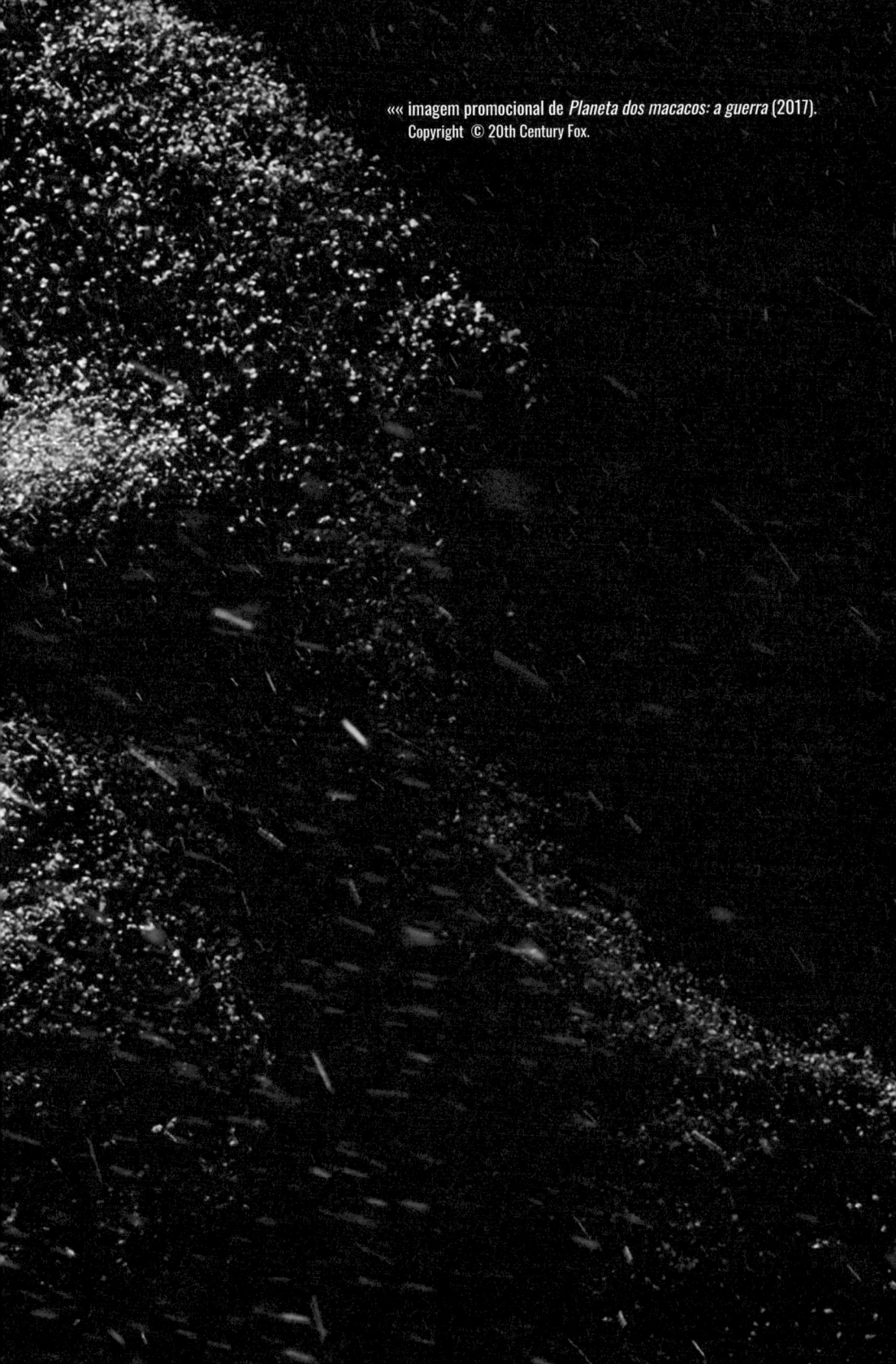

«« imagem promocional de *Planeta dos macacos: a guerra* (2017). Copyright © 20th Century Fox.

"EVENTUALMENTE VOCÊS NOS SUBSTITUIRIAM. É A LEI DA NATUREZA!"

As primeiras notícias sobre o sétimo filme da saga dos macacos não eram muito animadoras: os principais envolvidos anteciparam que a série (um marco na evolução da maquiagem artística) enfim se renderia ao digital, recorrendo a personagens criados por computador. Além disso, os chamados "títulos de trabalho" do longa-metragem[184] — *Planet of the apes: genesis* (*Planeta dos macacos: gênese*) e *Caesar: rise of the apes* (*César: a ascensão dos macacos*), anunciados em 2008 e 2010 — sugeriam algo na linha das produções "B" de ficção científica que proliferam na TV por cabo e nos serviços de streaming. Antes da estreia do filme, ninguém imaginava que *Planeta dos macacos: a origem* seria uma grata surpresa (além de um grande sucesso de bilheteria).

O que havia de tão especial no longa que iniciou a trilogia *César*, encerrada em 2017 com *Planeta dos macacos: a guerra*? A questão não se resume aos efeitos visuais de ponta, uma vez que o *motion capture* já havia provado sua eficiência em *O senhor dos anéis* e *Avatar*. A repercussão de *A origem* provavelmente se deveu aos mesmos fatores que tornaram as produções originais tão populares nos anos 1960-1970: seu misto de fantasia bem construída e comentários sociais pertinentes. O que diferencia os novos filmes de seus predecessores é a natureza das alegorias apresentadas em seus roteiros, que refletem ansiedades típicas do Novo Milênio.

LIBERTAÇÃO ANIMAL

Como afirmou Michael Wilson em 1974, o *Planeta* original "era mais uma história sobre preconceitos humanos do que sobre macacos". *A origem* tem uma proposta inversa à daquele filme: é mais uma história sobre macacos do que sobre preconceitos humanos, já que o roteiro de Rick Jaffa e Amanda Silver enfatiza uma questão abordada de forma muito tangencial nos longas anteriores: o "especismo" (a crença de que somos biológica e moralmente superiores às outras espécies, o que nos daria uma "prerrogativa" para maltratá-las ou explorá-las).

---

184 Na indústria do cinema, "títulos de trabalho" são os nomes temporários dados aos filmes quando ainda estão em fase de desenvolvimento.

O termo "especismo" foi cunhado pelo psicólogo britânico Richard D. Ryder, o primeiro a identificar um mecanismo semelhante ao do racismo na forma como os humanos lidam com os animais: nos dois casos, visando os próprios interesses, um grupo predominante oprime um outro mais vulnerável, ao mesmo tempo em que lhe nega atributos como inteligência, sentimentos e natureza espiritual. O conceito foi formatado na obra *Libertação animal* (1975), do filósofo Peter Singer, autor de uma frase que resume a tônica do especismo: "Todos os argumentos para provar a superioridade do Homem não quebram a dura realidade de que, no sofrimento, os animais são nossos iguais."

Ao incorporar o especismo à pauta de assuntos abordados pelos filmes, a série dos macacos se engajou em uma das causas mais envolventes do século XXI: a luta pelos direitos dos animais. *A origem* foi saudado com entusiasmo pela PETA (People for the Ethical Treatment of Animals), tanto pela natureza do enredo como pela opção dos realizadores em não utilizarem símios verdadeiros na produção do longa:

> "*Planeta dos macacos: a origem* é o primeiro filme *live action* da história a ser contado sob o ponto de vista de um animal senciente – um personagem com características semelhantes às dos humanos, capaz de elaborar estratégias, se organizar e, por fim, liderar uma revolução, e com quem o público irá criar um vínculo emocional. (...) O diretor Rupert Wyatt demandou que *A origem* não utilizasse macacos reais durante as filmagens e trabalhou com a Weta Digital para criar macacos realistas por meio de efeitos visuais revolucionários. Chimpanzés usados pela indústria do entretenimento normalmente são arrancados de suas mães logo após o nascimento – um processo horrível e que causa danos psicológicos irreversíveis ao bebê e à mãe. Os adestradores normalmente utilizam métodos de treinamento baseados no medo e no abuso físico em um esforço para suprimir comportamentos instintivos e forçar os macacos a agirem de acordo com suas expectativas. Rupert explicou que um grande tema do filme são os maus tratos cometidos pelos humanos, assim como o abuso que os macacos sofrem em cativeiro. Os macacos são os heróis deste filme e os humanos, os vilões – e Rupert afirmou que não haveria um modo pior de desvirtuar essa mensagem do que usar macacos reais na produção do filme."
>
> (PETA / *www.peta.org*)

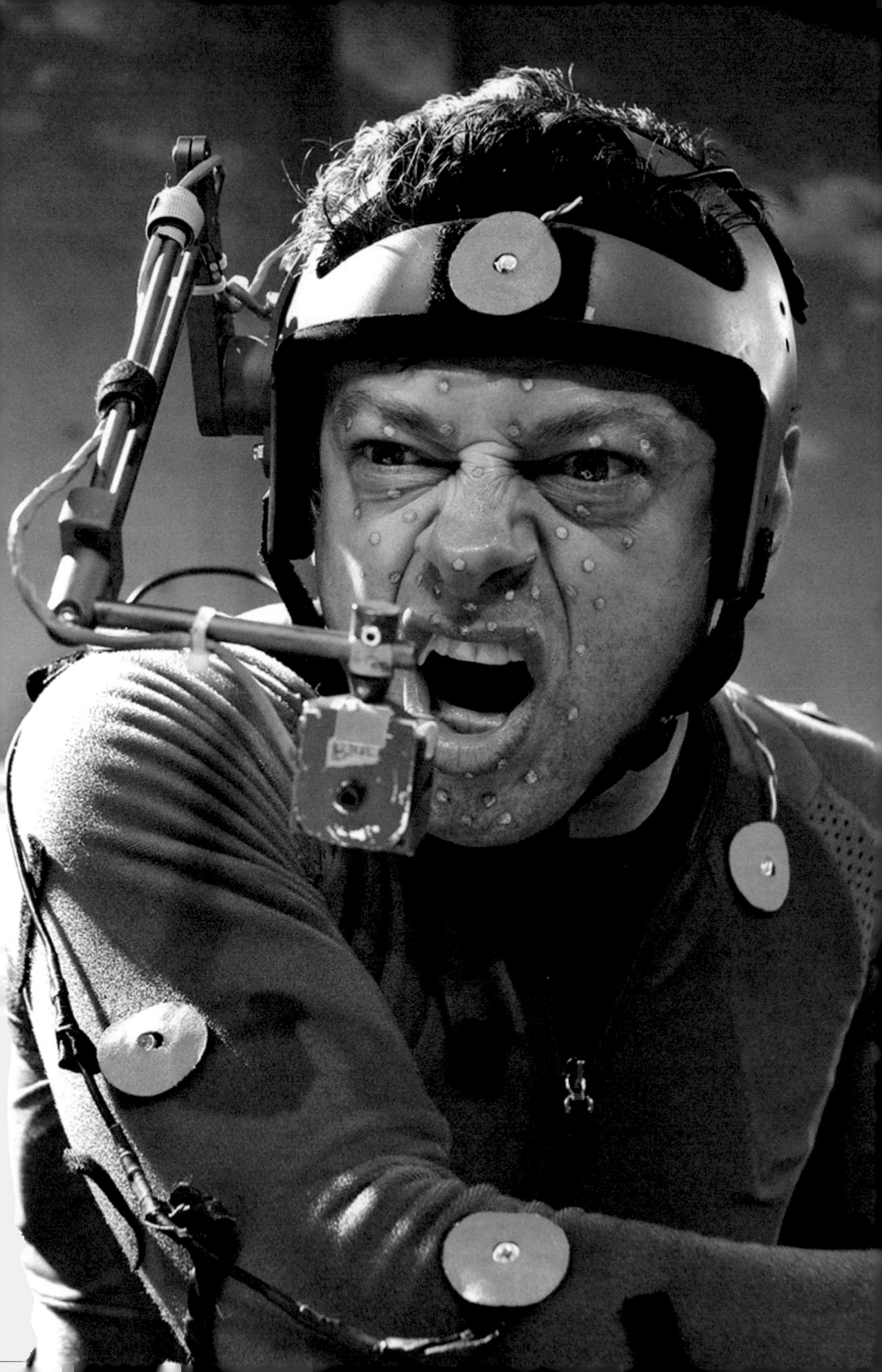

O primeiro capítulo da trilogia *César* estabelece a ambientação e o direcionamento deste novo momento da franquia. A novidade mais óbvia são os macacos digitais – a princípio um elemento "sacrílego", considerando que a maquiagem artística sempre esteve muito associada à mística da série. Mas os símios virtuais mostram o seu propósito já na cena de abertura do longa de 2011 – uma batida africana que lembra a caçada em que Charlton Heston era capturado pelos gorilas no *Planeta* de 1968, mas invertendo as posições entre caçadores e caçados: dessa vez as presas são chimpanzés que fogem de mercadores de animais silvestres. É uma sequência incomodamente realista, culminada com a captura de uma fêmea que grita de terror ao ser separada de seus companheiros de clã. A aparência literal dos macacos funciona no contexto dos novos filmes porque o espectador percebe que a série, agora, levanta a bandeira da causa animal, ao invés de caricaturar os conflitos políticos e raciais da sociedade contemporânea.

Isto não significa que o digital seja sempre *infalível* como ferramenta de persuasão: tanto quanto a maquiagem, o CGI tem limitações, notadas em sequências que envolvem um grande número de personagens ou movimentações muito complexas (incluindo aquelas que mostram a luta entre César e Rockett no Santuário de Primatas ou dezenas de chimpanzés e orangotangos correndo pelas ruas de São Francisco, no clímax do filme), nas quais alguns macacos virtuais parecem "borrões" cruzando a tela. Esses lapsos de verossimilhança não diminuem o brilho de *A origem*, mas comprovam que, neste tipo de espetáculo, os atores, o enredo e a realização ainda são os quesitos mais importantes. Não por acaso, os planos em que César parece ser mais "real" são os que mostram o personagem em close-up, o que permite à plateia absorver o sutil trabalho de interpretação de Andy Serkis. Seja na era da espuma de látex ou da captura de movimentos, a técnica utilizada para transformar um ator em macaco é apenas a máscara com a qual o intérprete entra em cena. A credibilidade dos personagens continua a depender das habilidades dramáticas de quem está por trás do disfarce.

MANIPULAÇÃO DO DNA: O NOVO ARMAGEDOM

Além de César – um protagonista que evolui ao longo do filme –, há outro personagem interessante em *A origem*: o Dr. Will Rodman, que leva a Humanidade à extinção ao desenvolver o vírus com o qual esperava erradicar a Doença de Alzheimer. O romance de Pierre Boulle já trazia embutido o mito de Frankenstein (o autor sugeria que o Homem comprometera a própria sobrevivência ao domesticar e subjugar os macacos), mas o cinema só absorveu este aspecto da obra em *A origem*, cujo roteiro é uma variação da trama de Mary Shelley.

A trajetória de Rodman espelha a do protagonista de *Frankenstein*: o anti-herói de Shelley almeja derrotar a morte quando dá início às suas experiências com vivificação de cadáveres. O resultado prático do projeto é a criação de um monstro mais poderoso e inteligente do que ele, que destrói o cientista e seus entes queridos. A lição de moral da novela de Shelley (e também a de *A origem*) é que catástrofes como esta poderiam ser evitadas se os cientistas se pautassem mais pela ética do que pela ambição. Frankenstein e Rodman são o mesmo tipo de sábio inconsequente, embora vivam em épocas distintas: o Dr. Rodman é o Dr. Frankenstein da era da Terapia de Genes.

Toda a ficção científica da trilogia *César* se resume à droga experimental ALZ-112 e à aceleração que o composto provoca no raciocínio dos macacos – que, da noite para o dia, adquirem a capacidade de pensar de forma abstrata, como se ingerissem um elixir mágico –, já que as novas produções descartam o tópico da viagem no tempo (até então, um tema recorrente nos filmes). *Conquista* oferecia outra explicação para a súbita evolução dos símios – na trama de Paul Dehn, um simples processo de seleção artificial "afunilava" as características genéticas de chimpanzés, orangotangos e gorilas e dava origem às três castas de primatas que herdam o mundo após o fim da civilização. Mas o ALZ-112 é uma fantasia mais adequada aos tempos atuais, visto que a engenharia genética pode se tornar um grande problema se os pesquisadores (assim como as corporações que os patrocinam) agirem como o Dr. Frankenstein ou o Dr. Rodman.

Considere-se, por exemplo, a eventualidade dos limites éticos serem ignorados na exploração comercial de "melhoramentos" criados em laboratório (uma situação profetizada em *A origem*, quando o supercapitalista Steven Jacobs, superior do Dr. Will Rodman na GenSys, autoriza o desenvolvimento de uma versão mais potente do ALZ-112 ao saber que o vírus pode aprimorar o intelecto dos humanos). No filme, essa decisão culmina na destruição da Humanidade e no surgimento de símios mutantes que nos substituirão como senhores da Terra (um claro exagero, já que estamos nos domínios da ficção científica).

Porém, na era atual, é possível divisar monstros genéticos que, a seu modo, são tão assustadores quanto o ALZ-112: vírus devastadores podem ser fabricados em laboratório (de forma acidental ou intencional). E há questões éticas que devem ser consideradas quando se fala em manipulação do DNA: quais seriam as consequências sociais, biológicas e morais da pré-determinação de tópicos como raça e sexo em seres humanos por meio da engenharia genética? A diversidade da espécie talvez deixasse de existir em um curto período se as escolhas se baseassem em critérios e interesses de determinados grupos. E se pudéssemos driblar a morte – o sonho comum do Dr. Frankenstein e do Dr. Will Rodman –, por quanto tempo seríamos capazes de alimentar uma população crescente e com índices de mortalidade "zero"? Desde que se apresentem as circunstâncias, monstros piores do que macacos falantes podem escapar de nossos laboratórios de pesquisa.

MACACO NÃO MATARÁ MACACO?

A odisseia de César prossegue em *O confronto* – em vários aspectos, um filme menos interessante que *A origem*. Entre este longa e o anterior os macacos passaram a viver nos bosques ao redor de São Francisco, onde se organizaram em uma espécie de Cultura "Cro-Magnon": os símios ainda não dominam a tecelagem ou a metalurgia, mas ornamentam os próprios corpos com pinturas e fabricam lanças e arcos e flechas funcionais. Por outro lado, os poucos humanos que sobreviveram ao flagelo do vírus ALZ-112 habitam uma torre comercial em ruínas (o que parece uma divertida alegoria sobre a falência do *american way of life*)[185].

O confronto é essencialmente um *remake* de *A batalha do Planeta dos macacos*, ainda que o filme tenha sido realizado com um orçamento e uma tecnologia superiores aos daquela produção. O CGI é irrepreensível (exceto em alguns *takes* da caçada ao urso, no início do filme, e da luta entre César e Koba, na conclusão, quando há uma nítida variação na qualidade da animação), o que permite aos realizadores criarem cenas poderosas: a sequência em que Koba lidera o ataque à base de Dreyfus encarapitado em um tanque de guerra é um grande momento da franquia. Mas o drama central – a disputa entre César e Koba pelos corações e mentes dos outros macacos – é tão familiar para o espectador que assistiu à *Batalha* que é impossível não experimentar uma sensação de *déjà vu*. Embora os protagonistas de *O confronto* sejam mais tridimensionais que o César original e

---

185 Esta situação pode ter sido inspirada pelo filme de terror clássico *Despertar dos mortos* (Dawn of the dead, 1980, George A. Romero), no qual os últimos remanescentes de um "apocalipse zumbi" ficam sitiados em um shopping center; mesmo lutando pela sobrevivência, eles são atraídos pelas chamativas mercadorias disponíveis nas lojas, uma alfinetada do diretor nos impulsos consumistas da sociedade contemporânea.

seu nêmesis, o General Aldo, o filme não acrescenta muito a uma história que já fora contada de forma satisfatória no longa de 1973.

Mais uma vez, dois líderes disputam o poder de um clã símio pós-apocalíptico que busca a própria identidade: um pacifista (César) e um radical (Koba). E da mesma forma que em *A batalha*, o radical quase leva a melhor ao angariar uma legião de seguidores para a sua causa. O mantra *macaco não matará macaco* é novamente subvertido (Koba assassina o filho de Rocket para afirmar a própria liderança) e César é obrigado a descer ao nível de seu oponente para reassumir o comando do clã. Por fim, o "novo" César aprende a mesma lição do "antigo" César: a bondade (assim como qualquer virtude ou defeito) não é determinada por fatores biológicos. Humanos e macacos têm a mesma capacidade de serem virtuosos ou corruptos.

Mas há uma diferença no modo como esta batalha é travada em *O confronto*. Na produção de 1973, os macacos radicais eram caricaturas dos Panteras Negras. Neste filme eles são inspirados nos extremistas do Oriente Médio. A imagem de Koba empunhando um AK-47 (o fuzil de assalto mais usado pelos terroristas da atualidade) é suficiente para estabelecer essa conexão. O choque entre as culturas dos EUA e do Oriente Médio também ecoa em alguns diálogos: a certo ponto da trama, Carver — um dos vilões de *O confronto* — observa que os símios lhe parecem assustadores porque prescindem de luz elétrica e de outros confortos da vida moderna. Sob a óptica dos humanos do filme (que representam os norte-americanos), os macacos são tão inescrutáveis quanto os terroristas islâmicos que vivem em cavernas e túneis e cultivam valores diferentes daqueles professados no Ocidente.

Carver também atribui aos macacos a responsabilidade pela disseminação do vírus que exterminou a Humanidade, ainda que a Dra. Ellie o lembre que o composto foi fabricado em laboratório pelos próprios humanos. O personagem se refere à pandemia provocada pelo ALZ-112 como a "gripe símia" — exatamente como, na década de 1980, parte da população mundial se referia à AIDS como a "praga gay". A síndrome ameaçava a todos, mas foi conveniente moralizá-la durante algum tempo, associando-a a um grupo minoritário (no caso, os homossexuais), mesmo que as autoridades médicas advertissem que os heterossexuais eram tão suscetíveis à doença quanto gays e hemofílicos.

Há, portanto, conteúdos interessantes em *O confronto*. Mas, como filme, a obra é redundante. O longa ainda padece de um problema crônico em muitas trilogias realizadas por Hollywood nos últimos anos: é o proverbial "filme do meio", aquele que não tem começo e nem fim e que serve como um elo entre o episódio inicial e a conclusão da história. Também é possível que a relativa falta de personalidade do filme se deva ao fato do diretor Matt Reeves ter assumido o projeto em um estágio adiantado da pré-produção, o que o impediu de elaborá-lo sob uma óptica mais pessoal. O cineasta teve uma participação mais efetiva no delineamento de *A guerra* (indiscutivelmente um trabalho mais arrebatador que *O confronto*).

A GUERRA PARTICULAR DO CORONEL MCCULLOUGH

A guerra retoma com veemência o discurso antiespecista de *A origem* e o concentra na figura do Coronel McCullough. Com laivos hitlerianos, o personagem se considera a última esperança da Humanidade, condenada a perder sua soberania em razão de uma mutação da gripe símia que afeta as capacidades cognitivas do hospedeiro. Em uma cena do filme, o coronel expõe a César a motivação de sua cruzada:

> **McCullough:** *"Vocês são muito mais fortes do que nós. São espertos demais. Não importa o que você diga... Eventualmente vocês nos substituiriam. É a Lei da Natureza! A ironia é que nós criamos vocês. Tentamos desafiar a Natureza, curvá-la de acordo com a nossa vontade. E a Natureza tem nos punido por nossa arrogância desde então. (...) Esta é a última resistência. Se perdermos... este será um planeta de macacos."*

No que julga ser o melhor para a raça humana, McCullough chega a autorizar uma ação eugênica contra os soldados da Alfa-Ômega infectados com a nova versão do vírus: eles são mortos pelos próprios companheiros para que se preserve a "pureza" da espécie[186]. A ideia de um planeta de macacos é inaceitável para o coronel porque sua noção de mundo se baseia no mito de que os humanos são biológica e moralmente superiores aos animais não-humanos (e que, por um determinismo natural, apenas o Homem é capaz de ter uma civilização).

Além de medir forças com o personagem interpretado por Woody Harrelson, César tem outra missão a cumprir em *A guerra*: ele deve conduzir seu povo à Terra Prometida — um lugar idílico e intocado pela mão do Homem, o qual Rocket e seu primogênito, Olhos Azuis, descobriram durante uma viagem de reconhecimento —, o que leva o protagonista a refazer os passos do patriarca Moisés. Capturado pelas tropas do coronel, César é levado para um campo de trabalhos forçados onde ironicamente

---

186 A referência ao Nazismo é uma importante conexão entre este filme e os longas-metragens originais, cuja fantasia, em grande parte, foi inspirada nos horrores da Segunda Guerra.

revive o drama de Charlton Heston em *Os dez mandamentos*. Da mesma forma que os hebreus eram obrigados a construírem monumentos para o Faraó Ramsés sob chibatadas dos egípcios, César e seus semelhantes são forçados a erguer uma enorme muralha para isolar a base da Alfa-Ômega do mundo exterior. É um raro momento da trilogia em que o espírito "político" dos primeiros longas volta a se manifestar, agora satirizando a *Era Trump*.

Nomeado candidato à presidência dos EUA pelo Partido Republicano em 2016, Donald Trump se elegeu com uma plataforma que contrariava muitas das tradições democráticas com as quais os americanos gostam de se identificar — razão pela qual a maioria dos intelectuais e formadores de opinião do país veem o seu governo como um retrocesso —, o que o tornou o candidato dos sonhos da ala reacionária do eleitorado (aquela que se opõe às medidas socioambientais, ao controle de armas e a políticas mais tolerantes de imigração). Nem Richard Nixon e George Bush foram tão longe quanto Trump na defesa de um Estado unilateral e agressivamente nacionalista. É provável, portanto, que a muralha do Coronel McCullough seja uma provocação à mais estapafúrdia promessa de campanha de Trump: a construção de um muro que separaria os EUA do México (e que, segundo o presidente, seria custeado pelos próprios mexicanos).

Em *Planet of the apes as american myth*, Eric Greene revela que alguns atores, produtores e diretores envolvidos nos longas originais relutaram em admitir que as produções dos anos 1960-1970 fossem veículos de ideias políticas. Diferentemente de J. Lee Thompson, que declarou ter se inspirado nos Tumultos de Watts ao esboçar a trama de *Conquista*, os entrevistados não pareciam à vontade em falar sobre o assunto — talvez porque a maioria dos problemas sociais abordados pela série (em especial, o racismo) ainda não tenha sido erradicada e continue a ser foco de polêmicas. A mesma ambiguidade permeou as entrevistas concedidas pelo elenco e pelos rea- lizadores de *A guerra* no período que antecedeu a estreia do filme: Woody Harrelson e Matt Reeves, por exemplo, afirmaram que os paralelos entre a trama e o atual cenário político estadunidense eram "acidentais" (o que é muito prudente quando se está divulgando um blockbuster de verão que almeja conquistar a simpatia do público em geral, o que inclui os eleitores de Trump).

Mas os críticos não viram o filme desta maneira: em um artigo sobre *A guerra* veiculado no *The Hollywood Reporter*, Carolyn Giardina observou que "o enredo reverberava estranhamente o momento político contemporâ- neo dos EUA", enquanto Peter Travers, da *Rolling Stone*, definiu o vilão

EDUARDO TORELLI

interpretado por Harrelson como "um cruzamento do Capitão Kurtz, de *Apocalipse now*, com Donald Trump". Todd Van Der Werff, crítico do site *Vox*, também enfatizou este aspecto do longa em sua resenha sobre *A guerra*:

"Nos anos 1960-1970, os filmes da série *Planeta dos macacos* eventualmente fizeram dos macacos os seus principais protagonistas, mas só após dois filmes nos quais alguns humanos eram jogados no planeta do título para admirar a sociedade humana em um espelho. Por essa razão, o *remake* relativamente fiel do *Planeta dos macacos* original (dirigido por Tim Burton em 2001) foi um fracasso de crítica. (…). Mas os novos filmes consideraram seriamente o que poderia tornar a série singular e encontraram a resposta dentro da nascente sociedade dos macacos. Esta inversão de perspectiva não apenas deu aos filmes uma razão de ser, como abriu espaço para os comentários políticos que sempre pairaram sobre os títulos da franquia (nos quais os macacos são humanizados, mas não 'tão' humanizados, de modo que possam representar qualquer grupo oprimido que você queira sem chamar muita atenção para este fato). (…) O personagem de Harrelson em *A guerra* tenta construir um muro maciço para se resguardar de invasores. Para isso, recruta o que poderíamos chamar de 'trabalho-escravo símio'. O roteiro provavelmente foi escrito muito antes da ascensão política de Donald Trump, mas é impossível que os cineastas não tenham se dado conta da similaridade entre o muro do filme e o muro proposto por Trump em algum momento da produção de *A guerra*. Esta é a atitude que a série dos macacos teria se porventura aterrissasse em meio ao turbilhão cultural e social da década de 2010. (…)

"War for the Planet of the apes seals the blockbuster trilogy's status as the decade's best" - *The Vox*.

O saldo da trilogia *César* é muito positivo: os novos filmes não apenas restituíram a popularidade da franquia como resgataram as nuances filosóficas e o viés questionador dos longas originais. Em comparação às produções dos anos 1960-1970, *A origem*, *O confronto* e *A guerra* são obras mais "contaminadas" por influências externas (não será *A guerra*, por exemplo, uma variação de *A sociedade do anel*, só que ambientada em um cenário de ficção científica? E não haverá no "Macaco Mau" um "quê" do Gollun vivido pelo próprio Andy Serkis na série dirigida por Peter Jackson?). Mas esta hibridização é inevitável em uma era na qual os roteiristas criam seus repertórios assistindo a outros filmes, mais do que buscando referências na literatura ou na realidade cotidiana. O importante é que a essência da série foi preservada na nova trilogia, que ainda forneceu uma roupagem inédita e interessante para o tema.

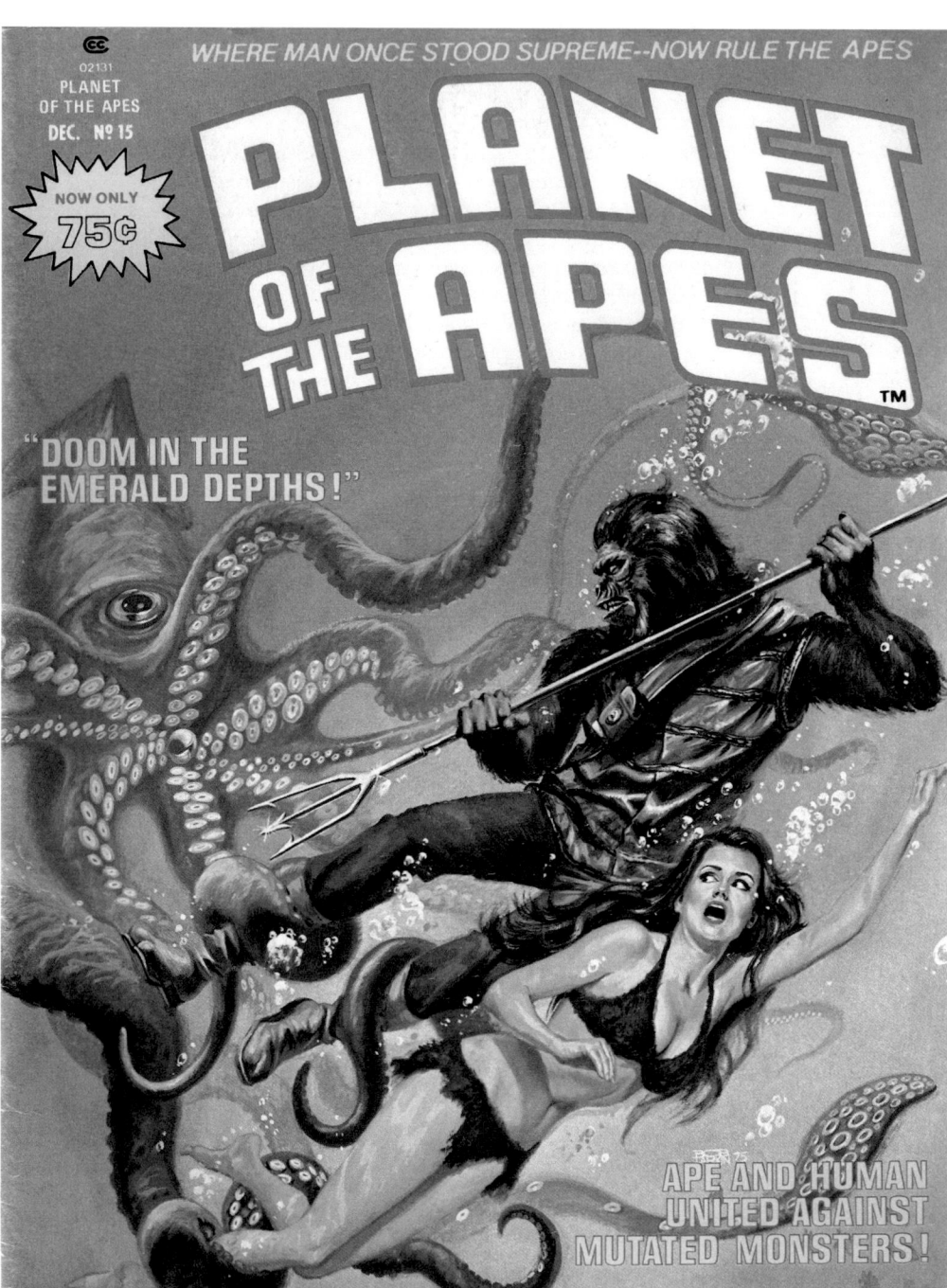

02131
PLANET
OF THE APES
DEC. Nº 15

WHERE MAN ONCE STOOD SUPREME--NOW RULE THE APES

PLANET OF THE APES ™

NOW ONLY 75¢

"DOOM IN THE EMERALD DEPTHS!"

APE AND HUMAN UNITED AGAINST MUTATED MONSTERS!

OS PERGAMINHOS SAGRADOS: HQS, LIVROS E NOVELIZAÇÕES

Em 1974, pouco antes da estreia da série *live action Planeta dos macacos*, a Marvel Comics lançou a primeira HQ regular inspirada no universo dos símios inteligentes: *Planet of the Apes*, descontinuada em 1977. Até então, as incursões da saga pelos quadrinhos se resumiam a um obscuro mangá editado no Japão em 1968 e a uma versão *comic* de *De volta ao planeta dos macacos* produzida pela Gold Key Comics em 1970. Mas esses produtos eram iniciativas isoladas, que não apresentavam nenhum rasante de criatividade em relação ao que já fora visto no cinema.

A revista da Marvel foi além das óbvias quadrinizações dos longas e brindou os leitores com tramas inéditas criadas pelos roteiristas da casa. Desde então, *comics* protagonizados pelos macacos não pararam de surgir. São títulos bem variados (inclusive no que se refere à qualidade das artes e dos roteiros), cujo maior mérito foi manter a franquia viva nos longos hiatos entre os lançamentos dos filmes. Vale ressaltar, também, que as histórias em quadrinhos enriqueceram a mitologia da saga (preenchendo lacunas deixadas pelos roteiros cinematográficos e atenuando algumas de suas inconsistências cronológicas) e transportaram a fantasia da série para novos e intrigantes territórios: cidades submarinas, a Europa pós-apocalíptica, o espaço sideral... O céu é o limite!

Nem todos os aficionados pelos filmes apreciam as HQs e é fácil entender o porquê: os quadrinhos adicionaram ao já hiperbólico cenário dos longas todos os clichês dos *comics* – alienígenas, monstros criados pela radiação, androides e até fantasmas (o espírito do Governador Breck lidera uma revolta humana contra os símios entre os números 21 e 24 da série da Malibu Graphics!). Por outro lado, seus argumentos se aventuraram por caminhos que o cinema e a TV não puderam trilhar (seja por limitações de orçamento ou em razão dos códigos morais que vigoravam na época). Nos gibis, há babuínos, gibões e outras espécies de macacos capazes de falar, o que amplia o rol de protagonistas símios para além das tradicionais castas de chimpanzés, orangotangos e gorilas.

E o tabu da miscigenação entre humanos e primatas (ideia com a qual o cinema flertou, mas não teve a ousadia de realizar) foi quebrado nos quadrinhos, nos quais há um punhado de personagens híbridos (como o sábio Mordecai de *Pesadelo da Evolução*").

Uma análise superficial das HQs pode sugerir que, nesta mídia, o criticismo social que permeava os filmes foi deixado de lado – há tanta ação e fantasia em suas páginas que este elemento acaba passando despercebido aos olhos do leitor. Mas os comentários políticos estão lá, manifestando-se com particular ênfase na saga de Jason e Alexander (da Marvel Comics) e em minisséries como *Blood of the apes* (da Malibu Graphics). Nos gibis, os macacos continuam a ser representações metafóricas de nossas virtudes e defeitos e o preconceito, o abuso de poder e a intolerância política e religiosa se mantêm os motes principais dos enredos.

Além de histórias em quadrinhos, a franquia inspirou a publicação de dezenas de livros nas últimas décadas: de respeitados ensaios acadêmicos, como *Planet of the apes as american myth*, de Eric Greene, a trabalhos menos pretensiosos, escritos "por" e "para" fãs, como *Timeline of the Planet of the apes* (focado na cronologia da série) e *From Aldo to Lisa: lexicon of the Planet of the apes* (um abrangente compêndio sobre os personagens dos filmes, romances e HQs), ambos assinados por Rich Handley. Sem esquecer os brasileiros *O único humano bom é aquele que está morto* (a primeira obra sobre o assunto publicada na América Latina) e *Homem não entende nada!: arquivos secretos do Planeta dos macacos*, de autoria do meu colega Saulo Adami.

Encerraremos este *tour* pelos 50 primeiros anos da saga *Planeta dos macacos* relembrando alguns desses trabalhos, que são fontes recomendadas de entretenimento e informação para os fãs.

MARVEL COMICS

A célebre revista da Marvel Comics nasceu a partir de uma conversa entre Roy Thomas, do Grupo Marvel, e seu amigo Len Grow (na época, um funcionário da Topps Chewing Gum Company). Grow achava que, além dos tradicionais gibis de super-heróis, a Marvel deveria investir em um título regular de ficção científica e sugeriu a Thomas que se informasse sobre a questão dos direitos referentes à saga *Planeta dos macacos*, fornecendo-lhe o contato de Selwyn Rausch (que administrava os aspectos comerciais da série produzida por Arthur Jacobs para a 20th Century Fox).

Intrigado, Thomas apresentou a proposta a Stan Lee (1922-2018), que o encorajou a ir em frente. Porém, ocupado com outros afazeres na editora, Thomas protelou a negociação com Rausch até o início de 1973, quando ele e Stan leram um artigo em *Variety* que os convenceu do enorme potencial lucrativo da franquia: os cinco filmes originais já haviam arrecadado US$ 100 milhões e falava-se na realização de uma série de TV inspirada no tema, que seria exibida na grade de programação da CBS.

Com medo de ter perdido uma grande oportunidade, Thomas se apressou a contatar Rausch e expressou o seu interesse em transformar os macacos em personagens de um novo gibi da Marvel. Meses depois, a primeira edição da revista chegou às bancas dos EUA. Com belas capas assinadas por artistas como Bob Larkin, Ken Barr e Greg Theakston, *Planet of the apes* publicou adaptações completas de *O planeta* e suas sequências (baseadas nos roteiros originais das produções, fornecidos à editora por Selwyn Rausch e por sua assistente, Ethel Kolberg) e uma série de aventuras inéditas estreladas pelos heróis Jason (um humano) e Alexander (um chimpanzé), que eram o carro-chefe do título.

Outra saga criada especialmente para o gibi (popular o bastante para se estender por três edições) foi a do aventureiro Derek Zane, que embarca em uma máquina do tempo e viaja ao ano 3975 em busca da expedição perdida de Taylor. No futuro, Zane é confrontado com um Planeta dos macacos ainda mais bizarro que o apresentado na série animada *De volta ao Planeta dos macacos*, de 1975: na história *Tirania na ilha dos macacos*, o personagem visita um lugar perdido no tempo onde chimpanzés, gorilas e orangotangos usam elmos, espadas e armaduras – e no qual a autoridade suprema é uma variação símia do lendário Rei Arthur! Doug Moench teve um papel fundamental em *Planet of the apes*, assinando seus melhores argumentos.

O título não oferecia apenas histórias em quadrinhos: artigos sobre os bastidores dos filmes e da série *live action* (que estreou quase simultaneamente à HQ) também eram publicados a cada mês. Roddy McDowall, Ron Harper, Mark Lenard, Richard Zanuck, Rod Serling e Michael Wilson foram algumas das celebridades entrevistadas pela equipe de reportagem da revista. Com o tempo, a deliciosa seção de cartas de *Planet of the apes* (a princípio intitulada *Ape line* e depois rebatizada como *We heard it through the ape vine*) se tornou uma atração à parte: os leitores não se limitavam a usar o espaço para tecerem comentários sobre a qualidade dos enredos e das ilustrações, mas para expressarem opiniões sobre tópicos que excediam o foco da revista.

"Ainda me ressinto com o fato de vocês frequentemente retratarem os gorilas como psicopatas violentos", esbravejou um leitor de Pittsburgh (Pensilvânia). "Será que vocês não sabem nada sobre Primatologia? Gorilas são pacíficos! Dentre os cinco tipos de grandes macacos, eles se destacam por serem totalmente vegetarianos. Na verdade, gorilas não sabem sequer comer insetos. Por outro lado, os chimpanzés, frequentemente retratados como tipos não-violentos, são onívoros e sabe-se que caçam porcos, antílopes e babuínos."

A seção de cartas também se tornou uma espécie de "muro das lamentações" para os fãs, que ali registraram sua decepção com o prematuro cancelamento da série *Planeta dos macacos* em dezembro de 1974. Em seu pico de popularidade, o título chegou a receber 400 cartas semanais de leitores, o que levou os editores a publicarem uma nota explicando que as missivas não seriam mais respondidas individualmente. Colorizada e em formato reduzido, *Planet of the apes* chegou ao Brasil na metade dos anos 1970 por meio da editora Bloch.

QUADRINIZAÇÕES

PLANET OF THE APES
(O PLANETA DOS MACACOS)

A adaptação do primeiro longa-metragem da franquia para os quadrinhos foi ilustrada por George Tuska e Mike Esposito, que tomaram algumas liberdades em relação à versão filmada ao transpor o roteiro de Rod Serling e Michael Wilson para o formato *comic*. A principal delas diz respeito aos personagens masculinos humanos, que ganharam silhuetas tão atléticas quanto as dos super-heróis da Marvel. Taylor, por exemplo, é um homenzarrão de barba e cabelos negros, cujo perfil em nada remete à compleição esguia que Charlton Heston tinha na época. A dupla Tuska e Esposito também modernizou consideravelmente os interiores das habitações dos macacos, adicionando-lhes um *décor* quase contemporâneo que contrasta com as rústicas fachadas de suas casas e edifícios. Apesar dessas diferenças – ou talvez por causa delas –, a adaptação foi bem-sucedida ao criar um padrão para as futuras HQs inspiradas na saga *Planeta dos macacos*. Para que o material original se transubstanciasse em um produto apetecível ao público dos quadrinhos (uma mídia mais ousada que o cinema em termos estéticos e criativos), era necessário um toque extra de estilização.

BENEATH THE PLANET OF THE APES
(DE VOLTA AO PLANETA DOS MACACOS)

Alfredo Alcala substituiu Tuska e Esposito na quadrinização do segundo filme da série. A grande contribuição do artista às adaptações foi conferir-lhes um toque mais "realista" (Alcala também assinou as versões *comic* de *Conquista* e *A batalha*). Em *Beneath*, a ambientação é mais fiel à do longa-metragem e a arte lembra as das revistas *Creepy* e *Eerie* (cujas histórias, no Brasil, foram publicadas pela revista *Kripta*). A cena em que Brent e Nova exploram os subterrâneos da Zona Proibida é o ponto alto da adaptação, apesar de um "furo" homérico: há esqueletos humanos intactos nas ruínas do metrô de Nova York (dois mil anos após a destruição da Terra!).

ESCAPE FROM THE PLANET OF THE APES
(FUGA DO PLANETA DOS MACACOS)

A versão *comic* de *Fuga* começa com uma cena imaginada pelo roteirista Paul Dehn, mas que não existe na produção homônima (embora conste no roteiro e tenha sido parcialmente filmada): do espaço, a bordo da nave de Taylor, Cornelius, Zira e Milo assistem à destruição da Terra segundos antes de serem "catapultados" para o passado e aterrissarem na costa da Califórnia em 1973. Este momento da trama foi elaborado com grande competência pelo desenhista Rico Rival, assim como o seu violento desfecho, no qual Zira e Cornelius são mortos por Hasslein e por um destacamento de marines. Mas em termos de arte, é uma adaptação irregular: em algumas passagens as hilárias expressões dos macacos quase transformam a história em uma paródia.

CONQUEST OF THE PLANET OF THE APES
(CONQUISTA DO PLANETA DOS MACACOS)

Por meio do traço realista de Alfredo Alcala, as quadrinizações dos filmes voltaram a ter um aspecto sombrio na adaptação de *Conquista*. O artista reformulou completamente a ambientação do filme de 1972, tornando o cenário proposto pelo *script* de Paul Dehn ainda mais lúgubre: o Governador Breck e os demais humanos da trama não se vestem com trajes monocromáticos e impessoais, como os do longa-metragem homônimo, mas com ternos e sobretudos típicos da década de 1970 (o que sublinha a estagnação social desta civilização "futurista" que, na prática, é apenas uma nova versão do Terceiro Reich). Os prédios governamentais tampouco ostentam a arquitetura arrojada das torres envidraçadas de Century City, que davam ao filme de J. Lee Thompson um *look* vanguardista: nos quadrinhos, o Controle de Macacos e o Posto de Comando são instalações malcuidadas e decadentes. A versão *comic* ainda deu plena vazão à violência que permeia o enredo: a revolução dos macacos também parece algo saído das páginas de *Creepy* e *Eerie*.

BATTLE FOR THE PLANET OF THE APES (A BATALHA DO PLANETA DOS MACACOS)

Esta é a adaptação mais controversa do pacote, talvez por ter sido publicada quando o título já enfrentava a ameaça do cancelamento (o número de páginas era reduzido a cada edição, assim como a qualidade das artes). Graficamente a quadrinização é um "Frankenstein": Alfredo Alcala ilustrou alguns capítulos com a competência habitual, mas dividiu o trabalho com artistas sem o mesmo talento – logo, não há uma unicidade visual na história. Por outro lado, o roteiro de Doug Moench tem a dimensão épica que John William Corrington e Joyce Hooper Corrington almejavam para a trama (sacrificada em razão do modesto orçamento do longa-metragem). Há grandes discrepâncias entre as versões filmada e ilustrada: o vilão, por exemplo, é o Governador Breck (um antagonista mais forte que o Inspetor Kolp) e o aliado de César em sua luta contra os mutantes é o MacDonald de *Conquista* (e não o seu irmão mais jovem, interpretado por Austin Stoker em *A batalha*).

OUTRAS HISTÓRIAS

TERROR ON THE PLANET OF THE APES (TERROR NO PLANETA DOS MACACOS)

Situada em um período intermediário entre *A batalha* e *O planeta*, esta aventura (escrita por Doug Moench e ilustrada por Mike Ploog e Frank Chiaramonte) é estrelada pela dupla de heróis Jason e Alexandre. A civilização dos macacos ainda é administrada pelo Legislador. Leal à política de coexistência pacífica entre humanos e símios instituída por César, o patriarca orangotango tenta manter a animosidade entre as espécies sob controle. Mas o militar gorila Brutus se opõe aos ideais de seu líder e, em segredo, lidera um grupo de assassinos mascarados que perseguem e matam os humanos. Duas vítimas da organização de Brutus são o pai e a mãe de Jason. *Terror no Planeta dos macacos* foi a primeira história original da Marvel baseada no universo ficcional dos símios inteligentes. Via de regra o trabalho de arte é consistente, embora a qualidade dos desenhos piore nas últimas edições.

KINGDOM ON AN ISLAND OF THE APES
(TIRANIA NA ILHA DOS MACACOS)

Artisticamente equiparável a *Terror*, esta aventura marcou a estreia do herói Derek Zane nas páginas da revista. Para resgatar os astronautas Taylor, Dodge e Landon, Zane constrói uma máquina do tempo e se transporta para 3975. Ele chega ao futuro três anos antes dos exploradores do primeiro filme pousarem no planeta e é perseguido pelo brutal General Gordon. Zane, então, se refugia em uma ilha distante habitada por macacos e humanos falantes que vivem em um regime feudal. O argumento é de Doug Moench e a arte é de Rico Rival.

FUTURE HISTORY CHRONICLES
(CRÔNICAS DA HISTÓRIA DO FUTURO)

Considerada por muitos fãs o suprassumo do material produzido pela Marvel, esta saga em vários capítulos mescla o conceito de *Planeta dos macacos* com as ideias do escritor Júlio Verne. A arte (assinada por Tom Sutton) foge ao padrão das HQs da época – a narrativa é repleta de grandes painéis que ocupam páginas inteiras e cujo grau de detalhamento se perdeu no único capítulo da série publicado no Brasil (*O sonhador do silêncio*) em razão do formato reduzido da revista em nosso país. As tramas, protagonizadas por um grupo de heróis humanos e símios, são ambientadas em alto mar e em terras exóticas habitadas por personagens que pilotam máquinas voadoras primitivas e utilizam monstros marinhos para de deslocarem pelo oceano.

EVOLUTION'S NIGHTMARE
(PESADELO DA EVOLUÇÃO)

Um dos melhores roteiros escritos por Doug Moench para a revista da Marvel, esta aventura – que parece inspirada no clássico *Inferno no Pacífico* [187] – também se distingue por um soberbo trabalho de arte creditado a Ed Hannigan e Jim Mooney. Os protagonistas são o humano Jovan

---

187 *Inferno no Pacífico* (*Hell in the Pacific*, 1968, John Boorman).

e o gorila Salomon, únicos sobreviventes de uma sangrenta batalha entre homens e macacos travada na Zona Proibida.Com as pernas inutilizadas, Jovan precisa fazer uma aliança temporária com o inimigo (cujos braços foram quebrados durante o conflito) para voltar à civilização. Atados um ao outro por meio de bandagens, os antagonistas chegam à gruta do eremita Mordecai (um híbrido de homem e macaco), onde aprendem uma grande lição sobre tolerância e coexistência.

QUEST FOR THE PLANET OF THE APES (A DISPUTA PELO PLANETA DOS MACACOS)

No que se tornaria uma prática comum em futuros *comics* baseados na saga dos símios falantes, *A disputa pelo planeta dos macacos* (escrita por Doug Moench e ilustrada por Rico Rival e Alfredo Alcala) preenche a lacuna existente entre os filmes *Conquista do planeta dos macacos* e *A batalha do planeta dos macacos*. A trama se passa em algum momento entre os dois longas, quando os primeiros conflitos entre espécies tornam instável a comunidade idílica liderada por César. O monarca símio precisa lidar com duas crises que conduzirão aos eventos de *A batalha*: a disputa pela liderança da aldeia com o gorila Aldo e uma revolta humana orquestrada por seu nêmesis, o ex-governador Breck (agora um escravo dos macacos). A aventura termina com a fuga de Breck e seus correligionários para a Zona Proibida, onde eles fundarão a civilização mutante que guerreará contra os primatas no segundo e no quinto filmes da série clássica.

ADVENTURE COMICS

Treze anos após o cancelamento dos gibis da Marvel, a Adventure Comics (Malibu Graphics) lançou uma segunda revista oficial dedicada aos macacos. O conceito da HQ foi definido pelo roteirista Charles Marshall, que também assumiu o posto de editor-chefe da publicação. Além de uma série regular, Marshall criou diversas minisséries inspiradas nos filmes originais. Em uma era dominada por *Spawn*, *WildCATS* e *Gen 13*, foi surpreendente ver os macacos novamente estamparem capas de gibis. A primeira edição chegou às *comic stores* americanas em abril de 1990.

A trama da série principal é ambientada 100 anos após *A batalha*. Com a morte de César, os símios se afastaram dos ideais pacifistas professados pelo filho de Zira e Cornelius. Sob o comando do irascível General Ollo, líder do movimento "aldoísta" (ou seja, inspirado nas ideias separatistas do General Aldo, o vilão de *A batalha*) —, os gorilas implantam um reinado de terror no planeta, combatido de forma relutante por Alexander, o neto de César. O traço ultraestilizado de Kent Burles conferiu um visual único aos macacos, que se parecem com homens de Neandertal e usam uma artilharia mais sofisticada que as de seus equivalentes no cinema e na TV. O estilo, porém, ficou restrito às histórias da série principal: nas minisséries os personagens são retratados de forma mais conservadora.

Ape City, a primeira minissérie da Adventure Comics, teve roteiro assinado por Marshall e arte elaborada por M. C. Wyman. A trama se passa no mesmo universo da série regular, mas é ambientada no continente europeu, que não foi destruído pela Terceira Guerra Mundial. No Velho Mundo, a queda do Homem se deu em razão de uma praga, o que permitiu aos macacos herdarem suas metrópoles e invenções tecnológicas. Diferentemente dos símios de *Planet of the apes*, os chimpanzés, orangotangos e gorilas de *Ape City* dirigem carros, assistem a programas de TV e frequentam boates.

As demais minisséries lançadas pela Adventure Comics foram *Ape Nation* — um *crossover* entre *O planeta dos macacos* e *Missão: alien*[188] —, *Forbidden zone*, *Urchak's folly* e *Blood of the apes*. Também foram produzidas duas edições especiais inspiradas na saga de Alexander: *A day on the planet of the apes* e *Planet of the apes: sins of the fathers*. A revista regular foi descontinuada em 1992.

PLANET OF THE APES
(SÉRIE REGULAR)

O chimpanzé Alexander está a um passo de perder o controle da civilização que herdou de seu ilustre antepassado, o revolucionário César. Aproveitando-se de sua incapacidade para governar, o General Ollo pretende dar um golpe militar e assumir o comando da Cidade dos Macacos. Em busca de inspiração para combater esta e outras ameaças, Alexander, acompanhado pelo sábio orangotango Jacob (uma homenagem do roteirista Charles Marshall a Arthur Jacobs, produtor dos cinco primeiros longas da franquia), viaja às ruínas da metrópole que, no passado, foi o lar do Governador Breck. Ali os amigos relembram o dia glorioso em que César libertou os macacos da escravidão e conhecem uma sociedade de símios mutantes que, como os telepatas de *De volta*, habitam os escombros da cidade destruída. A partir desta premissa Marshall e Kent Burles reimaginaram o Planeta dos macacos e o repovoaram com uma miríade de novos personagens, incluindo a simpática dupla de gorilas Jojo e Frito, o chimpanzé neonazista Dr. Motto e o humano Simon, entre outros.

---

188 *Missão: alien* (*Alien nation*, 1988, Graham Baker).

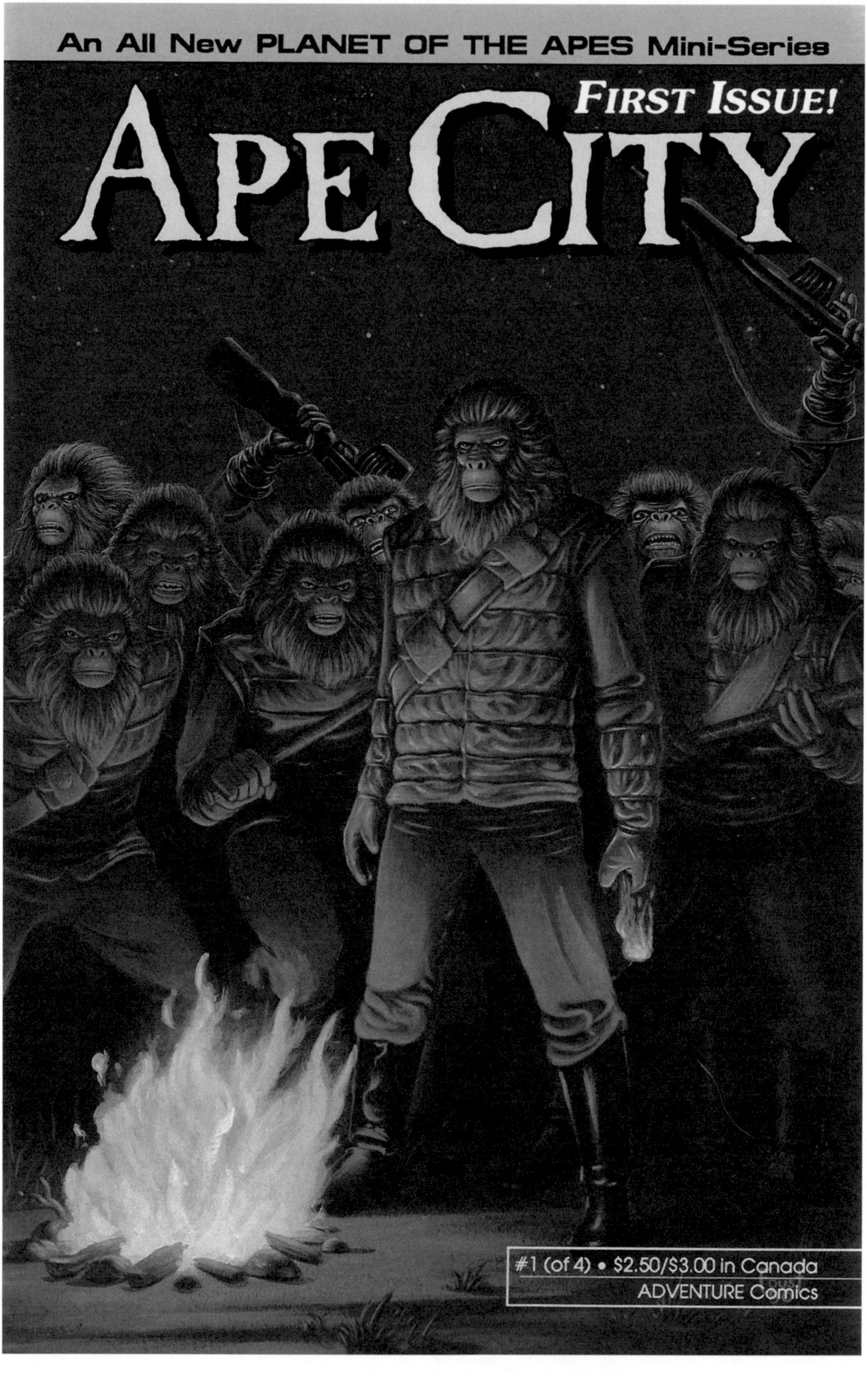
An All New PLANET OF THE APES Mini-Series
FIRST ISSUE!
APE CITY
#1 (of 4) • $2.50/$3.00 in Canada
ADVENTURE Comics

APE CITY

Ambientada na Europa, *Ape City* nos mostra que, diferentemente da América, o velho continente não foi destruído pela guerra nuclear. A civilização humana, portanto, continua operante, ainda que nas mãos dos macacos. Mas os primatas lidam com uma crise energética iminente, já que as reservas de eletricidade e petróleo estão prestes a se esgotar e eles não sabem como renová-las. Em meio a esse caos, um esquadrão de astronautas do século XX, liderado por Jo (uma das filhas do Comandante Taylor), desembarca no futuro com a missão de erradicar a "ameaça símia" do planeta.

APE NATION

Uma nave de escravos alienígenas pousa no Planeta dos macacos e seus tripulantes fazem uma aliança estratégica com o General Ollo, ajudando-o a combater Alexander. O símio Heston e o extraterrestre Caan (homenagens de Charles Marshall a Charlton Heston e James Caan, astros de *O planeta dos macacos* e *Missão: alien*) tentam frustrar os planos do gorila. A arte de *Ape Nation* ficou a cargo de M. C. Wyman, que também assinou algumas edições da série regular. Esta foi a única minissérie da Adventure Comics sobre o tema a ser produzida em cores.

PLANET OF THE APES: URCHAK'S FOLLY

Alexander confia ao militar gorila Urchak a missão de construir uma ponte que cruzará o território habitado pelo enigmático "povo da lama". Tais criaturas seguem uma religião bizarra, denominada "taylorismo", que se baseia em informações encontradas nos diários do Dr. Dixon (um dos personagens de *Fuga do Planeta dos macacos*) sobre o futuro da Terra, as quais lhe foram reveladas por Zira e Cornelius. Para o "povo da lama", Taylor é uma espécie de "messias apocalíptico" que descerá do céu para unificar macacos e humanos. A minissérie foi escrita e ilustrada por Gary Chaloner.

PLANET OF THE APES: THE FORBIDDEN ZONE

No pacífico vilarejo de Primacy, os ideais de igualdade entre as espécies instituídos por César são cumpridos com rigor. Mas a tranquilidade local é ameaçada quando o exército gorila (liderado pelo brutal Coronel Arvo), além de alguns guerreiros mutantes (os mesmos de *De volta* e *A batalha*), decidem marchar sobre Primacy. Por meio de uma engenhosa estratégia concebida por Pell Shea, chefe de segurança de Primacy, os dois exércitos aniquilam-se mutuamente. Roteirizada por Lowell Cunningham, *Forbidden Zone* teve um estupendo trabalho de arte assinado por Leonard Kirk.

PLANET OF THE APES: BLOOD OF THE APES

Após a morte da esposa, assassinada por humanos, o gorila Tonus se transforma em um implacável exterminador de homens. Ao longo de suas andanças pelo planeta, o matador conhece a símia "humanista" Valia, que, aos poucos, o faz repensar suas convicções especistas. Em um final poético, Tonus é morto por outros macacos ao tentar defender um humano.

DARK HORSE

Uma das mais prolíficas editoras independentes de quadrinhos dos EUA, a Dark Horse Comics flertou com a saga dos macacos no início dos anos 2000, a reboque da estreia do *remake* de *O planeta* dirigido por Tim Burton. A esperança da Fox era que o longa-metragem deflagrasse uma nova *macacomania* (empresas de vários segmentos produziram *tie-ins* associados à refilmagem, incluindo brinquedos, livros, cards e displays, entre outros artigos colecionáveis). A Dark Horse seria o braço "quadrinístico" da operação comercial e, por um curto espaço de tempo, lançou *comics* protagonizados pelos macacos. Mas a editora se focou apenas no universo apresentado pelo filme de Burton, razão pela qual os personagens clássicos da saga não são mencionados nestas HQs.

PLANET OF THE APES
(ADAPTAÇÃO DO FILME HOMÔNIMO)

O primeiro produto desenvolvido pela Dark Horse foi uma versão em quadrinhos do *remake* lançada pouco antes da estreia do longa (para evitar *spoilers*, a adaptação omitia o desfecho da história). A graphic novel foi roteirizada por Scott Allie e a arte ficou a cargo de Davide Fabbri, Christian Dalla Vecchia e Christopher Ivy. Na trama — que segue à risca o roteiro de William Broyles Jr., Lawrence Konner e Mark Rosenthal —, o Major Leo Davidson aterrissa em um mundo alienígena onde uma rústica sociedade símia escraviza humanos falantes e pensantes, mas incapazes de se organizar em uma resistência contra o inimigo. No Brasil, a quadrinização foi lançada pela editora Brainstore.

PLANET OF THE APES
(SÉRIE REGULAR)

O material produzido pela Dark Horse se beneficiou do talento de artistas competentes como Paco Medina, Adrian Sibar, Juan Vlasco, Norman Lee e Christopher Ivy. A trama (idealizada por Ian Edginton) se passa dez anos após os acontecimentos do filme de 2001. Uma guerra civil acirrou ainda mais os ânimos entre símios e homens e os revolucionários Sêneca (um macaco) e Esaú (um humano) tentam instaurar um processo de paz entre as espécies. O nobre gorila Attar – agora vivendo no exílio, após se insurgir contra o General Thade – é uma das poucas vozes ponderadas em um mundo à beira da destruição. Para reencontrar Ari, sua antiga aliada na luta contra Thade, Attar une-se a Esaú e Sêneca em uma viagem que os leva a regiões inóspitas do planeta, nas quais os heróis enfrentam uma série de perigos. Apesar da curta duração, a HQ da Dark Horse tinha uma premissa curiosa sustentada em personagens interessantes.

MR. COMICS

Após o *remake* de Tim Burton, que se desviou do universo original da série, a ideia de um projeto em quadrinhos que trouxesse de volta os personagens clássicos da franquia parecia improvável. Mas, nos últimos anos, esta tem sido justamente a proposta dos editores, que lançaram uma ampla gama de títulos inspirados nos filmes realizados entre 1968 e 1973. O primeiro desses projetos foi a excepcional minissérie *Revolution on the planet of the apes*, uma iniciativa da editora independente Mr. Comics publicada entre dezembro de 2005 e setembro de 2006.

Revolution é uma continuação direta de *Conquista*, mas explora aspectos de todos os episódios da série original e ainda pavimenta o caminho para *A batalha*, funcionando como um elo entre o quarto e o quinto longas-metragens. Pode-se imaginar a minissérie (escrita por Ty Templeton e Joe O'Brien e ilustrada por Salgood Sam, Bernie Mireault, Tom Fowler e Art Lyon) como um filme não-realizado do primeiro ciclo de produções sobre o Planeta dos macacos.

Mesmo assim, o conceito foi atualizado de forma engenhosa pela HQ, cuja trama possui um ritmo e uma atmosfera contemporâneos: a revolução de César contra o Estado totalitário do Governador Breck ocorre na mesma cidade com torres de vidro e concreto apresentada no filme de J. Lee Thompson – mas, agora, há blogueiros de esquerda e um canal pago ultraconservador (inspirado na Fox News) cobrindo a insurreição dos macacos com enfoques muito diferentes. Detalhes que, agregados a uma paisagem conhecida, dão nova relevância a um enredo que pareceria datado na era da Internet e da TV por cabo.

Além da rebelião símia de *Conquista*, *Revolution* revisita o tema da Bomba Alfa & Ômega (a arma que destrói a Terra em *De volta* é a ponta-de-lança de um plano de defesa radical do governo americano, que se recusa a aceitar a derrota para os macacos ou para qualquer nação rival) e oferece um background do personagem mais nefasto de *A batalha*, o General Aldo – aqui uma cobaia de experimentos genéticos que visam aumentar a inteligência dos gorilas, transformando-os em uma força bélica auxiliar em caso de guerra.

O ressentimento de Aldo para com os humanos cresce à medida que ele testemunha o sofrimento de seus semelhantes, submetidos a todo tipo de atrocidades pelos cientistas (um enredo que possui similaridades com o de *Planeta dos macacos: a origem*, no qual o chimpanzé Koba vive um dilema parecido). *Revolution* foi um divisor de águas na trajetória dos macacos pelos quadrinhos e não há dúvida que influenciou os rumos da série cinematográfica em anos recentes (sem nunca ter recebido o crédito por isto).

BLAM! Ventures

Publicado em agosto de 2011 e ambientado na mesma época de *O planeta*, o romance ilustrado *Conspiracy of the planet of the apes* conta a história de um dos colegas de missão do Comandante Taylor, Landon (o astronauta submetido a uma lobotomia sancionada pelo Dr. Zaius). Escrita por Andrew E. C. Gaska, a trama amarra os eventos de *O planeta*, *De volta* e *Fuga* ao mostrar a ascensão do General Ursus na sociedade símia e explicar como o Dr. Milo resgatou e reparou a nave de Taylor. Além da prosa interessante, um atrativo de *Conspiracy* são as mais de 50 artes inspiradas na trama (elaboradas por artistas muito talentosos, como Andrew Probert, Brian Rood, Chandra Free, Chris Scalf, Jim Steranko, Joe Jusko, Scott Hampton e Patricio Carbajal).

BOOM! Studios

Em 2011, pouco antes do lançamento de *Planeta dos macacos: a origem*, a saga e seus principais personagens voltaram às *comic stores* americanas em uma HQ produzida pela BOOM! Studios. O ponto de partida foi uma série regular escrita por Daryl Gregory e ilustrada com maestria por um artista brasileiro, Carlos Magno. A trama se passava uma década após o desfecho *A batalha*, quando os conflitos entre macacos e humanos começavam a transformar a civilização criada por César em uma distopia. A série mensal foi cancelada após 16 edições, mas a editora lançou outras epopeias em quadrinhos ambientadas no universo clássico da franquia, como *Planet of the apes: cataclysm* (em doze edições), cuja trama se situa oito anos antes da nave de Taylor pousar no planeta.

A produção da BOOM! Studios continua a todo vapor. Nos últimos anos, a editora se concentrou em lançar *crossovers* entre *O planeta dos macacos* e outras franquias famosas, como *Jornada nas Estrelas*. Em *A diretriz primata* (*The primate directive*) — o único desses títulos lançado no Brasil, em uma edição caprichada da editora Novo Século —, o Capitão Kirk e a tripulação da nave U.S.S. Enterprise cruzam um portal dimensional e irrompem no ano 3978 do filme original, onde conhecem Taylor e os chimpanzés Zira e Cornelius. Juntos, os heróis tentam frustrar um plano de dominação engendrado pelos klingons (os vilões mais icônicos do universo de *Star Trek*), que fizeram uma torpe aliança com um militar gorila, Marius.

Em contrapartida, a BOOM! Studios também promoveu encontros entre os personagens de *Planeta dos macacos* e os heróis Lanterna Verde e Tarzan (há gosto para tudo!). A proposta de um dos últimos títulos da editora (*Ursus*, lançado em 2018) é mais interessante: a minissérie conta as origens do infame general gorila interpretado por James Gregory em *De volta*. O argumento é de David F. Walker e Christopher Mooneyham (fãs confessos dos longas-metragens originais).

OS QUADRINHOS PERDIDOS

É longa e prolífica a relação entre os símios falantes e os quadrinhos. Seria preciso todo um livro para detalhá-la (aliás, esta obra já existe; trata-se de *The sacred scrolls — comics on the Planet of the apes*, publicação da Sequart Organization editada por Rich Handley e Joseph F. Berenato, razão pela qual este trabalho destacou apenas os títulos mais longevos e representativos. Mas é importante lembrar que outros escritores e artistas fizeram incursões imaginativas ao Planeta dos macacos, inclusive em caráter "marginal".

Por exemplo: mesmo sem um acordo de licenciamento com a Fox, a Editorial Mo.Pas.Sa., da Argentina, lançou o título *El planeta de los simios* em 1977. A publicação teve sete edições e se concentrou em explorar o universo da série de TV realizada em 1974. A arte era "crua" — para dizer o mínimo —, mas as histórias eram tão boas que, em 2004, um grupo de fãs americanos as traduziu para o inglês e as compartilhou com outros aficionados, garantindo que o obscuro gibi latino-americano não desaparecesse nas brumas do tempo. Alan Virdon, Peter Burke e o chimpanzé Galen (heróis do programa de TV) também inspiraram HQs que só foram publicadas no Reino Unido, entre 1975 e 1977, por meio de anuais da editora Brown & Watson.

As quadrinizações produzidas pela Marvel tampouco são as únicas versões ilustradas dos filmes clássicos: além da adaptação de *De volta* publicada pela Gold Key Comics, há as edições da Power Records, que são "combos" de HQs e disquinhos de vinil. A editora criou suas próprias versões em arte sequencial dos primeiros longas (exceto *Conquista*, que era considerado muito violento para as crianças). Ao mesmo tempo em que se lia a história, era possível ouvir seus diálogos e efeitos sonoros reproduzindo o disco em uma vitrola. As adaptações da Power Records eram coloridas e bem desenhadas, mas sintéticas (diferentemente das versões da Marvel, que aproveitavam os roteiros na íntegra, estas contavam apenas as principais passagens das tramas).

Esnobado pelos editores de quadrinhos da América, o romance de Pierre Boulle ganhou uma quadrinização tardia em 1981. Trata-se de uma adaptação sucinta e em preto e branco, mas muito bem executada e com o espírito da novela original. Ulysse, Sirius, Nova, Cornelius, Zira e Zaius são os protagonistas de *A majmok bolygôja*, ilustrada por Ernö Zórád e lançada na Hungria. Embora nunca tenha sido publicada nos EUA ou na Inglaterra, há uma versão traduzida para o inglês disponível no site *Hunter's Planet of the Apes Archive* (https://pota.goatley.com).

NOVELIZAÇÕES

Transformar roteiros cinematográficos em livros já era uma prática recorrente nos EUA quando os primeiros longas da série *Planeta dos macacos* foram lançados. Não é de admirar que a franquia tenha aderido a esse modismo: em formato de bolso e com capas atraentes, as versões romanceadas dos filmes clássicos começaram a ser publicadas em 1970, tornando-se itens obrigatórios nas coleções dos fãs. As novelizações, porém, nem sempre eram recebidas com o mesmo entusiasmo pelos críticos.

De fato, os romances são irregulares: enquanto alguns foram concebidos com criatividade e paixão, outros têm narrativas mecânicas e preguiçosas e não escondem sua motivação "caça-níqueis". O caso mais crítico é a novela baseada em *De volta*, a primeira a ser lançada — um exemplo de como um produto do gênero não deve ser. O autor, Michael Avallone (1924-1999), era especializado em escrever livros sob encomenda — ele também assinou as novelizações de *Quem não corre, voa*[189] e *Sexta-feira 13: parte 3*[190] —, sempre com uma ausência de envolvimento que transparece em sua prosa.

As figuras de linguagem de Avallone são notoriamente ruins. Ao descrever a Estátua da Liberdade em escombros, no segundo capítulo do livro, o autor dá a entender que o monumento é feito de pedra e não de cobre ("Atrás deles, a estátua semienterrada da Senhora Liberdade acenava muda de sua sepultura arenosa. As águas mortas batiam com tristeza em seus ombros de pedra e em seu rosto de obsidiana"). Algumas passagens do romance chegam a empolgar, mas o estilo oscila entre o superlativo ("Aquilo não era uma estação de metrô, era uma caverna – a sala de um rei da montanha, onde se esperaria encontrar trolls, bruxas e feiticeiros") e o infantil ("Todos os olhos e ouvidos se concentravam no magnífico General Ursus. Ursus, o Poderoso. Ursus, o Grande").

Resultados muito melhores foram obtidos por Jerry Pournelle (1933-2017), John Jakes e David Gerrold nas novelizações de *Fuga*, *Conquista* e *A batalha*. Os três autores não se limitaram a reproduzir as falas e situações dos scripts e usaram a imaginação para produzir livros com personalidades próprias (e até mais consistentes que os filmes em que se basearam). Certas contradições dos roteiros são sanadas nas versões literárias, como se os autores soubessem que, sem os recursos da imagem e dos efeitos especiais, só lhes restava elaborar narrativas coerentes para driblar a inverossimilhança dos enredos.

Por exemplo: na novelização de *Fuga*, um diálogo entre Cornelius e um senador americano derruba uma das principais contradições dos dois primeiros filmes, nos quais os símios vivem em uma sociedade quase militarizada, mas têm o mantra *macaco não matará macaco* como mandamento principal. "Você tem razão", afirma o arqueólogo chimpanzé ao ser lembrado desta incongruência. "Havia outras populações de macacos e, às vezes, os gorilas as combatiam. Mas eles não tinham armas, exceto rifles. Nada como as lendárias bombas atômicas de que ouvimos falar". O livro ainda possui um início excitante e sintonizado à paranoia da Guerra Fria: a princípio, a chegada da cápsula espacial pilotada pelos símios à Terra é motivo de apreensão, já que os militares interpretam a presença da nave no radar como um míssil nuclear disparado contra os EUA. Pournelle mostrou o caminho a John Jakes e David Gerrold, que utilizaram técnicas parecidas em seus romances.

---

189 *Quem não corre, voa* (*The cannonball run*, 1981, Hal Needham).
190 *Sexta-feira 13: parte 3* (*Friday the 13th: part III*, 1982, Steve Miner).

A novelização de *Conquista* é ainda mais bem-sucedida que a de *Fuga*: com uma sobriedade que contrasta com a exuberância do enredo, Jakes descreve em detalhes a distópica civilização humana que escraviza os símios no futuro. O leitor é conduzido com prazer até os últimos capítulos, quando a rebelião liderada por César acontece ("O exército dos macacos surgiu à frente do *boulevard* como uma alucinante visão às avessas de uma força de combate humana; eles carregavam armas, mas aí acabava a semelhança: este exército tropeçava e mordia, grunhia e salivava"). David Gerrold completou a primeira leva de novelizações inspiradas nos filmes com uma digna versão em *paperback* do script de *A batalha* (um romance menos volumoso que os anteriores, mas igualmente divertido).

Em meio ao *tsunami* de artigos de consumo que chegaram às lojas no auge da *macacomania*, era inevitável que as séries de TV também fossem novelizadas. Em 1974, George Alec Effinger (1947-2002) publicou os livros *Man the fugitive*, *Escape to tomorrow*, *Journey into terror* e *Lord of the apes*, versões romanceadas dos episódios do programa *live action*. É curioso que o episódio piloto do seriado, *Fuga do amanhã*, tenha sido ignorado pelo autor, que preferiu escrever suas obras inspirando-se nos roteiros de *A cura*, *As boas sementes*, *O cirurgião*, *O logro*, *A herança*, *A corrida de cavalos*, *O tirano* e *Os gladiadores*. Embora o primeiro livro fosse quase uma transcrição dos scripts originais, os romances ganharam um sabor literário a partir de *Escape to tomorrow*.

Com o sucesso desses títulos, a série animada foi a próxima fonte de inspiração para as novelas. Coube a William Arrow elaborar três obras baseadas em *De volta ao planeta dos macacos* (*Visions from nowhere*, *Escape from the terror lagoon* e *Man the hunted animal*), que chegaram às livrarias em 1976. Surpreendentemente, os romances de Arrow eram imbuídos de uma genuína carga dramática, ainda que as tramas tenham sido escritas para uma atração infantojuvenil exibida nas manhãs de sábado. Em 2017, as novelizações dos filmes originais e da série *live action* foram relançadas nos EUA pelo selo Titan Books.

O *remake* de *O planeta* dirigido por Tim Burton em 2001 e os filmes da trilogia *César* também inspiraram livros de bolso. A novelização da refilmagem foi escrita por William T Quick e, a exemplo da quadrinização do longa-metragem, termina com o Capitão Leo Davidson fugindo do planeta a bordo da nave de Péricles (a cena final, em que o astronauta avista a estátua do General Thade no Memorial Lincoln, foi omitida de todos os *tie-ins* da produção). É uma obra burocrática e movida a clichês ("O lugar todo se transformara em um turbilhão de macacos ferozes e humanos em pânico. Mas não era típico dele desistir, não enquanto estivesse consciente e respirando"), que não se esforça muito para esconder suas motivações mercadológicas. A mesma editora responsável pelo romance (Harper Entertainment) aproveitou o ensejo para produzir um segundo livro baseado no filme de Burton: *Leo's logbook: a captain's day in captivity* (uma espécie de diário pessoal do personagem interpretado por Mark Wahlberg).

A Fox não apostava muito no sucesso de *Planeta dos macacos: a origem*, o que explica o escasso merchandising inspirado no primeiro capítulo da trilogia iniciada em 2011. Mas o estúdio recuperou o tempo perdido nas produções subsequentes, que chegaram aos cinemas amparadas em uma leva de artigos licenciados, incluindo novelizações: Alex Irvine escreveu o romance baseado em *Planeta dos macacos: o confronto*, que não acrescenta muito ao que é revelado pelo filme. A novidade ficou por conta de uma segunda novela lançada na mesma época: *Dawn of the planet of the apes: firestorm*", anunciada como "o prelúdio oficial" da produção.

Assinada por Greg Keyes, a obra é tanto uma sequência de *A origem* como uma porta de entrada para *O confronto* e mostra como a gripe símia se alastrou pelo mundo. Keyes também escreveu o "prelúdio oficial" do terceiro episódio da trilogia, *Planeta dos macacos: a guerra* (que ganhou o título de *War for the planet of the apes: revelations*), publicado junto com a novelização do longa (creditada a Greg Cox).

MAKING-OFS, TESES E LIVROS DE FÃS

Quase todos os aspectos ligados à saga dos macacos inspiraram livros. Os títulos a seguir exploram as diferentes facetas do fenômeno e analisam os longas-metragens e seus subprodutos a partir das perspectivas cinematográfica, "marqueteira" e sociológica (o que comprova a enorme latitude do tema). É uma pena que, com exceção das obras de Saulo Adami, nenhum deles tenha sido lançado no Brasil.

PLANET OF THE APES AS AMERICAN MYTH: RACE, POLITICS, AND POPULAR CULTURE

Autor: Eric Geene, publicado por Wesleyan.

A mais completa análise sobre os conteúdos sociais e políticos apresentados nos filmes e séries de TV. O autor se ampara em argumentos sólidos para comprovar sua tese de que a saga dos macacos, além de uma franquia bem-sucedida, é um "mito" norte-americano.

PLANET OF THE APES REVISITED: THE BEHIND-THE-SCENES STORY OF THE CLASSIC SCIENCE FICTION SAGA

Autores: Joe Russo, Larry Landsman e Edward Gross, publicado por St. Martin's Griffin.

A obra definitiva sobre os bastidores dos filmes das décadas de 1960-1970. Inclui fotos raras e depoimentos exclusivos de atores, cineastas e técnicos envolvidos nas produções.

THE PLANET OF THE APES CHRONICLES

Autor: Paul A. Woods, publicado por Plexus Publishing.

Coletânea de bons artigos centrados nos primeiros filmes da franquia. A obra analisa o impacto dos longas na Cultura Popular.

PLANET OF THE APES: THE EVOLUTION OF THE LEGEND

Autores: Jeff Bond e Joe Fordham, publicado por Titan Books.

Com encadernação de luxo e fotos raríssimas, o livro relembra a história da franquia desde o clássico de 1968 até *Planeta dos macacos: o confronto*. Inclui entrevistas recentes com personagens que participaram dos longas clássicos, como o desenhista de produção William Crebber.

THE LEGEND OF THE PLANET OF THE APES: OR HOW HOLLYWOOD TURNED DARWIN UPSIDE DOWN

Autor: Brian Pendreigh, publicado por Boxtree.

Por meio de entrevistas exclusivas com cineastas como Ted Post e J. Lee Thompson, o autor revela histórias inéditas sobre os bastidores dos filmes. A obra também explora o lado alegórico das produções, mas sem se aprofundar muito nessa questão.

PLANET OF THE APES: RE-IMAGINED BY TIM BURTON

Autor: Mark Salisbury, publicado por Newmarket Pictorial Moviebook.

O "livro oficial" do controverso *remake* de *O planeta dos macacos* dirigido por Tim Burton. Traz entrevistas exclusivas com os realizadores e o elenco, além de fotos dos bastidores e uma versão incompleta do roteiro (a última cena foi omitida, já que a obra chegou às livrarias antes do longa-metragem estrear nos cinemas).

HOMEM NÃO ENTENDE NADA!
ARQUIVOS SECRETOS DO PLANETA DOS MACACOS

Autor: Saulo Adami, publicado por Editora Estronho.

Escrito por um fã incondicional da saga, o brasileiro Saulo Adami, o livro reúne muitas informações sobre os bastidores dos filmes. É a edição "revisada e ampliada" do primeiro trabalho do autor sobre a série, *O único humano bom é aquele que está morto!*, publicado nos anos 1990 pela editora Aleph.

TALKING APES

Autor: Saulo Adami, publicado por Editora Estronho.

O autor apresenta o mais completo relato sobre a produção do filme-teste que antecedeu a realização do *Planeta dos macacos* original (o curta-metragem foi feito para convencer a diretoria da Fox de que a proposta do filme não pareceria "risível" quando se materializasse na tela). É a primeira obra de Adami sobre o tema a ser publicada em inglês, visando o mercado internacional.

PLANET OF THE APES – AN UNOFFICIAL COMPANION

Autor: David Hofstede, publicado por ReadHowYouWant.

Um breve compêndio sobre os filmes e séries de TV das décadas de 1960-1970. Não oferece uma visão crítica das produções, mas inclui curiosidades, como o capítulo "O que Aconteceu Com…", no qual o autor revela o destino de alguns coadjuvantes dos longas originais que caíram no anonimato.

PLANET OF THE APES COLLECTIBLES:
AN UNAUTHORIZED GUIDE WITH TRIVIA & VALUES

Autor: Christopher Sausville, publicado por Schiffer Publishing.

Um excelente trabalho focado nos *tie-ins* inspirados na série: brinquedos, jogos de tabuleiro, bonecos e todo tipo de mercadoria atrelada aos longas originais e ao seriado de TV realizado em 1974. Inclui mais de 300 fotos dos produtos e dos filmes, além de um jogo de trívia.

TIMELINE OF THE PLANET OF THE APES:
THE DEFINITIVE CHRONOLOGY

Autor: Rich Handley, publicado por Hasslein Books.

Uma cronologia da saga dos macacos que tenta conectar todos os eventos das séries cinematográficas e televisivas em uma mesma linha do tempo. Embora a proposta seja interessante, o resultado deixa a desejar: as muitas inconsistências narrativas entre as produções tornam inviável a proposta do título. Inclui imagens dos longas, quadrinhos e novelizações da franquia.

FROM ALDO TO ZIRA: LEXICON OF THE PLANET OF THE APES: THE COMPREHENSIVE ENCYCLOPEDIA

Autor: Rich Handley, publicado por CreateSpace Independent Publishing Platform.

Um divertido glossário sobre os personagens e eventos da saga. A partir de informações extraídas dos roteiros originais, versões em quadrinhos e novelizações, o autor constrói extensas "biografias" dos protagonistas da série (Taylor, Zira, Cornelius, César, o Legislador etc.). A obra é valorizada por belas ilustrações de Pat Carbajal.

THE SACRED SCROLLS:
COMICS ON THE PLANET OF THE APES

Edição: Rich Handley, publicado por Sequart Research & Literacy Organization.

Uma publicação totalmente devotada à trajetória dos símios falantes pelos quadrinhos. Diferentes autores analisam as várias fases da franquia nesta mídia. Além das revistas clássicas da Marvel e da Adventure Comics, a obra destaca as HQs mais recentes e os quadrinhos "não-oficiais" inspirados nos filmes e séries de TV.

PLANET OF THE APES AND PHILOSOPHY:
GREAT APES THINK ALIKE

Edição: John Huss, publicado por Open Cour.

A análise mais curiosa sobre a saga dos macacos depois de *Planet of the apes as american myth*. Um time de filósofos analisa os conceitos sociais, antropológicos e científicos embutidos nos filmes clássicos e recentes —

344

evolução, revolução, viagens no tempo e afins – e prova que a série é uma retratação assertiva dos vícios e ambições do Homem.

SIMIANS AND SERIALISM: A HISTORY AND ANALYSIS OF JERRY GOLDSMITH'S SCORE TO PLANET OF THE APES

Autor: John O'Callaghan, publicado por: Pithikos Entertainment.

O músico, engenheiro de som e cineasta John O'Callaghan examina as peculiaridades da inusitada trilha sonora de *O planeta dos macacos* (1968), composta por Jerry Goldsmith e indicada ao Oscar.

LOCATION! LOCATION! LOCATION!

Autor: John O'Callaghan, publicado por Pithikos Entertainment.

Desta vez, John O'Callaghan volta às locações do primeiro filme da série (que incluem o deserto de Utah e o Malibu Creek State Park) em busca de vestígios deixados pela equipe de produção.

THE MAKING OF PLANET OF THE APES

Autor: J. W. Rinzler, publicado por Harper Design.

Uma cobertura abrangente dos bastidores do longa-metragem original. Com encadernação de luxo e muitas fotos inéditas, o livro é prefaciado por Fraser Heston (o filho de Charlton Heston).

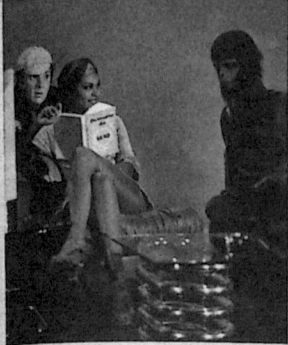

Jô Soares com Maria Rosa e Roberto Azevedo (Charles, o macaco ingênuo). Jô fará o macaco Dr. Walter.

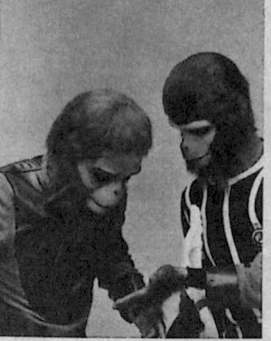

Estênio Garcia é Darwin, o macaco chefe do grupo, inteligente e crítico, diferente de Charles (Roberto Azevedo).

MACACOS ESTÃO EM NOVO PROGRAMA

NÃO foi preciso gastar milhões em dólares nem usar dezenas de maquiladores para, durante horas, imobilizar os atores e transformá-los em macacos. Algumas máscaras de borracha foram compradas nos Estados Unidos e o resto, completado com graxa preta, alguns fios de cabelo e muita roupa.

E assim, a partir do dia 8 de março, às segundas-feiras, a situação será invertida, na TV Globo. Em vez de homens chegarem ao **Planeta dos Macacos**, como acontece no seriado exibido atualmente, macacos é que chegarão ao **Planeta dos Homens**, novo humorístico que já está sendo gravado. O novo programa da TV Globo é redigido por Haroldo Barbosa, J. Rui, Hilton Marques, Afonso Brandão e Max Nunes, que explica como surgiu a idéia do **Planeta dos Homens**. "Nós íamos fazer **Satiricom 76** mas, baseados na série **O Planeta dos Macacos**, resolvemos colocar alguns quadros com macacos. O pessoal da Globo gostou tanto que eles passaram a ser a principal atração. Temos três macacos fixos: Darwin (Estênio Garcia), Charles (Roberto Azevedo) e Gibinha (Clarice Piovezan). Fora eles, teremos outros macacos, ocasionalmente. O programa é todo feito em cima de atualidades. Os macacos comentarão situações dos humanos."

Sem novidades — Paulo Araújo é o diretor do programa. Para ele, "**Planeta dos Homens**, assim como **Satiricom**, é uma sátira ao comportamento humano. Um humorístico sem grandes novidades, mas que deverá durar um ano com programas bem cuidados".

No elenco de **Planeta dos Homens** estão ainda Agildo Ribeiro, Jô Soares, Renata Fronzi, Paulo Silvino, Berta Loran, Fúlvio Stefanini, Sônia Mamede, Carlos Leite, Miriam Müller, Milton Carneiro, Alcione Mazzeo, Álvaro Aguiar, Marlene Silva, Alexandre Régis, Antônio Régis e Maria Rosa.

Reportagem de Isabel Maria • Fotos de Sérgio de Souza

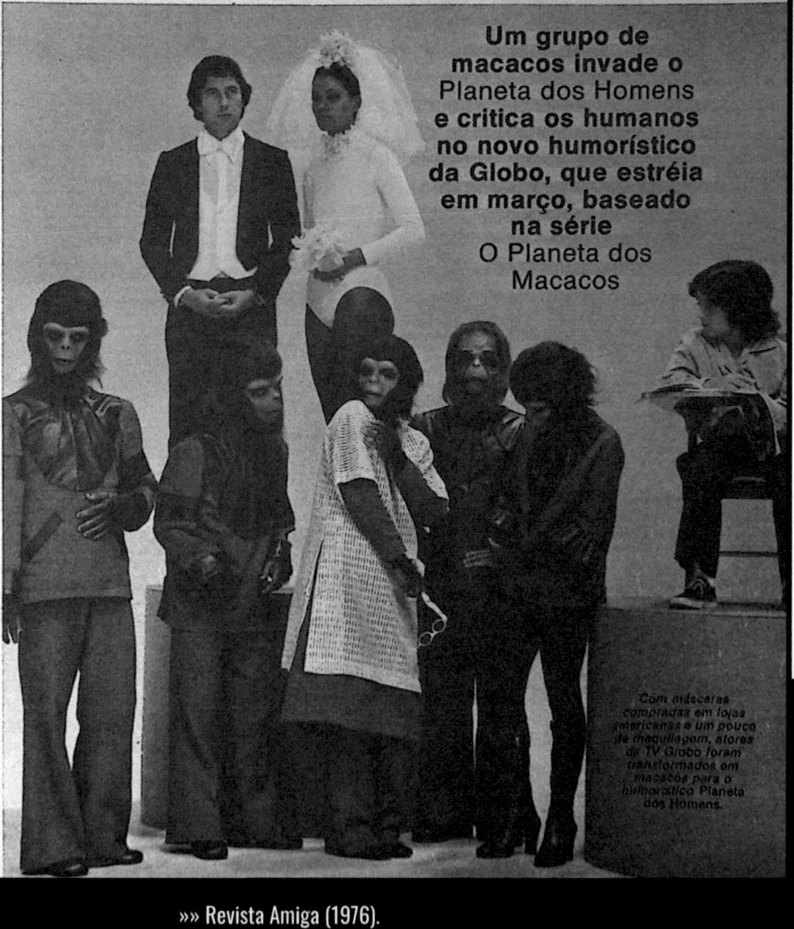

Um grupo de macacos invade o Planeta dos Homens e critica os humanos no novo humorístico da Globo, que estréia em março, baseado na série O Planeta dos Macacos

Com máscaras compradas em lojas americanas e um pouco de maquilagem, atores da TV Globo foram transformados em macacos para o humorístico Planeta dos Homens.

A MACACOMANIA NO BRASIL

N o País do Futebol, a *macacomania* aconteceu a partir de 1975, quando os cinco primeiros filmes e as duas séries de TV da franquia estrearam na programação da Rede Globo em versões dubladas. O ator catarinense Antonio Patiño (1929-2014) emprestou sua voz ao comandante Taylor e ao Coronel Alan Virdon, enquanto o mineiro Ionei Silva (1942-2013) dublou o Dr. Hasslein e o Major Peter Burke. "É uma pena que a série de TV tenha durado tão pouco tempo", disse Silva em 2000[191]. "Acho que o alto custo dos episódios antecipou o cancelamento do programa".

A princípio, o estúdio de dublagem Tecnison pretendia escalar Silva para o papel de Galen, o chimpanzé que se torna amigo dos astronautas Virdon e Burke na série *live action*. Mas ao saber que Rodney Gomes (1936-2006) fora cotado para assumir o personagem, Ionei declinou do convite. "Rodney era simplesmente perfeito para fazer o Galen", afirmou o dublador: "Além disso, ele conhecia o trabalho de Roddy McDowall, pois o dublara em outras ocasiões. Acabei fazendo testes para Virdon e Burke e fiquei com o personagem de James Naughton." Os cinco longas-metragens clássicos e as séries de TV foram dublados em um estúdio de som do Museu de Arte Moderna do Rio de Janeiro, no Parque do Flamengo.

Outro talento que conferiu um brilho especial às versões dubladas dos filmes foi o ator carioca Márcio Seixas. Naquele tempo, Seixas era novato na profissão e ficou frustrado por não emprestar sua voz ao Comandante Taylor. "Em compensação dublei um personagem de *Conquista,* MacDonald", lembrou Seixas em 2000. "Ele era um dos humanos que tentam eletrocutar César em uma sequência do filme. Nunca esqueci aquela cena: meu personagem trocava um olhar com o de Roddy McDowall e eles pareciam dizer um ao outro: 'nós dois sabemos o que fazer: eu finjo ligar a chave de força e você finge morrer'. O carinho que eles trocam naquele momento, apenas por meio do olhar, tornou a cena inesquecível"[192].

---

191 Entrevista realizada pelo autor em 2000.
192 Entrevista realizada pelo autor em 2000.

O PLANETA DOS HOMENS

Em 1976, a Rede Globo lançou o humorístico *O planeta dos homens*, que permaneceu no ar até 1982. Estrelada por Jô Soares e Agildo Ribeiro (1932-2018), a atração contava com o brilhantismo de Orival Pessini (1944-2016), intérprete dos personagens Charles, Sócrates e Dionísio (três macacos falantes com personalidades bem brasileiras). O próprio Pessini elaborava as máscaras que usava no programa, inspiradas no modelo de maquiagem criado por John Chambers em 1967 (Charles foi obviamente baseado em Cornelius, enquanto Sócrates tinha feições muito parecidas com as do Dr. Zaius).

Na mesma época em que *O planeta dos homens* estreou, a trupe de humoristas Os Trapalhões protagonizou uma simpática paródia do clássico de 1968: *O trapalhão no planalto dos macacos* (1976), produzido e dirigido por J. B. Tanko (1906-1993). A bordo de um balão, Didi (Renato Aragão), Dedé (Manfried Santana) e Mussum (Antônio Carlos Bernardes Gomes/1941-1994) chegavam a uma localidade onde chimpanzés, orangotangos e gorilas escravizavam humanos primitivos. As máscaras criadas para o filme eram toscas e os cenários pareciam improvisados — mas, como em qualquer aventura dos Trapalhões, isso contribuiu ainda mais para a diversão. Em uma cena memorável, os "balonautas" eram presos em uma carroça de caça dos macacos e a comparavam a um trem da Central do Brasil na hora do rush. Isto sim é crítica social!

Em meados dos anos 1970, o jornalista e escritor catarinense Saulo Adami assistiu aos filmes originais na TV Globo e começou a juntar uma invejável coleção de memorabilia sobre o assunto. Em 1996, ele realizou o sonho de publicar o livro *O único humano bom é aquele que está morto!*, dedicado à saga dos macacos. A obra teve uma excelente repercussão nos EUA, a ponto de Adami ter sido convidado a participar de um evento que celebrou o aniversário de 30 anos de *O planeta* (realizado no Pasadena Convention Center, na Califórnia) em 1998.

"ESTÁ FALTANDO EMPREGO NO PLANETA DOS MACACOS"

No mesmo ano, a banda Jota Quest lançou um de seus maiores sucessos: *De volta ao planeta*, cuja letra fazia jus ao espírito "militante" da franquia (o refrão avisava: "Está faltando emprego no Planeta dos macacos"!). O "Jota" também homenageou a série no encarte do CD, que trazia fotos de atores caracterizados como chimpanzés e orangotangos (a maquiagem foi concebida por Francisco José Cristino e Vavá Torres).

Embora a franquia nunca tenha reunido uma base nacional de fãs tão grande quanto as de *Star wars* e *Jornada nas estrelas*, sua popularidade continua em alta no país, onde os filmes se mantém eternos campeões de bilheteria: *Planeta dos macacos: o confronto* arrecadou R$ 55 milhões em nossos cinemas e *Planeta dos macacos: a guerra* faturou R$ 27,6 milhões nas duas primeiras semanas em que ficou em cartaz no Brasil. Os macacos podem ser americanos, mas não há dúvida que falam a nossa língua...

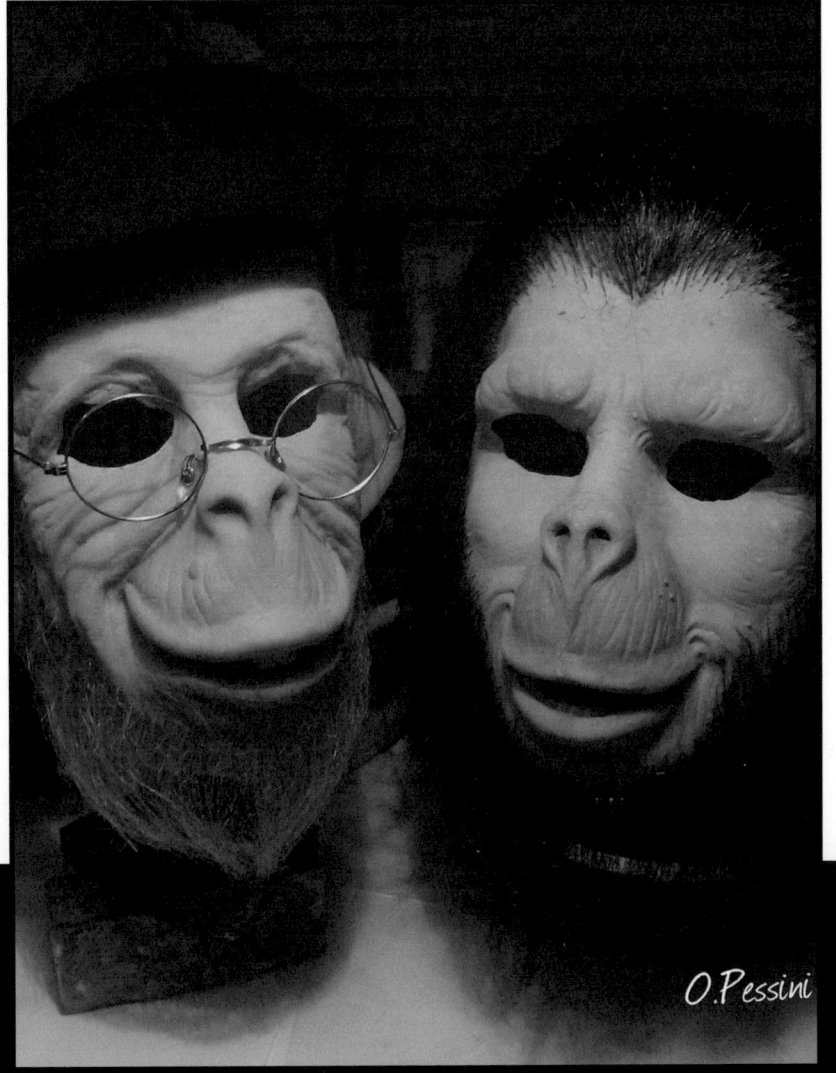

»» As máscaras utilizadas por Orival Pessini em *O planeta dos homens* (1982-2018)

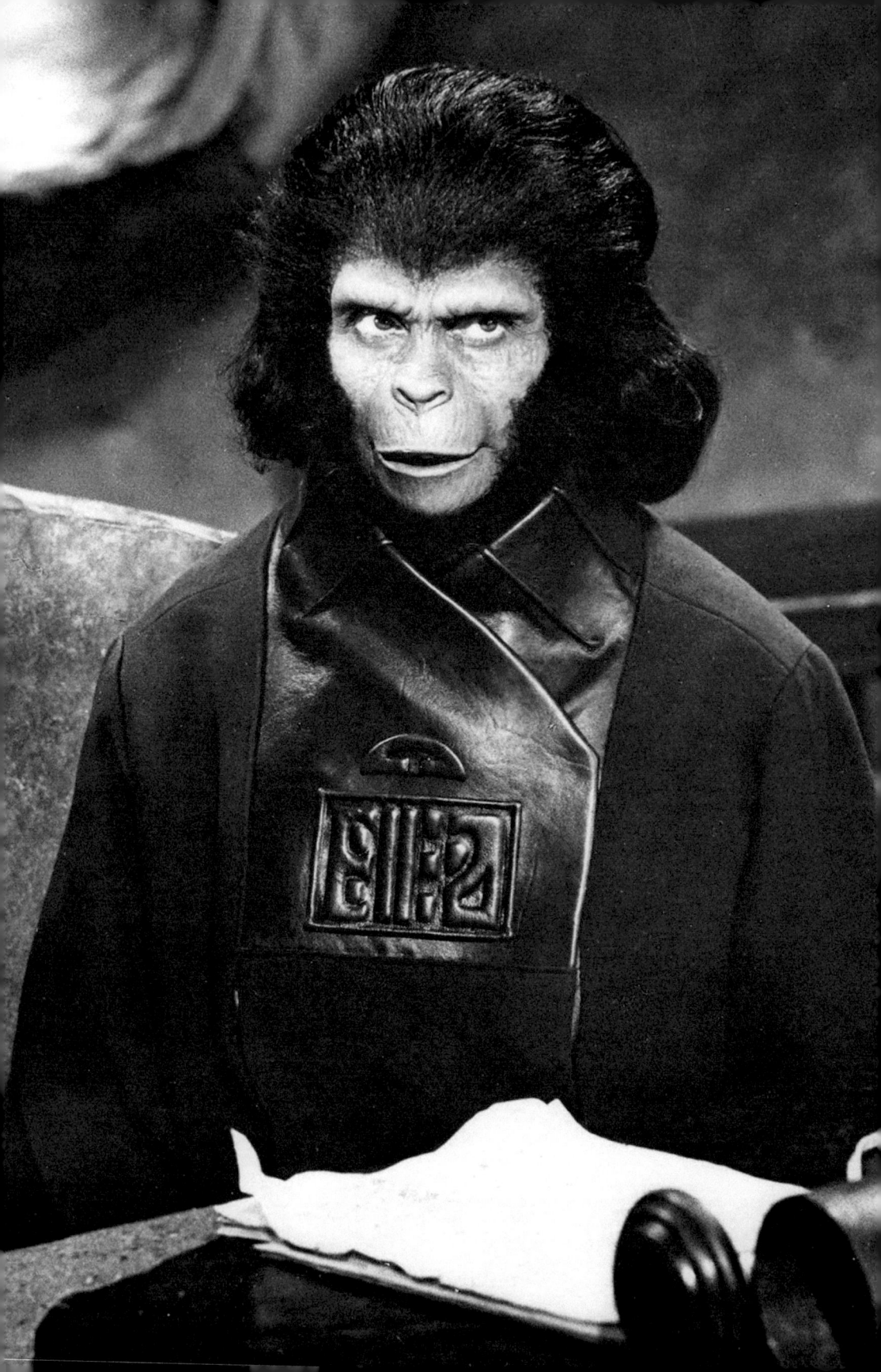

CAPÍTULO 14

KIM HUNTER (1922-2002)

Atriz dos filmes *O planeta dos macacos* (1968), *De volta ao planeta dos macacos* (1970) e *Fuga do planeta dos macacos* (1971).

Durante a produção do longa-metragem original, houve algum momento em que você se deu conta de que aquele seria um filme especial?

Ninguém sabe como uma produção será recebida pelo público. Assim, não tento prever esse tipo de coisa. No que me diz respeito, gostei do roteiro e dos personagens e foi uma experiência desafiadora e fascinante dar vida à Zira. Certa vez perguntei a John Chambers como ele achava que o público reagiria ao filme. Ele me disse: "Ou as pessoas acreditarão no filme e nos personagens ou pensarão que este é o novo *Mickey Mouse*"!

**Você participou de três filmes da série.
Qual é o seu favorito? E por quê?**

Gostei mais do primeiro e do terceiro. O primeiro tinha uma história completa e maravilhosa. O terceiro foi desafiador à sua maneira, além de contar com um roteiro muito bem escrito.

Você acha que *Fuga do planeta dos macacos* era uma história de amor, mais do que um simples filme de aventura?

Acho que o filme era as duas coisas!

Soube que havia um papel para você na série de TV, mas você o recusou.

Ninguém me disse qual seria o papel. Só me perguntaram se eu poderia participar e respondi: "Não, obrigada". Como disse em outras ocasiões, adorei participar da série dos macacos. Mas, graças a Deus, fui morta no terceiro filme, o que me livrou de ter que passar pelo processo da maquiagem mais uma vez!

Você se surpreende com o interesse e o carinho que os fãs da saga ainda lhe dedicam, apesar de terem se passado tantos anos desde o fim da série de TV?

Realmente, não. É incrível a quantidade de cartas relacionadas aos macacos e à personagem Zira que ainda recebo dos fãs. São diferentes gerações, à medida que o tempo passa. E acho que isto é bastante compreensível. Os filmes eram muito especiais.

Por: Dean Preston / Entrevista originalmente publicada no fanzine Simian scrolls *e reproduzida neste livro com a autorização do autor.*

Leia a entrevista completa com Kim Hunter na edição nº 4 do Simian Scrolls, *disponível no site* Hunter's Planet of the Apes Archive (https://pota.goatley. com/index.html)

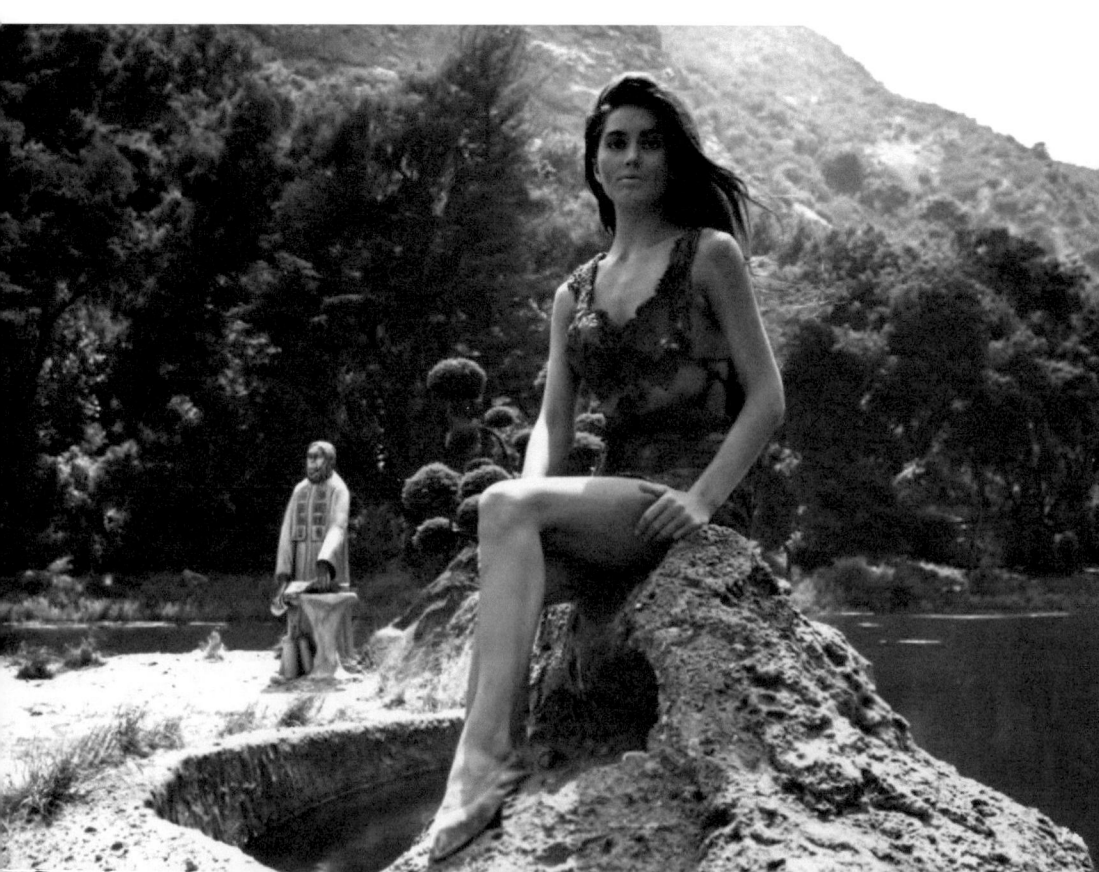

LINDA HARRISON

Atriz dos filmes *O planeta dos macacos* (1968), *De volta ao planeta dos macacos* (1970) e *Planeta dos macacos* (2001).

Você usou um protótipo de maquiagem no filme-teste que antecedeu a realização de *O planeta dos macacos*. **Por conta disso, chegou a sentir vontade de interpretar um dos símios?**

Eu já sabia que interpretaria Nova antes do filme-teste. Mas, já que era a namorada de Dick (Richard Zanuck), ele me pediu para participar do teste, uma vez que era contratada da Fox. Fizemos o teste para nos certificarmos de que a ideia funcionaria. Eu interpretei Zira, e James Brolin, Cornelius. James também tinha um contrato com a Fox. A produção do filme-teste demandou quase um dia de trabalho. A maquiagem começou a ser aplicada às 6h e as filmagens acabaram às 16h. Edward Robinson não se sentiu bem durante a gravação. Após o teste, o filme teve o aval para ser rodado, mas com um orçamento limitado: US$ 5 milhões. Qualquer valor acima disto requereria a aprovação da junta de diretores do estúdio. Eu, interpretar um macaco? No auge da minha beleza? A resposta é não! Absolutamente não! Eu era uma garota bonita e não queria que escondessem minha beleza! Além do mais, o papel de Nova era muito mais estimulante, especialmente pela oportunidade de trabalhar com Charlton Heston.

Como foi trabalhar com Roddy Mcdowall e Kim Hunter?

Eu conhecia Roddy melhor do que conhecia Kim. Talvez porque ele fosse um pouco mais jovem, além de um grande amigo de Dick. Roddy se afeiçoou a mim e sempre me fazia rir. Ele era bem-humorado e gentil. Estava sempre tirando fotos. Nas únicas vezes em que vi Kim, ela estava usando a maquiagem. Kim era uma profissional incrível. Aliás, uma coisa que Dick fez foi assegurar-se de que todas as pessoas que interpretariam os macacos fossem grandes atores, já que precisariam se expressar através daquelas máscaras. Kim nunca reclamava e passava a maior parte do tempo em companhia de Maurice Evans. Era uma pessoa encantadora.

John Roche, editor do *Simian scrolls*, sempre foi fascinado por aquele traje que você usou no filme original. Ele quer saber se você passava frio ou calor naquela roupa e se era constrangedor vesti-la.

Realmente, não! O traje era feito de várias partes, ainda que eu precisasse de ajuda para me desvencilhar daquilo quando ia ao banheiro. Minha única queixa eram os muitos buracos na roupa. Era uma peça bastante confortável, feita de látex e com pelos colados na superfície. Ela literalmente se moldava ao meu corpo. Às vezes, porém, o traje "subia" um pouco – algo difícil de controlar, especialmente quando você está montada em um cavalo!

Quais são suas recordações dos diretores Franklin Schaffner e Ted Post?

Deixe-me começar por Franklin Schaffner. Ele era brilhante – realmente brilhante! Franklin nunca dizia qual seria a próxima preparação de cena, exceto para o diretor de fotografia. Isso era incomum, mas criava um senso de expectativa e nos deixava ansiosos. Discutimos muito o perfil da personagem Nova antes das filmagens. Assim, eu estava preparada, o que tornou tudo mais fácil. Franklin era um homem reservado, mas simpatizava comigo. Ted Post era adorável – o sonho de qualquer ator. Gostava de se comunicar com as pessoas no set e sempre perguntava como se sentiam a respeito das coisas e das cenas. Diferentemente de Franklin – que tinha muita autoridade e preferia que os atores se ativessem às características de seus personagens –, Ted deu mais liberdade a mim e à Nova, permitindo que eu a interpretasse de forma mais inteligente.

Como foi trabalhar com James Franciscus?

James, que Deus o abençoe, era o entusiasmo em pessoa! Aquele foi o seu primeiro filme. Ele só havia trabalhado na TV. Contracenar com Charlton Heston foi a realização de um sonho para ele.

Em sua opinião, qual é a principal diferença entre as versões de *O planeta* realizadas em 1968 e 2001?

A diferença é que os responsáveis pela versão de 2001 tinham muito dinheiro nas mãos. Eles não aprimoraram o roteiro. Nós tivemos que aprimorar o roteiro para realizar o filme com menos de US$ 5 milhões. E, é claro, contávamos com o talento de Franklin Schaffner! Naquela época, quando um filme era realizado, todo o estúdio, todos os departamentos se envolviam com o roteiro. As coisas são diferentes, agora... Você lida com pessoas que dirigem um estúdio, mas nunca fizeram um filme – pessoas que não vêm de uma "família de cinema". Elas querem o filme pronto em determinada data e têm muito dinheiro nas mãos. Os responsáveis pela versão de 2001 não foram fiéis aos fãs. Dick era muito consciente da grande base de fãs de *O planeta* e queria agradá-los – mas, quando há gente mais poderosa acima de você, em posição de lhe dar ordens, você simplesmente tenta dar o melhor de si. Eles reduziram minha participação no filme a quase nada. A experiência de trabalhar no *remake* foi extraordinária, já que todas as pessoas envolvidas no projeto eram fãs do filme original. Assim, quando cheguei ao set, todos queriam meu autógrafo. A melhor coisa da versão de 2001 era Charlton Heston. Recentemente, falei com Chuck sobre isto e ele me disse: "Sabe por que, Linda? Porque eu era parte do filme original." Eles simplesmente não foram fiéis à primeira versão. Se tivessem usado Kim Hunter e outros atores do elenco original, o filme teria sido melhor. Eles pareciam ter tanta pressa! Meus filhos (Dean e Harrison) disseram que eles poderiam ter usado minha personagem de forma mais eficaz. Tenho uma grande base de fãs e a participação dos atores originais daria mais autenticidade à produção. O filme é horrível! Não se compara ao original. Foi uma pena – um fã da série escreveria um roteiro melhor do que aquele. Tim Burton não é muito bom com roteiros – ele só é bom quando lhe dão um roteiro eficaz com o qual trabalhar. Franklin, por sua vez, sabia escrever um bom roteiro.

Por: Dean Preston / *Entrevista originalmente publicada no fanzine* Simian scrolls *e reproduzida neste livro com a autorização do autor.*

Leia a entrevista completa com Linda Harrison na edição n º 11 do Simian scrolls, *disponível no site* Hunter's Planet of the Apes Archive *(https://pota. goatley.com/index.html)*

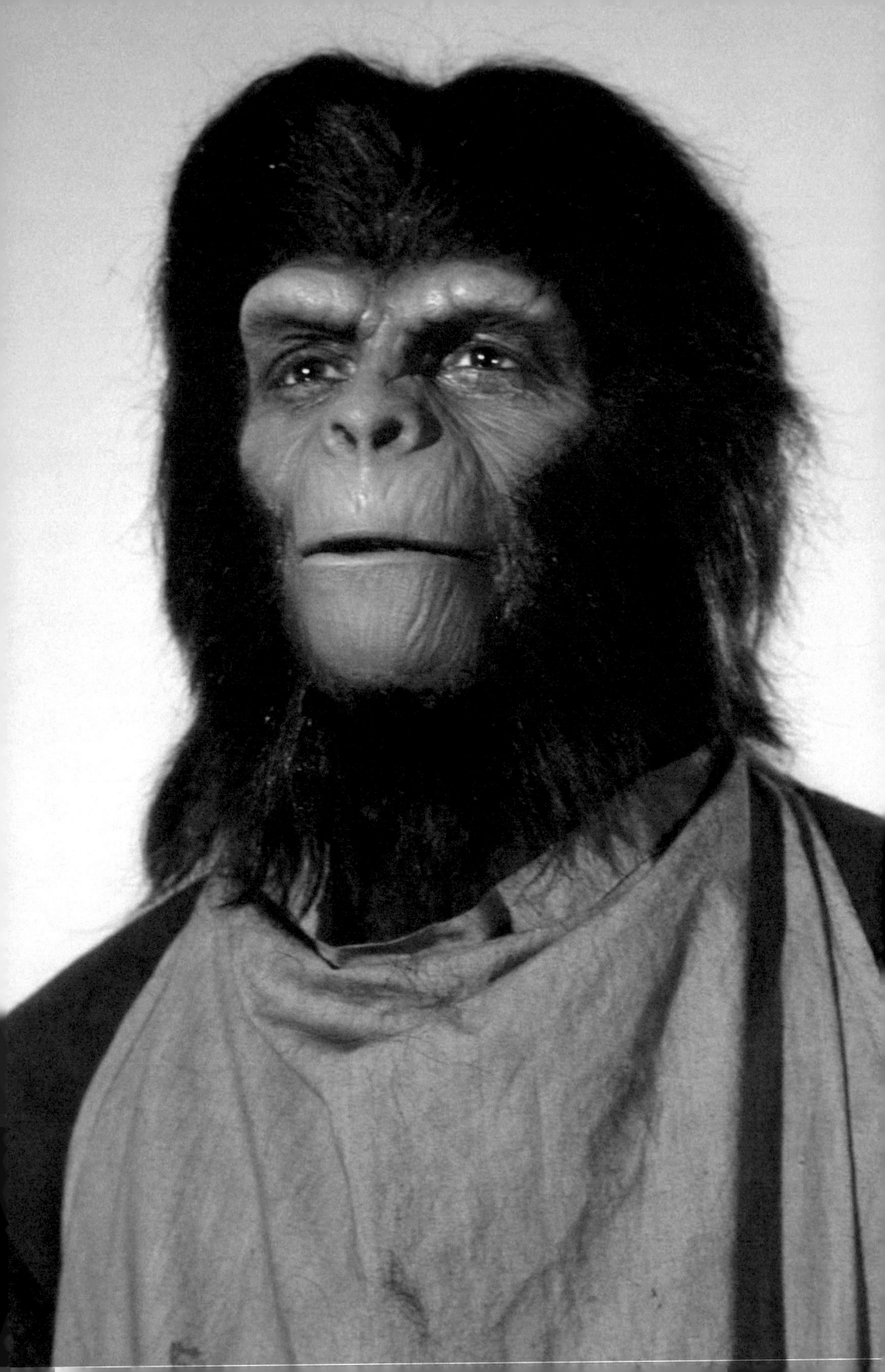

WRIGHT KING (1923-2018)

Ator do filme *O planeta dos macacos* (1968).

Como você conseguiu o papel do Dr. Galen em *O planeta dos macacos*?

Eu acabara de participar de algumas séries de TV realizadas pela 20th Century Fox. Acho que foi no mesmo período em que *O planeta dos macacos* estava em pré-produção. Joe Scully, o diretor de elenco da Fox, era um grande amigo meu. Ele me falou sobre o papel e disse que seria apenas uma cena. Joe descreveu o trabalho como "uma coisa interessante", que envolveria todas aquelas máscaras maravilhosas. Eu disse: "A ideia me parece boa. Ficarei feliz em fazer."

O verdadeiro Dr. Galen foi um médico e filósofo grego cujo nome inspirou o "Galenismo" (um método cirúrgico que ainda é empregado em algumas partes do mundo). Você sabia disso quando interpretou o personagem?

Na época, não. Mas fiquei sabendo depois.

Você conheceu Arthur Jacobs ou Richard Zanuck? Que impressão teve deles? E como foi trabalhar com Franklin Schaffner?

Jacobs e Zanuck não apareceram no set enquanto eu estava por lá. Eu já havia trabalhado com Franklin Schaffner antes, em Nova York, em programas de TV ao vivo. Frank era um cara incrível, muito tranquilo. Ele era um diretor humilde. Certamente foi um dos melhores cineastas com os quais trabalhei. Frank conversava um pouco sobre as coisas com você, sabia quais eram suas falas e deixava todos trabalharem em paz. Se a coisa não funcionava, ele simplesmente o chamava de lado e lhe dizia algumas coisas. Era o seu modo de trabalhar. Um modo fácil e tranquilo.

Soube que você também trabalhou com Ted Post. Você sabia que Ted dirigiu a primeira continuação de *O planeta dos macacos*?

Oh, Ted! Sim, nós trabalhamos juntos em vários projetos. Trabalhamos juntos em Nova York — ele é um grande amigo e um bom parceiro de trabalho. Não, eu não sabia que ele dirigiu uma continuação de *O planeta dos macacos*. Frank e Ted eram pessoas completamente diferentes!

Quando o convidaram para interpretar Galen, as pressões psicológicas impostas pelo uso prolongado da maquiagem artística chegaram a ser discutidas com você?

Sim. John Chambers me descreveu em detalhes os procedimentos da maquiagem. Ele era um homem sensacional. Tão solícito e encorajador! A maquiagem era um tipo de provação. Era como trabalhar embaixo d'água. Meus olhos são azuis, então, além da maquiagem, eu tinha que usar lentes de contato para fazê-los parecerem castanhos.

Qual foi sua reação ao ver-se no espelho caracterizado como Galen pela primeira vez?

Embora você veja os técnicos aplicando a maquiagem pelo espelho, quando já está limpo e usando o figurino… é uma coisa fantástica! No segundo dia de filmagem, meu filho Mike (que, na época, deveria ter uns doze anos) foi comigo ao estúdio. Achei que seria uma boa experiência. Disseram-me que tudo bem, contando que ele não atrapalhasse. Os maquiadores deram a ele alguns apliques que haviam sido descartados. Isto fez dele o cara mais popular da vizinhança no próximo Halloween!

Como foi contracenar com Kim Hunter? Você chegou a vê-la quando ela não estava caracterizada?

Bem, eu já havia trabalhado com Kim. Nós dois atuamos em *Uma rua chamada pecado*, ainda que meu papel fosse pequeno em comparação ao dela. Portanto, já nos conhecíamos antes de *O planeta dos macacos*. Éramos bons amigos. A última vez que a vi foi há alguns anos, no Memphis Film Festival, um pouco antes de sua morte. Kim era uma pessoa muito, muito frágil, ainda que tivesse uma personalidade forte. Quando digo "forte", não quero dizer "arrogante", de modo algum. Kim tinha consciência do próprio valor e era muito franca. Ela era adorável! Também conversei com Roddy em várias ocasiões. Roddy me ensinou a fumar embaixo daquela maquiagem – tínhamos que usar piteiras extremamente longas para isso. Não consigo acreditar que quase todas as pessoas envolvidas naquele filme, infelizmente, já partiram.

O mundo civilizado o inveja por ter "brincado de médico" com Linda Harrison. Você chegou a conhecê-la melhor durante as filmagens? Ou a Charlton Heston?

Oh, Linda era uma garota belíssima, mas ele (Charlton Heston) era uma pessoa impossível de se conhecer. Ele era um homem muito frio. Eu o achei extremamente distante.

358

Qual foi a última vez em que você assistiu ao filme?

Oh, há alguns anos, no Memphis Film Festival.

Ficou orgulhoso do que viu na tela?

Oh, sim! Definitivamente! Ainda sinto a mesma emoção ao assisti-lo.

Você sabia que o principal personagem da série de TV também se chamava Galen? Terá sido isto uma coincidência ou uma homenagem?

Soube que Roddy trabalhou na série de TV, mas não sabia que seu personagem se chamava "Galen"!

Deixemos *O planeta dos macacos* um pouco de lado. Você também trabalhou com Steve McQueen. O que achou de contracenar com ele na série *Procurado vivo ou morto*[193]?

Oh, sim! Foi uma experiência e tanto! Steve era uma grande figura, um tipo único! Lembro-me de um episódio em que meu personagem e o dele tinham uma cena intensa. Perguntei a Steve se ele dispunha de algum tempo para ensaiarmos a cena juntos, o que fizemos. Filmamos a sequência e o resultado ficou ótimo. Três semanas depois, Steve — cuja vida ficava cada vez mais corrida — veio até mim e disse: "Vou abandonar a série e os produtores querem me substituir. Você está interessado?" Aparentemente os produtores ficaram tão impressionados com a cena que fizemos juntos que me deram o emprego. Steve e eu trabalhávamos bem juntos. É uma pena que ele tenha partido tão cedo.

Por: Dean Preston (perguntas formuladas por Dean Preston, John Roche, Dave Ballard, Chris Lawless e Brendan McCaul) / Entrevista originalmente publicada no fanzine Simian scrolls e reproduzida neste livro com a autorização do autor.

Leia a entrevista completa com Wright King na edição n° 13 do Simian scrolls, disponível no site Hunter's Planet of the Apes Archive (https://pota.goatley.com/index.html)

---

193 *Procurado vivo ou morto (Wanted: dead or alive, 1958-1961).*

BUCK KARTALIAN (1922-2016)

Ator dos filmes *O planeta dos macacos* (1968) e *Conquista do planeta dos macacos* (1972).

Como você conseguiu os papéis de Julius e Frank?

Meu agente me mandou à 20th Century Fox para uma audição. Para minha surpresa, a audição seria feita em um dos trailers estacionados fora do estúdio. Bati à porta, um homem a abriu e me disse: "Entre, sou Franklin Schaffner". Ele me deu um roteiro e falou: "Estude isso por alguns minutos e depois leia para mim". Quando terminei, Franklin disse: "Você é Julius. Obrigado".

Quando foi escolhido para interpretar o personagem, as pressões psicológicas decorrentes de se atuar por longos períodos sob a maquiagem chegaram a ser discutidas com você? Em caso afirmativo, com que profundidade?

De jeito nenhum! John Chambers fez moldes de gesso de nossos rostos e criou todas as máscaras originais. Por isso elas se adaptavam perfeitamente às nossas feições. O pessoal da maquiagem demorava quatro horas para aplicar as máscaras, os cabelos e completar o serviço. Assim, estávamos prontos para filmar às 8h. Novos apliques tinham que ser produzidos todos os dias.

É difícil se relacionar com outros atores quando se está usando apliques?

Eu não tive nenhuma dificuldade para me relacionar com os outros macacos. Para um ator experiente, foi "sopa"!

Linda Harrison era tão bonita ao vivo quanto o era na tela do cinema?

Sim! Eu a vejo de tempos em tempos, quando participamos de convenções de ficção científica.

Como foi trabalhar com Charlton Heston?

Charlton Heston é um ator muito sério. Ele se concentra totalmente na cena. Durante as filmagens, nunca encontrei Heston sem estar caracterizado. Quando olhava para mim, ele via um gorila!

Você mesmo manejou a mangueira de incêndio na cena em que o personagem de Charlton Heston é atormentado por Julius? O que Heston achou daquilo?

Ele adorava! Na verdade, depois de Julius bater nele diversas vezes durante os ensaios, ele pedia: "Julius, me bata mais forte! Não se contenha!"

Quais foram suas impressões sobre Franklin Schaffner?

Ele era muito simpático e tranquilo. Você sabia que *O planeta dos macacos* de 1968 foi escolhido pela Biblioteca do Congresso como um dos melhores e mais importantes filmes norte-americanos?

Você se lembra de alguma história engraçada ocorrida nos bastidores dos filmes?

Havia uma moça que era dublê de Kim Hunter. Ela estava sempre por ali, para o caso de precisarem de um corpo para definir a luz de uma determinada cena. Todas as manhãs, quando eu chegava ao estúdio, ela sorria para mim. Costumávamos nos sentar juntos e conversar, até que o diretor me chamasse. Um dia, no meio de uma dessas conversas, ela acariciou minha pata peluda. Oh, meu Deus, ela estava interessada em mim! A beleza realmente está dentro das pessoas, pois ela nunca me viu sem a maquiagem de Julius.

Você costuma ser reconhecido pelos fãs da série?

Os fãs são incríveis – eles fazem com que eu me sinta uma lenda! Quando me perguntam qual foi o meu papel em *O planeta dos macacos* e eu digo "Julius", eles enlouquecem. Adoro isso!

Por: Dean Preston / *Entrevista originalmente publicada no fanzine* Simian scrolls *e reproduzida neste livro com a autorização do autor.*

Leia a entrevista completa com Buck Kartalian na edição nº 13 do Simian scrolls, *disponível no site* Hunter's Planet of the Apes Archive *(https://pota. goatley.com/index.html)*

DAN STRIEPEKE (1930-2019)

Maquiador artístico dos filmes *O planeta dos macacos* (1968), *De volta ao planeta dos macacos* (1970), *Fuga do planeta dos macacos* (1971) e *Conquista do planeta dos macacos* (1972) e da série de TV *Planeta dos macacos* (1974).

Embora sua trajetória possa ser pesquisada na Internet, seria interessante ouvi-la em suas próprias palavras.

É claro… Cresci em uma cidadezinha ao norte da Califórnia, Santa Rosa, que, na época, era uma pequena comunidade agrária. A escola de Ensino Médio local tinha um excelente departamento de Artes Dramáticas. O professor de Drama, o Senhor Guymon, era um cara absolutamente maravilhoso. Eu também cursava aulas de arte e a combinação das duas coisas me fez querer ser maquiador artístico. Mais tarde, conheci um homem que afirmou ter meios de me conseguir uma entrevista com Ern Westmore, chefe do departamento de maquiagem da RKO e vencedor do primeiro prêmio concedido pela Academia de Artes e Ciências Cinematográficas a um artista do setor. Eu e minha mãe dirigimos até Los Angeles e encontramos o Senhor Westmore. Durante três anos, ele analisou fotos do meu trabalho e as mandou de volta para mim, com anotações. Em 1949, mudei-me para Los Angeles. Na época, o Senhor Westmore não estava mais na ativa e a indústria do cinema passava por dificuldades. A TV liquidava as bilheterias. Eu dirigia pela La Cienga Boulevard com meus últimos US$ 20,00 no bolso quando olhei uma marquise e vi o título de uma peça prestes a estrear: *The fabulous invalid*. Entrei no teatro e assisti aos ensaios. Na hora do intervalo, disse ao diretor (John Claar) que ele precisava de um maquiador artístico e que eu era o cara! O diretor chamou um dos atores e me pediu que o fizesse parecer com Louis Wolheim em *Sem novidade no front*[194]. Peguei minhas caixas de maquiagem no carro e comecei a trabalhar, usando cabelo artificial e cola adesiva. Cumpri a missão em 20 minutos… e consegui o emprego! O diretor, como vim a saber, era o fundador da KTTV, uma das estações de TV infantis de Los Angeles, e precisava de maquiadores artísticos que não fossem sindicalizados. Arrumei emprego lá, onde permaneci durante um ano, até o início da Guerra da Coreia. Alistei-me na Força Aérea Americana e servi por quatro anos. Quando retornei à vida civil, voltei a trabalhar na KTTV. Na primavera de 1955, a indústria do cinema teve um pico de produção. O formato de tela *widescreen* e o som estereofônico estavam em alta. Deixei a KTTV e trabalhei em *Os dez mandamentos*,

----

194 *Sem novidade no front* (*All quiet on the western front*, 1930, Lewis Milestone).

Kismet e *The Giant*. No outono de 1955, fui contratado pela NBC. Foi lá que conheci John Chambers e trabalhei em *Pink Lee Show* e diversos outros programas da emissora. John e sua esposa cuidaram do meu filho mais velho quando minha esposa estava no hospital dando à luz o nosso caçula. Deixei a NBC na primavera de 1957, mas John continuou por lá. Trabalhei na indústria do cinema e comandei o laboratório do maquiador Bud Westmore de 1957 a 1959. Então, me tornei independente e trabalhei em *Sete homens e um destino*; *Amor, sublime amor*[195], *Irma la Douce*[196] e outros filmes. Ingressei na produção de *Hawaii*[197] em 1966 e John Chambers foi contratado como o chefe do laboratório. Trabalhamos naquele filme durante sete meses. Depois, fizemos o piloto de *Missão impossível*. Quando concluí minha participação naquela série, recebi um telefonema de Ben Nye, que chefiava o departamento de maquiagem da 20th Century Fox. Ele me perguntou se eu tinha interesse em substituí-lo, já que estava para se aposentar. John Chambers já estava na Fox, pois fora chamado para resolver o problema de criar os símios de *O planeta dos macacos*. O teste realizado no ano anterior fora um fracasso completo. O design elaborado por John resolveu o problema. Trabalhamos em estreita colaboração e o filme foi realizado.

Quais são suas memórias sobre John Chambers?

John era um grande homem, em todos os sentidos! Era um irlandês na verdadeira acepção da palavra. John tinha uma vasta experiência no atendimento a veteranos de guerra antes de vir para Hollywood. Quem o trouxe para cá foi Fred Williams, que era o chefe do departamento de maquiagem da NBC Hollywood. John incorporou técnicas modernas de laboratório dentário ao universo da maquiagem. A fabricação de moldes foi aprimorada. A modelagem facial foi aprimorada. *O planeta* necessitava de técnicas de laboratório dentário em razão das mandíbulas estendidas das próteses dos macacos e John resolveu o problema. John também esculpia muito bem em argila. Enquanto eu gerenciava o departamento e supervisionava a preparação dos cabelos, John e a equipe do laboratório tinham total liberdade para se concentrar no design. Tivemos que elaborar uma pintura para os apliques. Adesivos especiais foram descobertos e testados para serem usados nas áreas ao redor das bocas dos atores. Um tipo especial de goma foi criado para a fixação das mechas de cabelo. Tínhamos que treinar pessoas inexperientes para aplicarem a maquiagem símia e os

---

195 *Amor, sublime amor* (*Westside story*, 1961, Jerome Robbins e Robert Wise).
196 *Irma la douce* (1963, Billy Wilder).
197 *Havaí* (*Hawaii*, 1966, George Roy Hill).

cabelos e para manterem o trabalho em andamento ao longo das diárias de filmagem. A tarefa era fenomenal. Não havia tempo para nos sentarmos e refletirmos sobre as inovações que estávamos criando. Estabelecemos alguns padrões e os cumprimos à risca.

Dizem que Bill Crebber também contribuiu para a concepção da maquiagem dos macacos, algo que John Chambers nega categoricamente.

Não, Bill Crebber nunca apresentou qualquer sugestão de design para os personagens símios. Pode acreditar em mim. Sei que tudo aquilo é produto da mente maravilhosa do meu amigo John.

Vocês consideraram a criação de um modelo de maquiagem para qualquer outra espécie de macaco além daquelas que aparecem no filme?

Só os grandes macacos foram considerados. Eles tornavam mais verossímil a ideia de um mundo dominado pelos símios. Também eram as únicas espécies mencionadas no romance de Boulle e o roteiro tentava ser o mais fiel possível ao livro. Além disso, nem eu e nem John tínhamos tempo para flertar com novas ideias. Veja, eu acabara de assumir o departamento de maquiagem. Filmes como *O vale das bonecas*[198] e *Tony Rome*[199] estavam sendo produzidos na mesma época, além de atrações para a TV. Às vezes — por exemplo, na cena da caçada no milharal —, eu tinha 65 maquiadores artísticos trabalhando em *O planeta*. Paralelamente era preciso dar atenção às outras produções que estavam sendo filmadas e pré-planejar os títulos que ainda seriam realizados. No início das filmagens de *O planeta*, tínhamos exatamente uma maquiagem de Roddy McDowall preparada com antecedência para o próximo dia de filmagem. O tempo era muito restrito e não havia margem para erro.

Quando vocês receberam o sinal verde para a produção, o quanto o modelo de maquiagem elaborado por John já estava próximo de sua concepção final?

As primeiras experiências de John já estavam quilômetros à frente do design criado para o filme-teste com Edward G. Robinson e já se aproximavam muito do que se vê na tela. John elaborou seus moldes com argila e suas concepções foram aceitas imediatamente. O que você vê no filme é o que John aperfeiçoou.

---

198 *O vale das bonecas* (*Valley of dolls*, 1967, Mark Robson).
199 *Tony Rome* (1967, Gordon Douglas).

Quando olhamos para o design definitivo, somos levados a pensar que a concepção poderia ser mais "simiesca". Vocês foram orientados a criar macacos "realistas" ou "evoluídos"?

A decisão final foi criar um macaco evoluído. Esta decisão partiu de um consenso entre John Chambers, Franklin Schaffner, Mort Abrahams e Arthur Jacobs. A ideia do macaco evoluído também conferiria mais credibilidade aos personagens.

Como chefe do departamento, seu nome não deveria constar no prêmio de "Realização Excepcional em Maquiagem"? Afinal, falando de forma clara, você era o chefe de John.

Quando Richard Zanuck nos chamou em seu escritório, ele disse que, por se tratar de um Oscar honorário, apenas um de nós poderia ser contemplado. Eu disse que o Oscar deveria ser entregue a John. Como afirmei antes, foi o design de John, e não o meu, que resolveu os problemas iniciais.

Quando se discute *O planeta* original, a maquiagem, os atores, o final surpresa e o roteiro são merecidamente exaltados. Porém – e isso é estranho –, Franklin Schaffner não costuma ser lembrado pela maioria das pessoas. Você acha que, em muitos aspectos, Franklin foi o verdadeiro arquiteto do filme?

Franklin Schaffner, sem dúvida, foi a alma e o coração de *O planeta*. Ele tinha muito bom gosto e manteve todas as sugestões cafonas longe da tela. O estúdio não gostava do projeto e, junto com Arthur Jacobs, teve ideias muito ruins para a história. Selecionar atores de raças diferentes para as diversas espécies de macacos, esse tipo de coisa. Schaffner impediu que todas essas bobagens fossem feitas. Ele não os confrontava, apenas seguia em frente e fazia o seu próprio filme.

Seu nome consta nos créditos dos quatro primeiros filmes da série dos macacos, mas não aparece no último. Houve alguma razão para você não estar no set de *A batalha*?

Eu deixei a Fox e fui trabalhar na Universal, onde produzi um filme que escrevera nove anos antes. Richard Zanuck e David Brown eram os produtores executivos. Eu me diverti muito e John criou as maquiagens especiais para o filme, que se chamava *O homem cobra*[200].

- -
200 *O homem cobra* (*SSSSSSS*, 1973, Bernard L. Kowalski).

Posteriormente você se envolveu com a série de TV, mas insistiu que a qualidade da maquiagem deveria ser mantida.

Sim. Basicamente a produção queria mais máscaras por menos dinheiro. Insisti que qualquer intérprete que aparecesse no vídeo da cintura para cima ou em planos fechados de câmera deveria usar os apliques. Sempre me pediam para mudar essa abordagem dos macacos, mas eu disse: "De jeito nenhum!" O design criado por John é convincente até hoje e continuará a ser pelos próximos anos. Foi uma luta e eu venci.

Quais são suas recordações sobre Roddy?

Ele era absolutamente profissional, um ator completo. Era o coração e a alma da equipe. Nunca deixou de fazer bem o seu trabalho por estar cansado ou sentir calor e desconforto embaixo da maquiagem. Estava sempre pronto e normalmente tinha uma ou duas boas piadas para nós.

O primeiro episódio a ser filmado, *As boas sementes*, era repleto de macacos. O estúdio, em algum momento, decidiu reduzir o número de macacos por episódio em benefício do orçamento da produção?

Não que eu saiba. Na verdade, a série de TV tinha mais atores caracterizados por cena do que a maiorias dos longas-metragens.

De alguma forma a maquiagem "evoluiu" entre o primeiro longa-metragem e o último episódio da série de TV?

De modo algum. Na série de TV, a maquiagem foi elaborada da mesma forma que nos filmes. As maquiagens símias de John permaneceram exatamente do modo como foram idealizadas.

Você acha que o estúdio não deu o devido valor à série de TV e o programa foi cancelado cedo demais?

O veredicto foi o de que a série era muito cara. Os índices de audiência não eram muito altos e, desse modo, o programa foi cancelado. Isto é o showbiz.

Você tem fotos de bastidores? Ou ainda possui alguns dos apliques usados nas produções?

Desculpe, não tenho fotos de bastidores. Mas tenho vários apliques. Na verdade, hoje encontrei a peruca de Roddy e quatro peças que eram aplicadas em suas mãos! Estavam enterradas embaixo de uma pilha de coisas. E estão em ótimas condições! Minha lembrança geral dos bastidores é a de uma equipe que superava todo tipo de obstáculo. A própria logística de produção era um pesadelo. O laboratório funcionava 24 horas por dia para atendê-la.

Tim Burton tentou fazer um *remake* da produção original. Você acha que aquele filme não pode ser superado? Ou ainda há uma chance de produzir uma refilmagem com um mínimo de integridade?

Acho que aquele filme deveria ser deixado em paz. Franklin Schaffner fez um trabalho magnífico. É claro que poderíamos fazer uma porção de coisas com CGI e *traveling mattes*, mas como superar Roddy, Maurice Evans e Kim Hunter?

Seu currículo preencheria toda uma edição do *Simian scrolls*. Em uma carreira tão prolífica, quais você diria que foram os seus melhores e piores trabalhos?

Eu me orgulho da maioria dos meus trabalhos. O design criado para *Patton* foi um grande momento. A primeira temporada de *Missão Impossível* foi boa. *My favorite year*[201] foi muito divertido. *Forrest Gump*[202] foi um desafio, mas também foi bom.

Você se tornou o maquiador pessoal de Tom Hanks. Este é um tipo de parceria incomum em Hollywood?

A maioria das celebridades cinematográficas, senão todas elas, tem maquiadores e cabeleireiros pessoais. A razão disso é que se trata de um trabalho muito pessoal. A aparência é tão importante que um bom relacionamento é essencial.

---

201 *Um cara muito baratinado* (*My favorite year*, 1982, Richard Benjamin).
202 *Forrest Gump: o contador de histórias* (*Forrest Gump*, 1994, Robert Zemeckis).

Olhando retrospectivamente para sua carreira, você deve ter testemunhado o surgimento de muitas inovações e técnicas revolucionárias. Você poderia citar algum filme moderno cujo trabalho de maquiagem foi espetacular e que o deixou "de queixo caído"?

O trabalho realizado em *Click*[203] foi extraordinário. A maquiagem de Charlize Theron em *Monster*[204] é uma obra de arte. Há muitos outros que eu poderia citar.

Outro pioneiro da maquiagem, William Tuttle, faleceu recentemente. Você teve o prazer de trabalhar com ele?

Trabalhei para Bill Tuttle na MGM várias vezes. Na verdade, Bill trabalhou para mim na série dos macacos. Eu só contratava os melhores!

Por: Dean Preston / *Entrevista originalmente publicada no fanzine* Simian scrolls *e reproduzida neste livro com a autorização do autor.*

Leia a entrevista completa com Dan Striepeke na edição nº 14 do Simian scrolls, *disponível no site* Hunter's Planet of the Apes Archive *(https://pota. goatley.com/index.html)*

---

203 *Click* (2006, Frank Coraci).
204 *Monster: desejo assassino* (*Monster*, 2003, Patty Jenkins).

MORT ABRAHAMS (1916-2009)

Produtor associado dos filmes *O planeta dos macacos* (1968) e *De volta ao planeta dos macacos* (1970).

Você pode nos contar algumas histórias sobre Richard Zanuck?

Richard não estava nem um pouco interessado no projeto de *O planeta dos macacos*. Nas reuniões que tínhamos com ele, referentes a outros projetos em que trabalhávamos, Richard sempre dizia: "Não mencionem mais essa história de *O planeta dos macacos*! Não vou fazer esse filme!" Richard era o chefe do estúdio, mas precisava ir a Nova York pleitear a aprovação da junta de diretores se quisesse produzir qualquer filme que custasse mais de US$ 3 milhões, o que não queria fazer. Na época, um filme chamado *Viagem fantástica* foi lançado. Era parecido com *O planeta dos macacos* – um filme de evento – e contava a história de pessoas tão pequenas que podiam se movimentar dentro do corpo humano por meio da corrente sanguínea. Então, dissemos a Richard: "Dick, você precisa nos escutar, *Viagem fantástica* é o mesmo tipo de espetáculo que estamos propondo e, se funcionar, será um sucesso!" Ele respondeu: "Não, não quero mais falar sobre isso." E assim acabou a reunião. No dia seguinte, ele me ligou e disse: "Olhe, estou cansado disso! Estou avisando: se quiserem me ver, ficarei feliz em recebê-los. Mas se voltarem a mencionar *O planeta dos macacos*, só os receberei de novo se comunicarem com antecedência o que querem discutir!" Eu e Arthur começamos a observar os números de bilheteria de *Viagem fantástica* e, mais tarde, fui conversar com Richard (duas semanas após o lançamento do filme). Eu disse: "Olhe, Dick, se quiser me chutar daqui por causa disso, fique à vontade, mas prometo que será a última vez que toco naquele assunto." Ele tirou o relógio de pulso, colocou-o sobre a mesa e disse: "Você tem cinco minutos, nada mais do que isto." Mencionei *Viagem fantástica* e ele respondeu: "Muito bem, ficaremos de olho naquele filme. Se o sucesso se confirmar, vou reconsiderar a proposta de vocês." Felizmente o sucesso de *Viagem fantástica* se confirmou e Dick me deu uma verba para montar uma oficina destinada à criação da maquiagem. Mais tarde – nove meses depois –, ele providenciou outra verba para um teste de cena, para nos certificarmos de que o público não riria quando visse os macacos falantes. Esta era a maior preocupação deles. Então, filmamos um teste com dez minutos de duração. A maquiagem ainda não estava aperfeiçoada, mas, no fim, Dick falou: "Se vocês conseguirem fazer o filme por menos de US$ 6 milhões, submeto a proposta à junta de diretores para aprovação." Obtivemos um orçamento de US$ 5.8 milhões com um chefe de produção chamado Stan Hough [produtor executivo de todos os filmes e, também, da série de TV realizada em 1974]. Fizemos o filme com um budget que ficava US$ 32,00 abaixo dos U$ 5.8 milhões. Foi necessário um pouco de malabarismo com os números, mas conseguimos! Após nosso encontro com Dick (que, é claro, estava feliz com os números apresentados), Stan Hough me disse que sempre quis realizar o filme – ele adorava a ideia e era um grande fã do projeto. Mais tarde, depois de *O planeta*, Stan falou: "Mort, vocês têm que fazer uma sequência." Respondi: "Mas acabamos de destruir o mundo"! Ele respondeu: "Prometa-me pensar no assunto." Dois dias depois, liguei para ele dizendo que tivera uma ideia e partimos daquele ponto. Esta é a história do projeto.

Dizem que você queria filmar diversas versões alternativas para o desfecho de *O planeta dos macacos*. Que finais alternativos você tinha em mente?

Não, isso não é verdade. O que é verdade sobre o final é que, a certo ponto do desenvolvimento do script, foi sugerido (acho que a ideia foi de Michael Wilson) que Nova ficasse grávida de Taylor. No clímax da história, pouco antes da descoberta da Estátua da Liberdade, a criança nasceria. Eu disse: "Não, não! O filme não pode ter dois finais!" Eu não queria me envolver com a ideia do nascimento da criança, pois isto nos desviaria do propósito central do filme. Esta é a história a respeito do final. Nunca consideramos que o filme pudesse ter vários desfechos.

Quais são suas lembranças sobre a gravidez da personagem Nova?

Nunca considerei seriamente essa ideia. Seria apenas aquela situação clichê, "vou ter um bebê", seguida de um parto que não seria visto na tela. Não havia nada de especial naquilo! O tema do debate era o conceito, não a cena em si. Foi um elemento que, aos poucos, deixou de ser relevante.

Em sua opinião, quais eram as grandes diferenças entre os diretores Franklin Schaffner e Ted Post?

Cada diretor tem uma assinatura e, às vezes, as diferenças são notórias. Ted Post estava profundamente insatisfeito comigo – e ele tornou isso público! Ele achava que eu interferia em seu trabalho. Na verdade, eu estava muito insatisfeito com o trabalho dele e com o do diretor de fotografia. Eu queria fazer uma porção de mudanças. Ted é um cara legal, mas acho que não entendeu o espírito da produção. De qualquer modo, tudo deu certo no final.

Quais são suas lembranças sobre Paul Dehn?

Paul foi uma das pessoas mais incríveis com as quais trabalhei. Eu estava em Londres e fui encontrá-lo – na época, ele havia escrito poucos roteiros, embora fosse um poeta. Eu lhe disse: "Paul, quero sugerir uma coisa maluca a você: um filme de ficção científica! Quero que você escreva um roteiro para mim!" Ele respondeu: "É sobre *O planeta dos macacos?*" Respondi que sim e ele falou: "Adorei o filme – na verdade, amei o filme –, mas não sei como poderíamos realizar uma sequência." Eu disse que tinha várias ideias germinando e que voltaria a encontrá-lo dentro de um mês, quando lhe apresentaria um conceito. Se ele gostasse, poderíamos desenvolver melhor a ideia, e foi o que aconteceu. Sugeri a ideia principal. Paul e eu nos reunimos várias vezes (normalmente nossos encontros duravam dez horas). Ele trabalhou no argumento e conseguimos produzir um script. Um script muito bom, embora eu admita que não fiquei feliz com a realização.

Alguns dos sets subterrâneos concebidos para *De volta* parecem enormes e extremamente detalhados – especialmente a área da Catedral de St. Patrick, onde está a bomba "Alfa & Ômega". Os cenários eram tão grandes quanto parecem ser no filme?

Sim, eram enormes – ainda que tenhamos usado alguns truques de lentes para fazê-los parecerem maiores. Eram sets gigantescos.

O que você tem a nos dizer sobre a criança híbrida de homem e macaco, personagem cuja maquiagem foi registrada em um teste de cena?

Ainda não sei se gosto ou não daquela ideia!

Qual foi o seu grau de envolvimento com as filmagens do segundo longa-metragem?

Sempre me envolvo com as filmagens dos projetos que produzo. Eu ficava no set mais do que no escritório, por duas razões: para controlar o orçamento e para manter a equipe unida. Manter a equipe alerta!

Se pudesse refilmar *De volta*, sua abordagem seria diferente?

Oh, sim! Eu abordaria os dois filmes de forma muito diferente! Não porque mudei de ideia quanto a eles, mas porque, agora, eu teria à minha disposição novos e magníficos recursos que poderiam ser usados na esfera dos efeitos visuais. Eu os faria de forma mais "classuda". Mas confesso que não sei se isto os tornaria melhores do que são.

Recursos como os que foram usados na versão de Tim Burton?

Bem, sim! Ele usou efeitos especiais – e acho que os usou corretamente. Não há dúvida que isso tornaria a minha vida mais fácil. Muito mais fácil!

Por que você se desligou da série dos macacos após *De volta*?

Bem, eu apreciei meu relacionamento com Arthur, a quem admirava profundamente. Mas tive outra proposta, à qual não pude resistir. Foi apenas uma oportunidade de trabalho.

Você tem alguma recordação de Roddy McDowall e Kim Hunter?

Lembro-me de duas situações engraçadas. Uma sobre Roddy, a quem eu adorava como ser humano. Ele era simplesmente uma das pessoas mais legais que conheci. A outra é sobre Kim. As duas situações dizem respeito à primeira vez que eles usaram a maquiagem símia. Primeiramente, falemos sobre Roddy. Ele chegou ao estúdio às 4h (eu só chegava às 7h) e, segundo o maquiador artístico, dormiu na cadeira enquanto era caracterizado. Quando acabou de aplicar a maquiagem, o maquiador o sacudiu para acordá-lo. Ele se viu no espelho e surtou! Saiu correndo do trailer onde a maquiagem era elaborada e invadiu o set, tão descontrolado quanto um macaco! Grunhia, pulava e batia no próprio peito com as mãos. Foi preciso quase uma hora para que ele se acalmasse. Ele me disse: "Foi incrível. Acordei naquela cadeira, vi alguém me olhando através do espelho e não tinha certeza de que era eu!" Todo mundo riu muito daquilo, mas fiquei seriamente preocupado quanto à sua capacidade de recobrar o autocontrole. Kim, por sua vez, teve uma reação completamente diferente. Eu estava no set e ela veio até mim, chorando – ela chorou durante uns bons 15 minutos! Ela soluçava e eu a abracei, tentando confortá-la. Finalmente, ela disse: Não sei quem eu sou! Quando me olhei no espelho, não era eu! Acho que estou perdida. Foi uma das experiências mais aterradoras da minha vida. Nunca me senti assim e não sei se poderei corresponder às expectativas de vocês!" Então, 20 minutos e uma xícara de café depois, tudo estava bem. Enquanto a crise durou, ela ficou arrasada... Quanta emotividade!

Charlton Heston ficou muito aborrecido por ter que trabalhar em *De volta*?

Foi uma luta horrível – muito difícil, mesmo! Ele me disse várias vezes que não queria fazer aquilo. Envolvi Dick na história e ele repetiu: "Dick, não toque nesse assunto... Eu não quero fazer isso! Simplesmente, não quero!" Dick respondeu: "Olhe, não dá para fazer a continuação sem você – você tem que aparecer no filme. Talvez possamos encontrar um jeito de você fazer uma aparição rápida – você só trabalharia durante alguns dias!" "Bem, deixe-me pensar sobre isso", respondeu Chuck. Ele me chamou alguns dias depois e disse: "Se você garantir que não trabalharei por mais de três dias, aceito o papel... Mas, antes, quero ver o roteiro!" "É claro", eu disse. E foi assim que resolvemos a questão.

Você se lembra de alguma situação engraçada ocorrida nos bastidores dos dois primeiros filmes?

Não, não me lembro. A razão disso é que todo mundo acordava muito cedo, o calor era intenso e a estrutura física do script era tão cansativa para todos que não havia tempo para brincadeiras. Foi muito agradável fazer os dois filmes. O primeiro foi um sonho, embora o segundo tenha tido sua quota de problemas. Nada incomum!

Qual foi a última vez em que você assistiu aos dois filmes?

Houve um evento de celebração do 30º Aniversário do filme original e uma rede de TV local chamada *American Film Classic* exibiu o primeiro longa-metragem no cinema. Vários membros do elenco e da equipe foram convidados. Foi a última vez em que assisti a uma parte do filme.

Você se orgulhou do que viu na tela?

Sim, sim! Certa noite, Arthur e eu estávamos jantando, logo após o lançamento do filme, e encontramos Sammy Davis Jr. Ele correu até nós e disse: "Caras, vocês são incríveis! Aquele filme é a melhor explanação sobre a relação entre brancos e negros que eu já vi." Devo dizer que fiquei muito surpreso – ele viu o filme sob um ângulo diferente.

Você assistiu a alguma das outras continuações? O que achou delas?

Sim, assisti! Acho que todas são muito impressionantes à sua maneira, mas sofrem do mesmo mal: cada uma custou US$ 1 milhão a menos que o longa predecessor. É difícil fazer um filme quando se conta com uma cifra de apenas US$ 3 milhões! Por essa razão, admiro aqueles filmes.

O que achou da versão de Tim Burton?

Serei muito franco com você: nunca assisti ao filme inteiro!

Que continue assim, Mort! Pessoalmente, odiei o filme!

Ouço isso com frequência!

Em sua opinião, por que a série dos macacos é tão popular e longeva? Há alguma mensagem ou tema que a sumarize?

Acho que isto se deve ao ineditismo da ideia – nunca houve nada como aquilo. Há um caráter único na série, que resistiu bem ao teste do tempo.

O que você tem feito ultimamente? Como se diverte?

Bem, faz alguns anos que me aposentei. Lecionei durante cinco anos no American Film Institute depois que encerrei minha carreira de produtor. No momento, estou escrevendo um roteiro próprio sobre um dos meus assuntos favoritos. Resumidamente é algo baseado na história da América por volta de 1803 e inclui romance, aventura etc. É assim que tenho me ocupado!

Você teria algumas palavras a dizer aos leitores do *Simian scrolls*?

Fico encantado em saber que ainda existe tanto interesse por aqueles filmes. Sinto-me honrado por tê-los feito!

Por: Dean Preston (*perguntas formuladas por* Dean Preston, John Roche, Dave Ballard *e* Chris Lawless) / *Entrevista originalmente publicada no fanzine* Simian scrolls *e reproduzida neste livro com a autorização do autor.*

Leia a entrevista completa com Mort Abrahams na edição n º 13 do Simian scrolls, *disponível no site* Hunter's Planet of the Apes Archive (*https://pota. goatley.com/index.html*)

374

TED POST (1918-2013)

Diretor do filme *De volta ao planeta dos macacos* (1970).

Como você se envolveu com o projeto de *De volta*, para o qual contribuiu de forma tão marcante?

A princípio, Don Medford foi escolhido para dirigir o filme, mas desistiu quando o projeto começou a desmoronar por várias razões (uma delas era a recusa de Charlton Heston em aparecer na continuação). Eu ainda não havia finalizado *A marca da forca* quando fui sondado para substituí-lo. Eu também estava pronto para renunciar se ele (Heston) não aparecesse no filme. Heston não gostou da história e concordei totalmente com ele. Mas não faria o filme sem ele, pois não queria que o espectador pensasse que o estávamos enganando. Eu queria Heston no time. Foi quando Dick Zanuck se envolveu na história. Finalmente, todo mundo chegou a um consenso sobre a trama, ainda que pequenas alterações tenham sido feitas, com o personagem de Heston desaparecendo no início do filme e ressurgindo no clímax. Paul Dehn precisou reescrever o script para acomodar o novo enredo.

Quais são as suas opiniões e sentimentos sobre *De volta*?

Escrevi algumas notas para mim mesmo durante a produção para focar meus pensamentos no filme – as quais, para minha surpresa, foram publicadas no livro de Eric Greene. As notas (meus sentimentos) justificam a decisão de dirigir um script discutível, esquálido e guiado pelo enredo, ao invés de uma história substancial e com personagens sólidos. Por exemplo: poderíamos ter desenvolvido as complexas vidas dos mutantes desfigurados pela radiação, incluindo a personagem muda, Nova, e assim por diante. A frustração profissional sentida pelo elenco talentoso se deveu aos cortes no orçamento e no cronograma de produção. Os cortes inviabilizaram oportunidades de criarmos uma história potencialmente cinematográfica.

Você teve alguma influência na escolha das "novas caras" vistas em *De volta* (James Franciscus, James Gregory etc.)?

Não, a maior parte do elenco já havia sido definida quando cheguei.

Você dirigiu James Franciscus em vários filmes – *De volta, Night slaves, Good guys wear black*[205] –, **nos quais ele interpreta personagens que eventualmente acabam morrendo. Havia nesses papéis algo que particularmente apelasse ao ator?**

Nunca vi a coisa dessa maneira! Basicamente Jimmy e eu éramos muito bons amigos e sempre que eu tinha um trabalho para ele entrava em contato e pedia que lesse o roteiro. Eu diria que o fato dele ter interpretado papéis com uma mesma característica foi mera coincidência.

Você tem alguma lembrança de John Chambers?

John e sua equipe de maquiagem – não nos esqueçamos de Dan Striepeke – eram absolutamente fantásticos! Todos eram artistas brilhantes e talentosos e estavam sempre ocupados fazendo algo que envolvesse sua imaginação criativa.

Qual é sua opinião sobre a criança híbrida de homem e macaco que originalmente aparecia em *De volta* (e para a qual um modelo de maquiagem chegou a ser elaborado)?

Uma das ideias que tivemos para o desfecho do filme envolvia o nascimento de um mutante meio humano e meio símio. O departamento de efeitos especiais, junto com a equipe de maquiagem, criou alguma coisa nesse sentido, embora, para ser franco, ninguém realmente gostasse muito daquela ideia.

Dizem que James Franciscus submeteu a Mort Abrahams o seu próprio roteiro revisado de *De volta*. Você chegou a ver uma cópia deste script ou teve acesso ao seu conteúdo?

Oh, sim! Jimmy e eu passamos várias horas reescrevendo o script e reconstruindo o personagem de Brent. Quando o roteiro revisitado foi entregue a Mort Abrahams, ele ficou muito chateado com a coisa toda (para dizer o mínimo!). O pobre Jimmy ficou devastado com sua reação inicial. Mort disse a Jimmy que ele não tinha o direito de reescrever o script tão perto do início das filmagens e que aquilo não seria aceito. Mas, alguns dias depois, outro script revisado apareceu e nele estava contida a maioria de nossas sugestões. Mort ficou furioso com as mudanças – e comigo!

---

205 *Escravos da noite* (*Night slaves*, 1970, Ted Post); *Os bons se vestem de negro* (*Good guys wear black*, 1978, Ted Post).

Quais são suas lembranças de Kim Hunter, Maurice Evans e James Gregory?

Oh, Kim era única! Foi a primeira vez que trabalhei com ela. Kim era muito simpática, embora eu sentisse que ela não estava muito feliz com a ideia geral da produção. Maurice era um charme – um ator de teatro poderosíssimo. Foi um prazer trabalhar com ele.

Simian scrolls nunca perde uma oportunidade de falar sobre a adorável Linda Harrison. Você poderia dar alguma contribuição a esse nosso prazer culpado?

Ah, Linda! Foi um prazer trabalhar com ela. Linda enriqueceu sua personagem (concebida de forma bastante superficial) com inteligência, sensibilidade e emoção.

Charlton Heston chegou a discutir o desfecho do filme com você?

Para ser bem honesto, inicialmente pensei que Dick (Zanuck) tivesse sugerido aquilo – porém, mais tarde, soube que a ideia partiu de Chuck! Chuck imaginou que, com a destruição do planeta, não haveria mais continuações. Uma atitude bastante egocêntrica. Particularmente eu não queria aquele final. Acho que foi extremamente negativo. Mas a ordem vinda de Dick favoreceu a ideia de Heston.

Durante a produção houve alguma tentativa de mudar o desfecho do filme para que alguns personagens sobrevivessem?

Sim, tivemos várias ideias para o desfecho. De fato, um roteiro preliminar mostrava a bomba sendo detonada com menos intensidade, o que permitiria a Taylor, Nova e Brent escaparem.

A mensagem do filme seria a de que a Humanidade, apesar de ter uma escolha, eventualmente optará por se autodestruir?

Na verdade, falta ao filme uma mensagem. Falta-lhe significado humano. Seu pessimismo deriva daquele final. Acho que não se deve subestimar o espírito humano daquele jeito. Queríamos que alguém sobrevivesse. A Humanidade precisa de um fio de esperança. Acredito que o entretenimento deve elevar o espírito das pessoas. Jimmy (Franciscus) observou que "aquele era um filme sem esperança, que não propunha uma solução e não tinha uma declaração a fazer". Poderíamos ter sugerido que depende da sociedade atual impedir que a civilização retorne à selva. Qualquer coisa, menos destruir o mundo!

O que Ted Post tem feito atualmente? Como você se diverte?

Apesar de ter me aposentado há alguns anos, ainda estou muito envolvido com direção. Também leciono e escrevo. Portanto, ainda não me aposentei completamente!

Por: Dean Preston *(perguntas formuladas por* Dean Preston, John Roche, Dave Ballard *e* Chris Lawless*) / Entrevista originalmente publicada no fanzine* Simian scrolls *e reproduzida neste livro com a autorização do autor.*

Leia a entrevista completa com Ted Post na edição nº 13 do Simian scrolls, *disponível no site* Hunter's Planet of the Apes Archive *(https://pota.goatley. com/index.html)*

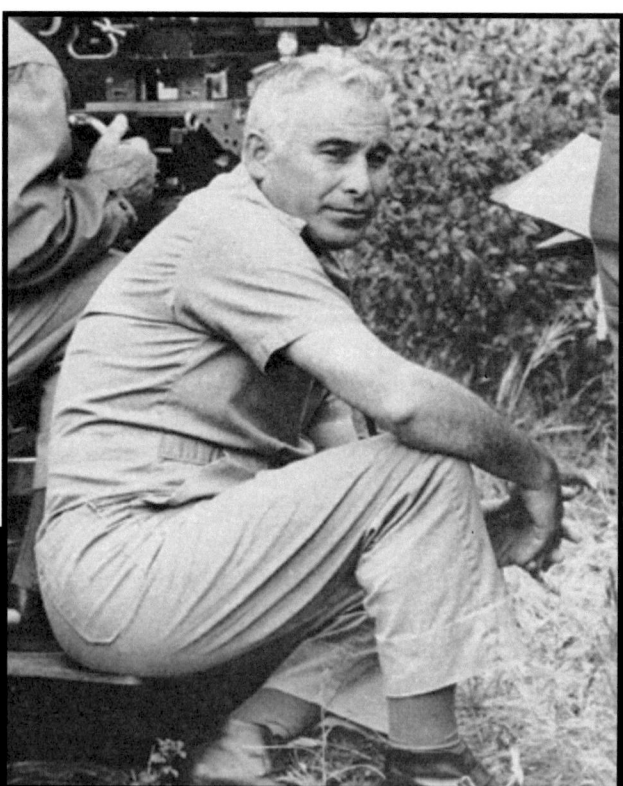

»» Ted Post no set de filmagem de *De volta ao planeta dos macacos.*

AUSTIN STOKER

Ator do filme *A batalha do planeta dos macacos* (1973) e do desenho animado *De volta ao planeta dos macacos* (1975).

Assault on precinct 13 [206] **é um filme "cult". Quais são os seus sentimentos em relação ao Tenente Ethan Bishop, que provavelmente foi um papel determinante em sua carreira?**

Certamente o Tenente Ethan Bishop foi um papel determinante em minha carreira — até o momento. Digo "até o momento" porque estou sempre ansioso por futuros papéis que possam ser igualmente marcantes.

Quais são suas lembranças sobre John Carpenter?

Foi absolutamente um prazer trabalhar com John. O que mais me lembro sobre ele é sua capacidade de manter a cabeça fria e focada no trabalho a despeito dos problemas que surgem quando se realiza um filme "independente". Ele estava sempre disponível quando precisávamos que algo nos fosse explicado ou quando qualquer ajuda era necessária. Foi algo que todos os envolvidos no filme apreciaram e que não é fácil de encontrar. Ainda que ele fosse o autor da trama e entendesse o material melhor do que ninguém, estava sempre disposto a discutir ideias. Gravamos uma entrevista juntos em 2002, que foi incluída na nova versão em DVD de *Assalto*. Ainda me lembro dos acontecimentos de quase todos os dias de filmagem. Gostei muito da experiência e agradeceria a oportunidade de trabalhar com ele novamente, a qualquer hora.

J. Lee Thompson, outro diretor legendário, infelizmente faleceu no ano passado. Você pode dividir conosco alguma recordação sobre ele?

Ele era um diretor maravilhoso. Eu ainda cursava a escola de Artes Dramáticas em Nova York quando *Os canhões de Navarone* estreou e, é claro, não podemos nos esquecer de *Círculo do medo*[207], com Bob Mitchum e Gregory Peck, lançado no ano seguinte.

---

206 *Assalto à 13ª DP* (*Assault on precinct 13*, 1976, John Carpenter).
207 *Círculo do medo* (*Cape fear*, 1962, J. Lee Thompson).

Como foi trabalhar com ele em *A batalha*?

Infelizmente não cheguei a conhecê-lo muito bem quando fizemos *A batalha*. Foi um tipo diferente de experiência e relacionamento em comparação à que tive com Carpenter. Acho que a diferença de idade e sua reputação tiveram algo a ver com isto. *A batalha* foi realizado em uma escala muito maior, em todos os sentidos. Entrávamos no set todos os dias e o trabalho era sempre "crítico". Digo isto no sentido de não se tratar de um gênero comum. Havia muitos detalhes com os quais lidar, o que me deixava admirado. Thompson estava sempre ocupado e na maior parte do tempo era muito sério. Você podia perceber o cérebro dele trabalhando o tempo todo.

Como você conseguiu o papel em *A batalha*?

Simplesmente fiz uma audição para o papel. No dia do teste, um assistente me apresentou a Thompson, Arthur Jacobs, a um produtor e a outro cavalheiro, todos desconhecidos para mim naquela época. A leitura demorou três ou quatro minutos, eles me agradeceram e eu agradeci a eles. Antes que eu chegasse à porta, um deles me deteve e perguntou se eu poderia voltar dentro de 45 minutos (é claro que eu podia!). Ele pediu que eu não ficasse por ali — eu deveria sair e voltar mais tarde. Havia cinco ou seis outros atores esperando no escritório ao lado. Quando voltei percebi que não havia mais ninguém aguardando. Thompson disse que minha leitura agradara a eles, mas que estavam considerando minha semelhança com Hari Rhodes (o MacDonald de *Conquista*), tanto em termos físicos quanto no que se referia à minha voz. Foi assim que me tornei MacDonald.

Você estava familiarizado com o fenômeno em torno da série dos macacos?

Não, eu não sabia que a série dos macacos era um fenômeno. Na verdade, eu não assistira a nenhum dos filmes anteriores. Mas meu agente me ligou e disse que eles fariam outro e que o meu nome fora proposto para um dos papéis. Assim, fui ao escritório pegar o script e me inteirar sobre as cenas de cujas leituras participaria e que seriam realizadas no dia seguinte, um sábado, às 11h, no estúdio da 20th Century Fox.

Do ponto de vista de um ator, é difícil interagir com intérpretes usando apliques?

Não posso falar por outras pessoas. Mas para mim não foi nada difícil. No que se refere à atuação, foi apenas mais um ajuste a ser feito. Eu sabia que era Roddy (McDowall) vestido e caracterizado como um macaco — sugerir algo diferente seria loucura. Ou o maravilhoso e querido Claude Akins (que Deus guarde sua alma!) como o maléfico e explosivo Aldo. Para usar um velho clichê, este é meu trabalho. Do ponto de vista criativo, devo aceitar e acreditar nas circunstâncias da trama no que diz respeito ao meu personagem. No mais, as performances convincentes de Claude, Paul, Roddy e de todos os outros atores criavam a sensação de que você estava lidando com gorilas, orangotangos e chimpanzés pensantes e falantes. Tem a ver, também, com uma habilidade que as crianças dominam: a "suspensão de descrença", que as faz aceitar a ideia de monstros e personagens de desenhos animados como criaturas "reais". Se o ator não suspender a própria descrença, o espectador também não suspenderá a dele.

Como foi trabalhar com Roddy McDowall?

Não há muito a dizer sobre isto. Ele era amigável e muito tranquilo, mas cada um ficava no seu canto. O trabalho exigia muita concentração e dedicação. Assim, era importante conservar as energias e manter-se focado o tempo todo. Por conta disso não havia espaço para socialização, exceto quando fomos a uma festa de despedida da produção (realizada em uma casa em Malibu), ao término das filmagens.

Você costuma ser reconhecido pelos fãs de *Planeta dos macacos*?

Sim, sou reconhecido pelos fãs. Não o tempo todo, mas quando eles estão por perto. Ainda recebo muitas cartas de fãs.

Agora, falando sobre o seu papel de Jeff Allen no desenho animado *De volta ao planeta dos macacos*: você acha que o programa era apenas uma diversão infantil? Ou os produtores estavam fazendo o melhor que podiam para apresentar algo com mais substância do que as tradicionais atrações exibidas nas manhãs de sábado?

Concordo com a afirmação de que o programa, sem excluir as crianças, também tentou se comunicar com os espectadores adultos. Não sei até que ponto foi bem-sucedido ou se chegou a ser bem-sucedido, mas acho que essa era a intenção dos produtores.

Eric Greene identificou na série uma possível alegoria sobre a Guerra do Vietnã (por exemplo: os astronautas, que são forasteiros, intervêm a favor dos humanos em suas batalhas contra os macacos; e por utilizarem uma tecnologia superior à do inimigo, triunfam). A obra também sugere que o personagem Urko, em alguns momentos, foi usado como uma paródia do Presidente Nixon, a ponto de ter sobrancelhas desenhadas de modo similares às do ex-presidente. Vocês eram conscientes desses comentários políticos?

Eu e Eric Greene nos conhecemos e nos tornamos amigos após a publicação do livro. Discutimos o assunto do modo como é apresentado na obra e percebo quantos paralelos com a vida real podem ser traçados a partir de uma abordagem metafórica. Na época em que atuei nos dois projetos, notei similaridades que poderiam suscitar análises e comentários sobre a política do mundo real. Mas este sempre foi um aspecto subliminar. Deixe-me explicar: no processo de atuação, o único meio de utilizar esse tipo de comentário subliminar (que não é a mesma coisa que "subtexto") é reconhecer a mensagem, aceitá-la e imediatamente ignorá-la. Nossa obrigação é "representar", não "analisar". Não seria possível lidar com isso se a ideia ficasse no meio do caminho.

Quando gravava suas falas para *De volta*, você trabalhava junto com os outros atores? Ou os diálogos do desenho animado eram gravados individualmente?

Eu trabalhava com os outros atores, embora tenha gravado os meus diálogos sozinho em algumas ocasiões. "Atuar com a voz" envolve uma dinâmica diferente de atuar fisicamente com outras pessoas.

Você tem alguma lembrança de Doug Wildey, o diretor de *De volta*?

Doug Wildey era como um daqueles diretores da indústria fonográfica que poderiam escutar o som de uma agulha caindo no fundo do Grand Canyon! Não sei se ele ainda está por aí, pois não o vejo há muitos, muitos anos. Nós nos encontramos mais de uma vez e conversamos muito antes do trabalho começar, mas quando realmente começou era raro entrarmos em contato, já que ele se comunicava conosco a partir de uma cabine de controle. Não me esqueço do que ele me disse no primeiro dia de gravação. Eu estava por minha conta e perguntei se ele achava que meu sotaque das Índias Ocidentais era muito forte. Doug sabia que nasci e cresci em Trinidad e me disse que eu não tinha sotaque: "O que você tem é uma cadência", afirmou ele. "Isto não é um problema."

Você chegou a assistir à "reimaginação" de *O planeta dos macacos* dirigida por Tim Burton em 2001? Em caso afirmativo, o que achou do filme?

Só assisti a um trecho do *remake* quando alguém aqui em casa o via na TV – não assisti ao filme todo. Pelo pouco que vi, notei que os macacos tinham um aspecto "demoníaco", selvagem. Eles eram tão terríveis e ameaçadores que não provocavam empatia, como acontecia com os macacos do filme original.

Já foi sugerido que, nos dois últimos filmes (*Conquista* e *A batalha*), o "Poder Símio" era uma alegoria sobre o "Black Power". O script de *Conquista* enfrentou muitos problemas com a censura. Essa ideia chegou a ser discutida quando você trabalhava no filme? Ou as pessoas estão apenas "vendo coisas"?

Como já afirmei, abordamos o significado "subtextual" do que nossos personagens dizem, mas não nos atemos às alegorias e temas subliminares. Ideias assim, por mais significativas que sejam, raramente são discutidas durante as filmagens. É um processo realizado momento a momento... Temos que "viver no presente". Em outras palavras, um ator pode estar ciente da existência de tópicos subliminares, mas a abordagem mais correta é que o seu personagem não o esteja. Dito isto, acredito que "não" – as pessoas "não" estão "vendo coisas". Se você não consegue encontrar algum significado contextual interessante em um filme, do que se trata a história? Por que o filme atrai sua atenção? Se você "vê coisas" quando assiste a um filme, isto significa duas coisas: 1) Há alguma profundidade e substância ali; 2) O filme faz as pessoas pensarem. Meu único "criticismo" – e não estou certo de que esta é a palavra a ser usada aqui – é que o ator não pode, ao longo do processo, preocupar-se com isso.

Por: Dean Preston / *Entrevista originalmente publicada no fanzine* Simian scrolls *e reproduzida neste livro com a autorização do autor*

Leia a entrevista completa com Austin Stoker na edição n º 7 do Simian scrolls, *disponível no site* Hunter's Planet of the Apes Archive *(https://pota. goatley.com/index.html*

ANDY SERKIS

Ator dos filmes *Planeta dos macacos: a origem* (2011), *Planeta dos macacos: o confronto* (2014) e *Planeta dos macacos: a guerra* (2017)

Você tem sido uma figura central no ramo de captura de movimentos em Hollywood desde *O senhor dos anéis*. Durante todo esse tempo, quais foram as mudanças que observou na indústria em relação a essa tecnologia?

Acredito que a maior mudança é que as pessoas não entendiam o que era captura de movimentos quando comecei a trabalhar em *O senhor dos anéis* – era como um "território desconhecido". Quando filmamos *O senhor dos anéis*, tínhamos que filmar tudo duas vezes: primeiramente em película (usávamos película naquela época) e, então, voltar para um pequeno estúdio, que se chamava "espaço de captura de movimentos", e repetir tudo usando câmeras em 360 graus, o que mapeava meus movimentos. Ao longo dos próximos filmes conseguimos usar captura facial, o que não era possível em *O senhor dos anéis*. Isto capturava as expressões faciais do ator e as aplicava diretamente à máscara digital. Finalmente, a partir de *Planeta dos macacos: a origem*, pudemos levar a tecnologia para as locações e sets e realizar os filmes com os atores livres das restrições impostas pela técnica. A tecnologia de pós-produção também evoluiu, pois a renderização e todo o trabalho artístico necessário para pegar nossas atuações e colocar nos rostos dos macacos aumentou incrivelmente. Portanto, a textura da pele, do pelo e dos olhos, assim como o software criado para simular essas coisas, melhorou radicalmente.

O César de *Planeta dos macacos* é um personagem atípico em sua carreira. Você o interpretou em várias fases da vida: com oito anos de idade em *A origem*; e em *O confronto* e *A guerra* quando o personagem já está mais velho e se tornou um líder. Como isto se reflete na atuação em termos físicos e de performance?

Precisei criar uma jornada física para o personagem à medida que ele evoluía ao longo dos três filmes. Em *A origem* ele era muito mais próximo de um chimpanzé jovem: curioso e energético. Eu andava em quatro patas e com extensões nos braços, me movendo como um macaco jovem; e então ele se tornou mais ereto e começou a andar e a usar algumas poucas palavras. No segundo filme ele se transforma em um líder e usa mais palavras para se comunicar — as quais tivemos que balancear com cuidado, encontrando a forma certa de pronunciá-las, para que ele não pareça ser *muito* humano —, mas, fisicamente, ele estava mudando, ficando mais ereto. Já no terceiro filme o personagem está bem mais velho, é um líder em tempos de guerra e passa a usar muito a linguagem humana e a conectar emoções e pensamentos por meio das palavras. Então, durante todo o processo, houve desafios em termos de calibrar esses movimentos e, também, quanto à fisicalidade e ao modo como o personagem se comunica.

César não é o primeiro macaco que você interpretou no cinema. Você também fez o *King Kong* da versão de 2005, dirigida por Peter Jackson. Algo de sua experiência no papel de Kong foi aproveitada no desenvolvimento de César?

Um pouco. Eu estudei os macacos, mas os gorilas são bem diferentes dos chimpanzés — especialmente *este* chimpanzé, que não é um espécime comum, mas um que possui inteligência aumentada. Portanto, foi um processo diferente. Mas acredito que as observações que fiz no processo anterior me foram muito úteis.

Você tem vários projetos que chegarão aos cinemas nos próximos meses e irá estrear na direção em *Breathe*[208] e em *Mowgli*[209]. Eu gostaria de saber como foi essa experiência. Você foi diretor de segunda unidade na trilogia *Hobbit*. A ideia de dirigir surgiu a partir daquela experiência?

Não. Eu tinha vontade de dirigir há muitos anos. Fiz alguns curtas-metragens, dirigi captura de movimentos para videogames e há muito tempo escrevo roteiros. Antes da trilogia *Hobbit* acontecer, eu me preparava para rodar meu primeiro filme. Peter Jackson me disse: "Venha dirigir atuações para mim na segunda unidade." E como filmamos durante 200 dias como segunda unidade, isto foi um ótimo aprendizado.

---

208 *Uma razão para viver* (*Breathe*, 2017, Andy Serkis).
209 *Mogli: entre dois mundos* (*Mowgli*, 2018, Andy Serkis).

Só tenho mais uma pergunta a fazer: sou um grande fã de *As aventuras de Tintim*[210] e gostaria de saber se o longa terá uma continuação. Não se fala mais sobre o filme e fico me perguntando se você andou conversando com Peter Jackson ou Steven Spielberg sobre o assunto nos últimos meses.

Não, não recentemente. Eu adoraria fazer outro filme baseado em *Tintim* — são filmes fantásticos e foi uma experiência incrível. Amo o personagem do Capitão Haddock, então, realmente espero que algum dia possamos fazer mais um filme.

Mas não há planos no momento?

Não no momento.

É uma pena.

Também acho.

Por: Pedro Strazza de Azevedo. *Entrevista originalmente veiculada no site B9 (https://www.b9.com.br/) e republicada neste livro com autorização do autor.*

---

210 *As aventuras de Tintim* (*The adventures of Tintin*, 2011, Steven Spielberg).

HUNTER GOATLEY

Administrador do site *Hunter's Planet of the Apes Archive* (https://pota.goatley.com) e fã da saga *Planeta dos macacos* desde a década de 1970.

Quando você se tornou um fã da saga dos macacos?

A primeira lembrança que tenho sobre *Planeta dos macacos* é a de assistir a uma exibição de *Conquista* em um cinema *drive-in* em 1972 ou 1973. Se não me engano era uma sessão dupla com *Frogs*[211]. Acho que, na mesma época, assisti ao filme original na TV. O que sei é que, no momento em que a série *live action* foi ao ar, eu já era um fã dos macacos. Meus primeiros artigos colecionáveis foram os bonecos de Cornelius e do Dr. Zaius lançados pela Addar, que ganhei no Natal de 1974. No ano seguinte, ganhei meus primeiros bonecos da Mego. Meu primeiro exemplar de *Planet of the apes* foi a edição número 8, comprada em maio de 1975. Fiquei surpreso ao saber que a revista existia e não sei quantas vezes li aquela edição.

E hoje você administra um dos melhores sites sobre a série. Como surgiu o *Hunter's Planet of the Apes Archive*?

Quase todas as coisas incríveis que você encontra no meu site vieram de fãs do mundo todo. Minha coleção pessoal é modesta. Tenho as revistas da Marvel, alguns bonecos, as novelizações e uns poucos itens a mais. O site surgiu quando membros de um dos grupos do Yahoo! mencionaram que tinham roteiros da série. Isso foi por volta de 2001, quando a Internet ainda estava começando. Acho que foi Greg Plonowski quem primeiro mencionou estar disposto a escanear um dos roteiros que possuía para alguém. Mas ele não tinha como compartilhar os *scans*, que eram grandes demais para serem anexados a mensagens de e-mail. Eu já estava online há mais de uma década e tinha o meu próprio site, criado para hospedar os arquivos de áudio da coleção de revistas da Power Records. Então, me ofereci para hospedar os *scans*. Greg me enviou os arquivos e eu os disponibilizei para download. O site começou assim, nada mais do que links para dois ou três roteiros digitalizados. Outras pessoas mencionaram que também possuíam roteiros e os enviaram a Greg, que os digitou e enviou para mim, para que fossem colocados no site. O número de arquivos que eu oferecia começou a ficar grande demais e decidi organizá-los em várias páginas de web. Em pouco tempo, tínhamos *scans* de todos os roteiros dos

---

211 *A invasão das rãs* (*Frogs*, 1972, George McCowan).

longas-metragens (inclusive os tratamentos preliminares de alguns deles) e dos episódios da série de TV. Na mesma época, o filme de Tim Burton foi lançado, mas eu não tinha qualquer interesse naquela versão. Decidi que meu site seria dedicado apenas aos filmes e séries originais.

No site também há muita informação sobre os quadrinhos clássicos da Marvel. Quando este conteúdo passou a ser disponibilizado?

Em 2004, comemorou-se o 30º aniversário de lançamento da revista *Planet of the apes* no Reino Unido. Greg tinha todas as edições e decidiu escanear os 123 números da publicação, os quais passamos a disponibilizar no site semanalmente. Desse modo, atraímos mais visitantes. E quanto mais visitantes apareciam, mais itens eram oferecidos para o acervo. Em pouco tempo, as pessoas estavam contribuindo com digitalizações de cards, artigos publicados em revistas, fotos de porta de cinema, anúncios publicitários e muito mais. O site foi ficando cada vez maior e, durante anos, tive medo de receber uma carta da Fox exigindo o seu encerramento. Deixei claro, por meio de um aviso na página inicial, que não havia lucro envolvido. Estávamos apenas compartilhando *scans* de itens que nunca haviam sido lançados comercialmente ou que não eram mais comercializados. Finalmente, quando a Fox lançou o box da série em Blu-ray, em 2008, notei que eles haviam incluído um link para o meu site no livro de capa dura que acompanhava a edição. Assim, descobri que a Fox não apenas sabia sobre a existência do meu site, mas o estava promovendo. A partir daí, relaxei. Hesito em citar nomes, pois tenho certeza que acabarei omitindo algumas pessoas; mas, como disse, muito pouco do que há no site veio da minha própria coleção. O crédito deve ser dado a amigos como Greg Plonowski, Mark Talbot-Butler, Dave Ballard, John Roche, James Aquila, Rory Monteith, Harry Barnes, Greg Champy, Terry Hoknes, Dean Preston, M. Harraway e outros mais, que estavam dispostos a compartilhar suas coleções com fãs de todo o mundo. Sirvo apenas como webhost – um organizador e um curador. Um dos meus objetivos é fornecer *scans* em alta resolução, sempre que possível. E você verá que quase tudo no site pode ser baixado com essa qualidade.

Quantos *scans* estão disponíveis no site?

Nunca cataloguei o que está lá. Sei que há mais de duas mil fotos em alta resolução, mais de 60 scripts, centenas de histórias em quadrinhos, outras centenas de *scans* de autógrafos e assim por diante. Em termos de dados brutos, o site tem mais de 21 mil arquivos e ocupa 20GB de espaço em disco!

388

De todos os itens que possui em sua coleção pessoal, qual é o mais valioso para você?

Sou muito parcial com os modelos da Mego e com as revistas da Marvel, sem dúvida, pois esses itens foram os primeiros que tive. Nos últimos anos, adicionei alguns artigos à minha coleção que sempre quis ter quando era criança, como a lancheira e as latas de lixo temáticas.

Há algum item específico que você ainda não possui, mas que gostaria de ter?

Em minha coleção pessoal, eu adoraria ter um dos apliques de maquiagem originais. Ou um dos figurinos usados nos filmes. Mas não estou disposto a pagar os preços que cobram por esses itens. Então, fico satisfeito com o que tenho.

A série dos macacos é famosa por suas analogias políticas, que fazem referência a vários episódios da História americana. Mesmo assim os filmes têm admiradores em países tão diferentes quanto o Japão, o Brasil e a China. Como você explica esse fenômeno?

Eu não saberia explicar. Mas acho fascinante que os filmes sejam tão populares em todo o mundo. No que diz respeito aos comentários sociais, estes definitivamente ecoam eventos ocorridos na América. Mas os temas dos filmes são universais. Além do mais, quem resiste à ideia de macacos falantes?

Você é um fã "ortodoxo", daqueles que apreciam apenas os filmes antigos? O que achou, por exemplo, da trilogia estrelada por Andy Serkis?

Eu me considero, sim, um fã "ortodoxo". Gostei muito da nova trilogia, mas acho que se trata de outra coisa. Embora os filmes tenham a mesma premissa sobre macacos falantes, as histórias são tão diferentes que penso nelas como entidades à parte – filmes dos quais gosto, mas que não estão conectados aos longas e séries originais. Os novos quadrinhos não me interessam. Gostei de *Revolution on the planet of the apes*. Mas, já que a história deriva dos primeiros filmes, isto não chega a surpreender. E no que me diz respeito, o filme de Tim Burton não existe. Meu amor pelos filmes e séries originais se reflete em meu site, onde não há nada relacionado à versão de Burton ou às novas produções.

Como seria o seu "ranking" pessoal dos filmes da série?

É uma pergunta difícil, pois amo a todos. Mas *O planeta* certamente é a melhor das produções. Era um grande filme, com uma história fascinante, que dispensava qualquer sequência. Mas tiro o chapéu para Paul Dehn e Arthur Jacobs, que conseguiram criar continuações muito interessantes. Eu classificaria as sequências da seguinte forma: 1) *Conquista*; 2) *Fuga*; 3) *De volta*; 4) *A batalha*. No que se refere aos novos filmes, meu ranking seria: 1) *A guerra*; 2) *O confronto*; 3) *A origem*. O primeiro longa da trilogia foi muito prejudicado por James Franco, um ator do qual não sou fã. E achei muito idiota a ideia dos cientistas que trabalhavam com os macacos não saberem que "Olhos Brilhantes" estava grávida. Enfim: digamos que, se eu tivesse que escolher um dos filmes para assistir hoje à noite, certamente escolheria um dos originais.

Entrevista realizada pelo autor em 2018

DAVE BALLARD

Coeditor do fanzine *Simian scrolls* e fã da saga *Planeta dos macacos* desde a década de 1970.

Quando você se tornou um fã dos macacos?

Meu primeiro contato com a série se deu por volta de 1968 ou 1969. Eu tinha sete ou oito anos de idade. Meu irmão mais velho comprou algumas cartelas de goma de mascar da Topps e as deixou em cima da mesa. Passei por ali e elas me chamaram a atenção. Fiquei fascinado e chocado com as imagens de seres humanos seminus e amarrados pelos tornozelos depois da caçada. Também me recordo da imagem da espaçonave de Taylor afundando naquelas águas azuis e perfeitas, sob um céu igualmente azul e perfeito, e das incríveis rochas avermelhadas. Eu era apenas uma criança e perguntei à minha mãe em que planeta aquela fotografia havia sido tirada. "Provavelmente foi em algum lugar da América", respondeu ela. Cinquenta anos depois, visitei o Lake Powell e nadei naquele mesmo lugar.

Você assistiu às sequências do filme original no cinema?

Minha mãe me levou ao cinema assistir à *De volta* na época do lançamento. Não sei como me deixaram entrar, já que eu era muito pequeno em 1970. Não me lembro de muita coisa, além de ter ficado com medo dos mutantes e perplexo ao ver Brent levar um tiro na cabeça. Também assisti à *Fuga* e à *A batalha* quando estrearam no cinema. Portanto, quando a série de TV surgiu, eu já estava bem familiarizado com os macacos e acho que já era um fã.

Como e quando foi criado o *Simian scrolls*?

Nos anos 1990, Terry Hoknes tinha um fanzine sobre os macacos, o *Ape chronicles*. Quando este deixou de ser produzido, John Roche, um grande fã da série, além de um cara muito legal, achou que a saga merecia um novo fanzine e bancou sozinho a primeira edição. Comecei a colaborar com o *Simian scrolls* na edição seguinte e mais tarde fui promovido a coeditor. Logo depois, Dean Preston se juntou a nós, tornando-se o terceiro coeditor. Qualquer fanzine é tão bom quanto as pessoas que o fazem. Acho que temos muita sorte, já que vários astros e fãs têm sido generosos conosco disponibilizando-nos um pouco do seu tempo.

Como é produzido o fanzine? Vocês se revezam nas mesmas funções ou alguns se encarregam de tarefas específicas?

John, Dean e eu ficamos de olho em eventos relacionados à série e tentamos acompanhar todos os tópicos que possam render artigos bacanas. Isto representa de 40 a 50% do nosso conteúdo. No mais, dependemos das contribuições de outros fãs. Muitas vezes, do nada, alguém entra em contato e nos diz: "Tenho um determinado conteúdo. Interessa a vocês?" Tenho conhecimentos de impressão e design e acesso a equipamentos e softwares profissionais. Portanto, o material é enviado a mim e eu elaboro as páginas, implorando, roubando, pedindo emprestadas todas as imagens que puder conseguir. Após a aprovação e finalização dos conteúdos das edições, envio um PDF para impressão e outro para ser visualizado em tela — este aos cuidados do nosso amigo Hunter Goatley, que o disponibiliza em seu site para que todos os fãs tenham acesso às edições.

O *Simian scrolls* revelou incríveis histórias sobre os bastidores da série. Minha favorita é a da atriz Erlynn Botelho, que participou como "extra" de todos os filmes clássicos, embora seu nome nunca seja citado nos créditos. Como vocês descobrem essas pautas?

Nossa arma secreta é Dean Preston. Ele é incrível! Dean é um exército de um homem só na hora de rastrear alguém que já teve qualquer coisa a ver com a série. Se você estiver por aí, Dean vai te encontrar. Quando Dean entra em contato, geralmente é para nos avisar sobre uma provável entrevista que está a caminho. Então, formulamos uma lista de perguntas e Dean faz as entrevistas por e-mail ou telefone.

Assistindo aos novos filmes, notei a inclusão de ideias que foram primeiramente propostas em fanzines e histórias em quadrinhos sobre os macacos. Por exemplo: a epidemia viral que torna os humanos incapazes de pensar e falar em *A guerra*. As pessoas da indústria estão buscando inspiração em fontes independentes na hora de escreverem filmes de grande orçamento?

Sei o que você quer dizer. Eu também já experimentei essa sensação de *déjà vu*, seja no cinema ou lendo a última edição de uma revista em quadrinhos. Pessoalmente não acredito que se trate de qualquer forma de plágio, intencional ou não. Recorrendo a uma analogia, acho que é apenas um caso de vários cozinheiros utilizando os mesmos ingredientes. Neste tipo de ambiente criativo é natural que qualquer coisa servida, às vezes, tenha um gosto muito parecido.

Ouvi dizer que a série de TV *Planeta dos macacos* se tornou mais popular na Inglaterra do que nos EUA. Isto é verdade?

Sim, é verdade. Acho que isto aconteceu no Reino Unido porque os filmes só foram exibidos em nossa TV após a estreia da série, em 1974. Portanto, para muitos espectadores locais, a série foi o primeiro contato com o universo dos macacos. Nos EUA aconteceu o contrário: foi o êxito dos filmes na TV americana que levou a série a ser produzida. Pergunte a alguém com certa idade no Reino Unido quem é o General Urko e a pessoa saberá responder. Mencione o General Ursus e você obterá um silêncio retumbante.

A série dos macacos é um mito bem "americano", principalmente no que se refere aos seus comentários sociais, que refletem a política do país nas últimas décadas. Por que os filmes são tão populares em locais como o Reino Unido e o Brasil?

Os EUA não são o único país que tiveram revoltas raciais ou escravidão (temas que podemos relacionar a *Conquista*). Os roteiros podem ser baseados em eventos exclusivos da História americana, mas a sobrevivência, o preconceito racial, a autodestruição, a perseguição e a negação de direitos são tópicos universais e relevantes para todas as pessoas do planeta, independentemente do país onde vivem. Filmes de faroeste sempre foram populares pela mesma razão.

No Brasil, por volta de 1975, os macacos se tornaram uma febre entre as crianças. Qual foi o impacto da *macacomania* no Reino Unido?

Por aqui, no auge do fenômeno, a série de TV era reprisada com frequência. A Marvel local também reimprimia o material da HQ americana semanalmente (e depois passou a reimprimir as reimpressões!). Os filmes foram relançados nos cinemas em sessões duplas e, às vezes, triplas. Nas lojas havia crachás, kits de bonecos, roupas, pôsteres, máscaras, cards, anuários e quebra-cabeças, só para mencionar alguns itens. No Reino Unido também tivemos um fã-clube, o Ape 'Rodeos', além de um espetáculo teatral inspirado na série.

Você é o tipo de fã que gosta apenas dos filmes originais ou também aprecia os novos longas e quadrinhos sobre os macacos?

Gostei muito de *A origem* e *O confronto*. Fiquei um pouco desapontado com *A guerra*, mas isto não tem nada a ver com o fato de ser um filme "novo". Acho que os macacos digitais são surpreendentes e que há uma integridade nesses filmes, o que é raro na maioria dos blockbusters hollywoodianos da atualidade. Li a maioria das HQs recentes, mas nenhuma delas me impactou da mesma forma que aquelas antigas histórias em preto e branco da Marvel lançadas nos anos 1970. Inevitavelmente algumas são melhores do que outras. Li o *crossover* de *Planeta dos macacos* e *Jornada nas estrelas*, *A diretriz primata*. Adorei a arte, mas senti que era mais *Jornada nas Estrelas* do que *Planeta dos macacos*. E aquela versão de Taylor simplesmente não me pareceu correta. Devo confessar que não dei muita importância ao *crossover* de *Planeta dos macacos* e *Lanterna Verde*. Acho que é possível fazer bons *crossovers* entre a série dos macacos e outras franquias, mas os autores precisam ser fãs de ambos os temas, na mesma medida. Minha opinião sobre *crossovers* é que há sempre uma tendência para uma propriedade, o que inevitavelmente tem um efeito negativo sobre a outra.

Qual seria o seu ranking pessoal dos filmes da saga em ordem de preferência?

1) *O planeta* (1968); 2) *O confronto*; 3) *De volta* / *A origem* / *Fuga*; 4); *Conquista*; 5) *A guerra* / *A batalha*; 6) *O planeta* (2001)

Entrevista realizada pelo autor em 2018.

DEAN PRESTON

Coeditor do fanzine *Simian scrolls* e fã da saga *Planeta dos macacos* desde a década de 1970.

A maioria dos fãs teve seu primeiro contato com a saga dos macacos na infância ou adolescência. O mesmo aconteceu com você?

Para mim tudo começou em 1970, quando assisti a *De volta* pela primeira vez em nosso cinema local em Jersey (Ilhas do Canal, Reino Unido). Foi uma experiência inesquecível!

No Brasil, um fenômeno interessante é que a série televisiva é mais lembrada do que os longas-metragens. A mesma coisa aconteceu em seu país natal?

De certa forma, sim. A série de TV foi um grande sucesso no Reino Unido – certamente gerou muito interesse na época. Eu, no entanto, já estava bem conectado ao tema porque assistira a todos os filmes no cinema.

Como e quando você começou a colaborar com o *Simian scrolls*? E quais foram as entrevistas mais memoráveis que realizou para a publicação?

Fui abordado por John (Roche) no verão de 2000, quando morava no Reino Unido, e convidado a me juntar à equipe do *Scrolls*. John, Dave

(Ballard) e eu somos ótimos amigos desde então! Embora eu nunca tenha tido a oportunidade de conhecer John, Dave e eu (junto com nossas famílias) nos encontramos há alguns anos em Londres para uma noite fabulosa e um delicioso *curry*.

Dave Ballard, seu colega do *Simian scrolls*, diz que você é a "arma secreta" do time e que tem uma habilidade especial para encontrar pessoas que têm alguma conexão com os filmes e séries de TV. Como você encontra esses personagens?

Conseguir o contato ou o endereço das pessoas ficou muito mais fácil graças à Internet. Nos primeiros anos, eu usava "o método tradicional" — caneta e papel (ou seja, cartas escritas à mão e enviadas por correio) — para contatá-los e fazer uma conexão amigável. Depois de receber uma resposta positiva, apresento a proposta de uma possível entrevista para o *Scrolls*. A maioria das entrevistas foi realizada por telefone ou e-mail. Muito poucos se recusaram a ser entrevistados.

Tanto quanto você, sou fã do maquiador Dan Striepeke, que foi entrevistado pelo *Simian scrolls* há alguns anos. Como foi a experiência de conversar com ele?

Ter uma oportunidade de entrevistar Danny foi a realização de um sonho… em mais de um sentido! Na época, entrevistando Jamie Kelman sobre o seu envolvimento com o filme de Tim Burton, o tópico "Dan Striepeke" veio à tona e mencionei minha dificuldade em contatá-lo. Eu não sabia disso, mas Jamie conhecia Dan muito bem. Logo em seguida, "do nada", recebi um e-mail de Danny dizendo: "Acredito que você quer falar comigo." O resto, como dizem, é história! Dan foi um entrevistado maravilhoso! É uma pessoa muito reservada, mas felizmente respondeu a todas as perguntas que lhe fizemos. A "cereja do bolo" foi quando Dan gentilmente me ofereceu um aplique de chimpanzé original, junto com a peruca usada por Roddy McDowall e próteses de mão utilizadas na série de TV! Ainda tenho essas peças fabulosas de memorabilia. Junto com as peças, recebi a seguinte mensagem: "Fico muito satisfeito por você estar feliz com os produtos. Também tenho certeza de que estarão sãos e salvos nos próximos anos. Atenciosamente, Dan (Striepeke)."

Que tipo de fã é você? Prefere os filmes originais e a série de TV dos anos 1970? Ou também aprecia os últimos longas-metragens e os novos quadrinhos publicados desde a década de 1990?

Sou um grande fã dos macacos, desde os originais até a nova trilogia... com exceção do fiasco dirigido por Burton! Odeio aquilo! Também sou um grande colecionador de todos os produtos relacionados à série, especialmente autógrafos e memorabilia original.

Para completar, qual seria o seu ranking pessoal de filmes da saga Planeta dos macacos, **do melhor ao pior?**

1) *O planeta dos macacos* (1968), porque resistiu à prova do tempo; 2) *De volta ao planeta dos macacos*; 3) *Fuga do planeta dos macacos*; 4) *Planeta dos macacos: o confronto*; 5) *Conquista do planeta dos macacos*; 6) *Planeta dos macacos: a guerra*; 7) *A batalha do planeta dos macacos*; 8) *Planeta dos macacos: a origem*; e lá no fundo do poço... a horrível tentativa de Tim Burton!

Entrevista realizada pelo autor em 2018.

JAY ROGERS

Artista, escritor e fã da saga *Planeta dos macacos* desde a década de 1980.

Quando você se tornou um fã da saga Planeta dos macacos?

O primeiro filme da série a que assisti foi *Fuga do planeta dos macacos*, provavelmente em meados da década de 1970, muitos anos depois de o longa-metragem ter sido produzido. Nasci em 1968, então, era muito jovem para assistir aos filmes no cinema quando estrearam. A exibição de *Fuga* foi um evento gratuito realizado em um shopping local. Eles exibiam filmes diferentes para as crianças todos os sábados, o que dava às mães a oportunidade de fazerem compras. Gostei muito e fiquei intrigado com as cenas de *O planeta* que são mostradas quando Zira está sendo interrogada. Mais tarde, avançando alguns anos no futuro, uma estação de TV local exibiu *O planeta* e *De volta* em uma sessão dupla levada ao ar em uma tarde de domingo. Foi um dia maravilhoso e me apaixonei pela saga dos macacos. Quando criança, acho que até gostava mais de *De volta*, porque era um filme mais arrojado, com uma cidade subterrânea, mutantes e um exército de macacos. Ainda adoro *De volta*, mas já não acho que seja tão bom quanto *O planeta*. Nos anos seguintes, sempre consultava o nosso guia de TV semanalmente, rezando para encontrar *Conquista* ou *A batalha*. Naquele tempo, não era possível alugar os filmes em uma locadora ou assisti-los por meio de streaming. Finalmente consegui ver os dois longas restantes e também assisti a uma maratona com os macacos em uma semana na qual a 20th Century Fox juntou os episódios da série da TV e os transformou em filmes. Fizeram isso com dez episódios, que foram transformados em cinco filmes. Foi uma ótima semana. Todos na escola falavam sobre aquilo. Provavelmente foi por volta de 1980 que também me tornei um fã da série. Um dos meus amigos tinha as revistas da Marvel e as emprestou para mim. Adorei! Então, entrei em um sebo e encontrei todas elas, exceto duas edições. Durante muito tempo, aquele foi o meu "Santo Graal" em termos de *merchandise* relacionado aos macacos.

De alguma forma o seu interesse pela série influenciou o seu trabalho como artista, tanto no campo temático quanto estilístico?

Não sei se a série influenciou estilisticamente minha arte, mas, como fã, me inspiro a criar arte em torno desses filmes. Como artista, você está sempre procurando coisas para se manter motivado, para continuar a praticar, para progredir e melhorar. Pintar uma paisagem me chateia, mas acrescente a isto alguns macacos montados em cavalos e eu estou dentro! Como já mencionei, eu possuía a maioria das antigas revistas em preto e branco da Marvel e sempre amei suas lindas capas pintadas. Até criei um projeto para tentar reproduzir todas elas. Já percorri um terço do caminho e você pode acompanhar meu progresso em minhas galerias de arte on-line (https://www.deviantart.com/jtriii e no Facebook/jtrgallery).

Ficção científica e fantasia são elementos recorrentes em seus trabalhos. Além da saga *Planeta dos macacos*, quais são os seus filmes e séries favoritos?

Sempre fui fã de ficção científica e é por isso que a saga dos macacos me interessou em primeiro lugar. Na década de 1970, eu era um grande fã da série *Jornada nas estrelas*. Tal como aconteceu com os macacos, eu era muito jovem para assisti-la quando foi originalmente apresentada, mas *Jornada* nunca deixou de ser exibida nos EUA na década de 1970. Acho que nunca me cansei da série e ainda a adoro. Lembro-me de gravar alguns episódios em fita cassete antes do advento do videocassete, só para ouvir o áudio dos meus episódios favoritos repetidas vezes. É engraçado: na época, eu achava que era o único a fazer isto, mas vim a saber que muitos outros fãs fizeram a mesma coisa. Então, em 1977, surgiu o rolo compressor *Star wars* e, como todas as crianças do planeta, eu também fiquei alucinado pelo filme. Embora eu tenha curtido muita ficção científica ao longo dos anos, a série dos macacos, *Jornada* e *Star wars* ainda são os meus títulos favoritos.

Quais técnicas e materiais são mais utilizados em seus trabalhos?

Sou um artista completamente autodidata. Eu desenhava bastante quando criança, mas não o fiz muito como adulto – ao menos, não até chegar aos 30 anos. Naquela época, decidi que queria ensinar a mim mesmo como desenhar melhor e comprei um livro sobre desenho a lápis. Segui os passos do livro e imediatamente comecei a obter resultados que realmente me impressionaram. O trabalho era fotográfico. Comecei a me dedicar mais à tentativa de desenhar rostos e apliquei algumas das técnicas de sombreamento que aprendi, obtendo resultados decentes e tornando-me obcecado por retratos a lápis. Fiz um progresso rápido e comecei a obter resultados muito bons. Fiz isso durante dez anos ou mais, mas meu trabalho diminuiu quando comecei a ficar entediado com o lápis. Então, há vários anos, decidi experimentar algo diferente e passei a trabalhar com caneta e tinta. Fiz isso obsessivamente durante um ano e assisti a um vídeo no YouTube em que um cara utilizava aquarela em seus desenhos a tinta. Tentei o mesmo e gostei dos resultados. Então, parei de trabalhar com caneta e tinta e passei a me dedicar obsessivamente às aquarelas durante um ano e meio, mais ou menos. Sempre quis fazer acrílicos, mas ao olhar para as obras de outros artistas que trabalhavam com acrílicos, achava que a técnica estava um pouco além da minha capacidade. Pensei que talvez me aventurasse nela algum dia, quando me aposentasse. Um ano atrás, peguei alguns acrílicos antigos de minha esposa e fiz uma pintura de Darth Maul. Não pude acreditar nos resultados que obtive. A pintura era muito mais brilhante, colorida e realista em relação às aquarelas. Desde então, deixei as aquarelas de lado. Agora, sou obcecado por acrílicos. Amo a técnica e não acho que vou mudar novamente. Acredito que os acrílicos combinam com o meu estilo realista. Pela primeira vez em minha vida, sinto que estou fazendo coisas boas com minha arte e elaborando os tipos de pinturas que realmente quero criar. Embora eu sempre tenha gostado do meu trabalho, sentia um pouco de frustração por não obter o que procurava. Mas, agora, depois de muitos anos praticando minhas habilidades em desenho e as combinando com o que os acrílicos me permitem alcançar, pintei algumas artes das quais tenho muito orgulho.

Algum artista em particular influenciou seu estilo?

Como mencionei, ainda sou um novato em acrílicos, então, definitivamente me considero um aprendiz. Como tal, costumo copiar os trabalhos de outros artistas para tentar descobrir como eles fazem as coisas. Já falei sobre o meu projeto de reproduzir as capas da Marvel. Esta é uma ótima experiência de aprendizado para mim. Amo o jeito como aqueles artistas usavam as cores e a luz para produzirem imagens que são mais vibrantes e bonitas do que uma fotografia. Meu artista favorito da revista da Marvel é Bob Larkin. Ele fez belas capas, com cores incríveis, muitas vezes enfatizando certos tons e modos de luz. A edição número 1 tem um tom roxo. A edição número 3 tem o vermelho. A edição número 5 tem o amarelo e o laranja. Adoro isso! Fotografias nunca seriam daquele jeito. Joe Jusko é outro artista que admiro. Ele nunca fez uma capa para a revista dos macacos, mas produziu uma linda obra para um livro chamado *Conspiracy on the planet of the apes*. Se você já o viu, é aquela em que os astronautas estão jogando fora suas plaquetas de identificação. Ele é mais famoso por ter feito várias séries de figurinhas da Marvel. Eu o conheço porque ele pintou muitas capas da revista *Savage sword of Conan* nos anos 1980. Este era um dos meus quadrinhos favoritos na época. Mas, se eu pudesse ser tão bom quanto algum artista, provavelmente escolheria Jason Edmiston. Ele faz muitas pinturas acrílicas relacionadas a filmes com foco em produções de terror. Ele tem um ótimo livro chamado *Visceral*, que inclui várias pinturas de macacos. Uma das pinturas foi usada como capa de um jogo de tabuleiro inspirado na saga dos macacos lançado recentemente. Ele é fantástico.

Você também é escritor. Pode nos falar um pouco sobre os romances de mistério que escreveu? Alguns dos enredos, brevemente descritos no site da Amazon, sugerem que você tem uma afinidade com o estilo de Raymond Chandler e outros autores clássicos do gênero.

Raymond Chandler é um dos criadores das histórias clássicas de detetives americanas que têm sido tão populares no cinema e na literatura desde a década de 1930. Realmente me tornei um grande fã de um autor inspirado em Chandler chamado Robert B. Parker. Ele faleceu há alguns anos, mas escreveu uma série tremendamente popular com um detetive chamado Spenser. Nos anos 1980, houve até uma série de TV americana baseada no personagem, estrelada por Robert Urich. Não tenho palavras suficientes para enaltecer seus romances. Meu filho se chama Spenser.

Quando criança, eu também era fã da velha série *Perry Mason* (1957-1966), que era exibida na TV. Isto me levou a descobrir os livros nos quais a série foi baseada. Eles foram escritos por Erle Stanley Gardner e achei os livros originais ainda melhores do que o programa de TV. Então, meus livros são meio que uma mistura desses dois autores. Meus romances são thrillers de assassinato, aos quais tentei incorporar parte da caracterização e do humor de Parker com as reviravoltas de Gardner. Escrevi uma série de três livros com meu personagem, Jack Winters. Os romances começam com *In the shadow of occam's razor* e continuam com *Looking for DarrylWilson* e *Lady in the red dress*. Provavelmente o que distingue Jack de outros detetives fictícios é que ele não tem medo de distorcer a Lei de uma forma que outros detetives geralmente não o fazem. Se Jack achar que seu cliente é inocente, ele pode esconder provas que as façam parecer culpados. Ele também é capaz de plantar evidências para enquadrar alguém que sabe ser culpado. Ambas as situações me permitem elevar a tensão quando Jack se mete em problemas com os dois lados da Lei. Também escrevi uma história de mistério para crianças chamada *The Bishop brothers mysteries*. Todos esses livros estão disponíveis na Amazon.

Considerando seu amor e devoção pelos clássicos, qual é sua opinião sobre o tratamento que o cinema contemporâneo deu à ficção científica e ao horror nos últimos anos? O que você acha, por exemplo, dos novos filmes das séries *Planeta dos macacos*, *Star wars* e *Jornada nas estrelas*? Os efeitos especiais ganharam mais espaço nessas produções do que o enredo e a caracterização dos personagens?

Lembro-me de conversar com amigos do Ensino Médio, em meados dos anos 1980, e de não conseguirmos entender por que as pessoas mais velhas preferiam filmes e atores clássicos, como John Wayne e Humphrey Bogart, a filmes e astros contemporâneos, como Clint Eastwood, Sean Connery e Harrison Ford. Mas, agora, estou na mesma posição. Gosto das coisas com as quais cresci e sinto muito menos apego pelas versões modernas. Aprecio os novos filmes de *Jornada nas estrelas*, com Kirk e Spock, mas eles não são os *meus* Kirk e Spock. Não sinto a mesma conexão. Tenho um sentimento parecido quanto aos macacos. Acho que os novos filmes da série são muito bem feitos, mas há algo sobre a atmosfera e o humor dos longas originais que não estão presentes nas novas produções. Não me conecto a elas da mesma forma. Para mim, os macacos combinam melhor com paisagens ensolaradas, com a música misteriosa de Goldsmith e Rosenthal e com grandes personagens dos quais sinto falta, como Taylor,

Zira e Cornelius. Se eu fosse encarregado de realizar um filme dos macacos, eu o situaria entre *A batalha* e *O planeta* e o incluiria na mesma linha do tempo. Peter Jackson chegou a trabalhar com essa ideia há muitos anos. Entendo que essas são novas versões e as aprecio, mas os originais sempre serão os meus favoritos. Acho que estou mais feliz com os novos filmes de *Star wars*. Mais do que qualquer um dos outros, eles estão mais próximos dos originais e isso faz com que eu me conecte a eles. Isto provavelmente se deve ao fato desses filmes estarem tentando dar continuidade às histórias originais, ao invés de reiniciá-las. Ainda que muitos fãs os critiquem, amo o que os produtores estão fazendo com *Star wars*. Concordo que os efeitos especiais sobrepujaram a caracterização em muitos filmes modernos. Tenho a impressão de que eles estão tentando acompanhar o ritmo dos videogames, pois é com isto que os jovens cineastas estão acostumados. Isto é muito evidente nos filmes modernos de super-heróis. *Os Vingadores* sempre foi uma das minhas histórias em quadrinhos favoritas e não consigo apreciar a versão cinematográfica. Sei que estou em minoria. Meus filhos adoram esses filmes. Mas a impressão que tenho é que apenas assisti a uma hora e meia de explosões e prédios caindo e isso me entedia depois de algum tempo.

Você poderia nos falar sobre os trabalhos que tem elaborado atualmente?

Meu foco atual está em meu trabalho artístico. Há alguns anos, eu me comprometi a praticar todos os dias durante pelo menos meia hora e acho que fui além disso na maioria dos dias. Na verdade, trabalho em tempo integral como diretor financeiro de um grupo de médicos associados, razão pela qual a arte é meu hobby e é difícil dedicar a ela o tempo que eu gostaria. Estou feliz com os resultados que estou obtendo com acrílicos. Quando copio uma composição de uma das antigas revistas da Marvel, geralmente fico muito satisfeito com os resultados e consigo chegar bem perto do que aqueles artistas faziam. Mas o que realmente quero é criar minhas próprias composições com um estilo similar. Espero que eu possa evoluir até isto ao longo do tempo e com a prática continuada. Fiquem ligados!

As artes de Jay Rogers podem ser apreciadas nos seguintes endereços virtuais:
Deviant Art: https://www.deviantart.com/jtriii
Jay's Gallery – Artwork and Novels: facebook/jtrgallery

Entrevista realizada pelo autor em 2018.

Autor dos livros *O único humano bom é aquele que está morto*, *Diários de Hollywood: um brasileiro no planeta dos macacos*, *Perdidos no planeta dos macacos"*, *Talking apes* e *Homem não entende nada! Arquivos secretos do planeta dos macacos"*. Fã da saga *Planeta dos macacos* desde a década de 1970

Quando surgiu sua paixão pela série dos macacos?

Em 1975, quando assisti ao filme clássico pela primeira vez em uma TV em preto e branco. Aos 13 anos comecei a escrever meu primeiro livro sobre o assunto, *O único humano bom é aquele que está morto!*, publicado em 1996. Além deste título, escrevi outros quatro livros inspirados na saga: *Diários de Hollywood: um brasileiro no planeta dos macacos*; *Perdidos no planeta dos macacos* (em coautoria com Angelo Júnior); *Homem não entende nada! Arquivos secretos do planeta dos macacos*; e mais recentemente, *Talking apes* (este em inglês e narrando a história da produção do teste de cena que viabilizou a produção do filme de 1968).

Em 1998, você teve a oportunidade de conhecer parte do elenco do filme original e da série de TV realizada em 1974. Como foi isso?

Fui um dos convidados da Starcon, um evento de ficção científica que comemorou os 30 anos de *O planeta* em Pasadena, na Califórnia. Por indicação de um amigo, Jeff Krueger (também aficionado pela saga e que trabalhara como voluntário nas edições anteriores), a organização me enviou um e-mail. Achei que era piada e o deletei. Até que, alguns dias depois, recebi outro e-mail, no qual afirmavam que meu nome fora indicado por Jeff. Viajei à Pasadena com o apoio de empresários de Santa Catarina. Uma vez lá, vi-me ao lado de pessoas que fizeram a história da saga: Linda Harrison, Jeff Corey, Buck Kartalian, Don Pedro Colley, Ron Harper, Lee Delano, William Smith e Booth Colman – este, um verdadeiro *gentleman*, com quem me correspondi até pouco antes de sua morte, em 2014. Todos foram gentis comigo. Fotografei e fui fotografado ao lado deles. Colman até me levou à Academia de Artes e Ciências Cinematográficas para conhecer o acervo dos macacos.

E em 1999, você teve a oportunidade de usar a maquiagem do Dr. Cornelius. O que achou da experiência?

Isto foi durante minha segunda viagem a Los Angeles. Fiquei hospedado na casa de Jeff, que fez de tudo para que eu tivesse a oportunidade de conhecer mais três pessoas ligadas à história dos filmes: a atriz Natalie Trundy, John Chambers e Bill Blake, que me ofereceu a incrível oportunidade de passar pela experiência de ser maquiado. Antes de qualquer coisa, ele quis saber se eu era claustrofóbico. Quando eu disse que não, me perguntou: "E quando você quer virar macaco?"

Como foi o processo de aplicação da maquiagem?

Foi uma experiência única. Vi Bill Blake trabalhar como John Chambers nos velhos tempos de *O planeta*. Vi nascerem, por suas mãos habilidosas, minhas duas faces de chimpanzé. As faces foram modeladas com base nos moldes que Chambers desenvolveu em 1967. A preparação teve início às 22h do dia 1 de outubro de 1999. Aos 30 minutos da madrugada do dia seguinte, o látex estava injetado no molde. Este foi confeccionado com o mesmo material que os cirurgiões dentistas usam para construir pontes. Às 2h, o maquiador colocou o material no forno para cozinhar. Um processo que demorou horas. Apenas no dia seguinte tive contato com as faces, que ficaram fantásticas. Mais tarde, acompanhei o trabalho de pintura dos dentes (que só eram colados à maquiagem na fase final). A maquiagem foi aplicada quatro dias depois, a partir das 11h50 da manhã. No CD player, tocava música clássica (o gênero preferido de Roddy McDowall). Ao nosso redor havia biombos de madeira que delimitavam o setor de maquiagem *retrô* montado por Bill. Em um cabide estavam dependurados o macacão usado por Roddy para interpretar César em *Conquista* e a túnica do Dr. Cornelius, que o ator vestiu em *O planeta* e *Fuga*. No chão, ao lado da cadeira que eu ocupava, estavam os calçados do personagem, com o relevo dos dedos de chimpanzé. Meus cabelos foram cobertos por uma touca presa por grampos bem apertados. Um creme foi aplicado ao meu rosto, para proteção. O cheiro era gostoso — me fez lembrar dos cosméticos que minha avó materna, Ema Fornari Conte, mantinha na penteadeira, assim como a maleta de maquiagem que eu usava nos tempos em que trabalhei com teatro amador. Sobre a mesa, as duas faces preparadas pelo maquiador, obtidas a partir do molde que ele esculpiu na década de 1970 para o show que apresentava ao lado da atriz Paula Christ, *Meet Cornelius and Zira* (1974-1977). A seção em forma de "T" da maquiagem, composta pelos supercílios, focinho e lábio superior, foi aplicada ao meu rosto com um adesivo líquido gelado e incolor, com cheiro idêntico ao de cola *Super Bonder*. "Não se preocupe, não será permanente", brincou o maquiador. O mesmo tipo de adesivo foi usado para fixar o segundo aplique (que ficava sobre o lábio inferior e o queixo). Nas bordas do "T" foi aplicado outro creme protetor. As partes descobertas da minha face foram pintadas com uma cor idêntica à da pele bronzeada, o que me deu uma aparência simiesca preliminar. Sobre a touca foi fixada a peruca, com a basta cabeleira de chimpanzé. Outra dúzia de grampos de cabelo, ainda mais apertados, foi usada para fixação. Voltou à cena o adesivo com cheiro semelhante ao de supercola, para a fixação das orelhas, que deram à minha face um aspecto engraçado. A partir daquele momento, passei a ficar com os olhos mais fechados do que abertos por causa do uso intensivo de spray. Uma a uma, as mechas de cabelo que definiram a cabeça do chimpanzé foram aplicadas – laterais, cobertura da testa e barba. Depois, minhas mãos e antebraços foram pintados com o mesmo tom de bronzeado aplicado à face. Às 15h08, a sessão de maquiagem estava finalizada. Era a hora do figurino: primeiro, o macacão de César: nada de especial no traje – uma peça inteiriça, com bolsos, zíperes, mangas longas e punhos fechados com botão. Sobre este, vesti a túnica de Cornelius, fechada com um zíper às costas. E então, calcei os sapatos. No espelho, vi um chimpanzé de 1,65m e pesando uns 30kg a menos do que hoje, com os olhos verdes marejados pela oportunidade de se transformar em um personagem da série.

E o passeio pelas locações do filme original? Trouxe boas recordações?

Foi Bill quem nos convidou para irmos ao Malibu Creek State Park, a antiga locação da Cidade dos Macacos. Fomos até lá no carro de Jeff. Motoristas e passageiros dos outros veículos que notaram a presença de Cornelius acenaram e buzinaram para nós. No Malibu Creek State Park, fizemos uma longa caminhada. Encontramos a locação da Cidade dos Macacos e alguns destroços das casas e prédios construídos em 1967 – os quais eu trouxe comigo e adicionei à minha coleção. Fazia um tremendo calor! Houve um momento em que pedi para me ajudarem a tirar a túnica. Paramos para atender a alguns turistas que quiseram tirar fotos ao lado do macaco que falava português melhor do que inglês! Então, retornamos a Los Angeles, onde encontramos Natalie Trundy, que se emocionou ao ver-me vestido como Cornelius e beijou o meu "focinho" de macaco. Em seguida, Bill, Jeff e eu fomos jantar em um restaurante. No cardápio do "chimpanzé" (que estava exausto após toda a correria daquela tarde) havia salsichas, batatas fritas e... um espelho! Sem isso eu não conseguiria encontrar minha própria boca na hora de comer, que estava escondida por trás da maquiagem. A remoção dos apliques requereu mais de uma hora. Se você já levou pontos, sabe pelo que passei: a retirada das orelhas e da barba provocava a mesma sensação de uma retirada de pontos após uma cirurgia – dor e incômodo. Antes de regressar ao Brasil, fiz uma visita ao maquiador John Chambers. Conversamos durante uma hora. Ele estava preso a uma cadeira de rodas, por conta de um acidente de trânsito que sofrera há alguns anos, motivado por um motorista imprudente. No Aeroporto de Los Angeles, tive por uma última experiência inusitada: um fiscal da alfândega pediu que eu passasse pela segunda vez a sacola de papel na qual estavam as duas faces de Cornelius que Bill fez para mim. "Belo suvenir", disse o homem. E ele estava coberto de razão! Foi assim que uma face de Cornelius passou a viajar comigo, de entrevista em entrevista, de evento em evento. A outra face, usada em minha sessão de maquiagem, passou a "residir", desde 2015, no apartamento do jornalista Eduardo Torelli – aliás, um dos melhores humanos que já conheci!

Entrevista realizada pelo autor em 2018.

ORIVAL PESSINI (1944-2016)

Humorista e ator do programa *O planeta dos homens* (1976-1982).

Como surgiram os personagens Charles, Sócrates e Dionísio?

Em 1976, a TV Globo decidiu criar um programa inspirado na série *Planeta dos macacos*, que havia "estourado" no Brasil. Era uma prática muito comum naquela época: a emissora tinha o hábito de fazer sátiras de grandes filmes. Além de *O planeta dos macacos*, a Globo parodiou *Não faço a guerra, faço o amor*[212] que virou *Faça humor, não faça guerra*. O problema, no caso de *O planeta dos homens*, é que a produção precisaria ter macacos em cena para criar um paralelo com o filme. Na época, eu já fazia minhas próprias máscaras de látex, com as quais costumava me apresentar no teatro. Ao ouvir falar do programa, confeccionei uma máscara parecida com a do Dr. Cornelius, o namorado da Zira (que, mais tarde, virou o Charles). A Globo comprara um estoque de máscaras de borracha nos EUA, mas o

---

212 *Não faço a guerra, faço o amor* (*Non faccio la guerra, faccio l'amore*, 1966, Franco Rossi).

material não funcionava no vídeo. Elas não se adaptavam aos rostos dos atores, pareciam falsas. Então, Fúlvio Stefanini se lembrou de mim e disse ao pessoal da produção: "Tem um cara em São Paulo que consegue fazer isso com um pé nas costas."

Qual foi a reação do pessoal da Globo ao dar de cara com o Charles?

Viajei ao Rio de Janeiro assim que a produção entrou em contato comigo, levando o Charles e outros personagens em uma malinha. Na TV Globo, fui recebido por Max Nunes, um dos criadores do programa. Quando vesti a máscara, ele não acreditou: "Nossa, que legal!". Sempre conduzido por Max Nunes, fui subindo andar por andar da TV Globo – ele queria mostrar o Charles para todo mundo –, até chegar à sala do Boni. Me apresentaram ao "homem" e o diretor do programa, Paulo Araújo, foi logo pedindo: "Põe a máscara para ele ver." Caracterizado, cumprimentei o Boni, gesticulei, interpretei. Minha máscara aderia à face, permitia um trabalho de representação. "Podem jogar todas aquelas porcarias de máscaras americanas fora", disse o Boni. Imediatamente fui convidado para trabalhar no programa.

Eu era criança quando o programa foi ao ar, mas lembro-me que *O planeta dos homens* fez um tremendo sucesso.

E como! A abertura, criada por Hans Donner, foi premiada no exterior. *O planeta dos homens* agradou tanto que, no ano seguinte, a Globo nem sequer mudou o nome da atração. Teríamos mais uma temporada de *O planeta dos homens* e, para o ano de 1977, decidi criar outro personagem, além do Charles. Foi assim que surgiu o Sócrates, cujo bordão era: "Não precisa explicar, eu só queria entender." Aí, a coisa explodiu de verdade. O Sócrates foi parar nas capas das principais revistas do país, uma loucura. Mais tarde, criei um terceiro macaco para o programa, o Dionísio. Diferentemente dos outros, ele era bastante jovem – tinha um apelo meio *hippie*!

De onde veio a ideia de confeccionar as máscaras de seus personagens?

Eu adorava a série *Missão impossível*. No programa, os personagens derretiam luvas de látex e faziam máscaras, as quais usavam em suas missões. Mais tarde, descobri que isso era uma tremenda lorota. O látex é líquido. Depois de vulcanizado, não dá para derretê-lo e aproveitá-lo em outra peça. Junto com um amigo, Francisco Cursio, comecei a fazer experiências neste campo. Cursio era dentista, além de ator de teatro, e me ensinou alguma coisa sobre moldagem. A partir daí, começaram a nascer o Charles, o Sócrates, o Fofão e o Patropi. Cada personagem nasce a partir de uma escultura própria. Hoje, aperfeiçoei a técnica a ponto de fazer implantes de bigodes e cavanhaques na máscara do Patropi, sem usar cola. Esta técnica é minha.

O que é impressionante no seu trabalho é a interação da máscara com o rosto. É como se ela aderisse à pele.

Sim. Isso porque minhas máscaras são anatômicas, desenvolvidas apenas para o meu rosto. Aliás, gostaria de aproveitar a oportunidade para dizer que não faço máscaras "para fora". É muito trabalhoso e o Brasil não paga o preço justo por este trabalho. Não sou um fabricante de máscaras. Sou um ator que fabrica a própria maquiagem.

Entrevista realizada pelo autor em 2000.

414

SAGAS E SÉRIES CITADAS DE FORMA GENÉRICA

SAGA DIVERGENTE: 27
Divergente (Divergent, 2014, Neil Burger);
Insurgente (Insurgent, 2015, Robert Schwentke);
Convergente (Allegiant, 2016, Robert Schwentke).

SAGA ALIENS (quadrilogia original): 135
Alien, o oitavo passageiro (Alien, 1979, Ridley Scott);
Aliens, o resgate (Aliens, 1986, James Cameron);
Alien 3 (Alien³, 1992, David Fincher);
Alien, a ressurreição (Alien resurrection, 1997, Jean-Pierre Jeunet).

SAGA JOGOS VORAZES: 27
Jogos vorazes (The hunger games, 2012, Gary Ross);
Jogos vorazes: em chamas (The hunger games: catching fire, 2013, Francis Lawrence);
Jogos vorazes: a esperança, parte 1 (The hunger games: Mockingjay, part 1, 2014, Francis Lawrence);
Jogos vorazes: o final (The hunger games: Mockingjay, part 2, 2015, Francis Lawrence).

SAGA STAR WARS: 25, 27, 28, 51, 111, 135
Star Wars IV: uma nova esperança (Star Wars, episode IV: a new hope, 1977, George Lucas);
Star Wars V: o Império contra-ataca (Star Wars, episode V: the empire strikes back, 1980, Irvin Kershner);
Star Wars VI: o retorno do jedi (Star Wars, episode VI: return of the jedi, 1983, Richard Marquand);
Star Wars I: a ameaça fantasma (Star Wars, episode I: the phantom menace, 1999, George Lucas);
Star Wars II: ataque dos clones (Star Wars, episode II: attack of the clones, 2002, George Lucas);
Star Wars III: a vingança dos Sith (Star Wars, episode III: revenge of the Sith, 2005, George Lucas);
Star Wars VII: o despertar da Força (Star Wars, episode VII: the Force awakens, 2015, J. J. Abrams);
Star Wars VIII: os últimos jedi (Star Wars, episode VIII: the last jedi, 2017, Rian Johnson);
Star Wars IX: a ascensão Skywalker (Star Wars, episode IX: the rise of Skywalker, 2019, J. J. Abrams).

SÉRIE DE FILMES DE JAMES BOND (até 1969) 25, 29, 135, 189
O satânico Dr. No (Dr. No, 1962, Terence Young);
Moscou contra 007 (From Russia with love, 1963, Terence Young);
007 contra Goldfinger (Goldfinger, 1964, Guy Hamilton);
007 contra a chantagem atômica (Thunderball, 1965, Terence Young);
Com 007 só se vive duas vezes (You only live twice, 1967, Lewis Gilbert);
007 - a serviço secreto de sua majestade (On her majesty's secret service, 1969, Peter R. Hunt).

SÉRIE DE FILMES DE O PODEROSO CHEFÃO: 164
O poderoso chefão (The godfather, 1972, Francis Ford Coppola);
O poderoso chefão II (The godfather: part II, 1974, Francis Ford Coppola);
O poderoso chefão III (The godfather: part III, 1990, Francis Ford Coppola).

O

Oliver! (1968, Carol Reed) 114

P

Pantera Cor-de-Rosa, A (The Pink Phanter, 1963, Blake Edwards) 88
Parque dos dinossauros, O (Jurassic Park, 1993, Steven Spielberg) 278
Patton: rebelde ou herói? (Patton, 1970, Franklin J. Schaffner) 116, 139, 367
Perdidos no espaço (Lost in space, 1965-1968, criação de Irwin Allen) 28, 102
Perigo real e imediato (Clear and present danger, 1994, Phillip Noyce) 278
Perry Mason (1957-1966) 400
Pessoas são iguais em qualquer lugar, As (People are alike all over,1960, Mitchell Leisen) (ep.
    Além da Imaginação) 118
Planeta dos homens, O (1982-2018) 348, 349, 405, 406
Planeta dos macacos (saga) 13, 15, 25, 27, 28, 44, 51, 52, 66, 106, 129, 148, 173, 205, 243, 249, 269,
    285, 324, 326, 387, 390, 394, 396, 397, 402
Planeta dos macacos (Planet of the apes, 1974, criação de Anthony Wilson) 6, 43, 44, 99, 106, 217,
    243, 246, 247, 248, 250, 253, 255, 266, 323, 326, 362, 392
Planeta dos Macacos, O (Planet of the apes, 1968, Franklin J. Schaffner) 6, 11, 14, 16, 17, 19, 25, 36,
    37, 38, 39, 49, 50, 51, 53, 68, 75, 80, 85, 86, 87, 88, 89, 91, 96, 101, 102, 103, 104, 106, 108,
    111, 112, 113, 114, 115, 116, 117, 118, 119, 121, 123, 124, 125, 135, 136, 139, 140, 141, 142,
    143, 145, 149, 150, 151, 152, 154, 155, 164, 166, 167, 168, 169, 171, 172, 173, 182, 184, 187,
    190, 192, 202, 203, 204, 205, 211, 212, 243, 244, 245, 248, 249, 277, 279, 281, 283, 289, 303,
    304, 305, 306, 307, 308, 312, 315, 325, 328, 333, 336, 337, 338, 340, 345, 348, 351, 353, 357,
    358, 360, 361, 362, 363, 364, 369, 370, 371, 381, 387, 390, 394, 396, 397, 401, 402, 403
Planeta dos macacos, O (Planet of the apes, 2001, Tim Burton) 6, 50, 51, 68, 113, 270, 273, 281, 284,
    285, 286, 288, 293, 323, 334, 340, 342, 347, 351, 353, 383, 394
Planeta dos macacos: a guerra, O (War for the planet of the apes, 2017, Matt Reeves) 6, 52, 299, 301,
    304, 308, 309, 311, 312, 319, 320, 321, 341, 349, 384, 390, 392, 393, 394, 396
Planeta dos Macacos: a origem, O (Rise of the planet of the apes, 2011, Ruper Wyatt) 6, 17, 52,
    290, 293, 304, 305, 306, 307, 309, 312, 313, 315, 316, 317, 319, 321, 336, 341, 384, 390, 393,
    394, 396
Planeta dos macacos: o confronto (Dawn of the planet of the apes, 2014, Matt Reeves) 6, 52, 296,
    304, 307, 308, 309, 317, 318, 319, 321, 341, 342, 349, 384, 390, 393, 394, 396
Ponte do rio Kwai, A (The bridge on the river Kwai, 1957, David Lean) 31, 308
Primeira exibição (sessão de filmes) 11
Princesa e o cavaleiro, A (Ribon no Kishi, 1967-1968, criação de Osamu Tezuka) 266
Procurado vivo ou morto (Wanted: dead or alive, 1958-1961) 359

Q

Quando os dinossauros dominavam a Terra (When dinosaurs ruled the earth, 1966, Val Guest) 106
Quatro fantásticos, Os aka Quarteto fantástico (Fantastic 4, 1967-1968, Jack Kirby e Stan Lee) 90
Quem não corre, voa (The cannonball run, 1981, Hal Needham) 339

R

Rambo: programado para matar (First blood, 1982, Ted Kotcheff) 48
Relíquia macabra (The maltese falcon, 1941, John Huston) 203
Rollerball: os gladiadores do futuro (Rollerball. 1975, Norman Jewison) 43

S

S.O.S.: tem um louco solto no espaço (Spaceballs, 1987, Mel Brooks) 49
Sanford and son (1972-1977, criação de Norman Lear) 248
Saturday night live (1975-..., criação de Lorne Michaels) 50
Sem novidade no front (All quiet on the western front, 1930, Lewis Milestone) 362
Senhor da guerra, O (The war lord, 1965, Franklin J. Schaffner) 89

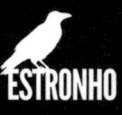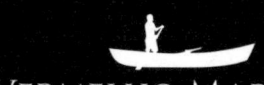